Grüne Paradiese auf Balkon und Terrasse

David Joyce

Grüne Paradiese auf Balkon und Terrasse

1000 Pflanzen · Arrangements · Pflanzanleitungen
Schritt für Schritt · Kultur & Pflege

Christian Verlag

Für Anna

Aus dem Englischen übersetzt von
Franca Fritz und Heinrich Koop
Redaktion: Angelika Franz
Korrektur: Irmgard Perkounigg
Umschlaggestaltung: Horst Bätz
Herstellung: Dieter Lidl
DTP: Josef Fink, München

Bildredaktion: Anne Fraser und
Sue Gladstone
Gärtnerischer Fachberater: Tony Lord
Pflanzpläne: Sandra Pond und
Will Giles

Druck und Bindung:
Kwong Fat Offset Printing Co.
Printed in Hong Kong

ISBN 3-88472-313-8

HINWEIS

Alle Informationen und Hinweise, die in diesem Buch enthalten sind, wurden vom Autor nach bestem Wissen erarbeitet und von ihm und dem Verlag mit größtmöglicher Sorgfalt überprüft. Unter Berücksichtigung des Produkthaftungsrechts müssen wir allerdings darauf hinweisen, daß inhaltliche Fehler oder Auslassungen nicht völlig auszuschließen sind. Für etwaige fehlerhafte Angaben können Autor, Verlag und Verlagsmitarbeiter keinerlei Verpflichtung und Haftung übernehmen.

Korrekturhinweise sind jederzeit willkommen und werden gerne berücksichtigt.

SEITE 1: Kapastern in einer gemusterten Schale.

SEITE 2: Ein Topfgarten mit Schönmalven, Schmucklilien, Petunien, Heliotropen und rankenden Fächerblumen.

RECHTS: Der große Kübel mit Funkien bildet in diesem formalen Garten einen aufsehenerregenden Blickfang.

INHALT

Kübel, Töpfe und andere Gefässe

Noch nie erfreute sich die Gartengestaltung mit Kübeln, Töpfen und anderen Pflanzgefäßen solch großer Beliebtheit wie heute – so weit man auch in die Geschichte zurückblickt. Dies liegt wahrscheinlich daran, daß diese Art der Gartengestaltung zu zahlreichen Aspekten unseres modernen Lebensstils paßt. Für viele Pflanzenliebhaber, die in der Stadt leben, bieten winzige Hinterhöfe, Terrassen, Balkone, Dachflächen oder sogar eine schlichte Fensterbank manchmal die einzige Möglichkeit, sich gärtnerisch zu betätigen. In einer solchen Umgebung kommt Pflanzen, die sich oft nur in Kübeln und Töpfen ziehen lassen, eine besondere Bedeutung zu. Gleichzeitig gehen immer mehr Besitzer von großzügig gestalteten Wohnanlagen und Häusern zu einem Wohnstil über, bei dem die Konturen zwischen dem Leben im Haus und dem im Freien mehr und mehr verwischen. In Kübeln und Töpfen gezogene Pflanzen bieten hier eine ideale Möglichkeit, gepflasterte Flächen etwas aufzulockern, und sie bringen den Garten bis direkt an die Haustür.

Ob man sich nun für kräftige oder zarte Farben, üppige oder schlichte Pflanzthemen entscheidet – in Kübeln gezogene Pflanzen eignen sich hervorragend zur Verschönerung unserer Wohn- und Lebensräume. Zudem stellen diese »Miniaturgärten« nicht nur für den Anfänger, sondern auch für den erfahrenen Gärtner eine vergnügliche Herausforderung dar und bieten genügend Gelegenheit, der eigenen Kreativität freien Lauf zu lassen.

In kleinen Stadtgärten bietet die Bepflanzung von Kübeln und Töpfen häufig die einzige Möglichkeit, die üppige Pracht der wechselnden Jahreszeiten zu genießen. Dieser kleine Garten besitzt zahlreiche interessante Details durch Pflanzgefäße, die unterschiedliche Materialien, Formen, Strukturen und Farben aufweisen und sich an strategisch günstigen Stellen befinden. Große Terrakottatöpfe mit Petunien umrahmen den Blick auf ein erhöht plaziertes, aufsehenerregendes Gefäß, das vor Blüten überquillt, während Kübel mit Engelstrompeten (Brugmansia) *und Königslilien* (Lilium regale) *die Bepflanzung im Vordergrund beherrschen.*

KRÄFTIGE UND LEUCHTENDE FARBEN

In der freien Natur zeichnen sich vor allem die tropischen Pflanzen durch Blüten in kräftigen und leuchtenden Farben aus. Aber dank jahrhundertelanger Zuchterfolge können wir uns heutzutage auch in gemäßigten Klimazonen an Pelargonien in lebendigem Rosa oder Rot, Kapuzinerkressen und Studentenblumen in leuchtenden Orangetönen, an Fleißigen Lieschen in üppiger Farbenvielfalt sowie an Veilchen und Petunien in kräftigen, aufsehenerregenden Tönen erfreuen. Diese exotischen Blütenfarben verleihen jedem Topfgarten ein lebendiges Flair.

Bei den meisten Pflanzen mit farbenprächtigen Blüten handelt es sich um »Sonnenanbeter«, aber es gibt auch einige unter ihnen, die Schatten vertragen: Im Frühling erhellt beispielsweise das strahlende Goldgelb der Narzisse eine dunkle Ecke. Viele Kamelien präsentieren kräftig rosa oder rote Blüten, während Alpenrosen und Azaleen eine umfangreiche Farbpalette bieten – von kühlen Blau- bis zu leuchtenden Orange- und Rottönen. Unter den farbenfrohen, schattenduldenden Pflanzen eignen sich besonders Knollenbegonien, Fuchsien, Fleißige Lieschen, Lilien, Gauklerblumen und Stiefmütterchen für lange Sommerbepflanzungen. Es sind auch Pflanzen erhältlich, die zwar zum Gedeihen starke Sonneneinstrahlung benötigen, aber kurze Schattenperioden durchaus vertragen. Am besten nutzt man diese Eigenschaft und stellt die Töpfe regelmäßig um, so daß Pflanzen wie Verbenen und Petunien

OBEN: Die dichten Blütenbüschel der Fuchsie 'Thalia' leuchten in einem warmen Orangerot, das durch das samtige Grünbraun der Blätter noch verstärkt wird, während das zarte graue Laub von Senecio vira-vira *die strahlende Wirkung der lebendigen Efeupelargonie etwas dämpft.*

LINKS: Von allen im Frühling blühenden Zwiebelgewächsen bieten Tulpen die größte Farbpalette. Die warm leuchtenden, seidig schimmernden roten Tulpen harmonieren sehr schön mit den langstieligen, weißen Tulpen, dem rostroten Schöterich und den blauen, winterblühenden Stiefmütterchen.

nach einigen Tagen an einem schattigen Standort ein warmes Plätzchen in der Sonne erhalten und wieder aufleben.

Dichte Büschel in grellen Farben können als störend und aufdringlich empfunden werden; allerdings lassen sich auch kunstvolle Kombinationen leuchtender Blütenfarben erzielen, indem man beispielsweise deren überwältigende Wirkung durch kleinere Blütenformen mildert oder auf den beruhigenden Effekt von graublättrigem *Helichrysum petiolare* und anderen Blattpflanzen vertraut.

Auf bunt zusammengewürfelte Farbmischungen sollte man lieber verzichten. Harmonischer wirken Töne, die im Farbkreis dicht beieinander liegen: Die Kombinationen von Orange oder Ziegelrot mit Gelb oder Zitronengelb, Purpurrot oder Knallrosa mit Mauve, Violett oder Lila mit Blau sind einen Versuch wert. Auch auf kontrastierenden Farbschemen basierende Pflanzenkombinationen erzielen einen beeindruckenden Effekt: Rot mit der Komplementärfarbe Grün oder Gelb und Violett wirken stets ansprechend.

Natürlich hängt die Entscheidung für oder gegen leuchtende Töne vom persönlichen Geschmack ab, aber diese Farben sind in der Lage, eine dunkle Umgebung aufzuheitern und in einen Blickfang zu verwandeln. Allerdings sollten sie nur in begrenztem Maße eingesetzt werden: Eine lebendige Blütenfarbe, die in einem einzigen Kübel extravagant aussieht, kann in mehreren Gefäßen aufdringlich wirken. Und manche unter tropischer Sonne leuchtenden Farbexoten erscheinen in weniger sonnenverwöhnten Gebieten fehl am Platz, während das sanfte Licht unserer Breitengrade ruhigere Farben zum Strahlen bringt – die bei intensiver Sonneneinstrahlung verblassen würden.

OBEN: *Viele der sommerblühenden Efeupelargonien besitzen feuerrote Blüten, denen das üppige Grün der Blätter sanft kühlend entgegenwirkt.* Bidens ferulifolia *bringt luftige Zweige mit goldfarbenen, sternförmigen Blüten hervor.*

RECHTS: Arctotis-*Hybriden gedeihen am besten an sehr sonnigen Standorten und revanchieren sich mit einer Fülle von Korbblüten in leuchtenden, kräftigen Farben. Natürlich lassen sie sich auch mit anderen warmen Farbtönen kombinieren, aber grünes Laub sorgt für einen angenehm kühlen Kontrast.*

LINKS: Diese zum Garten führende Treppe bildet den geeigneten Hintergrund für eine Gestaltung in kühlen Farben. Die zum Mauerwerk passenden schlichten Terrakottatöpfe wurden mit weißblühenden Strauchmargeriten (Argyranthemum) *bepflanzt, die den ganzen Sommer zartes Laub und hübsche Blüten zeigen.*

UNTEN: Zwei aufeinander abgestimmte Arrangements in kühlem Mauve und Violett. Bei dem größeren Gefäß fallen vor allem die Verbenen ins Auge, die mit Alyogyne huegelii *und Kapaster* (Felicia amelloides) *kombiniert wurden. Im kleineren Topf rankt sich graublättrige* Plecostachys serpyllifolia *um mauvefarbene* Nemesia caerulea.

ZARTE UND KÜHLE FARBEN

Die sogenannten zarten Blütenfarben reichen von pastellfarbenem Rosa, Mauve, Gelb und Blau bis hin zu blassem Zartrosa, Creme und Lavendel, wobei Weiß und Hellblau die kühlsten Töne dieser Farbpalette darstellen. Zarte Blütenfarben lassen sich sehr eindrucksvoll mit den vielen Grünschattierungen von Blättern kombinieren, die mit ihren kontrastreichen Strukturen zu den schönsten und ruhigsten Elementen eines Topfgartens gehören.

Zarte Farben kommen in diffusem und gedämpftem Licht besonders gut zur Geltung. Da sie auch auf engem Raum nicht zu aufdringlich wirken, eignen sie sich besonders für die begrenzten Flächen eines kleinen Innenhofs. Diese Farben harmonieren mit vielen Baumaterialien und entfalten besonders vor Stein oder verwitterten Ziegelsteinen ihre ganze Schönheit. Helle Farben und Weiß geben großen wie kleinen Gärten eine heitere Note und erzeugen dort, wo umliegende Häuser, Bäume und Sträucher erdrückend wirken, ein Gefühl der Weite. Ihr Leuchten im Licht der untergehenden Sonne verleiht Innenhöfen und Gärten eine ätherische Schönheit, die noch lange nach Sonnenuntergang fortwirkt.

Während kräftige Farben aufgrund ihrer oft starken Gegensätze nur schwer zu kombinieren sind, stellt die Palette an zarten Farben den Gärtner nicht vor derartige Probleme. Selbst zufällige Mischungen von zarten Farben können sehr anziehend wirken, obwohl man bei kunstvolleren Arrangements auf die harmonischen Beziehungen engverwandter Farben oder auf raffinierte Kontraste Wert legen sollte. Die Kombination von Hellgelb und zartem Blau ist besonders beliebt, aber auch Rosa, Mauve und Hellblau ergeben eine

reizvolle Farbzusammenstellung, die in Gefäßen aus verwittertem grauen Stein gut zur Geltung kommt.

Ein Garten läßt sich jedoch auch in einer einzelnen Farbe gestalten – ein Kunstgriff, bei dem ein Farbthema als verbindendes Element eingesetzt wird. Die Wiederholung einer einzigen Farbe in mehreren bepflanzten Kübeln und Töpfen wirkt besonders formal. Vor allem Weiß läßt Arrangements klar und ordentlich erscheinen – und es finden sich zahllose weißblühende Pflanzen, die sich für die Kübelkultur eignen. Blumenkästen und Töpfe mit weißen Frühlingszwiebelgewächsen – Schneeglöckchen, Krokus, Narzissen und Tulpen – lassen sich im Sommer durch üppige Bepflanzungen aus weißen Strauchmargeriten *(Argyranthemum)*, Petunien, Tabak *(Nicotiana)* und Verbenen sowie Blattpflanzen mit zarten Panaschierungen ersetzen.

Als Alternative bietet sich eine festgelegte Reihenfolge von Farbthemen an – vielleicht ein buntes Arrangement im

OBEN: Pastellschattierungen von Rosa, Blau und Gelb lassen sich gut miteinander verbinden, benötigen aber ein zusätzliches Element, um die Kombination interessant zu gestalten. Dieser Bauerngarten erhielt seinen besonderen Reiz durch eine dunkle Keramikvase mit cremegelber Anthemis tinctoria *'E. C. Buxton' an der Kreuzung zweier Wege.*

Frühling, das anschließend in Weiß und im Spätsommer und Herbst eventuell in Gelb übergeht. Oder man fügt einer überwiegend einfarbigen Gestaltung einige kleine Tupfer einer anderen Farbe hinzu: So ließe sich durch einen Hauch von Creme, Blau oder Zartrosa die Strenge eines in Weiß gehaltenen Gartens auflockern, ohne vom größtenteils weißen Gesamteindruck abzulenken. Silberfarbene Blätter bringen dagegen ein überwiegend rosafarbenes Arrangement beso' ders vorteilhaft zur Geltung.

AUFSEHENERREGENDE WIRKUNG

Jede Bepflanzung mit einer unmittelbar ins Auge fallenden außergewöhnlichen Wirkung erhöht den Reiz eines Gartens. Man kann ein solches Pflanzthema als besonderen Blickfang eines großen Gartens herausstellen oder einen Stadtgarten oder kleinen Innenhof dadurch in einen zusätzlichen Wohnraum im Freien verwandeln. Ein ausgefallen bepflanztes Gefäß bietet den Vorteil, es dort aufstellen zu können, wo es die größte Aufmerksamkeit erregt.

Häufig läßt sich mit einer einzelnen, geschickt plazierten Pflanze von skulpturaler Form oder besonders exotischem Äußeren – wie etwa der Zimmeraralie *(Fatsia japonica)* oder der relativ empfindlichen Engelstrompete *(Brugmansia)* – ein besonders aufsehenerregender Effekt erzielen. Aber auch Töpfe, Kübel oder andere Gefäße können zu einer Gruppe zusammengestellt werden, in der einzelne Gefäße der Gesamtwirkung des Arrangements untergeordnet sind. Eine weitere Möglichkeit, eine besondere Wirkung zu erzeugen, besteht darin, verschiedene Pflanzen von unterschiedlicher Höhe so in einem Gefäß anzuordnen, daß sie den ungezwungenen Charme eines üppigen Blumenbeets mit der kunstvollen Pracht eines verschwenderischen Blumenarrangements verbinden. Obwohl gemischte Bepflanzungen in großem Maßstab eine beträchtliche Herausforderung darstellen, aber auch die befriedigendsten Ergebnisse bieten, lassen sie sich selbst von Anfängern bewältigen – denn das wichtigste Handwerkszeug ist ein Schuß Kreativität.

Jedes große oder mittelgroße Gefäß bietet sich für eine ausgefallene Bepflanzung an, solange es stabil genug ist und genügend Substrat aufnehmen kann, um die Pflanzen zu versorgen und zu verankern. Auf leichte Kübel oder Behälter mit schmalem Fuß, die – dicht bepflanzt – bei starkem Wind umkippen können, sollte man verzichten. Halbe Fässer aus Holz, Versailles-Kübel, große Terrakottatöpfe oder Vasen und Spindeln aus Stein eignen sich dagegen hervorragend für eine extravagante Bepflanzung.

Ein üppig bepflanztes Gefäß wird nur dann alle Blicke auf sich ziehen, wenn man es am richtigen Ort aufstellt. In einer formalen Umgebung sollte man sich daher für einen zentralen Platz, wie etwa den Endpunkt einer langen Sichtachse, entscheiden. In einem Innenhof können die Blicke auf eine zwanglose Gruppe von Töpfen gelenkt werden, indem man etwa durch einen Sockel ein hübsch bepflanztes Gefäß in eine überragende Position hebt.

LINKS: Die zusammenlaufenden Stangen der metallenen Laube lenken den Blick auf ein imposantes Pflanzenarrangement. Obwohl die gezackten, graugrünen Blätter des Melianthus major *versetzt zur Mittelachse stehen, dominieren sie das Bild. Neuseeländer Flachs* (Phormium)*, Strauchmargeriten* (Argyranthemum foeniculaceum) *und Pelargonien sind durch die rankenden Stiele einer graublättrigen Strohblume miteinander verbunden.*

RECHTS: In dem stufenweise angeordneten Topfgarten bilden formale Elemente einen attraktiven Kontrast zu der lockeren Bepflanzung. Der Hintergrund wird von einem formierten Lorbeerbaum beherrscht, der mit Primeln und schwarzen Veilchen unterpflanzt ist. Die beiden formierten Buchsbäumchen im Vordergrund sind umringt von Miniatur-Spaltblumen (Schizanthus)*, die zu den rosa Ranunkeln passen.*

SCHLICHTE SCHÖNHEIT

Oft sprechen praktische Gründe dafür, in einem Gefäß nur wenige Pflanzensorten zu ziehen: Die Aufzucht wird vereinfacht, und die Pflege von Pflanzungen, die sich mit den Jahreszeiten verändern, ist dadurch leichter. Dennoch stellen ästhetische Erwägungen den wichtigsten Grund dar, warum man Pflanzen derselben Sorte einzeln oder in Gruppen in ein Gefäß setzt: Erst durch diese »Beschränkung« entfalten die Ausdruckskraft der Blüten, die Anordnung der Zweige und die Zartheit oder Kraft der Blätter ihre volle Wirkung.

Viele charakteristische Pflanzen sollten ihren eigenen Platz erhalten, damit ihre Schönheit voll zur Geltung kommen kann. Dies gilt für bestimmte Sträucher ebenso wie für ausdauernde Pflanzen mit attraktivem Laub – Gräser, Funkien und Farne – sowie für einige Zwiebelgewächse. Der wunderschön unregelmäßige Japanische Fächerahorn *(Acer palmatum)* ergibt als Kübelpflanze in einem geschützten Garten einen großartigen Solitärstrauch. Die schwertartigen Blätter des immergrünen Neuseeländer Flachses *(Phormium)* können an einem sonnigen Standort die Funktion eines hübschen Busches übernehmen, aber auch ein Blickfang oder Teil einer Gruppe von Kübelpflanzen sein.

Pflanzen wie etwa formierter Buchsbaum *(Buxus sempervirens)* kommen ohne das unruhige Erscheinungsbild zusätzlicher Pflanzen am besten zur Geltung. Buchsbaum läßt sich zwar zu kunstvollen Formen schneiden, aber für einen eleganten, tadellosen Eindruck formiert man ihn vorzugsweise zu schlichten Kegeln, Kugeln oder Pyramiden. Formschnittbäumchen kann man in regelmäßigen Abständen entlang eines Gartenwegs aufstellen oder in Gruppen arrangieren, wobei die Pflanzen einzeln in Töpfen kultiviert werden sollten.

Die Zwergzwiebelgewächse des Spätwinters oder Frühlingsanfangs besitzen eine zwar kurze, aber so außergewöhnliche Blütezeit, daß man die Pflanzen einzeln in flachen Töpfen ziehen sollte. So kommen die Blütenformen des Schneeglöckchens *(Galanthus)* und der Varietäten von *Crocus chrysanthus* sowie die Schönheit des herbstblühenden *Cyclamen hederifolium* besonders gut zur Geltung.

Lilien gehören zu den schönsten Sommerblumen und wirken als Einzelpflanze besonders attraktiv. Um ihre optische Wirkung noch zu verstärken, sollten sie in einem geschützten Gartenbereich oder im Gewächshaus gezogen und erst zu Beginn der Blüte ins Freie gestellt werden.

OBEN: *Im 18. und 19. Jahrhundert wurden Alpenaurikeln und andere alte Blütenpflanzen auf Ausstellungen gezeigt. Zu diesem Zweck setzte man die Pflanzen in schlichte Blumentöpfe, damit ihre Schönheit für sich selbst sprechen konnte. Der Charme dieser kleinblütigen Stiefmütterchen in handgefertigten Terrakottatöpfen wird durch die Wiederholung verstärkt.*

LINKS: *Die zartrosa Knospen der Lilie 'Mont Blanc' öffnen sich zu strahlend weißen Blüten mit wenigen kastanienbraunen Tupfen. Dieses einzeln stehende Arrangement wirkt in einem alten Kupfertopf besonders üppig.*

RECHTS: *Nur wenige Stauden erreichen die Pracht großer Funkien wie etwa* H. sieboldiana *var.* elegans. *Die zurückhaltende Würde dieses kräftigen Horstes in seinem hübschen Gefäß bildet einen reizvollen Kontrast zu der Beetbepflanzung.*

PFLANZGEFÄSSE ALS BLICKFANG

Viele Kübel und Töpfe erfüllen ihren Zweck besonders gut, wenn sie völlig unauffällig bleiben. Eine gelungene Bepflanzung verbirgt die Konturen einer Blumenampel hinter einer wundersam schwebenden Wolke aus Blüten und Blättern, und Kunststofftöpfe bleiben häufig unbemerkt, wenn man sie mitten in eine Gruppe anderer Gefäße stellt und dort zwischen Blättern, Blumen und anderen, attraktiveren Töpfen versteckt.

Verzierte Gefäße lassen der Phantasie mehr Raum. Kübel und Töpfe aus traditionellen Materialien wie Terrakotta, Holz oder Stein eignen sich aufgrund ihrer Farbe und Struktur besonders gut für ausdauernde Pflanzen und bilden mit ihrer zurückhaltend dekorativen Ausstrahlung einen ansprechenden Rahmen für diese Gewächse. Gefäße aus Terrakotta sind häufig gerippt, kanneliert oder mit einem Korbmuster versehen. Solche Oberflächendekorationen – sowie die besonders kunstvollen Basreliefs – können die Strenge einer formalen Bepflanzung mildern.

Übergroße Gefäße sowie Spindeln und Krüge in charakteristischen Formen und Proportionen sollte man häufig gar nicht mit Pflanzen füllen, sondern sie als eigenständige Skulptur im Garten verwenden. Will man diese Behälter dennoch bepflanzen, sollte man sich am besten für Pflanzen entscheiden, die die Form des Gefäßes gut zur Geltung

UNTEN LINKS: *Ausgefallene Farben und Formen können einem Gefäß eine exzentrische Wirkung verleihen. Obwohl er versteckt zwischen Pflanzen steht, zieht dieser mit* Lavandula stoechas *ssp.* pedunculata *bepflanzte Topf durch das gedämpfte Leuchten seines Mosaikmusters alle Blicke auf sich.*

UNTEN RECHTS: *Unter den gezackten Blättern und anmutigen Blütenständen von* Heuchera micrantha *var.* diversifolia *'Palace Purple' kommt die Schlichtheit dieser schlanken, dunklen Keramikvase besonders gut zur Geltung.*

bringen. Eine kaskadenförmige Waldrebe erzeugt in einer hohen Vase einen wasserfallartigen Effekt, während eine Mischung aus buschigen und sich ausbreitenden Pflanzen wie *Diascia*, Pelargonien und Fuchsien einer bauchigen Spindel üppige Fülle verleiht. Gefäße mit prägnanten Formen wie große Kübel oder Spindeln sollten sorgfältig plaziert oder bewußt isoliert und gegebenenfalls auf einen Sockel oder einen umgedrehten Blumentopf gestellt werden, damit sie an Höhe und Ausdruckskraft gewinnen.

Mit Gefäßen in kräftigen Farben verleiht man einem Pflanzschema besondere Tiefe und Schwung: So harmoniert der Grünspan eines alten Kupfertopfs mit bernstein- oder goldfarbenen Tulpen und Schöterich *(Erysimum)*. Gefäße lassen sich auch passend zu einem bestimmten Farbthema bemalen: Diese Methode wird häufig bei hölzernen Blumenkästen angewandt, die so die Farbe der Außenfassade eines Gebäudes widerspiegeln. Große, schwarz und weiß bemalte Fässer ergeben eine passende Basis für formal wirkende Bäume wie die Portugiesische Lorbeerkirsche *(Prunus lusitanica)*. Eine abstrakte oder gegenständliche Verzierung ist dann besonders reizvoll, wenn die Konturen des Topfes eindrucksvoller sind als die Farben der Dekoration – etwa bei großen Krügen mit orientalischen Mustern. Verzierte Gefäße in kräftigen Farben können im Garten auch als Strukturelemente eingesetzt werden: Ein einfacher Topf in leuchtenden Farben, gefüllt mit einer schlichten Blattpflanze wie der Schirmbambus-Art *Fargesia murielae*, stellt einen hübschen Blickfang dar.

UNTEN LINKS: Das Korbmuster und die minimale Bepflanzung mit Zwergbuchsbaum (Buxus sempervirens *'Suffruticosa'*) *lockern die strengen Formen des eindrucksvoll verwitterten Steingefäßes auf seinem passenden Sockel etwas auf.*

UNTEN RECHTS: Diese mit einem lebhaften Bogenmuster verzierte Terrakottaschale von großem Durchmesser wurde mit Geflecktem Geißfuß (Aegopodium podagraria *'Variegatum'*) *bepflanzt und mit Goldhopfen* (Humulus lupulus *'Aureus'*) *umgeben.*

GEFÄSSE IN FORMALEN GÄRTEN

Formale Gärten basieren auf einem symmetrisch angelegten Grundriß und sind häufig zu großen Teilen mit harten Materialien wie Stein oder Ziegel bedeckt. Bepflanzte Gefäße dienen in solchen Gärten dazu, bestimmte Punkte der Geometrie zu betonen; gleichzeitig sollen sie die Strenge des Entwurfs auflockern. Vor allem in kleinen formalen Gärten sind Pflanzen in Kübeln besonders sinnvoll, da sie keinen zusätzlichen Gartenboden benötigen. Die Gefäße sollten dort aufgestellt werden, wo sie gut zur Geltung kommen; allerdings muß auf das zur Verfügung stehende Licht geachtet werden. An zentralen Punkten bilden sie einen attraktiven Blickfang, paarweise angeordnet, ergeben sie einen Rahmen, und in regelmäßigen Intervallen plazierte Pflanzgefäße erzeugen einen Rhythmus.

Zwei gleich bepflanzte Gefäße lassen sich in jedem Garten sinnvoll einsetzen. Wenn man ein Gartenelement mit identischen Pflanzbehältern flankiert, hebt man es dadurch hervor. Zwei Pflanzenkübel können neben Einfahrten, Torbogen oder einer Gartenbank aufgestellt werden und ihnen dadurch optisch mehr Gewicht verleihen.

Mit Hilfe paarweise aufgestellter Gefäße läßt sich ein Ausblick einrahmen – allerdings müssen Behälter und Pflanzen groß genug sein, um den Blick des Betrachters auf sich zu ziehen. Zwei vor einem Fenster aufgestellte Spindeln können eine Aussicht entlang einer Sichtachse schaffen. Dabei sollte der Maßstab der Pflanzbehälter mit der Größe des Gartenelements, das den Ausblick begrenzt, übereinstimmen. Mit gleich bepflanzten Gefäßen lassen sich auch Niveauunterschiede andeuten, indem man die Gefäße am unteren oder am oberen Ende zu beiden Seiten einer Treppe aufstellt. In einem ebenen Garten verleiht dies selbst einer einzigen Stufe zusätzliche Bedeutung.

LINKS: Man kann die Aufmerksamkeit auf ein bestimmtes Gartenelement lenken, indem man zu beiden Seiten identisch bepflanzte Behälter aufstellt – in diesem Fall handelt es sich um hohe Königslilien (Lilium regale), *die von* Hosta sieboldiana *var.* elegans *flankiert werden. Obwohl die Funkien für die Pergola, die sie einrahmen, etwas zu groß erscheinen, bilden ihre dichten, einander überlappenden, blaugrünen Blätter ein ausdrucksstarkes formales Gartenelement.*

RECHTS: Diese bepflanzten Töpfe wurden mit symmetrischer Akkuratesse arrangiert. Die einzelnen Elemente sind rund um einen Wasserspeier gruppiert, der vom kraftvoll wachsenden Goldhopfen fast überwuchert wird.

RECHTS: Dieser formale Zugangsweg demonstriert, wie sich selbst in kleinem Rahmen durch die Wiederholung von Bepflanzungen in regelmäßigen Intervallen ein Rhythmus erzeugen läßt. Entlang dieses Ziegelwegs wurden mit immergrünem Buchsbaum bepflanzte Miniaturrabatten angelegt, deren Rhythmus die zwischen ihnen plazierten Terrakottatöpfe mit weißblühenden Petunien wiederholen. Zwar verleihen die Petunienblüten und die lockeren Formen des Buchsbaums – den man im allgemeinen nur als formierte Pflanze kennt – dem Arrangement eine ausgelassene Note, aber die begrenzte Farbpalette unterstreicht den formalen Gesamteindruck.

LINKS: Große Terrakottatöpfe eignen sich hervorragend für ein klassisches Arrangement aus zwei gleichen Bepflanzungen, die eine Tür flankieren. In einem solch sonnigen Innenhof tragen die Strauchmargeriten (Argyranthemum) *von Frühsommer bis Herbst Blüten.*

UNTEN: Die geometrischen Konturen der Formschnittbäumchen aus Buchsbaum, deren Kuppel- und Kugelformen rund um ein klassisches Halbstämmchen angeordnet sind, lassen diesen kleinen Trog wie einen formalen Garten in Miniaturformat erscheinen – dessen Gleichgewicht durch die von den Schneeglöckchen verursachte leichte Unordnung kaum gestört wird.

Der geometrische Grundriß eines formalen Gartens gibt meist genau vor, an welchen Stellen dekorative Elemente plaziert werden können. In ebenen Gärten, bei denen kaum eine Möglichkeit besteht, weite Ausblicke zu schaffen, empfiehlt sich ein einzelnes bepflanztes Gefäß von passender Größe als Blickfang für das Ende einer Sichtachse. Ein alter Wasserbehälter, den man vor einer Wand aufstellt, kann in einem kleinen Garten einen ähnlichen Zweck erfüllen. Einen auffallenden optischen Mittelpunkt erzielt man mit einer großen Spindel auf einem Sockel. Allerdings benötigt eine bepflanzte Spindel den einförmigen Hintergrund einer Hecke oder Mauer, damit der Betrachter nicht durch die dahinterliegende Landschaft abgelenkt wird.

Einzeln aufgestellte Gefäße – vor allem auf einem Sockel oder Podest – ergeben einen eindrucksvollen Mittelpunkt sowohl für runde, quadratische oder rechteckige Blumenbeete, die die wichtigsten Elemente eines formalen Gartens bilden, als auch für Kreuzungen von Gartenwegen. Die Wiederholung gleicher Pflanzgefäße unterstützt die Geometrie eines formalen Gartens, vor allem, wenn sich dessen Pflanzthema ebenfalls wiederholt.

Schon eine einzige Reihe von Behältern in gleichmäßigen Abständen kann ein besonderes Zeichen setzen: Eine niedrige Mauer oder Balustrade beispielsweise, die eine innere Teilung des Gartens darstellt, eignet sich als idealer Standort für eine Sammlung zueinander passender Spindeln oder Terrakottatöpfe. Und eine Reihe großer, sparsam bepflanzter Töpfe lassen einen eindrucksvollen Rahmen für einen Zugangsweg entstehen.

Eine gleichmäßige Einteilung ist für die Zusammenstellung von bepflanzten Gefäßen in einem formalen Garten von entscheidender Bedeutung. Anstatt eine Spindel oder einen großen Topf in die Mitte einer Kreuzung zu plazieren, kann man gleichartige Gefäße an die Ecken der Kreuzung aufstellen. Auch ein formales, verziertes Wasserbecken läßt sich mit Pflanzbehältern an allen vier Ecken

schmücken. Als bewegliche Dekoration stellen Pflanzen in Kübeln auch bei der Gestaltung des offenen Rechtecks eines Swimmingpools die beste Lösung dar.

In formalen Gärten lassen sich die unterschiedlichsten Gefäße wirkungsvoll einsetzen, wobei traditionelle Formen und Materialien besonders geeignet sind, wenn es darum geht, einen bestimmten historischen Stil nachzuempfinden. Die klaren Formen von Versailles-Kübeln vermitteln den Eindruck klassischer französischer Eleganz, während man in einem Garten im italienischen Stil besser große, schlichte Terrakottatöpfe verwenden sollte. Falls eine opulentere Wirkung angestrebt wird, erlauben bauchige Spindeln eine besonders üppige Bepflanzung.

Um die angenehmen Proportionen eines formalen Gartens abzurunden, sollten sowohl die Pflanzgefäße als auch die Bepflanzung im passenden Maßstab gehalten werden. Vielfach bilden Pflanzen von gleichmäßigem Wuchs die beste Wahl für ein Gefäß in einem formalen Garten. Die strengsten Konturen besitzen geometrisch formierte Pflanzen, die mit ihrem schlichten, immergrünen Laub einem Garten das ganze Jahr über ein präzises Erscheinungsbild verleihen. Um den Garten im Sommer mit farbenfroh blühenden Säulen zu dekorieren, sollte man sich für Halbstämmchen kleiner Gewächse wie Fuchsien oder weniger bekannter Pflanzen, wie etwa die gelbblühende *Lantana camara*, die vor allem in stufenweisen Bepflanzungen gut zur Geltung kommt, entscheiden. Dagegen zeichnen sich einige kleinere Zwiebelgewächse – vor allem Hyazinthen und Tulpen – durch einen aufrechten Wuchs aus.

OBEN: Eine imposante Architektur benötigt große, üppig bepflanzte Gefäße. Bei diesen gleichmäßig über den Innenhof verteilten Terrakottatöpfen werden Keulenlilien von exotischem Blumenrohr mit roten Blüten und violetten Blättern und einem Kranz aus Pelargonien und Tabak (Nicotiana) *umgeben.*

NATURNAHE GÄRTEN

In naturnahen Gärten werden gerade Linien durch Rundungen ersetzt, und die Symmetrie weicht einer fließenden, aber dennoch ausgewogenen Raumaufteilung. Allerdings handelt es sich nicht bei allen naturnah angelegten Flächen um große, üppig wuchernde Gärten mit gewundenen Pfaden – auch mit Holz belegte oder gepflasterte Bereiche können asymmetrisch und naturnah gestaltet werden, in dem man Pflanzgefäße immer wieder neu arrangiert.

Für eine naturnahe Wirkung sind die Pflanzen wichtiger als die Kübel und Töpfe, in denen sie wachsen. Daher kann man für eine lebendige, natürliche Bepflanzung auf die ganze Vielfalt der zur Verfügung stehenden Gefäße zurückgreifen. Es lassen sich Kontraste erzeugen, indem in Größe und Charakter völlig unterschiedliche Pflanzen nebeneinander gestellt werden – beispielsweise hoher Schirmbambus *(Fargesia nitida)* neben das viel weichere, niedrigwachsende Gras *Hakonechloa macra* 'Aureola'. Oder man plaziert Pflanzen mit aufrechtem Wuchs neben wuchernden oder buschig wachsenden Arten – hier wäre eine Kombination von Lilien mit Petunien und Verbenen denkbar. Man kann aber auch attraktive Blattpflanzen wie die glänzende, immergrüne Orangenblume *(Choisya ternata)* mit blühfreudigen Strauchmargeriten *(Argyranthemum)* mischen.

Auch die verwendeten Gefäße sollten sich durch eine möglichst große Vielfalt auszeichnen. Ein großer Behälter, der von einer Gruppe kleinerer Töpfe umgeben ist, erinnert auf witzige Weise an eine Henne mit ihren Küken. Dabei können Größenunterschiede durch die Anordnung der Gefäße noch zusätzlich betont werden: Hierfür eignet sich ein Blumengestell gut, um dessen Sockel man eine dichtgedrängte Gruppe kleiner Blumentöpfe arrangiert. Eine ähnliche Wirkung läßt sich erzielen, wenn man Gefäße auf eine Treppe plaziert; allerdings sollten die Töpfe in kleinen Gruppen arrangiert werden, damit kein Durcheinander

LINKS: Miteinander verwobene Formen und gemischte Farben verleihen dieser zwanglosen Gruppe von Pflanzgefäßen optischen Zusammenhalt. Die Blau-, Mauve- und Rosaschattierungen von Brachycome iberidifolia, Diascia, *Salbei und Verbene verbinden sich zu einem harmonischen Gesamteindruck.*

RECHTS OBEN: Die so häufig in ordentlich wirkenden Frühjahrsarrangements verwendeten Tulpen sind durchaus in der Lage, einem Garten ein zwangloses Flair zu verleihen – vor allem, wenn ihre Blüten in diesem sanften Apricot leuchten. Die spätblühenden Tulpen wurden mit einer Funkie unter einem übergeneigten Bambus gruppiert.

RECHTS UNTEN: Die schönsten naturnahen Arrangements erzeugen den Eindruck, als seien sie zufällig entstanden. Diese Sammlung einfacher Töpfe bietet ein unkompliziertes Farbthema aus Weiß (Schmuckkörbchen), Grau (die eleganten Blätter von Senecio vira-vira*) und Violett (Lobelie).*

entsteht. Mehrere an einer Pergola oder einem Portal aufgehängte Ampeln sollten in der Höhe variieren, um keinen monotonen Eindruck zu erzeugen. Dagegen können auf dem Boden zu Gruppen zusammengestellte Pflanzgefäße mit verschiedenen Farben und Strukturen den Charme der Bepflanzung durchaus erhöhen.

Während großzügig über einen ausgedehnten Garten verteilte, bepflanzte Gefäße sehr attraktiv wirken können, sollte man auf einer Terrasse, in einem Innenhof oder einem gepflasterten Bereich mit relativ begrenztem Raum Pflanzgefäße nicht allzusehr verstreut plazieren – schließlich wird ja noch Platz für Gartenmöbel und Gäste benötigt. Daher ist es schon aus praktischen Erwägungen ratsam, bepflanzte Gefäße zu einer Gruppe zusammenzustellen – aber auch in ästhetischer Hinsicht spricht einiges dafür. Eine solche Gruppe kann sich als schmale »Rabatte« von unregelmäßiger Höhe an einer Seite eines Innenhofs entlangziehen oder in einer Ecke der Terrasse ein Meer von Blumen und Blüten entstehen lassen.

GEFÄSSE ALS FASSADENSCHMUCK

Die Verschönerung einer Fassade durch Pflanzgefäße bietet viele interessante Gestaltungsmöglichkeiten: Ein ansprechend bepflanztes Gefäß kann sowohl langweilige glatte Wände beleben als auch häßliche oder reine Nutzbauten, wie etwa einen Schuppen, attraktiver gestalten.

In Kübeln und Töpfen kultivierte Pflanzen können auf dem Boden, vor Fenstern und auf Balkonen plaziert, an Wänden oder Säulengängen aufgehängt oder an Torbogen befestigt werden. Die einfachste Form der Dekoration besteht aus einem einzigen Gefäß, etwa einem einzelnen Blumenkasten oder einer Gruppe von Blumenkästen, während sich ein kunstvolleres Arrangement aus verschiedenen Pflanzen in einer Auswahl von Behältern – Tröge, Töpfe, Blumenkästen und Ampeln – zusammenstellen läßt, die über die gesamte Hausfassade verteilt werden können.

Um die Vorderfront eines Gebäudes einfach, aber wirkungsvoll zu verzieren, kann man zwei gleichartig bepflanzte Gefäße ebenerdig zu beiden Seiten einer Tür oder eines Fensters aufstellen. Die geometrischen Konturen von formierten Bäumchen können das Gleichmaß einer symmetrischen Fassade zusätzlich betonen, während Bepflanzungen mit weniger strengen Umrissen wie Halbstämme, Sträucher (beispielsweise Mophead-Hortensien) und Kübel mit Frühlingszwiebelgewächsen oder einjährigen Sommerpflanzen ein gesichtsloses Gebäude herausputzen. Die strengen Linien eines von harten Oberflächenmaterialien umgebenen Gebäudes können durch eine schmale Einfassung aus bepflanzten Gefäßen aufgelockert werden. Im einfachsten Fall besteht diese aus einer Topfreihe mit Pelargonien parallel zur Straßenfront, aber sie kann sich auch zu einem kunstvollen Arrangement aus Gefäßen verschiedenster Größe entwickeln, die zwei oder drei Reihen tief und in unterschiedlichen Höhen plaziert werden.

Die klassische Methode des Fassadenschmucks besteht darin, Fenster und Balkone mit Blumenkästen, Kübeln und Töpfen zu verschönern. Für solche Zwecke besonders geeignete Pflanzen müssen windunempfindlich sein – wie etwa kurzstielige Narzissen, Zwergtulpen und kompakte Sorten beliebter Beetpflanzen. Ein mit exquisiten Schönheiten wie Zwergzwiebelpflanzen gefüllter Blumenkasten bietet, aus dem Hausinneren betrachtet, einen unvergleichlichen Anblick. Auch Balkone eignen sich als Rahmen für kleine Gärten, die von den angrenzenden Räumen aus besonders attraktiv erscheinen. Doch die eigentliche Qualität von Balkonen liegt in der Möglichkeit, aus ihnen beeindruckende hängende Gärten voll eleganter Rankpflanzen wie graublättriges *Helichrysum petiolare* oder Große Kapuzinerkresse *(Tropaeolum majus)* zu gestalten.

OBEN: *In dieser Ampel ergießen sich weiche, gelbblühende Hängebegonien und* Cuphea ignea *über die gefleckten Blätter der* Tolmiea menziesii *'Taff's Gold' und helle Lobelien.*

LINKS: *Formierte Halbstämme und weiße und cremefarbene Blumen – Rosen, Lilien, Stiefmütterchen und Ritterstern – wurden rund um die Fenster arrangiert und bieten sowohl von außen als auch von innen einen attraktiven Anblick.*

OBEN: *Bei manchen Dekorationen gilt: je einfacher, desto besser. In diesem Fall bietet der schlichte, rustikale Rahmen eines winzigen, befestigten Fensterladens die perfekte Umgebung für eine einzelne Pelargonie.*

Gestaltung und Pflege von Topfgärten

Dank der riesigen Auswahl von Kübeln und Töpfen lassen sich heute fast alle Blumen und Blattpflanzen in Gefäßen kultivieren – von bodendeckenden Zwergsorten bis hin zu großen Sträuchern und sogar Bäumen. Dabei ist die Anlage eines Topfgartens selbst für Anfänger völlig problemlos, solange man einige einfache Grundregeln in bezug auf gute Drainage, Wasser und Nährstoffe befolgt und damit die richtigen Bedingungen für kraftvollen und gesunden Pflanzenwuchs schafft. Das folgende Kapital enthält sämtliche praktischen Informationen, die für die Kultur von Pflanzen in Kübeln und Töpfen nötig sind. Es gibt wichtige Tips zu Pflanzgefäßen sowie Vorschläge für ihre Dekoration. Ausführliche, illustrierte Schritt-für-Schritt-Anleitungen zeigen die wichtigsten Techniken zur Bepflanzung von Gefäßen mit unterschiedlichen Pflanzen. Es folgen Hinweise zur allgemeinen Pflanzenpflege, aber auch wie Pflanzen formiert und erzogen werden sowie alles Wissenswerte über die Bekämpfung von Schädlingen und Krankheiten. Und für die vielen Gärtner, deren besonderes Vergnügen darin besteht, eigene Sorten zu ziehen und dadurch die Pflanzenauswahl zu vergrößern, werden auch die Grundlagen der Vermehrung erläutert. Mit anderen Worten: Dieses Kapitel enthält alles, was man wissen muß, um einen gelungenen Topfgarten entstehen zu lassen.

Dieser Gartenweg wird von einer Sammlung wunderschöner Terrakottagefäße gesäumt, von denen einige noch auf Pflanzen warten. Neben der geschickten Zusammenstellung von Pflanzen- und Gefäßformen besteht bei der Pflege eines Topfgartens die besondere Herausforderung für den Gärtner darin, die Pflanzen ihrer jeweiligen Wachstumsphase entsprechend richtig zu behandeln.

DIE AUSWAHL DES GEFÄSSES

Pflanzgefäße werden aus den verschiedensten Materialien hergestellt – von billigem Kunststoff bis hin zu Marmor und Bronze – und sind in einer umfangreichen Auswahl von Formen und Größen erhältlich. Ein Pflanzgefäß muß nur wenige grundlegende Bedingungen erfüllen: Es sollte genügend Blumensubstrat fassen, damit eine Pflanze für ihr Wachstum ausreichend Wurzeln bilden kann sowie genügend Feuchtigkeit und Nährstoffe erhält; es sollte Drainagelöcher besitzen, damit überschüssiges Wasser abläuft und keine Staunässe entsteht, und es muß ausreichende Stabilität besitzen. Der Preis, das Aussehen und einige wenige praktische Erwägungen spielen bei der Auswahl eines Gefäßes ebenfalls eine wichtige Rolle.

Alle bepflanzten Gefäße müssen entweder von Hand gegossen oder an ein Bewässerungssystem angeschlossen werden. Da Kunststoff und Fiberglas undurchlässige Materialien sind, benötigen Pflanzen in solchen Gefäßen seltener Wasser als etwa in einem porösen Terrakottatopf. Allerdings kann man auch Terrakottagefäße mit Plastikfolie auslegen und so die Feuchtigkeit bewahren.

Schwere Kübel und Töpfe sind im allgemeinen standfester als Gefäße aus leichten Materialien. Ihr hohes Gewicht ist in vielen Fällen von Vorteil – solange das Gefäß nicht bewegt werden muß. Besonders leichte Behälter empfehlen sich dagegen für Dachgärten, Balkone oder überall dort, wo die Tragkraft nicht allzu hoch ist.

Bei besonders teuren Gefäßen spielt auch die Haltbarkeit eine wichtige Rolle. Frost kann beispielsweise Steingutgefäße beschädigen, Glasuren brechen und abspringen und Terrakottagefäße, die bei niedrigen Temperaturen gebrannt wurden, splittern lassen. Daher sollten solche Gefäße in frostgefährdeten Regionen den Winter über immer ins Haus gestellt werden. Die Korrosion von Metallgefäßen läßt sich dagegen bis zu einem gewissen Grad durch chemische Mittel verhindern, und mit Hilfe von Holzschutzmitteln kann man auch die Haltbarkeit von Holzgefäßen verlängern. Synthetische Materialien – vor allem Kunststoff – sind leicht zu reinigen, was das Risiko verringert, daß Schädlinge oder Krankheiten von einer Blüteperiode in die nächste übernommen werden. Bei Gefäßen mit porösen oder rauhen Oberflächen ist die Gartenhygiene dagegen wesentlich schwieriger.

GLASIERTE GEFÄSSE UND TERRAKOTTAGEFÄSSE

Der Gebrauch von Terrakotta für Pflanzgefäße geht bis in die Antike zurück. Die Porosität dieses Materials bietet einige Nachteile: Die Pflanzen müssen regelmäßig gegossen werden, seine Oberfläche ist schwer zu reinigen, und die Gefäße sind nur dann frostbeständig, wenn sie bei hohen Temperaturen gebrannt wurden. Andererseits paßt Terrakotta optisch so gut zu fast jeder Pflanzenart, daß man diese negativen Punkte in Kauf nimmt. Die Farbabweichungen des Materials entstehen durch unterschiedliche Lehmsorten oder höhere Brenntemperaturen. Töpfe aus glasiertem Steinzeug sind zwar undurchlässig und leichter zu reinigen, aber auch nicht frostbeständig.

HOLZ

Dieses vielseitige Material eignet sich besonders gut für Maßanfertigungen und besitzt eine lange Lebensdauer, wenn man es mit Holzschutzmitteln vorbehandelt. Aus Holz lassen sich formale Pflanzgefäße – wie klassische Blumenkästen und Versailles-Kübel – ebenso gut herstellen wie rustikale Tröge und Bottiche (rechts).

WANDTÖPFE AUS TERRAKOTTA

Kleine, an der Wand aufgehängte Gefäße aus Terrakotta (oben) eignen sich für eine Vielzahl rankender Pflanzen. Diese Töpfe müssen besonders sorgfältig befestigt werden.

STEIN UND STEINERSATZSTOFFE

Kübel und Töpfe aus Beton und Verbundwerkstoffen (rechts) sind sowohl preisgünstiger als auch leichter erhältlich als Gefäße aus Marmor und Sandstein. Sie nehmen schnell ein verwittertes Aussehen an, das an die »Patina« von Natursteingefäßen erinnert. Alle diese Materialien sind schwer und haltbar.

KUNSTSTOFF- UND DRAHTGEFLECHT

Halter aus Kunststoff- oder Drahtgeflecht (oben), in die man Töpfe und Schalen setzen kann, lassen sich sowohl an Wänden als auch an Decken aufhängen. Traditionelle Blumenampeln besitzen einen verzinkten oder kunststoffbeschichteten Drahtkorb und werden, wie viele an der Wand befestigte Metallgefäße, innen mit Folie oder Matten ausgelegt.

KUNSTSTOFF

Kunststoff (links) ist das verbreiteste Material für Pflanzgefäße, obwohl sein Aussehen immer wieder ästhetische Einwände hervorruft. Dabei ist er nicht nur preiswert, sondern auch leicht und einfach zu reinigen und in schwereren Ausführungen standfest und haltbar. Behälter aus festem Kunststoff findet man in vielen Formen; die für Pflanzsäcke verwendete Folie wird auch zum Auslegen anderer Gefäße verwendet.

FIBERGLAS

Dieser leichte Werkstoff läßt sich in viele Formen gießen (unten). Fiberglas wird häufig zur Nachahmung traditioneller, teurer Materialien wie Blei und Bronze verwendet und wirkt besonders elegant bei Gefäßen mit glatten Oberflächen und klaren Linien. Dieses Material ist zwar relativ brüchig, kann aber nicht verrotten.

BLEI

Gefäße aus geschmiedetem oder gegossenem Metall – Blei, Kupfer, Bronze und Eisen –, die in vergangenen Jahrhunderten häufig verwendet wurden, verleihen einem Garten ein historisches Flair. Alte Spindeln und Zisternen aus Blei haben sich als sehr haltbar erwiesen, sind aber relativ schwer zu finden und teuer. Doch auch moderne Exemplare (oben) sind meist in einem traditionellen Design gehalten.

ANFERTIGUNG EINES BLUMENKASTENS AUS HOLZ

Holz gilt als das vielseitigste Material für maßgefertigte Blumengefäße, und selbst ein Gärtner mit geringen handwerklichen Kenntnissen ist in der Lage, aus fertig zugeschnittenen Holzbrettern einen einfachen Blumenkasten oder Kübel zusammenzubauen. Mit Hilfe der hier gezeigten Anleitung lassen sich Blumenkästen in den verschiedensten Größen herstellen, wobei man im Bedarfsfall lediglich die Längen-, nicht aber die Breiten- und Höhenmaße verändern muß. Die Vorder- und Rückseite bestehen nur deshalb aus jeweils zwei Brettern, weil schmale Holzbretter in einem Heimwerkergeschäft leichter zu finden sind als breite. Auch der Boden wurde aus zwei Brettern zusammengesetzt, wobei der schmale Spalt in der Mitte zur Drainage dient. Wenn Sie einen Blumenkasten in einer anderen als der hier angegebenen Länge anfertigen wollen, sollten Sie daran denken, daß die Bodenbretter die gleiche Länge besitzen müssen wie die Bretter der Vorder- und Rückseite – abzüglich der Dicke der Seitenteile.

Das hier verwendete Weichholz stellt eine preiswerte Alternative zu teuerem Hartholz dar. Es läßt sich leicht bearbeiten und mit Hilfe eines Holzschutzmittels haltbar machen. Sie benötigen Bretter in folgenden Maßen:

Vorder- und Rückseite: 4 Bretter von je 50 x 9,5 x 1,5 cm
Seitenteile: 2 Bretter von je 17 x 19 x 2,5 cm
Boden: 1 Brett von 45 x 9,5 x 1,5 cm und 1 Brett von 45 x 8 x 1,5 cm
Füße: 3 Bretter von je 21 x 5 x 2,5 cm

ZUSAMMENBAU UND DEKORATION EINES HÖLZERNEN BLUMENKASTENS

1 *Die fertig zugeschnittenen Holzbretter nach Größe sortiert auf einen stabilen Tisch oder eine Werkbank legen. Einen Hammer und ungefähr drei Dutzend 4 Zentimeter lange Nägel bereithalten.*

2 *Die beiden Bodenbretter so auf die drei Füße legen, daß zwischen ihnen ein etwa 5 Millimeter breiter Spalt bleibt; danach deren Lage mit dem Bleistift anzeichnen. Gleichzeitig überprüfen, ob die Seitenteile passen.*

3 *Die Vorder- und Rückseite sowie die Seitenteile zur Seite legen und die Bodenbretter auf die Füße nageln; dazu je zwei Nägel schräg versetzt durch das Bodenbrett in jeden Fuß schlagen.*

4 *Anschließend den eigentlichen Blumenkasten zusammensetzen: Die Bretter der Vorder- und Rückseite mit je zwei Nägeln pro Seite (schräg versetzt) an den Seitenteilen befestigen.*

5 *Wenn der eigentliche Blumenkasten zusammengebaut ist, den Kasten umdrehen und den bereits fertigen Boden (siehe Schritt 3) vorsichtig einsetzen; gegebenenfalls leicht mit dem Hammer nachhelfen.*

6 *Dann den Boden befestigen: Den Blumenkasten auf die Rückseite legen und an drei Punkten den Boden mit Nägeln an der Vorderseite befestigen. Anschließend den Vorgang auf der Rückseite wiederholen.*

7 *Den Blumenkasten zuerst mit einem für Pflanzen ungiftigen Holzschutzmittel behandeln und trocknen lassen. Danach auf die saubere Fläche eine Grundierung auftragen und ebenfalls trocknen lassen.*

8 *Den Blumenkasten von außen mit einer Dispersionsfarbe streichen, die zu den Farben der Umgebung des späteren Standorts paßt; nach Wunsch können Sie den Kasten auch mit Hilfe einer Schablone verzieren oder von Hand bemalen.*

9 *Das fertige Holzgefäß läßt sich entweder als Blumenkasten für die Fensterbank oder als Holztrog im Haus oder Garten verwenden. Hier wurde es mit einer Mischung aus Studentenblumen, Zinnien und Rudbeckien bepflanzt und dient als leuchtender Blickfang eines Innenhofs.*

DEKORATION VON BLUMENTÖPFEN

Eine Möglichkeit, dem eigenen Topfgarten eine individuelle Note zu verleihen, besteht darin, Töpfe, Blumenkästen und Kübel mit selbst entworfenen Dekorationen zu schmücken. Am einfachsten läßt sich dies mit Farben verwirklichen – nahezu jedes Material kann mit einem Anstrich versehen werden, egal, ob es sich um Holz, Terrakotta, Beton, Kunststoff oder Metall handelt. Gefäße werden häufig bemalt, um sie dadurch den Farben ihrer Umgebung anzupassen, aber eine Bemalung oder Dekoration kann weit über diesen Anspruch hinausgehen: Mit einem dünnen Anstrich beispielsweise läßt sich ein Behälter selbst auf zarteste Nuancen abstimmen. Man kann Gefäße aber auch aus rein dekorativen Zwecken bemalen – entweder einfarbig oder in mehreren Farben, mit Streifen oder Randverzierungen. Streifenmuster lassen sich leichter auftragen, wenn man die Bereiche des Topfes, die nicht bemalt werden sollen, zuvor mit Kreppband abklebt; ein Beispiel dafür sind die auf dieser Doppelseite vorgestellten dreifarbigen Terrakottatöpfe.

Die Verwendung von Schablonen, die entweder in Geschäften für Künstlerbedarf zu erhalten sind oder die man selbst entwerfen und aus Schablonierpapier ausschneiden kann, bietet eine weitere Möglichkeit, Gefäße mit einem schlichten, ausdrucksstarken Ziermotiv in einer oder mehreren Farben zu versehen. Mit der Schwamm- oder der Stupftechnik, durch Vergolden oder mit der freien Hand aufgemalte gegenständliche oder abstrakte Motive lassen sich eine ganze Reihe weiterer Effekte erzeugen; dabei können alle diese Dekortechniken entweder einzeln oder auch in Kombination miteinander angewandt werden, um noch kunstvollere Resultate zu erzielen.

Mit einem Schlußanstrich läßt sich auch das Aussehen von Metall imitieren, sogar der wunderbare Grünspan verwitterter alter Kupfer- oder Bronzegefäße wie des auf Seite 109 abgebildeten Kupfertopfs. Die Tiefe einer solchen »Patina« wird durch das Auftragen mehrerer verschiedener Farbschichten täuschend echt wiedergegeben (siehe Anleitung Seite 36 f.).

Häufig ist eine schlichte Bepflanzung die beste Ergänzung für ein in kräftigen Farben bemaltes Gefäß. Die violetten Blüten dieses kompakten Lavendels (Lavandula angustifolia *'Hidcote'*) *harmonieren wunderbar mit dem Streifenmuster des Blumentopfs.*

TERRAKOTTATOPF MIT STREIFENMUSTER

1 *Den Topf gründlich reinigen und trocknen; danach auf der Außenseite eine gleichmäßige Schicht blauer Dispersionsfarbe auftragen, die über den Rand und bis zu 5 Zentimeter tief in das Topfinnere reichen sollte.*

2 *Wenn die Farbe getrocknet ist, den Rand mit Kreppband abkleben. Dann den Topf vom Boden aus strahlenförmig mit Kreppbandstreifen bekleben; die Streifen sollten am Fuß des Topfs etwa 5 Millimeter weit auseinanderliegen.*

3 *Auf die Außenseite des Topfs eine Schicht rötlichbrauner Dispersionsfarbe auftragen. Die Kreppbandstreifen erst dann abziehen, wenn die Farbe völlig trocken ist, da sonst die Farbe noch verwischen kann.*

4 *Falls Sie das blau-rote Muster mit weiteren schmalen weißen Streifen ergänzen wollen, bekleben Sie den Topf so mit Kreppband, daß rechts neben dem blauen Streifen lediglich ein schmaler Spalt rötlichbrauner Farbe sichtbar bleibt.*

5 *Anschließend mit cremeweißer Dispersionsfarbe die noch sichtbaren, schmalen Streifen rötlichbrauner Farbe übermalen. Die Farbe trocknen lassen; dann das Kreppband abziehen.*

6 *Das Muster auf diesem gestreiften Blumentopf ist nur einer von vielen dekorativen Effekten, die sich mit Hilfe verschiedener Mal- und Dekortechniken und Farbe erzielen lassen.*

»PATINA« FÜR EINEN TERRAKOTTATOPF

1 *Den Topf reinigen und trocknen lassen; danach die Außenseite mit dunkelgrüner Dispersionsfarbe bemalen. Auf der Innenseite sollte die Farbe nur so weit aufgetragen werden, daß sie später bis kurz unterhalb der Substratoberfläche reicht.*

2 *Wenn die erste Farbschicht trocken ist, mit einem Stupfpinsel mit kurzen, dichten Borsten blaugrüne Dispersionsfarbe auftragen; dabei zuerst das Relief des Terrakottatopfs herausarbeiten.*

3 *Die blaugrüne Farbe vollständig trocknen lassen. Um eine tiefe, kontrastreiche »Patina« zu erhalten, an einigen Stellen erneut dunkelgrüne Farbe leicht auftragen; der blaugrüne Anstrich sollte jedoch noch durchscheinen.*

4 *Eine dünne Schicht weißer Dispersionsfarbe auftragen; dabei möglichst schnell arbeiten und immer nur einen Abschnitt bemalen, so daß der nächste Schritt ausgeführt werden kann, solange die Farbe noch feucht ist.*

5 *Mit einem feuchten, sauberen Tuch alle überschüssige weiße Farbe abwischen, so daß das Blaugrün und das Dunkelgrün der darunterliegenden Farbschicht gedämpft werden.*

6 *Ziel ist es, einen impressionistischen Effekt zu erzeugen – falls Ihnen das Resultat jedoch nicht zusagt, können Sie einfach erneut Farbe auftragen.*

Die herrliche Patina eines alten Kupfertopfs läßt sich auf einer strukturierten Oberfläche leichter nachahmen als auf glatten Flächen. Die Farbschichten müssen so aufgetragen werden, daß Schatten und Glanzlichter besonders hervortreten. Die Stengel der Lacecap-Hortensie wurden einzeln gestützt, damit sie nicht umfallen und die Blüten sich in gleicher Höhe befinden.

AUSGEFALLENE PFLANZGEFÄSSE

Wer seinem Topfgarten eine individuelle Note verleihen möchte, kann die üblichen Töpfe, Blumenkästen und Kübel mit selbst entworfenen Dekorationen schmücken. Als Alternative dazu bietet sich das Bepflanzen ausgefallener Behälter an, die eine charakteristische oder originelle Form besitzen. Dies bedeutet, daß man Pflanzgefäße auch außerhalb des Gartenhandels suchen sollte, obwohl sein riesiges Angebot auch Gefäße in außergewöhnlichen Formen und Farben umfaßt. Alte Krüge und Schüsseln aus Keramik, Siebe, Töpfe und Eimer aus Metall sowie Körbe gehören zu denjenigen Haushaltsgegenständen, die sich mit geringem Kostenaufwand wiederverwerten lassen. Auch antike Objekte eignen sich als Pflanzbehälter, aber diese Stücke sind meist kostbar und können leicht aus dem Garten gestohlen werden. Antike Wasserspeier, Taufbecken und Sarkophage kommen als Pflanzgefäße ebenso in Frage wie Kübel und Becken aus Marmor, Kupferbottiche oder Zisternen und Trichter aus Blei. Kaminaufsätze zählen zu den etwas bescheideneren architektonischen Dekorobjekten, können aber in kleinen Gärten einen attraktiven Blickfang bilden.

Ein Pflanzgefäß muß nur wenige grundlegende Bedingungen erfüllen: Es sollte genügend Blumensubstrat fassen, um das Pflanzenwachstum zu sichern, sowie über ausreichend Drainagelöcher verfügen, damit sich keine Staunässe bildet. Selbst wenn ein Behälter bereits Drainagelöcher besitzt, müssen diese häufig vergrößert werden, so daß überschüssiges Wasser schnell ablaufen kann und das Pflanzsubstrat nicht versumpft. Dabei lassen sich einige Materialien, wie etwa glasierte Keramik, nur äußerst schwierig durchbohren. Wenn die Gefahr besteht, daß das Gefäß beim Bohren der Drainagelöcher Schaden nimmt, sollte man diesen Behälter nur als Übertopf verwenden.

Behälter mit einer durchbrochenen Struktur, wie zum Beispiel Körbe, müssen vor dem Bepflanzen mit Folie ausgelegt werden (die Folie sollte an einigen Stellen für die Drainage durchstochen werden). Zwar läßt sich durch das Auslegen die Lebensdauer einiger Materialien verlängern, aber bei Korbwaren lohnt sich eine zusätzliche Vorsichtsmaßnahme: Behandeln Sie Weidenkörbe mit einem Schutzmittel, oder lackieren Sie sie mit Klarlack.

Ein einfallsreicher Gärtner kann vielen alten Gegenständen des täglichen Bedarfs – ob Kochtöpfen, Zinkeimern oder Weidenkörben – neues Leben einhauchen, indem er sie als Pflanzgefäße wiederverwendet. Auch architektonische Objekte wie alte Kaminaufsätze lassen sich als Pflanzenbehälter nutzen. Allerdings müssen oft zusätzliche Drainagelöcher in den Boden gebohrt werden.

RECHTS: Eine hölzerne Schubkarre eignet sich hervorragend als bewegliches Pflanzgefäß für ein Arrangement aus Sommerblumen.

UNTEN LINKS: Kaminaufsätze sollten entweder mit Folie ausgelegt werden oder nur als Übertopf dienen. Rankpflanzen wie Helichrysum petiolare *'Limelight' kommen in derartigen architektonischen Objekten besonders gut zur Geltung.*

UNTEN RECHTS: Die Struktur eines geflochtenen Korbs ergibt einen attraktiven Kontrast zu Blumen und Blättern. Dieser Korb quillt über vor Petunien und Efeu.

LINKS: Zonalpelargonien bilden den auffälligsten Blickfang in diesem attraktiven Arrangement aus Blättern und Blüten in einem alten Metallgefäß. Das matte Schieferblau des Behälters harmoniert sehr schön mit dem Silbergrau des alten Baumstumpfs und bildet eine unauffällige, angenehme Basis für die Pflanzen.

RECHTS: Dieser alte Kupfertopf bildet einen schlichten, aber bezaubernden Mittelpunkt des Gartens – dank seiner Größe und Form, seiner regelmäßigen Nietnaht und seiner wunderschönen Patina.

UNTEN: Alte Steinbecken finden häufig als Behälter für kleine Gruppen von Steingartenpflanzen Verwendung. Ihre Schönheit fällt noch mehr ins Auge, wenn man sie etwas erhöht aufstellt. Dieses alte Becken vor einer hohen Mauer zeigt eine unkonventionelle Bepflanzung aus leuchtenden Gazanien.

OBEN: Eine Zisterne aus Blei mit einer Datierung aus dem 18. Jahrhundert ergibt einen großartigen Behälter für eine Bepflanzung aus Pelargonien, Strauchmargeriten und verschiedenen Blattpflanzen. Original erhaltene Exemplare dieser Art zählen – ebenso wie die Imitationen aus dem 19. und 20. Jahrhundert, die oft mit falschen Datierungen versehen sind – zu den schönsten großen Pflanzbehältern. Allerdings müssen sie an ihrem endgültigen Standort aufgestellt werden, bevor man sie mit Blumensubstrat füllt und bepflanzt.

LINKS: Gänseblümchen (Bellis perennis) *und Blaustern* (Scilla siberica) *drängen sich in einem Drahtkorb, der ursprünglich als Obstkorb gedient hat.*

TRANSPORT VON PFLANZGEFÄSSEN

Große, mit Blumensubstrat und Pflanzen gefüllte Kübel und Töpfe sind schwer und unhandlich. Aus diesem Grund sollten Blumenkästen und Übertöpfe erst an ihren Standort gebracht und dann bepflanzt werden. Falls man sie jedoch trotzdem nach der Pflanzung bewegen will, muß man darauf achten, daß zuvor alles Wasser ablaufen kann.

Wenn Gefäße, Blumensubstrat und Pflanzen im Garten hin und her bewegt werden müssen, sind mechanische Hilfsmittel sehr hilfreich. Mit einer Schubkarre lassen sich fast alle Dinge des Gartenbedarfs transportieren – mit Ausnahme besonders schwerer Objekte, die nicht über die Karrenwand gehoben werden können. Ein Handwagen eignet sich besser für solche Aufgaben; aber da man ihn nur sehr selten braucht, sollte man ihn im Bedarfsfall einfach mieten. Ein Rollwagen aus Holzbrettern und Möbelrollen ist dagegen extrem nützlich, wenn man bepflanzte Gefäße auf einer ebenen Fläche bewegen will; manche Modelle sind sogar als Ständer für Blumentöpfe konzipiert. Eine weitere Möglichkeit zum Transport großer Blumenbehälter bieten einfache Rollen, in Form von etwa 4 bis 5 Zentimeter dicken Röhren oder Rundhölzern, auf die man Bretter legt.

Man kann einen schweren Gegenstand auch bewegen, indem man ihn über den Boden zieht, etwa auf starker Gartenfolie. Stufen überwindet man am besten mit Hilfe einer kurzen Rampe aus Brettern. Große Blumentöpfe mit einem kreisrunden Fuß sollte man besser rollen als heben.

PFLANZEN UND TÖPFE IN EINER SCHUBKARRE TRANSPORTIEREN

LINKS: Eine Schubkarre ist besonders in mittelgroßen oder großen Gärten nützlich, wenn es darum geht, leere Blumentöpfe, Säcke mit Blumensubstrat und große Mengen von Pflanzen von einem Ort zum anderen zu transportieren. Der Nachteil besteht darin, daß große, schwere Objekte über den Karrenrand gehoben werden müssen.

EIN GEFÄSS ROLLEN

EIN ROLLWAGEN FÜR TÖPFE

GANZ LINKS: Große Blumentöpfe mit einem runden Fuß sollte man besser rollen als heben.

LINKS: Ein im Handel erhältlicher oder selbst angefertigter Rollwagen eignet sich zum Transport großer Gefäße über ebene Flächen.

SICHERUNG VON PFLANZGEFÄSSEN

Wenn ein Gefäß nicht sicher aufgestellt und standfest ist, besteht die Gefahr, daß es umgeweht oder umgestoßen wird oder bei seinem Fall zerbricht und Schäden beziehungsweise Verletzungen verursacht. Daher sollte man vor allem bei Blumenampeln, Balkonkästen und Gefäßen auf Dachgärten besondere Vorsicht walten lassen.

Eine frisch gegossene Ampel ist ein schwerer Gegenstand, der von kräftigen Trägern, stabilen Ketten oder einem festen Seil gehalten werden sollte und an einer sicheren Befestigung hängen muß. Ein dafür gedachter Wandträger benötigt einen Stützarm, der so lang ist, daß die Ampel von der Wand entfernt hängt. Zum Bewässern wird die Ampel mit Hilfe eines Flaschenzugs herabgelassen.

Bepflanzte Blumenkästen sind aufgrund ihres hohen Eigengewichts relativ standfest; dennoch sollte man einige Sicherheitsvorkehrungen treffen. Ein speziell angefertigtes Sicherheitsgeländer läßt sich unauffällig verstecken. Wenn Blumenkästen unterhalb des Fensters plaziert sind, sollten sie mit Winkelträgern aus Metall abgestützt sein; sie lassen sich an der Wand befestigen und auch noch mit einer Sicherheitskette kombinieren.

Häufig läßt die Tragkraft von Dachgärten und Balkonen nur leichte Gefäße und Substrate zu. In solchen Fällen sollte man sich für Töpfe mit breitem Fuß entscheiden und sie in der Nähe einer Wand oder eines Paravents in Gruppen aufstellen, um ihnen den meisten Schutz zu bieten.

BLUMENKÄSTEN SICHERN

STÜTZEN FÜR KÜBEL UND TÖPFE

EINE BLUMENAMPEL AUFHÄNGEN

OBEN LINKS: Bei Blumenkästen ist Sicherheit oberstes Gebot. Stabile Winkelträger halten den Kasten an seinem Platz.

OBEN RECHTS: Alle Gefäße, die keine eingebauten Füße oder einen festen Boden besitzen, sollten auf niedrigen Stützen stehen, die entweder speziell angefertigt oder aus Ziegelsteinen, Steinen oder Holz improvisiert werden können; auf diese Weise fließt auch das überschüssige Wasser ungehindert ab.

LINKS: Es bedarf eines stabilen Wandhalters, um das Gewicht einer frisch gegossenen Ampel zu tragen. Dieser Wandhaken dient nicht nur als Stütze, sondern ist sehr dekorativ und besitzt einen langen Arm, so daß die Ampel von der Wand entfernt hängt.

GARTENGERÄTE UND PFLANZSUBSTRATE

Für die Arbeit im Topfgarten benötigt man nur wenige Dinge. Es lohnt sich, nur Gartengeräte von guter Qualität zu kaufen, die Pflanzgefäße sorgfältig auszuwählen und ein für die jeweiligen Pflanzen geeignetes Substrat zu benutzen.

Gartengeräte

Obwohl eine große Auswahl von Gartengeräten manchmal recht nützlich sein kann, benötigt man im Grunde nur einige wenige Werkzeuge, von denen ein Handspaten und eine Handgabel die beiden wichtigsten sind. Eine Gartenschere wird zum Zurückschneiden holziger Pflanzen benötigt. Eine Heckenschere braucht man nur zum Formieren von Büschen, eine Küchenschere eignet sich dagegen hervorragend zum Abschneiden der Stiele der meisten einjährigen und ausdauernden Pflanzen. Die Klingen sollten immer scharf sein.

Viele Gärtner fühlen sich nackt ohne ihr Gartenmesser, aber ein kleines Küchenmesser kann dessen Aufgaben ebensogut erfüllen. Darüber hinaus benötigt man eine Gießkanne und einen Pumpzerstäuber. Andere nützliche Geräte für den Garten sind Schilder, Bambusstäbe und Gartenzwirn. Auch alte Kochlöffel und Gabeln lassen sich als nützliche Gartengeräte verwenden. Für das Bepflanzen von großen, schweren Behältern empfehlen sich darüber hinaus einige Hilfsmittel für den Transport (siehe Seite 42).

Substrate und Erden

Im Handel erhältliche Blumensubstrate, die luftdurchlässig und in der Lage sind, ausreichend Feuchtigkeit zu speichern, enthalten eine ausgewogene Mischung von Nährstoffen und sind frei von Unkrautsamen, Schädlingen oder Krankheitserregern. Zwar kann man Blumenerde auch selbst herstellen, aber man benötigt einerseits viel Platz zum Sterilisieren des Lehms und zum Mischen der Zutaten und spart andererseits nur dann Geld, wenn man die benötigten Materialien in großen Mengen kauft.

Standardisierte Blumensubstrate lassen sich in zwei große Gruppen unterteilen: Blumensubstrate auf Lehmbasis und Blumensubstrate ohne Lehm. Blumensubstrate auf Lehmbasis bestehen zum größten Teil aus sterilisiertem Lehm, der mit Torf und grobem Sand sowie einer ausgewogenen Mischung von Nährstoffen angereichert ist. In Deutschland erhält man die sogenannten Einheitserden für unterschiedliche Zwecke: Typ VM (Vermehrungserde) für die Aussaat und Stecklingsvermehrung, Typ T (Topferde) als Endtopferde von Kübel- und Topfpflanzen sowie Typ ED 73 mit einem Langzeitdünger für sehr wuchsfreudige Pflanzen. Für Pflanzen, die keine kalkhaltigen Böden vertragen, verwendet man saures Blumensubstrat. Steingartenpflanzen benötigen dagegen einen nährstoffarmen Boden, der aus einem Teil Typ VM und zwei Teilen grobem Sand gemischt werden kann.

Bis vor kurzem bestanden die meisten Blumensubstrate ohne Lehm zum größten Teil aus Torf, aber aufgrund der schädlichen Umwelteinflüsse des Torfabbaus ist man zu Experimenten mit anderen Materialien wie Kokosfaser und Rinde übergegangen. Blumensubstrate ohne Lehm (auch als »Torfkultursubstrate«, TKS, bezeichnet) erhält man in verschiedenen Mischungen: TKS 1 für Aussaat und Stecklingsvermehrung, TKS 2 als Endtopfsubstrat, Universalerde sowie saures Eriken-Substrat. Torfkultursubstrate sind leicht, sauber beim Ein- oder Umtopfen und meist auch preiswerter als Einheitserden. Allerdings sinkt ihr Nährstoffgehalt relativ schnell ab, so daß sie während einer normalen Wachstumsperiode nachgedüngt werden müssen (siehe Seite 65). Zudem trocknen Torfkultursubstrate schnell aus und sind nur schwer wieder zu befeuchten; andererseits bildet sich bei übermäßigem Wässern Staunässe.

Ein Handspaten ist ein unentbehrliches Gerät für jeden Topfgärtner. Schmale Handspaten sind besonders nützlich, wenn auf engem Raum gearbeitet wird, aber in den meisten Fällen genügt eine normal breite Ausführung. Handgabel, Gartenschere, Küchenschere und Klappmesser zählen ebenfalls zu den Werkzeugen, die man für die Pflege eines Topfgartens benötigt.

OBEN: Aufgrund ihres geringen Gewichts eignen sich Torfkultursubstrate besonders für Blumenampeln.

RECHTS: Pflanzen, die keinen kalkhaltigen Boden vertragen, wie Alpenrosen (hier Rhododendron *'Bow Bells'), Heidekraut und einige* Erica*-Arten, benötigen saures Blumensubstrat.*

OBEN: Steingartenpflanzen brauchen für einen kompakten Wuchs eine gute Drainage und nährstoffarme Böden. Deshalb reichert man nährstoffarmes Blumensubstrat auf Lehmbasis mit grobem Sand an.

LINKS: Blumensubstrate auf Lehmbasis stellen ständig Nährstoffe zur Verfügung, bieten Pflanzen langfristig bessere Wachstumsbedingungen und sind besonders schwer. Diese Hydrangea paniculata *benötigt ein Gegengewicht für ihre große Blütenkrone.*

BÄUME ODER GROSSE STRÄUCHER PFLANZEN

Die langanhaltende Schönheit von Bäumen und großen Sträuchern verleiht einem Topfgarten Reife und Beständigkeit. Viele dieser unverwechselbaren Pflanzen lassen sich leicht kultivieren.

In Kübeln und Töpfen gezogene Exemplare können zu jeder Jahreszeit gepflanzt werden, obwohl sie bei einer Pflanzung im Frühjahr oder Herbst besonders gut gedeihen. Wurzelnackte Bäume, die fast immer laubabwerfend sind, und Exemplare mit Wurzelballen (häufig immergrün), der in Jute oder Leinen gepackt wurde, lassen sich dagegen am besten während der Ruheperiode anpflanzen. Beide Baumarten können genau wie in Kübeln gezogene Exemplare gepflanzt werden, mit dem Unterschied, daß bei Pflanzen mit Wurzelballen die Ballenhülle beim eigentlichen Pflanzvorgang entfernt werden muß.

Bei Bäumen und Sträuchern ist die Standfestigkeit eines Behälters ebenso wichtig wie dessen Größe. Ein Topf oder Kübel sollte etwa die doppelte Breite und Tiefe des Wurzelballens aufweisen, damit sich die Wurzeln entwickeln können, genügend Feuchtigkeit zur Verfügung steht und ausreichend Nährstoffe vorhanden sind, um ein gesundes Wachstum zu garantieren. Aus diesen Gründen sollte man sich gegen leichte Behälter oder Gefäße mit einem schmalen Fuß entscheiden.

Verwenden Sie ein lehmhaltiges Blumensubstrat (kalkfrei für diejenigen Bäume und Sträucher, die keine kalkhaltigen Böden vertragen), das mit einem Langzeitdünger angereichert ist. Wenn ein Baum einen Stützpfahl benötigt, so setzt man ihn vor dem Pflanzen ein; der Stamm wird mit einem Baumgurt mit Abstandhalter an ihm befestigt.

Diese hohe Vase mit hellgrüner Glasur und charakteristischer Kannelierung ergibt ein attraktives Gefäß für einen violettblättrigen Japanischen Fächerahorn (Acer palmatum *f.* atropurpureum). *Da der schmale Fuß der Vase nicht allzu standfest ist, sollte man sie an einen windgeschützten Platz stellen.*

PFLANZUNG EINES JAPANISCHEN FÄCHERAHORNS

1 *Den Terrakottatopf reinigen und mehrere Stunden in klares Wasser stellen. Das Gefäß möglichst schon vor dem Auffüllen mit Blumensubstrat an seinen späteren Standort stellen, da es danach nur noch schwer zu tranportieren ist. Anschließend Tonscherben über die Drainagelöcher legen.*

2 *Den Topf zu etwa einem Drittel mit lehmhaltigem Blumensubstrat füllen; dem Substrat sollte ein Langzeitdünger beigemischt sein. Der Japanische Fächerahorn gehört zu den Pflanzen, die besonders gut in kalkfreien Böden gedeihen. Daher sollte man saures Blumensubstrat verwenden.*

3 *Den jungen Baum seitlich neigen, bis er fast horizontal liegt, und vorsichtig aus dem Topf gleiten lassen, ohne den Wurzelballen zu beschädigen. (Es ist wichtig, vor dem Kauf eines Baums zu überprüfen, ob Wurzeln durch den Topfboden wachsen. Solche Exemplare entwickeln sich nicht mehr gut.)*

4 *Den Baum in den Topf stellen, dabei behutsam den Wurzelballen lockern. Das Substrat hinzugeben und andrücken, bis der Baum so tief in der Erde steht wie zuvor im Pflanztopf; dies läßt sich an den Erdspuren am Stamm erkennen.*

5 *Mehr Substrat hinzufügen und vorsichtig zwischen den Wurzeln andrücken, bis der Topf 2,5 bis 5 Zentimeter unterhalb des Rands gefüllt ist; dabei darauf achten, daß der Baum weiterhin gerade steht.*

6 *Den Baum wässern. Falls der Kübel noch nicht an seinem endgültigen Standort steht, sollte er erst bewegt werden, wenn das Wasser abgelaufen ist. Jedes Frühjahr die oberste Erdschicht entfernen und durch frisches Substrat ersetzen.*

ZWIEBELGEWÄCHSE PFLANZEN

Zwiebel- und Knollengewächse sind einfach zu ziehen. Ob es sich um echte Zwiebeln (Narzissen), um Pflanzen mit Zwiebelknollen (Krokus) oder um Knollengewächse (Alpenveilchen) handelt – die meisten pflanzt man in ihrer Ruheperiode, also hauptsächlich im Herbst. Wenige Monate später bringen sie eine Fülle von Blüten hervor, ohne allzuviel Pflege zu fordern. Auch Schneeglöckchen können als trockene Zwiebeln im Herbst gepflanzt werden, allerdings gehören sie zu einer kleinen Gruppe von Zwiebelpflanzen, die man sofort nach der Blüte pflanzen sollte, wenn sie noch Blätter tragen.

Da die meisten Zwiebel- und Knollengewächse eine gute Drainage benötigen, muß ihr Gefäß über zahlreiche Löcher und eine ausreichende Tiefe verfügen. Kleine Zwiebeln können etwa 5 bis 8 Zentimeter tief gesetzt werden, während stengelwurzeltreibende Lilien (etwa *Lilium regale*) 15 bis 20 Zentimeter tief gepflanzt werden müssen.

Pflanzen Sie nur gesunde und unbeschädigte Zwiebeln, vorzugsweise in ein Blumensubstrat auf Lehmbasis. Falls eine Zwiebel eine besonders gute Drainage benötigt, sollte das Substrat mit Grit oder grobem Sand angereichert sein. Wenn sie regelmäßig gegossen werden, während der Wachstumsphase genügend Nährstoffe erhalten und ungestört einziehen können, werden viele Zwiebelpflanzen auch in den darauffolgenden Jahren in ausreichendem Maß Blüten hervorbringen. Nur bei Narzissen, Hyazinthen und Tulpen läßt die Qualität der Blüte nach, weshalb man diese Zwiebelgewächse jedes Jahr neu pflanzen sollte.

Die süß duftenden, in dichten Büscheln blühenden Tazetten werden meist in Treibhäusern kultiviert, da sie nur in sehr milden Gegenden im Freien gedeihen; einige Hybriden, wie die duftende 'Cragford', sind etwas winterhärter.

NARZISSEN IN SCHICHTEN PFLANZEN

1 *Die Zwiebeln im Frühherbst pflanzen. Zunächst den Boden des Gefäßes mit einer 2,5 bis 5 Zentimeter hohen Schicht Drainagematerial bedecken.*

2 *Auf diesen Untergrund etwa 5 bis 8 Zentimeter Blumensubstrat geben und die erste Schicht Zwiebeln im Abstand von etwa 5 Zentimetern zueinander pflanzen.*

3 *Die Zwiebeln mit Substrat bedecken; dann Zwiebeln in die Lücken zwischen den Zwiebeln der ersten Schicht setzen.*

4 *Bis etwa 2,5 Zentimeter unterhalb des Rands Substrat einfüllen, leicht andrücken und gießen.*

TULPEN IN EINEN TOPF PFLANZEN

Die Zwiebeln im Spätherbst pflanzen. In Abständen von 2,5 bis 5 Zentimetern ein oder zwei Schichten (je nach Topftiefe) anlegen.

Tulpen verleihen einem mehrjährigen Buchsbaum in einem alten Kupfereimer Frühlingsfrische.

LILIEN PFLANZEN

1 *Den Boden des Terrakottatopfs großzügig mit einer Schicht Drainagematerial bedecken. Danach die Lilien entweder einzeln oder in kleinen Gruppen pflanzen.*

2a *Stengelwurzeltreibende Lilien etwa 15 bis 20 Zentimeter unterhalb des Gefäßrands in den Topf setzen, damit sich die Wurzeln nachher über der Zwiebel entwickeln können.*

2b *Basalwurzeltreibende Lilien, die keine Wurzeln über den Zwiebeln ausbilden, benötigen eine geringere Pflanztiefe: Sie können 10 bis 15 Zentimeter tief gepflanzt werden.*

Die stengelwurzeltreibende Königslilie (Lilium regale) *ist eine einfach zu ziehende Zwiebelpflanze, deren großartige trompetenförmige Blüten intensiv duften.*

EINEN KORB MIT EFEU UND KROKUSSEN BEPFLANZEN

1 Kleine Zwiebelknollen im Frühherbst pflanzen. Einen Weidenkorb von etwa 20 Zentimeter Durchmesser mit Plastikfolie auskleiden. Für die Drainage die Folie an mehreren Stellen einschneiden.

2 Den Korb zur Hälfte mit Blumensubstrat füllen; anschließend drei kleinblättrige Efeupflanzen einsetzen. Die Pflanzen sollten etwa den gleichen Abstand zueinander haben.

3 Zehn Krokuszwiebeln etwa 5 Zentimeter tief zwischen die Efeupflanzen setzen, den Korb bis etwa 2,5 Zentimeter unterhalb des Rands mit Blumensubstrat füllen und vorsichtig andrücken.

4 Während das Efeulaub den ganzen Winter über dekorativ ist, schieben sich die Krokusse im Spätwinter oder zu Beginn des Frühlings zwischen den panaschierten Blättern durch und öffnen ihre kelchförmigen Blüten im warmen Sonnenlicht.

KLEINE ZWIEBELGEWÄCHSE PFLANZEN

Kleine, frühlingsblühende Zwiebelpflanzen, wie etwa Puschkinia *oder* Scilla, *sollten zu Beginn des Herbstes gepflanzt werden. Wenn man die Zwiebeln dicht nebeneinander in etwa 5 Zentimeter Pflanztiefe setzt (ohne daß sie sich dabei berühren), erhält man eine dichte Blütenkrone.*

BLUMENKÄSTEN BEPFLANZEN

Die klassische zeitliche Abfolge einer Blumenkastenbepflanzung beginnt im Herbst, wenn Zwiebeln für den Frühling gesetzt werden. Im Spätfrühling oder Frühsommer folgt dann eine Bepflanzung von Sommerblumen mit langer Blütezeit, die teilweise bis weit in den Herbst hinein anhält. Variationsmöglichkeiten ergeben sich zum Beispiel durch die Verwendung von Sträuchern für eine dauerhafte Bepflanzung oder durch verschiedene Neupflanzungen zwischen Frühling und Herbst. Möchte man die Bepflanzung von Blumenkästen häufiger verändern, so sollte man zwei Kunststoffeinsätze pro Blumenkasten besorgen: Während der eine für das momentane Arrangement genutzt wird, kann der andere bereits für den kommenden Wechsel bepflanzt werden.

Dieser kleine Terrakottatrog für einen schattigen Standort wurde mit Hirschzunge *(Asplenium scolopendrium)* und *Impatiens*-Neu-Guinea-Hybriden gefüllt. Falls ein Blumenkasten keine oder zu kleine Drainagelöcher aufweist, müssen zusätzliche Löcher gebohrt oder die vorhandenen vergrößert werden (siehe Seite 55). Manchmal ist es sinnvoll, einen Blumenkasten mit Plastikfolie auszukleiden – sie verhindert bei Terrakottatrögen ein zu schnelles Austrocknen der Erde und dient bei Kästen aus Holz als Schutzschicht (siehe Seite 54). In vielen Fällen sollte man einen Blumenkasten auf einer Bank oder an einer freien Stelle im Garten bepflanzen, bevor man ihn an seinen Standort bringt; dies gilt nicht für schwere Blumenkästen, die sich nur mühevoll transportieren lassen.

EINEN KLEINEN TERRAKOTTATROG BEPFLANZEN

1 *Den Trog reinigen, mehrere Stunden in klares Wasser stellen und Tonscherben über die Drainagelöcher schichten, damit das Blumensubstrat nicht ausgewaschen wird.*

2 *Den Boden des Trogs zur besseren Drainage mit einer 2,5 bis 5 Zentimeter hohen Schicht Kies bedecken; statt dessen kann man auch eine Schicht Tonscherben verwenden.*

3 *Anschließend den Trog zur Hälfte mit Torfkultursubstrat füllen. In diesem Fall wurde das Substrat bereits mit einem Langzeitdünger in Granulatform angereichert.*

4 *Die Pflanzen in ihren Töpfen in den Trog stellen und ansprechend arrangieren. Dabei sollte auch das Girlandenmuster auf der Vorderseite des Trogs berücksichtigt werden.*

5 *Den Farn vorsichtig aus dem Topf gleiten lassen – dabei sanft die Wurzeln lockern – und in der Mitte des Trogs plazieren. Die Wurzeln sorgfältig mit Torfkultursubstrat umgeben, bis der Farn die richtige Pflanztiefe erreicht hat.*

6 *Eine* Impatiens-*Neu-Guinea-Hybride neben den Farn pflanzen; dazu entweder Blumensubstrat entfernen oder dazugeben, bis die Pflanze ebenfalls ihre richtige Pflanztiefe erreicht hat.*

7 *Um einen symmetrischen Aufbau dieses formalen Arrangements zu erzeugen, setzt man eine weitere* Impatiens-*Hybride auf die andere Seite des Farns.*

8 *Den Trog weiterhin symmetrisch gestalten: Dazu* Impatiens-*Neu-Guinea-Hybriden in die hinteren, panaschierten Harfenstrauch in die vorderen Ecken des Trogs pflanzen.*

9 *Den Trog bis ungefähr 2,5 Zentimeter unterhalb des Rands mit Torfkultursubstrat füllen; dabei das Substrat leicht andrücken. Das Arrangement gründlich wässern, danach abtropfen lassen und an seinen eigentlichen Standort stellen.*

EINEN MIT FOLIE AUSGELEGTEN HÖLZERNEN BLUMENKASTEN BEPFLANZEN

1 *Hölzerne Blumenkästen sind in vielen verschiedenen Variationen erhältlich; manche Ausführungen besitzen statt einer Reihe kleiner Drainagelöcher einen Spalt in der Mitte des Bodens.*

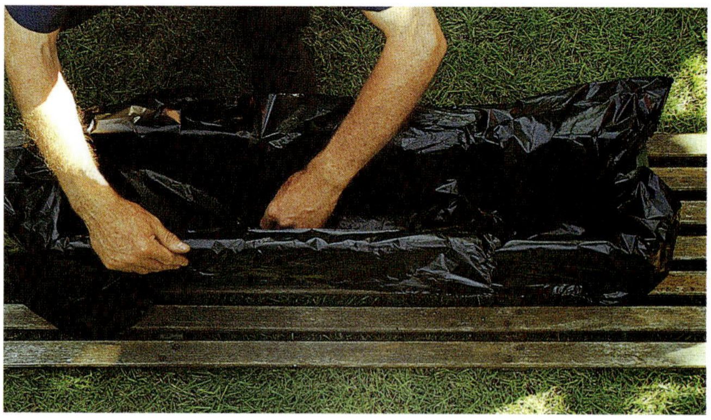

2 *Ein hölzerner Blumenkasten bleibt länger attraktiv, wenn man ihn vor dem Bepflanzen mit Plastikfolie auslegt. Dazu eine Lage Folie in den Kasten legen, großzügig nach außen überlappen lassen und am Boden kleine Schlitze einschneiden.*

3 *Nun den Boden des Blumenkastens etwa 2,5 Zentimeter hoch mit Drainagematerial wie Tonscherben oder einer Schicht gewaschenem Kies bedecken; anschließend bis zur Hälfte mit Torfkultursubstrat füllen.*

4 *Die Pflanzen in ihren Töpfen in den Blumenkasten stellen und ansprechend arrangieren. Bei der eigentlichen Bepflanzung zuerst mit dem optischen Mittelpunkt des Arrangements beginnen – in diesem Fall einer* Tellima grandiflora.

5 *Stiefmütterchen, Gauklerblumen und Pfennigkraut um die* Tellima *gruppieren. Den Kasten bis 2,5 Zentimeter unterhalb des Rands mit Substrat füllen und andrücken.*

6 *Wenn der Kasten vollständig bepflanzt ist, die Plastikfolie kurz oberhalb des Rands abschneiden und die überstehende Folie zur Innenseite des Blumenkastens umschlagen.*

Rudbeckien mit dunklen Mitten dominieren die Bepflanzung dieses Blumenkastens, dessen Efeu sich mit dem Efeu an der Hauswand vermischt. Der Kontrast der unterschiedlichen Blütengrößen verleiht dieser gelbblütigen Bepflanzung besonderen Charme. Der Kasten wird von Winkelträgern gehalten, die unter dem Fensterbrett befestigt sind.

EINEN BLUMENKASTEN AUS KUNSTSTOFF VORBEREITEN

Blumenkästen aus Kunststoff haben oft nur markierte Drainagelöcher. Die Löcher mit einem spitzen Gegenstand an den angegebenen Stellen in den Kasten bohren.

Manche Kästen aus Kunststoff besitzen leicht nach innen gebogene Seitenwände, die sich aber ausdehnen, sobald der Kasten mit Blumensubstrat und Pflanzen gefüllt wird.

BLUMENAMPELN BEPFLANZEN

Blumenampeln wirken immer dann besonders attraktiv, wenn man sie mit buschigen oder rankenden Pflanzen bepflanzt. Pflanzen, die über und durch die Seiten einer Ampel wachsen, lassen die Bepflanzung noch dichter erscheinen. Falls Sie zum Auslegen der Ampel Sphagnum (das aus ökologischen Gründen zunehmend durch andere Materialien ersetzt wird) verwenden, bohren Sie ein Loch hinein und pflanzen die Gewächse in das Substrat. Bei Einsätzen aus Kunststoff müssen Sie dagegen Löcher für die Rankpflanzen einschneiden. Die meisten anderen Materialien, wie Kokosfaser, Schaumstoff und Matten aus natürlichen oder synthetischen Stoffen, erhält man in Form von Scheiben, die sternförmig bis fast zur Mitte eingeschnitten sind. Die dadurch entstehenden Segmente überlappen einander, wenn man das Material in die Blumenampel legt. Wenn Sie Gewächse durch die Seiten eines Drahtkorbs ranken lassen wollen, dann pflanzen Sie sie dort ein, wo sich die Abschnitte überlappen.

Bei der Auswahl eines geeigneten Platzes sollten praktische Erwägungen nicht außer acht gelassen werden: Hängen Sie die Ampel nicht dort auf, wo sie im Weg sein könnte, und denken Sie daran, daß die Pflanzen gewässert werden müssen. Vermeiden Sie exponierte Standorte: An einem luftigen Platz ist der Feuchtigkeitsverlust hoch, und bei zu starkem Wind könnte die Blumenampel herunterfallen.

Aufgrund ihres beträchtlichen Gewichts sollte eine bepflanzte Ampel sicher befestigt werden; mit dem leeren Korb läßt sich gut ein geeigneter Standort finden. Danach sollten Sie überprüfen, ob die Befestigung stabil genug ist, und die richtige Länge der Ketten bestimmen, die die Ampel mit ihrem Träger verbinden. Den Korb sollte man nicht zu hoch hängen, damit er zum Wässern erreichbar ist.

FESTER EINSATZ

Im Handel sind geformte Einsätze aus verschiedenen Materialien erhältlich. Die Position der Drainagelöcher ist bei ihnen vorgestanzt.

NATURFASERMATTEN

Matten aus Naturfasern wie Kokos sind meist schon so eingeschnitten, daß sich die Segmente überlappen, wenn man einen Korb damit auslegt.

SYNTHETISCHE MATTEN

Es sind auch dicke Matten aus synthetischen Materialien erhältlich, die die gleiche Form besitzen wie etwa Matten aus Kokosfaser.

EINE BLUMENAMPEL MIT NATURFASERN AUSLEGEN

1 *Gefärbte Kokosfaser ist ein natürliches Material, dessen lockere Struktur an das früher häufig verwendete Sphagnum erinnert.*

2 *Fasern etwas lockern und gleichmäßig dick auslegen. Fasern können mit Folie kombiniert werden, die zur Drainage eingeschnitten werden muß.*

3 *Ampel zur Hälfte mit Torfkultursubstrat füllen; einige Pflanzen durch die Seiten stecken, mit Substrat umgeben, andrücken. Mit Substrat auffüllen.*

EINEN AUSGELEGTEN KORB MIT RANKPFLANZEN BEPFLANZEN

1 *Den Korb für die Bepflanzung auf einen leeren Eimer oder großen Blumentopf setzen. Eine Matte (in diesem Fall wurde eine synthetische Matte aus Schaumstoff verwendet) so in den Korb legen, daß sich die einzelnen Segmente überlappen.*

2 *Langzeitdünger in Granulatform mit Torfkultursubstrat mischen (dieses Blumensubstrat eignet sich besser für Blumenampeln als Einheitserde, da es wesentlich leichter ist). Den Korb zur Hälfte mit dieser Mischung füllen, dabei das Substrat nicht festdrücken.*

3 *Damit der Drahtkorb völlig kaschiert wird, müssen Rankpflanzen von der Seite an den Stellen in den Korb gepflanzt werden, wo sich die Segmente überlappen. Mit einer Schere die Matte seitlich einschneiden, damit die Pflanzen sich leichter in das Substrat schieben lassen.*

4 *Mit beiden Händen die Wurzeln der Rankpflanze – etwa einer Lobelie – an der Schnittstelle durch die Matte schieben; die Wurzeln mit weiterem Substrat umgeben und vorsichtig andrücken. Diesen Vorgang an mehreren Stellen rund um die Ampel wiederholen.*

5 *Vor der Bepflanzung der Oberfläche weitere 5 Zentimeter Substrat in den Korb füllen. Eine große, buschige Pflanze – wie ein Fleißiges Lieschen –, die sich als optischer Mittelpunkt eignet, einsetzen: die Wurzeln mit Substrat umgeben, andrücken, dann weitere Gewächse pflanzen.*

6 *Nun die Blumenampel vollständig bepflanzen; dabei darauf achten, daß ein harmonisches Arrangement entsteht. Die Wurzeln jeder Pflanze mit Substrat umgeben und vorsichtig andrücken. Danach den Korb bis zum Rand mit Substrat auffüllen.*

7 *Nach dem Bepflanzen alle beschädigten Blätter und Stengel entfernen, den Korb gründlich wässern und etwa 10 Minuten stehenlassen, damit überschüssiges Wasser abfließen kann. Die fertige Blumenampel an ihrem Platz aufhängen.*

ANLAGE EINES STEINGARTENS

Viele der hübschen niedrigwüchsigen Pflanzen, die in gebirgigen Regionen gedeihen, lassen sich auch in Gefäßen, Hochbeeten und Steingärten problemlos kultivieren. Ob man sie in Steintrögen zieht, in Pflanzgefäßen aus Beton, in Terrakottatöpfen oder sogar in Blumenkästen – sie alle benötigen einen sonnigen Standort und eine gute Drainage. Der auf der gegenüberliegenden Seite verwendete Terrakottatopf von 35 Zentimeter Durchmesser und 17 Zentimeter Tiefe besitzt genau die richtige Größe für eine kleine Sammlung dieser wunderschönen kleinen Pflanzen.

Frühling und Herbst sind die besten Pflanzzeiten, wobei sich in Gegenden mit kalten Wintern das Frühjahr empfiehlt. Schwere Gefäße müssen vor dem Bepflanzen an ihren endgültigen Standort gebracht werden; sie benötigen einen Ort in voller Sonne. Um eine gute Drainage sicherzustellen, sollte der Boden des Behälters mit Steinsplitt oder Kies bedeckt sein. Darüber kommt eine Schicht Einheitserde, die zu zwei Dritteln bis drei Vierteln aus Blumensubstrat auf Lehmbasis und zu einem Drittel bis einem Viertel aus grobem Sand oder Kies besteht. Die Oberfläche sollte mit einer Schicht Kies bedeckt werden, um die Pflanzenstiele vom feuchten Substrat zu trennen. Wenn man dem Substrat ein wenig Langzeitdünger beimischt, benötigen die Pflanzen später keinen zusätzlichen Dünger. In den folgenden Jahren sollte man im Frühjahr die oberste Erdschicht durch frisches Substrat ersetzen. Dazu entfernt man den Kies, legt ihn beiseite und tauscht die oberen 2,5 Zentimeter Blumenerde durch frisches, mit einem Langzeitdünger angereichertes Substrat auf Lehmbasis aus; anschließend schichtet man wieder Kies darüber.

Stein ist das passende Material für ein mit Steingartenpflanzen bepflanztes Gefäß. Dieser grob behauene Trog, dessen verwitterte Oberfläche mit Flechten bewachsen ist, beherbergt eine Kombination von Flammenblumen, Fetthennen und Grasnelken, die rund um einen bemoosten Stein arrangiert sind.

MINIATUR-STEINGARTEN IN EINEM TERRAKOTTATOPF

1 *Den Topf sorgfältig reinigen und mehrere Stunden in klares Wasser stellen, um ihn gründlich zu durchfeuchten. Das Gefäß möglichst an seinen späteren – sonnigen – Standort stellen und Tonscherben über die Drainagelöcher legen.*

2 *Die Tonscherben und den Boden des Topfs mit einer etwa 5 Zentimeter dicken Schicht aus gründlich gewaschenem, grobem Sand oder Kies bedecken. Falls der Behälter sehr tief ist, zusätzliches Drainagematerial dazulegen.*

3 *Den Topf zur Hälfte mit angefeuchtetem Blumensubstrat auf Lehmbasis füllen, das mit einem Langzeitdünger angereichert und mit grobem Sand oder Kies (bis zu einem Drittel der Füllmenge) vermischt ist.*

4 *Die Pflanzen in ihren Töpfen – hier handelt es sich um Zwergsorten von Wacholder, Binsenlilie, Nelke und Hauswurz – sowie einige Steine in den Kübel setzen und so arrangieren, daß eine ansprechende Bepflanzung entsteht.*

5 *Die großen Steine in das Substrat einbetten; danach die strauchartigen Gewächse pflanzen. Dazu den Wurzelballen lockern und in ein vorbereitetes Loch im Substrat setzen; gegebenenfalls Substrat hinzugeben und andrücken.*

6 *Die restlichen Pflanzen einsetzen, mit Blumensubstrat umgeben und fest andrücken. Wenn alle Gewächse gepflanzt sind, sollte das Blumensubstrat bis etwa 5 Zentimeter unterhalb des Topfrands reichen.*

7 *Das Substrat bis knapp unterhalb des Rands mit gewaschenem, grobem Sand oder Kies bedecken; die Steinchen für eine gute Drainage und um zu verhindern, daß die Pflanzen verrotten, um die Pflanzenstiele schichten.*

8 *Den Steingarten mit dem Schlauch oder der Gießkanne vorsichtig wässern, bis überschüssiges Wasser durch die Drainagelöcher läuft. Falls das Gefäß umgestellt werden muß, sollte es zuerst gründlich abtropfen können.*

9 *Steingartenpflanzen bevorzugen eine gute Drainage, benötigen aber auch viel Feuchtigkeit, vor allem in der Wachstumszeit. Sie müssen daher regelmäßig gegossen werden. Wilde Triebe zurückschneiden.*

KRÄUTER- UND ERDBEERTÖPFE BEPFLANZEN

Ein traditioneller Kräutertopf besteht im allgemeinen aus einem Terrakottatopf, der an den Seiten Pflanzlöcher in unterschiedlichen Höhen aufweist. Etwas größere Terrakottatöpfe mit einer ähnlichen Form werden dagegen zur Aufzucht von Erdbeeren verwendet. Daneben erhält man Gefäße für vertikale Pflanzenarrangements auch in anderen Materialien: Bei Bottichen aus Holz beispielsweise lassen sich große Löcher in die Seitenwände bohren, durch die die Pflanzen – meist Erdbeeren – eingesetzt werden können.

Die Pflanzmethode ist für all diese Gefäße im Grunde gleich. Der Topfboden sollte mit Drainagematerial bedeckt werden, über das man bis kurz unterhalb der unteren Löcher Substrat schichtet. Dann schiebt man von außen den Wurzelballen der Pflanzen durch die Löcher und pflanzt ihn in das Substrat. Nachdem die Löcher der unteren Ebene gefüllt wurden, gibt man weiteres Substrat in den Topf, bis kurz unterhalb der nächsthöheren Löcher. Auf diese Weise wird der gesamte Topf langsam gefüllt.

Kräuter benötigen einen gleichmäßigen Lichteinfall; daher sollte ein Kräutertopf regelmäßig gedreht werden. Dagegen begnügen sich Erdbeeren mit weniger Licht. Mit Hilfe von Zierpflanzen lassen sich auch weniger konventionelle Bepflanzungen anlegen: Einen großen, schweren Kräutertopf, der sich nur mühsam drehen läßt, kann man auf der einen Seite mit sonnen-, auf der anderen Seite mit schattenliebenden Gewächsen bepflanzen.

EINEN KRÄUTERTOPF AUS TERRAKOTTA BEPFLANZEN

1 *Den Topf sorgfältig reinigen und mehrere Stunden in klares Wasser stellen; danach Tonscherben über die Drainagelöcher legen und mit einer Schicht Drainagematerial bedecken.*

2 *Anschließend den Topf bis kurz unterhalb der unteren Löcher mit lehmhaltigem Blumensubstrat füllen, das zur besseren Drainage mit grobem Sand angereichert ist.*

3 *Die Wurzelballen der Pflanzen durch die unteren Löcher schieben, mit Substrat umgeben und andrücken. Weiteres Substrat hinzugeben und den Topf bis unter die oberen Löcher füllen.*

4 *Die oberen Löcher bepflanzen; um die Pflanzen Steine plazieren, damit das Substrat nicht ausgeschwemmt wird.*

5 *Etwa 5 Zentimeter Substrat einfüllen. Eine Pflanze von oben in den Topf setzen, andrücken, mit Substrat auffüllen.*

6 *Den Topf an seinen Platz stellen und gießen. Alle 5 bis 7 Tage drehen, damit die Pflanzen gleichmäßig Licht erhalten.*

Die Walderdbeere trägt den ganzen Sommer über kleine, relativ trockene Früchte von charakteristischem Aroma. Da diese Früchte nicht ohne weiteres erhältlich sind, lohnt sich die Aufzucht, und ein Topf mit Löchern bietet den Pflanzen günstige Wachstumsbedingungen. Aber auch die bekannteren Erdbeer-Sorten können auf diese Weise kultiviert werden.

ANLAGE EINES WASSERGARTENS

Ein attraktiver Miniatur-Wassergarten kann schon in einem wasserdichten Behälter von knapp 45 Zentimeter Höhe und Durchmesser angelegt werden. Als Gefäße eignen sich vor allem glasierte Keramiktöpfe – außer in frostgefährdeten Regionen, wo sie durch das gefrierende Wasser gesprengt würden. In Gebieten mit kalten Wintern sollte man sie deshalb den Sommer über ins Freie stellen und sie vom Herbst bis zum Frühjahr ins Haus holen.

Die geeignetsten Materialien für ein ganzjähriges Arrangement sind Metall und Holz. Metall sollte mit Farbe versehen werden; unbeschichtet würde es rosten und für Pflanzen und Fische schädlich sein. Hölzerne Bottiche und Halbfässer sind im allgemeinen wasserdicht, sobald das Holz vollständig durchfeuchtet und gequollen ist. Gefäße aus wasserdichtem Kunststoff und Fiberglas eignen sich hervorragend für mobile Wassergärten, sollten aber aufgrund ihres wenig ansprechenden Äußeren hinter Pflanzen verborgen oder auf andere Art und Weise kaschiert werden.

Es ist wichtig, daß die Bepflanzung eines Wassergartens ein möglichst ausgewogenes Verhältnis zwischen den unterschiedlichen Pflanzengruppen aufweist. Pflanzen wie Seerosen *(Nymphaea)*, die die Wasseroberfläche mit ihren Blättern bedecken, verhindern, daß sich durch zu starken Lichteinfall unansehnliche Algen bilden. Manche Arten gedeihen auch in Becken mit nur 45 Zentimeter Durchmesser. Uferpflanzen wie der Kleine Rohrkolben *(Typha minima)*, bei denen nur die Wurzeln im Wasser stehen, lockern die Konturen des Teichrands auf, während Unterwasserpflanzen das Wasser reinigen und Sauerstoff bilden – dies ist nützlich, wenn sich Zierfische im Teich befinden.

Selbst ein winziger Wassergarten kann durch das Geräusch und die Bewegung des fließenden Wassers belebt werden. In diesem Fall wurde eine alte Wasserpumpe mit Hilfe eines panaschierten, feuchtigkeitsliebenden Grases in ein Dekorationsobjekt verwandelt, während das Wasser mit einer elektrisch betriebenen Pumpe umgewälzt wird.

WASSERPFLANZEN EINTOPFEN

1 *Die Wasserpflanzen im Frühjahr in Kunststoffkörbe setzen, die Wasserpflanzensubstrat enthalten. Falls die Löcher zu groß sind, das Gefäß mit Jute auslegen.*

2 *Gegebenenfalls die Wurzeln mit einem scharfen Messer kürzen; dann die Pflanze tief in den Korb einsetzen, mit Substrat umgeben und leicht andrücken.*

3 *Das Substrat mit einer 2,5 Zentimeter dicken Schicht gewaschenem Kies bedecken; den Korb gießen, bevor man ihn in das Wasser setzt.*

EIN WASSERGARTEN IN EINEM BOTTICH

1 *Den Bottich an seinen späteren – sonnigen – Standort stellen und darauf achten, daß er fest auf dem Boden steht. Dann den Bottichboden mit einer 5 Zentimeter dicken Schicht gewaschenem Kies bedecken.*

2 *Die Wasserpflanzen in ihren Pflanzkörben in den Bottich stellen; dabei sollten die Uferpflanzen auf aufeinander gelegten Ziegelsteinen am Rand und die Seerose auf dem Boden des Bottichs stehen.*

3 *Den Bottich langsam mit Wasser füllen; dabei den Schlauch gegen die Seitenwand richten. Wenn das Wasser zu schnell eingefüllt wird, wäscht es das Substrat aus den Pflanzkörben.*

4 *Der kräftige Wuchs der Seerose und der Uferpflanzen wird innerhalb kürzester Zeit die Ziegel und Pflanzkörbe verdecken. Von Zeit zu Zeit – langsam und behutsam – Wasser nachfüllen.*

WÄSSERN

Pflanzen in Kübeln sind bezüglich ihrer Wasserversorgung ganz von ihrem Gärtner abhängig. Selbst bei regnerischem Wetter kann Wässern notwendig sein – entweder, weil die Blätter das Regenwasser daran hindern, in den Kübel zu fließen, oder weil der Topf an einem Platz steht, der vor Regen relativ geschützt ist. Aber nicht nur Wassermangel ist für Pflanzen tödlich, auch ein zu starkes Wässern führt zu Staunässe und dadurch zu Krankheiten.

Überprüfen Sie die Bodenfeuchtigkeit, indem Sie einen Finger tief in das Substrat stecken. Dies sollte im Sommer, wenn die Pflanzen besonders wuchsfreudig sind, mindestens einmal täglich geschehen. Selbst an bewölkten Tagen kann Wind einen erhöhten Feuchtigkeitsverlust verursachen. Sobald das Substrat fast trocken ist, sollte man so lange gießen, bis Wasser am Boden der Gefäße austritt. An heißen, sonnigen Tagen dürfen die Blätter nicht mit Wasser bespritzt werden, da sie dadurch versengen könnten. Im allgemeinen reicht Leitungswasser völlig aus, aber in Gegenden mit hohem Wasserhärtegrad sollte man Alpenrosen, Kamelien und andere kalkempfindliche Pflanzen mit Regenwasser oder destilliertem Wasser gießen. Für die Wässerung von Ampeln kann es nötig sein, eine Alternative zu Gartenschläuchen oder Gießkannen zu suchen. Wenn viele Pflanzgefäße gegossen werden müssen, sind automatische Berieselungsanlagen sinnvoll.

Als Maßnahme gegen hohen Feuchtigkeitsverlust empfiehlt sich das Auslegen von Terrakottatöpfen mit Folie, die Anreicherung des Substrats mit wasserspeicherndem Granulat, das Abdecken der Bodenoberfläche mit einer Mulchschicht aus Kies oder das Besprühen von Pflanzen wie Nadelhölzern mit einem verdunstungshemmenden Mittel. Es sind auch selbstbewässernde Gefäße erhältlich.

BLUMENAMPEL WÄSSERN

AUTOMATISCH WÄSSERN

GANZ LINKS: Starre Gartenschlauchverlängerungen mit einem gebogenen Endstück erleichtern die Wässerung von Ampeln und Blumenkästen (es eignet sich auch ein Stück Bambusrohr, das man am Gartenschlauch befestigt). Wenn nur wenige Töpfe gegossen werden müssen, ist ein Pumpzerstäuber eine Alternative.

LINKS: Automatische Berieselungssysteme enthalten ein Zwischenstück, mit dem sich der Wasserdruck regulieren läßt. Zwar werden solche Systeme immer mit Filtern geliefert, aber dennoch sollten die Röhren, die das Wasser auf die einzelnen Gefäße verteilen, regelmäßig gereinigt werden. Besonders effektiv sind Berieselungssysteme mit einer Zeitschaltuhr.

WELKENDE PFLANZEN WIEDER AUFFRISCHEN

LINKS: Wenn Kübelpflanzen zu welken beginnen, weil sie nicht genügend Wasser erhielten, müssen sofort Maßnahmen ergriffen werden: Stellen Sie den Topf etwa 30 Minuten in eine Wanne voll Wasser, die an einem schattigen Standort stehen sollte. Wenn das Substrat völlig durchfeuchtet ist, können Sie den Topf herausnehmen und abtropfen lassen. Einige Pflanzen sind bemerkenswert robust und erholen sich schnell, während andere unwiderruflich verdorren, wenn das Substrat einmal ausgetrocknet ist.

DÜNGEN

Im Handel erhältliches Blumensubstrat enthält zwar eine ausgewogene Mischung von Nährstoffen, aber diese Reserven können in einem Kübel oder Topf von den Pflanzen schnell aufgebraucht oder beim Wässern aus dem Gefäß gewaschen werden. Das Hinzufügen von Düngemitteln bietet die Möglichkeit, den Nährstoffgehalt des Blumensubstrats aufrechtzuerhalten.

Bei den Düngemitteln unterscheidet man zwischen organischem Dünger – aus pflanzlichen oder tierischen Materialien – oder Mineraldünger, der künstlich aus verschiedenen Mineralien hergestellt wird. Mineraldünger sind als sogenannte kombinierte Mehrnährstoffdünger erhältlich und für Pflanzen in Töpfen und Kübeln besonders geeignet. Sie enthalten eine ausgewogene Mischung der für das Pflanzenwachstum wichtigsten Mineralien – Stickstoff (N), Phosphor (P) und Kalium (K) –, angereichert mit winzigen Mengen von Spurenelementen. Auf dem Etikett sollten die Bestandteile und ihre jeweiligen Mengen angegeben sein. Diese Düngemittel unterteilen sich in zwei Kategorien: Besonders schnell wirkende Mischungen sind in flüssiger Form oder als lösliches Pulver erhältlich und werden dem Substrat in regelmäßigen Abständen während der Wachstumszeit beigegeben. Langzeitdünger – meist als Granulat – mischt man dagegen dem Substrat vor Beginn der Wachstumsperiode bei; sie stellen den Pflanzen über einen langen Zeitraum Nährstoffe zur Verfügung.

Beim Umgang mit Düngemitteln sollten Sie die Herstellerangaben immer möglichst genau befolgen: Lassen Sie sich nicht von dem Irrglauben leiten, daß ein Überschreiten der angegebenen Mengen oder ein besonders häufiges Düngen zu größeren und schöneren Pflanzen führt. Im Gegenteil, eine Überdüngung kann schädlich sein.

LANGZEITDÜNGER

Mineralische Langzeitdünger – meist als Granulat erhältlich – sind besonders nützlich, wenn man die oberste Erdschicht um einen Baum oder Strauch durch neues Blumensubstrat ersetzen will.

BLATTDÜNGER

Pflanzen reagieren sehr schnell auf das Auftragen eines flüssigen Blattdüngers. Verwenden Sie zum Auftragen einen Pumpzerstäuber, und besprühen Sie die Pflanzen nicht bei heißem, sonnigen Wetter, da die Blätter sonst versengen können.

FLÜSSIGDÜNGER

Wenn Sie Pflanzen mit schnell wirkendem, wasserlöslichem Düngemittel gießen, sollten Sie sich genau an die Mengen- und Zeitangaben des Herstellers halten. Achten Sie darauf, den Dünger nicht über die Blätter der Pflanzen zu gießen.

VERWELKTE BLÜTEN UND BLÄTTER ENTFERNEN

Da die Arbeit in einem Topfgarten meist in kleinem Rahmen stattfindet, ist es relativ einfach, die Pflanzen regelmäßig zu überprüfen und durch sorgfältige Pflege in erstklassigem Zustand zu halten. Dabei wird es hin und wieder notwendig, wuchernde Triebe zurückzuschneiden, um einen kompakten Pflanzenwuchs zu gewährleisten. In anderen Fällen benötigen auch nichtkletternde Pflanzen eine Stütze, um sie am Umknicken zu hindern oder ein harmonisches Arrangement von Blättern und Stielen aufrechtzuerhalten. Zu diesem Zweck sollte man einen halbierten Rohrstock unauffällig neben der Pflanze plazieren und sie mit weicher Schnur daran festbinden. Wenn Sie abgestorbene Blätter und Blüten regelmäßig entfernen, sorgen Sie nicht nur dafür, daß der Topfgarten attraktiv bleibt, sondern verringern auch das Risiko von Schädlingen und Krankheiten. Das Entfernen von verwelkten Blüten ist ein besonders wichtiger Aspekt der Gartenpflege, da viele wegen ihrer lang anhaltenden Blütezeit beliebten Kübelpflanzen keine weiteren Blüten produzieren, sobald Samen oder Früchte heranreifen. In den meisten Fällen können verwelkte oder abgestorbene Blüten und Blütenstände mit der Hand oder mit einer Gartenschere entfernt werden.

»FRÜHJAHRSPUTZ«

Bei vielen immergrünen Pflanzen, wie etwa Efeu, müssen im Frühjahr beschädigte Blätter und Triebe entfernt werden. Das Zurückschneiden der Stengel fördert einen dichten, blattreichen Wuchs.

ROSENBLÜTEN ENTFERNEN

Um Rosen zu erneuter Blüte anzuregen, sollte man ganze Dolden verwelkter Blüten bis auf eine sich entwickelnde Knospe oder einen fertig ausgebildeten Sproß entfernen.

VEILCHENBLÜTEN ENTFERNEN

Kleinblütige Veilchen und großblütige Stiefmütterchen blühen über einen langen Zeitraum, wenn man sie an der Saatbildung hindert. Verwelkte Blüten müssen sofort entfernt werden.

Verbenen und Kapastern (Felicia amelloides) *gehören zu der Gruppe unschätzbarer, sommerblühender Pflanzen, die durch ihre lange Blütezeit erfreuen – solange man die verwelkten Blüten regelmäßig entfernt.*

PFLEGE VON BÄUMEN UND STRÄUCHERN

Bis ein in Kübeln gezogener Baum oder Strauch ausgewachsen ist, wird er alle ein bis zwei Jahre seinem Topf entwachsen. In diesem Fall muß er in ein neues Gefäß, das etwa eineinhalbmal größer sein sollte als das alte, umgetopft werden. Verwenden Sie dazu frisches, lehmhaltiges Blumensubstrat (Alpenrosen benötigen ein saures Substrat), das mit einem Langzeitdünger angereichert ist.

Da das Wurzelsystem entwickelter Sträucher und Bäume in Gefäßen stark zusammengedrängt werden kann, sollten auch ausgewachsene Exemplare alle drei bis vier Jahre umgetopft werden. Sobald die Wurzeln zurückgeschnitten sind, kann man die Pflanze wieder in ihr Gefäß setzen. Zunächst legt man es auf die Seite und zieht die Pflanze behutsam aus dem Behälter. Dann entfernt man die oberste Schicht Substrat, legt die Wurzeln vorsichtig frei und schneidet die nicht faserigen Wurzeln um die Hälfte bis zu zwei Dritteln zurück. Anschließend gibt man frisches Substrat hinzu und setzt die Pflanze wieder in ihrer ursprünglichen Pflanztiefe ein. Um nicht umgetopfte Sträucher und Bäume mit Nährstoffen zu versehen, sollte jedes Frühjahr die oberste Schicht durch frisches, mit Langzeitdünger angereichertes Substrat ersetzt werden.

EINEN STRAUCH UMTOPFEN

1 *Das Frühjahr ist die beste Zeit, um einen Strauch in einen größeren Behälter umzutopfen. Zunächst die Pflanze gründlich wässern und abtropfen lassen.*

2 *Einen sauberen Kübel oder Topf zu einem Drittel mit frischem Substrat füllen; dann den Strauch behutsam aus seinem alten Gefäß ziehen.*

3 *Den Strauch in seiner ursprünglichen Pflanztiefe in den neuen Behälter setzen, mit frischem Substrat auffüllen und gründlich wässern.*

KOPFDÜNGUNG FÜR EINEN STRAUCH

1 *Bei nicht umgetopften Sträuchern jedes Frühjahr die obersten 5 bis 10 Zentimeter Substrat entfernen.*

2 *Lehmhaltiges Blumensubstrat mit Langzeitdünger anreichern; dabei die Herstellerangaben beachten.*

3 *Den Topf mit frischem Substrat bis zur ursprünglichen Höhe wieder auffüllen; dann gründlich wässern.*

SCHNITT UND ERZIEHUNG

Viele in Kübeln und Töpfen gezogene Sträucher, Kletterpflanzen und Bäume müssen nur selten zurückgeschnitten werden. Wenn Sie eine Pflanze dennoch zurückschneiden wollen, benötigen Sie eine scharfe, saubere Gartenschere und – für größere Äste – eine Astschere oder Gartensäge. Möglichst glatte Schnitte sorgen dafür, daß Schnittflächen schneller heilen. Wenn Sie nicht bis auf den Haupttrieb zurückschneiden, setzen Sie den Schnitt über einem kräftigen, nach außen weisenden Auge oder einer gesunden Holzknospe an. Bei Sträuchern mit gegenständigen Augen schneidet man gerade und knapp über einem Paar Augen ab (wenn der Wuchs nur in eine Richtung erfolgen soll, kann ein Auge entfernt werden). Triebe mit wechselständigen Augen sollten dagegen knapp über dem ausgewählten Auge schräg abgeschnitten werden.

Der sogenannte Erziehungsschnitt, der in der Baumschule häufig schon an der Jungpflanze vorgenommen wird, soll bewirken, daß junge Pflanzen sich in einer bestimmten Form entwickeln. Dazu werden in der Ruheperiode alle schwachen Sprosse oder zu dichte und sich überkreuzende Triebe entfernt, damit ein im Zentrum offenes, ausgewogenes Gerüst von Haupttrieben oder -sprossen entsteht. Ein solch starker Erziehungsschnitt ist in späteren Wachstumsphasen nicht mehr notwendig und sollte sogar vermieden werden, da er das Pflanzenwachstum anregt.

Um den kräftigen Wuchs einer Pflanze sicherzustellen, sollte man abgestorbenes und beschädigtes Holz sofort entfernen. Ein Zurückschneiden auf gesundes Holz verringert das Risiko von Krankheiten oder Schädlingsbefall. Der jährliche Schnitt einiger meist laubabwerfender blühender Sträucher und Kletterpflanzen regt das Wachstum neuer, blütentragender Triebe an. Pflanzen, die im Frühjahr oder Frühsommer blühen, bringen ihre Blüten meist an vorjährigem Holz hervor. In diesem Fall schneidet man das alte Holz ab, sobald die Blüten welken, damit sich im kommenden Jahr neue, blütentragende Triebe bilden. Wenn Pflanzen ihre Blüten an diesjährigem Holz hervorbringen, sollten sie im Winter oder zu Beginn des Frühlings zurückgeschnitten werden. Einige Sträucher entwickeln ohne jährlichen Schnitt eine kahle, holzige Basis. Stark zurückgeschnittene Pflanzen schätzen eine Düngung im Frühjahr.

Die meisten Obstbäume und Kletterpflanzen sollten ebenfalls einmal im Jahr zurückgeschnitten werden, um die Ausbildung von Fruchtholz anzuregen. Nach der Erziehung schneidet man die jungen Seitentriebe eines Apfelbaums zurück, um das Wachstum von Fruchttrieben anzuregen; die Seitentriebe sollten im Herbst oder Winter bei gutem Wuchs auf zwei Knospen gekürzt werden. Der Schnitt von Weinstöcken basiert auf der Kultivierung eines oder mehrerer Haupttriebe, die man einmal jährlich zurückschneidet. Wenn man Wein in Kübeln kultivieren will, sollte man ihn als Hochstämmchen ziehen und die Triebe während der Ruheperiode auf ein Auge zurückschneiden.

Panaschierte Sträucher bringen manchmal einfarbige, grüne Triebe hervor. Diese sollten sofort zurückgeschnitten werden, da sie sonst die Pflanze dominieren könnten.

SCHNITTARTEN

Pflanzen mit wechselständigen Sprossen oder Augen, wie etwa Rosen, sollten mit einer scharfen, sauberen Gartenschere schräg abgeschnitten werden. Die Schere schräg und gegenüber einem in die gewünschte Wuchsrichtung zeigenden Auge ansetzen und so schneiden, daß der Schnitt etwa 5 Millimeter über dem Auge endet.

Pflanzen mit gegenständigen Sprossen oder Knospen, wie zum Beispiel Hortensien, schneidet man mit einer Gartenschere gerade und glatt ab, knapp über einem gesunden Sprossen- oder Augenpaar. Wenn der Trieb nur in eine Richtung wachsen soll, muß der entbehrliche Sproß nach dem Schneiden noch entfernt werden.

STARKER SCHNITT FÜR KOMPAKTEN WUCHS

1 *Verschiedene Sträucher wuchern wild und werden unansehnlich, wenn man sie nicht regelmäßig stark zurückschneidet. Lavendel wird zur Mitte des Frühlings zurückgeschnitten, wenn sich die neuen Triebe bilden; in gemäßigteren Klimazonen die Pflanze im Herbst zurückschneiden.*

2 *Mit einer scharfen Gartenschere die Blütenstände und den größten Teil des im vorigen Jahr ausgebildeten Wuchses abschneiden. Wenn Pflanzen im Frühjahr zurückgeschnitten werden, sollte man die Blütenstände im Herbst entfernen. Altes Holz darf stehenbleiben, da es kaum neues Wachstum produziert.*

3 *Beim Schneiden der natürlichen Kuppelform der Pflanze folgen, um eine kahle, holzige Basis zu verhindern. Nach dem Zurückschneiden alle abgeschnittenen Pflanzenteile entfernen; dazu leicht über den Busch streichen, bis alle lockeren Pflanzenreste abfallen. Die Pflanze einmal jährlich zurückschneiden.*

SCHNITT FÜR KRAFTVOLLEN WUCHS

1 *Zum Zurückschneiden eines Strauches – in diesem Fall einer Mophead-Hortensie – zunächst alles abgestorbene, kranke, schadhafte und schwache Holz abschneiden. Auch zu dichte oder sich überkreuzende Triebe müssen entfernt werden, da in einem zu dichten Wuchs Wunden entstehen könnten, die einen Ansatzpunkt für Krankheiten und Schädlinge bieten.*

2 *Viele Sträucher benötigen ein zusätzliches Zurückschneiden, damit sie neue Triebe ausbilden. Bei Sträuchern, die an diesjährigem Holz blühen, sollte das alte Holz sofort nach der Blüte entfernt werden. Wenn ein Strauch dagegen an vorjährigem Holz Blüten treibt – wie die Mophead-Hortensie –, bringt er durch das Zurückschneiden wieder neue, kraftvolle Triebe hervor.*

3 *Einen Teil der alten Triebe bis auf die Basis, schwache und dünne Triebe sogar bis auf den Grund des Strauchs zurückschneiden. Die anderen Triebe sollte man kurz oberhalb eines gesunden Auges abschneiden. Sträucher, wie beispielsweise Rosen, die an diesjährigem Holz Blüten tragen, müssen jedoch besonders stark zurückgeschnitten werden.*

FORMSCHNITT

Der Formschnitt ist eine traditionelle Gartenkunst, bei der Bäume und Sträucher zu geometrischen oder gegenständlichen Formen geschnitten werden. In Kübeln gezogene Exemplare in Pyramiden-, Kegel-, Obelisk- und Kugelform eignen sich hervorragend für formale Arrangements, wogegen Tierformen oder noch kunstvollere Darstellungen einem Garten eine verspielte Note verleihen.

Für den Formschnitt eignen sich vor allem kleinblättrige, immergrüne Gewächse mit rascher Regenerationsfähigkeit, die ihre Form mit einem oder höchstens zwei Schnitten pro Wachstumsperiode beibehalten. Die ideale Pflanze für kleine oder mittelgroße Formschnittbäumchen in gemäßigten Klimazonen ist Buchsbaum, während sich Eibe für größere Formschnitte empfiehlt. Immergrüne Pflanzen mit größeren Blättern, die sich für einfache Formschnitte eignen, sind Lorbeerbaum, Portugiesische Lorbeerkirsche sowie viele Stechpalmen-Arten. Die Liguster-Art *Ligustrum ovalifolium* ist zwar regenerationsfähig, wächst aber zu schnell, um ihre Form beizubehalten.

Pflanzen für den Formschnitt sollten schon als Jungpflanzen geschnitten werden, um einen dichten, gleichmäßigen Wuchs von der Basis aus zu gewährleisten. Eine klassische geometrische Form kann am einfachsten aus einer Pflanze aufgebaut oder herausgeschnitten werden, deren natürlicher Wuchs bereits in die Richtung des Formschnitts weist. Wenn junge Triebe zu gegenständlichen Formen erzogen werden sollen, müssen schmale Ausbuchtungen mit Hilfe von Stützen angelegt werden.

Zu Kugeln und anderen traditionellen Formen geschnittene Formschnittbäumchen aus Buchsbaum (Buxus sempervirens) *wachsen in speziellen Gefäßen. Sie sind, zusammen mit Fetthennen in achteckigen Kübeln, wie Schachfiguren angeordnet. Die formale Wirkung wird durch die Hecke und die Baumreihe im Hintergrund sowie durch die Rasenform zusätzlich betont.*

BUCHSBAUM ZU EINER SPIRALFORM FORMIEREN

1 *Ein dichter, etwa fünf Jahre alter panaschierter Buchsbaum* (Buxus sempervirens *'Elegantissima'*) *mit konischer Grundform eignet sich für einen spiralförmigen Formschnitt. Die grundlegenden Konturen können im Hoch- oder Spätsommer festgelegt werden; dabei sollte die Pflanze auf dem Boden oder auf einer stabilen Oberfläche stehen.*

2 *Zunächst überprüfen, ob der Baum groß genug für zwei Drehungen und eine Spitze ist. Dann können mit einer scharfen, manuellen Heckenschere die Konturen geschnitten werden (elektrische Scheren arbeiten so schnell, daß es leicht zu unerwünschten Schnitten kommt); an der Basis beginnen und langsam die untere Drehung herausarbeiten.*

3 *Langsam weiter nach oben schneiden; dabei die beiden Drehungen der Spirale zuerst grob und später etwas genauer herausarbeiten. Möglichst viele kleine Schnitte machen, da große Schnitte leicht die Grundform zerstören können. Von Zeit zu Zeit etwas zurücktreten und überprüfen, ob die Spirale gleichmäßig ist.*

4 *Die Grundform mit einer Spitze beenden: Dazu den Buchsbaum kurz oberhalb der oberen Drehung mit der Heckenschere bis zum zentralen Ast einschneiden. Die Spitze zu einer konischen Form schneiden, die in ihren Proportionen zur Größe der übrigen Spirale passen sollte.*

5 *Die Pflanze vorsichtig schütteln, damit alle Pflanzenreste abfallen, die zwischen den Blättern hängengeblieben sind. Von allen Seiten überprüfen, ob der Formschnitt gleichmäßig ist, und gegebenenfalls Korrekturen vornehmen. Falls einzelne Triebe überstehen, sollten diese abgeschnitten werden.*

6 *Den Buchsbaum in den folgenden Jahren jeden Hoch- oder Spätsommer so weit zurückschneiden, daß seine ursprüngliche Höhe erhalten bleibt. Im Frühling die oberste Erdschicht durch frisches, mit einem Langzeitdünger angereichertes Blumensubstrat ersetzen und die Pflanze alle zwei bis drei Jahre umtopfen.*

FALSCHER FORMSCHNITT

Sowohl geometrische als auch gegenständliche Pflanzenformen lassen sich einfach und relativ schnell erzeugen, indem man kleinblättrige Kletterpflanzen über ein stabiles Gerüst wachsen läßt. Sobald das Gestell einmal dicht mit Blättern bedeckt ist, wirken diese Pflanzen wie ein traditioneller Formschnitt, weshalb man diese Technik auch als »falschen Formschnitt« bezeichnet. Bei komplizierteren Arrangements dient der Rahmen nicht nur als Form, sondern enthält auch ein Pflanzenmaterial wie etwa Sphagnum, in das kleine Pflanzen dicht an dicht eingesetzt werden.

Im Handel erhältliche Gestelle, die als Grundgerüst für Kletterpflanzen dienen, bestehen aus stabilem, verzinktem oder emailliertem Draht. Aber kräftige, stilisierte Konturen lassen sich auch aus Hühnerdraht formen, der über einen einfachen Rahmen aus starkem, verzinktem Draht gespannt wird. Alle Rahmen benötigen Füße, die fest in einen Behälter verankert werden können, sowie lehmhaltiges Blumensubstrat, das als solider Untergrund dient.

Zu den vielseitigsten Pflanzen, die sich in gemäßigten Klimazonen für falsche Formschnitte anbieten, zählen die kleinblättrigen Varietäten des heimischen Efeus *(Hedera helix)*. Sie besitzen biegsame Triebe, attraktive Blätter und entwickeln nach dem Zurückschneiden einen dichten Wuchs. Eine einzelne Efeupflanze ist in der Lage, innerhalb einer Wachstumsperiode ein Gestell von 30 bis 45 Zentimeter Höhe zu bedecken. Um ein großes Gerüst mit einem breiten Fuß zu bepflanzen, benötigt man zwei oder drei Efeupflanzen, die um den Rahmen verteilt werden. Kletter-Ficus *(Ficus pumila)* eignet sich ebenfalls für eine solche Gestaltung, benötigt aber ein wärmeres Klima.

Die kleinblättrigen Varietäten des heimischen Efeus besitzen biegsame Triebe, die sich leicht um ein Gerüst winden lassen; die Pflanzen haben einen dichten, immergrünen Wuchs, wenn ihre kahlen Triebe zurückgeschnitten werden. Diese Vogelform aus Draht läßt sich auch ohne feine Details leicht wiedererkennen. Für das kleinere Drahtgerüst genügt eine Efeupflanze, während man für einen schnellen Bewuchs der beiden größeren Formen jeweils zwei oder drei Pflanzen benötigt.

EFEU UM EIN GERÜST ZIEHEN

1 *Im Frühling einen kleinblättrigen, hübsch verzweigten Efeu in einen Topf mit lehmhaltigem Blumensubstrat setzen. Die Pflanze gründlich wässern und abtropfen lassen; danach das Drahtgestell über den Efeu so in den Topf setzen, daß die Füße des Gestells fest im Blumensubstrat verankert sind.*

2 *Die Efeutriebe behutsam durch das Drahtgestell ziehen, bis sie nach außen über den Topfrand hängen. Dann die Stiele vorsichtig auseinanderflechten und die langen Triebe möglichst gleichmäßig auf die Drähte des Gestells verteilen.*

3 *Die Efeutriebe um die Drähte winden, um sie in Position zu halten. Zu Anfang kann es nötig sein, die Triebe mit einem kunststoffbeschichteten Draht oder einer geteerten Schnur zu befestigen.*

4 *Die kürzeren Triebe außen um das Gestell nach oben führen und gleichmäßig verteilt um die Drähte winden. Diese Triebe müssen später immer wieder um den Rahmen gewunden werden.*

5 *Die Pflanze regelmäßig wässern und in der Wachstumszeit alle zwei Wochen mit Flüssigdünger düngen. Neue Triebe ins Innere stecken und alle nach außen wuchernden Seitentriebe abschneiden.*

KLETTERPFLANZEN ERZIEHEN

Das Ziehen von Kletterpflanzen in halbkreisförmigen Gefäßen bietet sich als Lösung für die Bepflanzung von Wänden an, wenn nur gepflasterter Boden zur Verfügung steht. Die Kletterpflanzen bahnen sich ihren Weg selbständig oder mit Hilfe einer Stütze, die im Kübel verankert ist. Allerdings benötigen Kletterpflanzen an solchen Stützen schwere, hohe Gefäße und einen geschützten Platz. Am besten verwendet man Blumensubstrat auf Lehmbasis.

Die Art der Kletterhilfe hängt vom Wuchs der Kletterpflanze ab: Kletterer wie Efeu, die sich mit Haftscheiben oder Luftwurzeln festhalten, klimmen am besten auf einer festen Oberfläche wie einer Hauswand oder Gartenmauer. Obwohl diese Selbstklimmer wuchsfreudig und zäh sind, gedeihen sie zu Anfang meist nur sehr langsam. Die jungen Triebe müssen an der Oberfläche, an der sie klettern sollen, befestigt werden, bis die Luftwurzeln sicheren Halt gefunden haben. Viele Kletterpflanzen, wie *Jasminum officinale*, gehören zu den windenden Arten, während andere Kletterer wie die Wohlriechende Wicke sich mit Hilfe von berührungsempfindlichen Ranken um die Stütze schlingen. Beide Kategorien benötigen Stützen, an denen sie spiralförmig nach oben wachsen können, wie Draht, ein Netz, ein Spalier oder wigwamförmig zusammengebundene Bambusrohre. An der Wand angebrachte Kletterhilfen müssen besonders gut befestigt sein und etwa fünf Zentimeter Abstand zwischen Mauer und Spalier bieten, damit die Luft zirkulieren kann. Im Handel sind spezielle Stützen erhältlich, die in Kübeln verankert werden; man kann aber auch selbst aus Bambusstäben ein Spalier anfertigen. In jedem Fall muß es vor dem Bepflanzen im Gefäß befestigt werden. Windende und rankende Kletterpflanzen sollten nach oben geführt und leicht festgebunden werden, bis sie von sich aus klettern. Die weichen Stiele von Kletterrosen benötigen eine ständige Stütze und müssen regelmäßig am Spalier festgebunden werden. Dabei führt man die Haupttriebe horizontal, um eine üppige Blüte anzuregen.

KLETTERGERÜST FÜR EINE WOHLRIECHENDE WICKE

1 *In einem Kübel wigwamförmig zusammengebundene Bambusstäbe ergeben ein hervorragendes Klettergerüst für einjährige Kletterpflanzen wie die Wohlriechende Wicke oder Bohnen. Dazu sechs Bambusstäbe von 1,8 bis 2,5 Meter Länge in gleichmäßigem Abstand in einen Kübel von 45 bis 60 Zentimeter Durchmesser stecken.*

2 *Zwischen die hohen Stäbe weitere, etwa halb so lange Stäbe in den Kübel stecken. Die hohen Bambusstäbe an der Spitze zusammenbinden; danach eine Schnur in etwa 25 Zentimeter Höhe sowie eine Schnur in 60 Zentimeter Höhe um alle Stäbe binden.*

OBEN: *Eine Wohlriechende Wicke rankt an einer Stütze, die aus leicht gestutzten und zusammengebundenen kahlen Ästen besteht. Die Kletterhilfe vor dem Bepflanzen in einen schweren Behälter setzen, der mit lehmhaltigem Substrat gefüllt ist.*

OBEN: Die Ranken einer umgetopften Wohlriechenden Wicke hängen nach unten, wenn man sie nicht – am besten mit Hilfe von Kunststoffbindern – an einer Stütze befestigt. Windende und rankende Kletterer müssen anfangs festgebunden werden.

OBEN: Zur Befestigung von Kletterrosen an einem Spalier, einem Netz oder einer anderen Kletterhilfe verwendet man Schnur (in Form einer Acht) oder Kunststoffbinder. Die Binder regelmäßig überprüfen und lockern, bevor sie zu straff werden.

UNTEN: Ein Goldhopfen (Humulus lupulus *'Aureus'*) *wurde an einem attraktiven, selbstgefertigten Gerüst aus Weidenruten befestigt. Dieser wuchsfreudige Kletterer wird seine Stütze spätestens im Hochsommer völlig überwuchert haben.*

OBEN: An Orten, an denen Pflastersteine bis an die Mauer reichen, bieten Gefäße die einzige Möglichkeit zur Kultivierung von Kletterpflanzen. Hier werden die strengen Formen eines Innenhofs von Töpfen mit Jasmin und Waldreben aufgelockert.

UNTEN: Viele mäßig wuchsfreudige Waldreben-Arten, wie etwa die frühlingsblühende Clematis macropetala*, gedeihen auch ohne künstliche Kletterhilfe hervorragend.*

HALBSTÄMME ERZIEHEN

Halbstämme verleihen einem Topfgarten Höhe, und eine wohlgeformte Krone auf einem blattlosen Stamm bildet einen reizvollen Kontrast zu anderen niedrigwachsenden, runden oder sich ausbreitenden Pflanzenformen. Eine beliebte Methode zur Erziehung von Halbstämmen, die vor allem bei Rosen und einigen anderen holzigen Pflanzen benutzt wird, besteht darin, von einem geeigneten Wurzelstock einen Trieb vertikal nach oben zu ziehen und in der gewünschten Höhe eine ausgewählte Rosensorte zu okulieren oder aufzupfropfen. Diese Technik wird vor allem von Baumschulen angewandt, so daß bei den dort erhältlichen Pflanzen die Krone bereits teilweise oder völlig ausgebildet ist. Für den Hobbygärtner eignet sich dagegen eher eine Methode, bei der man den Pflanzenstamm möglichst gerade nach oben zieht, die Spitze auf einer bestimmten Höhe abschneidet und durch regelmäßiges Zurückschneiden sowie das Entfernen von Trieben und Blättern im unteren Bereich des Stamms eine buschige Krone kultiviert. Diese Technik läßt sich bei vielen holzigen Pflanzen und Halbsträuchern wie etwa Fuchsien anwenden. Die geschmeidigen jungen Triebe eines Halbstrauchs werden im allgemeinen einfach mit Daumen und Zeigefinger entfernt – eine Methode, die auch als »Ausknipsen« oder »Entspitzen« bekannt ist. In frostgefährdeten Regionen müssen Halbstammfuchsien und andere frostempfindliche Pflanzen unter Glas überwintert werden.

Fuchsien gehören zu denjenigen Pflanzen, die sich besonders einfach zu Halbstämmen erziehen lassen. Diese Kombination von Buschfuchsien und Halbstammfuchsien wirkt besonders attraktiv, denn beide Pflanzen bringen eine üppige Blüte hervor, die den ganzen Sommer über bis in den Herbst hält.

EINE FUCHSIE ZUM HALBSTAMM ERZIEHEN

1 *Einen im Spätsommer genommenen gesunden, bewurzelten Steckling auswählen, der als Halbstamm kultiviert werden soll, und einzeln eintopfen. Die Pflanze bei mindestens 10 Grad Celsius an einem hellen Standort überwintern.*

2 *Wenn die junge Fuchsie eine Höhe von 20 bis 25 Zentimeter erreicht hat, einen Stab in den Topf stecken und die Pflanze mit einfachen Kunststoffbindern so daran befestigen, daß sie senkrecht nach oben wachsen kann.*

3 *Den Stamm weiterhin am Stab festbinden; gegebenenfalls einen längeren Stab einsetzen. Die Blätter vom unteren Teil des Stamms erst entfernen, wenn die Pflanze schon fast ihre endgültige Höhe erreicht hat.*

4 *Sobald die Pflanze die gewünschte Höhe erreicht hat, muß die Triebspitze ausgeknipst werden; so wird eine Verzweigung angeregt, die sich zu einer Krone ausbildet. Hat sich ein Stamm entwickelt, alle Blätter unterhalb der Krone entfernen.*

5 *Um eine stark verzweigte Krone zu erreichen, den Stamm an einer permanenten Stütze befestigen. Die Spitzen der Seitensprossen am oberen Stammende drei- bis viermal ausknipsen; schwache oder wild wuchernde Triebe entfernen.*

SCHÄDLINGE UND KRANKHEITEN

Die Bekämpfung von Schädlingen und Krankheiten im Topfgarten muß nicht in einen regelrechten Kleinkrieg ausarten; statt dessen sollte man versuchen, im Umgang mit ihnen den richtigen Mittelweg zwischen Toleranz bei kleineren Schäden und der Behandlung von Problemfällen mit chemischen und anderen Mitteln zu finden. Oft zahlt es sich aus, kranke Pflanzen radikal zu entfernen; allerdings sollte man chemische Mittel verantwortungsbewußt anwenden, um Schäden an Mensch, Tier und Umwelt zu vermeiden. Richten Sie sich immer genau nach den Herstellerangaben, und halten Sie sich an folgende Grundsätze:

- Chemikalien immer im Freien oder an gut belüfteten Orten mischen.
- Jeden Kontakt mit Haut und Augen vermeiden; Sprühnebel nicht einatmen.
- Chemische Mittel bei windstillem, trockenem Wetter anwenden und nicht an heißen, sonnigen Tagen versprühen, um ein Verbrennen der Pflanzen zu verhindern.
- Überschüssige Chemikalien sorgfältig aufbewahren und alle Geräte nach Gebrauch gründlich reinigen.
- Chemikalien immer im Originalbehälter (mit Gebrauchs- und Lagerungsanweisungen) und stets außerhalb der Reichweite von Kindern und Tieren aufbewahren.
- Nur Pestizide verwenden, die im jährlich herausgegebenen Verzeichnis der amtlich zugelassenen Pflanzenschutzmittel aufgeführt werden.

Saugende Schädlinge

Saugende Schädlinge verursachen häufig Wachstumsstörungen und übertragen Viruskrankheiten von infizierten auf gesunde Pflanzen. Darüber hinaus gedeihen Rußtaupilze auf den klebrigen Ausscheidungen mancher Schädlinge, die ohne chemische Mittel oft nur schwer in den Griff zu bekommen sind. Einige Insektizide wie organischer Derrisstaub oder Pyrethrum töten Schädlinge bei direktem Kontakt mit dem Spray beziehungsweise Pulver, während systemische Insektizide absorbiert werden und mit dem Pflanzensaft die ganze Pflanze durchdringen.

Blattläuse (schwarze und grüne) Geflügelte oder flügellose Insekten, etwa 5 Millimeter lang, in schnell wachsenden Kolonien an Trieben, Knospen und Blattunterseiten.

Schildläuse Mit blasenartigen Schuppen bedeckte Insekten von bis zu 5 Millimeter Länge, die auf der Unterseite von Blättern sowie an Stämmen von Bäumen und Sträuchern nisten.

Thripse (Blasenfüße) Kleine, dunkle Insekten und ihre gelborangefarbenen Larven, beide kleiner als 2,5 Millimeter, die in heißer, trockener Umgebung in Massen schwärmen. Sie verursachen eine silbrige Verfärbung der Blätter sowie eine weiße Fleckenbildung auf den Blüten.

Weiße Fliege Winzige, weißflügelige Insekten auf der Blattunterseite. Eine biologische Bekämpfung kann nur im Gewächshaus durchgeführt werden.

Wolläuse Blattlausartige Schädlinge mit wachsartigem, weißem Überzug, die sich auf Pflanzen in Gewächshäusern und in warmen Klimazonen auch im Freien finden.

Zwergzikaden Insekten von bis zu 2,5 Millimeter Länge, die auf der Blattoberfläche punktförmige Flecken hervorrufen. Die Blattunterseiten ansprühen.

Fraßschädlinge an Blättern, Blüten und Stengeln

Obwohl Fraßschädlinge häufig beträchtliche Schäden hervorrufen, lassen sie sich am leichtesten mit Hilfe biologischer oder mechanischer Mittel bekämpfen.

Gefurchter Dickmaulrüßler Grauschwarze Käfer von etwa 1 Zentimeter Größe, die zackige Löcher an den Blatträndern hinterlassen; die weißen Larven fressen Wurzeln an. Ausgewachsene Tiere von Hand entfernen. Die Larven lassen sich mit biologischen Mitteln bekämpfen.

Gehäuse- und Nacktschnecken Schleimige Weichtiere, die vorzugsweise in der Nacht und bei feuchter Witterung über Blätter und Blüten herfallen. Von Hand entfernen oder Schneckenkörner mit Metaldehyd auslegen.

Ohrwürmer Gelblichbraune, 2 Zentimeter lange Insekten mit zangenartigen Fortsätzen, die Blätter und Blüten fressen. In strohgefüllten Töpfen fangen und vernichten.

Raupen Die Jugendstadien verschiedener Schmetterlinge und Nachtfalter, die Blätter zahlreicher Pflanzen fressen. Von Hand entfernen.

Krankheiten

Pflanzen können von einer großen Zahl unterschiedlicher Pilz- und Viruserkrankungen befallen werden; die folgenden gehören zu den wichtigsten:

Botrytis (Grauschimmel) Pilzerkrankung, die Blätter, Stengel, Blüten und Früchte befällt und sich häufig als pelziger Schimmel zeigt. Zur Vorbeugung abgestorbenes Pflanzenmaterial entfernen und saubere Rückschnitte durchführen. Die befallenen Teile oder die gesamte Pflanze verbrennen sowie ein Fungizid einsetzen.

Mehltau Pilzerkrankung, die auf den Blättern einen weißen, puderartigen Belag hervorruft. Zur Vorbeugung anfällige Pflanzen ausreichend gießen. Alle befallenen Teile entfernen und verbrennen sowie Fungizid einsetzen.

Rost Pilzerkrankung, die auf den Blattunterseiten rotbraune Beläge erzeugt. Zur Vorbeugung rostresistente Sorten anpflanzen. Alle befallenen Teile entfernen und verbrennen sowie die Pflanze mit einem Fungizid einsprühen.

Schwarzfleckigkeit (Sternrußtau) Häufige Pilzerkrankung bei Rosen. Kleine, schwarze Punkte entwickeln sich zu größeren Flecken, bevor die Blätter abfallen. Infizierte und tote Blätter im Herbst entfernen; infizierte Pflanzen sofort mit einem Fungizid besprühen.

Umfallkrankheit Pilzerkrankung, die Sämlinge bei zu dichtem Stand zum Umfallen bringt. Zur Vorbeugung werden strenge Hygiene, gute Belüftung und gelegentliche Bewässerung mit einem kupferhaltigen Fungizid empfohlen.

Virosen Krankheiten, die verkrüppelten Wuchs sowie Verfärbungen an Blüten und Blättern verursachen. Zur Vorbeugung virusfreie Pflanzen verwenden und saugende Schädlinge bekämpfen. Infizierte Pflanzen verbrennen.

SAUGENDE SCHÄDLINGE

Blattläuse (schwarz)

Blattläuse (grün)

Zwergzikade

Zwergzikadenschäden

Wolläuse

Schildläuse

Thrips

Weiße Fliegen

FRASSSCHÄDLINGE AN BLÄTTERN, BLÜTEN UND STENGELN

Raupen

Ohrwurm

Nacktschnecke

Dickmaulrüßler

KRANKHEITEN

Schwarzfleckigkeit

Botrytisbefall

Umfallkrankheit

Mehltau

Rost an Pelargonienblättern

Rost an Rosenblättern

Virusschäden an Blättern

Virusschäden an Blüten

VERMEHRUNG DURCH SAMEN

Auch ein Hobbygärtner kann viele Pflanzen problemlos selbst ziehen. Die Vermehrung durch Samen ist eine einfache und preiswerte Methode, mit der sich große Mengen winterharter und bedingt winterharter Einjähriger gewinnen lassen, die das Grundgerüst jedes Sommergartens bilden. Außer in Gebieten mit äußerst milden Wintern, die nicht durch Frost gefährdet sind, beginnt man mit der Aussaat der Einjährigen gegen Ende des Winters oder zu Beginn des Frühjahrs im Haus oder unter Glas; die Pflanzung erfolgt dann im Spätfrühling und im Frühsommer. Mit Pflanztöpfen aus Kunststoff und einer guten Vermehrungserde lassen sich selbst auf einer Fensterbank gute Keimergebnisse erzielen. Die Töpfe werden mit einer durchsichtigen Kunststoffhaube versehen, bis die Samen gekeimt sind. Dagegen ist die Verwendung von unbeheizten Anzuchtkästen etwas professioneller.

Die besten Überlebenschancen besitzen die Sämlinge bei dünner Aussaat; dazu verteilt man sehr feine Samen über die Oberfläche des Substrats und bedeckt nur die größeren Samen leicht mit Vermehrungserde. Die Keimung der meisten Einjährigen dauert zwei bis drei Wochen. Pikieren Sie die Sämlinge, sobald sie so groß sind, daß man sie fassen kann. Wenn die pikierten Sämlinge sich kräftig entwickelt haben, werden sie abgehärtet, indem man sie vor dem Aussetzen zwei bis drei Wochen lang allmählich an die Verhältnisse im Freien gewöhnt. Ein Frühbeet oder Kalter Kasten ist die ideale Zwischenstation, da sich die Frischluftzufuhr hier kontrolliert steigern läßt.

SAMEN IN EINEM ANZUCHTKASTEN AUSSÄEN

1 *Die untere Schale des Kastens mit Aussaaterde füllen. Anschließend die Oberfläche glattstreichen und das Substrat zusätzlich mit einem Stück Holz oder mit der Hand leicht andrücken.*

2 *Die Samen dünn säen. Um eine gleichmäßige Verteilung zu gewährleisten, müssen die Samen mit dem Finger einer Hand aus der Handfläche der anderen Hand verteilt oder sorgfältig mit Hilfe eines gefalteten Blatt Papiers verstreut werden.*

3 *Die Samen mit einer Schicht feiner Aussaaterde bedecken, deren Stärke der Samengröße entspricht. Die Schale in ein mit Wasser gefülltes Becken stellen, bis das Substrat gut durchfeuchtet ist.*

4 *Die Schale abtropfen lassen; danach mit dem Deckel zudecken. Den Anzuchtkasten an einen warmen Ort stellen – aber nicht in direktes Sonnenlicht –, bis die Samen keimen.*

PIKIEREN

1 *Zur Weiterzucht werden die Sämlinge pikiert, sobald man sie fassen kann. Die Sämlinge mit einem Etikettenschildchen oder einer Messerklinge aus der Schale des Anzuchtkastens herausheben; die Pflänzchen dabei an den Blättchen halten.*

2 *Anschließend die Sämlinge einzeln in unterteilte Preßtorfschalen oder, mit einem Abstand von 4 Zentimetern, in größere Töpfe setzen, die mit leicht angedrücktem Blumensubstrat gefüllt sind.*

GROSSE SAMEN AUSSÄEN

1 *Große Samen, wie die der Kapuzinerkresse, werden zu zweit in kleine Töpfe mit Aussaaterde gelegt. Vorsichtig von oben oder unten wässern.*

2 *Die Kapuzinerkresse kann in die endgültigen Kübel oder Töpfe gesetzt werden, sobald sie so groß ist, daß man sie fassen kann. Die Pflanze abhärten, bevor sie ins Freie gestellt wird.*

Die scharlachrote Kapuzinerkresse 'Empress of India' besitzt violettblau überhauchte Blätter, die einen wunderbaren Kontrast zu der ungewöhnlichen Topffarbe bilden. Kapuzinerkressen können zwischen Mitte und Ende des Frühlings direkt ins Freiland gesät werden, pro Standort zwei Samen. Falls beide keimen, sollte die schwächere Pflanze entfernt werden.

VERMEHRUNG DURCH STECKLINGE

Mit Stecklingen lassen sich viele Sträucher und Halbsträucher, die im Topfgarten Verwendung finden, vermehren. Diese Vermehrungsart eignet sich vor allem dann, wenn man schnellwachsende, frostempfindliche Stauden wie Fuchsien oder Pelargonien überwintern möchte. Stecklinge werden nach dem Reifegrad des Holzes eingeteilt in Grünstecklinge, halbreife Stecklinge und verholzte Stecklinge.

Pulver oder Lösungen mit Hormonen, die das Wurzelwachstum stimulieren und oft ein Fungizid zur Fäulnisbekämpfung enthalten, beschleunigen die Bewurzelung aller Stecklinge. Verwenden Sie diese Mittel sparsam, und beachten Sie dabei genau die Gebrauchsanweisungen.

Eine gute Gartenhygiene verringert das Risiko von Pilz- und Virusinfektionen. Die Stecklinge sollten immer auf einer sauberen Unterlage vorbereitet werden: Mit einer Rasierklinge lassen sie sich leicht auf die richtige Größe zuschneiden. Die Anschaffung fertiger Vermehrungserde lohnt sich, da sie die Feuchtigkeit gut hält und aufgrund ihrer lockeren Struktur eine gute Durchlüftung gewährleistet. Stellen Sie die Stecklinge an einen warmen, feuchten Ort, vorzugsweise mit Bodenheizung, um eine rasche Wurzelbildung anzuregen. Aber auch ohne einen beheizten Anzuchtkasten lassen sich gute Ergebnisse erzielen: Eine einfache Methode, die Luft mit genügend Feuchtigkeit anzureichern, besteht darin, eine durchsichtige Plastiktüte über den Topf zu stülpen, die man mit Drähten von den Blättern fernhält. Die Abdeckung sollte alle sieben bis zehn Tage abgenommen werden, um die Stecklinge zu gießen und mit Frischluft zu versorgen. Sobald die Stecklinge Wurzeln gebildet haben, pflanzt man sie einzeln in Töpfe.

HALBREIFE STECKLINGE VON IMMERGRÜNEN PFLANZEN

1 *Die beste Zeit, um halbreife Stecklinge von diesjährigen Trieben zu nehmen, ist der Spätsommer oder der Frühherbst. Hier werden zum Beispiel Stecklinge von Buchsbaum* (Buxus sempervirens) *genommen.*

2 *Die Stecklinge mit einem scharfen Messer kurz unterhalb einer Blattansatzstelle auf 10 bis 15 Zentimeter Länge kürzen. Dabei auch die Spitze ausknipsen, wenn diese noch weich ist, und die unteren Blätter entfernen.*

3 *Die unteren Enden der Stecklinge in ein Bewurzelungsmittel tupfen, überschüssiges Pulver abschütteln. Dann zusammen in einen mit feuchter Vermehrungserde gefüllten Topf setzen.*

4 *Den Topf in einen Anzuchtkasten oder in ein Frühbeet stellen. Die Stecklinge in Einzeltöpfe umpflanzen, sobald sie weiterwachsen und gut bewurzelt sind.*

HALBREIFE STECKLINGE VON PELARGONIEN

1 *Grünstecklinge von überwinterten Pflanzen im Frühling oder halbreife Stecklinge im Spätsommer nehmen; dabei gesunde Triebe auswählen, die nicht blühen.*

2 *Die Stecklinge auf eine saubere Unterlage legen und mit einer Rasierklinge oder einem scharfen Messer kurz unterhalb einer Blattansatzstelle auf 10 bis 15 Zentimeter Länge kürzen.*

3 *Alle unteren Blätter entfernen, bevor die Stecklinge in die Erde gesetzt werden. Die Blätter an der Spitze sind für die Ernährung der Stecklinge notwendig.*

4 *In einen Topf mit feuchter Vermehrungserde 2,5 bis 5 Zentimeter tiefe Löcher drücken, die Stecklinge einsetzen und die Erde andrücken. Den Topf an einen warmen Ort stellen.*

GRÜNSTECKLINGE VON FUCHSIEN

1 *Die zur Überwinterung ausgewählten Fuchsienstecklinge zwischen Frühling und Spätsommer nehmen; dabei gesunde Triebe auswählen, die nicht blühen.*

2 *Die Stecklinge unterhalb einer Blattansatzstelle einkürzen, die unteren Blätter entfernen; in Vermehrungserde setzen und in einer warmfeuchten Umgebung halten, bis sie bewurzelt sind.*

VERMEHRUNG DURCH TEILUNG

Viele Stauden vermehrt man am einfachsten durch Teilung der Wurzelstöcke. Diese Methode der vegetativen Vermehrung läßt sich auch bei Sträuchern mit unterirdischen Wurzelausläufern sowie bei Zwiebel- und Knollenpflanzen anwenden, die von Natur aus Ableger (Ausläufer) produzieren. Wenn man Zwiebeln umsetzt, können Brutzwiebeln gewonnen und bis zur Blühreife weiter gezogen werden. Dies dauert manchmal mehrere Jahre, so daß die Kultur eigener Ableger im Topfgarten – wo Platz gewöhnlich Mangelware ist – sich nur dann lohnt, wenn die Zwiebelpflanzen selten und nur schwer erhältlich sind.

Im Laufe der Jahre werden Stauden entweder holzig (und zeigen dann im Zentrum weniger Wachstum), oder sie überaltern – mit dem Ergebnis, daß sie schlechter wachsen und weniger Blüten produzieren; beides kommt dem Aussehen eines Topfgartens nicht zugute. Deshalb dient die Teilung nicht nur der Vermehrung, sondern auch der Verjüngung einer Pflanze. Da sie unter eingeschränkten räumlichen Bedingungen gedeihen, sollte man Stauden in Kübeln und Töpfen alle ein bis zwei Jahre umpflanzen und teilen. Pflanzen mit Faserwurzeln, wie etwa *Heuchera*-Arten, lassen sich am einfachsten auf diese Art und Weise kultivieren. Um große Funkien und andere Stauden mit kräftigem Wurzelstock zu teilen, empfiehlt es sich, die Pflanze aus dem Topf oder Kübel zu nehmen und mit einem Spaten zu trennen.

STAUDEN MIT FASERWURZELN TEILEN

1 *Die zu teilende Pflanze im Herbst oder zu Beginn des Frühjahrs aus dem Topf nehmen. Anschließend das alte, unproduktive Zentrum entfernen und die jungen, äußeren Teile der Pflanze verwenden.*

2 *Den Wurzelstock mit der Hand in so viele lebensfähige Teile trennen, wie man benötigt; dicke Wurzeln mit einem scharfen Messer durchtrennen. Darauf achten, daß jedes Teilstück kräftige Triebe und gesundes Wurzelwerk besitzt.*

3 *Alle beschädigten Blätter oder Stengel entfernen. Dann jedes Teilstück einzeln einpflanzen oder sofort mit anderen Pflanzen in frisches Blumensubstrat auf Lehmbasis einsetzen.*

4 *Die Pflanzen gründlich wässern. Wenn sich die Mutterpflanze in mehrere Teilstücke zerteilen ließ, auch diese von beschädigten Pflanzenteilen säubern und eintopfen.*

WINTERSCHUTZ

In frostgefährdeten Regionen benötigen viele Pflanzen in Kübeln und Töpfen einen Winterschutz. Daher empfiehlt es sich, empfindliche Pflanzen im Herbst ins Haus zu bringen. Selbst unbeheizte Gewächshäuser, Wintergärten oder verglaste Veranden gewähren einigen Schutz, aber erst beheizte Räume ermöglichen ein problemloses Überwintern der meisten Pflanzen.

Die erfolgreichste Methode der Überwinterung von empfindlichen Stauden und Sträuchern besteht darin, bewurzelte Stecklinge zu überwintern. Selbst wenn Sie relativ winterharte Pflanzen im Freien belassen, sollten Sie einige Stecklinge unter Glas überwintern – für den Fall, daß die Mutterpflanze abstirbt. Pelargonien können aus ihren Gefäßen genommen, den Winter über aufbewahrt und im Frühjahr wieder ausgepflanzt oder als Ausgangsmaterial für Stecklinge verwendet werden. Die unter Glas überwinternden Pflanzen sollten trocken und bei der niedrigsten Temperatur, die sie vertragen, gehalten werden, da Feuchtigkeit und Wärme ein vorzeitiges Wachstum stimulieren.

Auch relativ winterharte Pflanzen benötigen Schutz, wenn man sie im Freien stehen läßt, weil Kübelpflanzen für Frostschäden anfälliger sind als Pflanzen im Erdreich. Wenn Sie einen Strauch und seinen Kübel mit isolierendem Material wie etwa einem strohgefüllten Sack umwickeln, verringern Sie das Risiko, daß die Pflanze durch wechselndes Frieren und Tauen Schaden nimmt.

PELARGONIEN ÜBERWINTERN

1 *Die Pelargonien vor dem ersten Frost ins Haus holen und die Erde von den Wurzeln schütteln. Die Stengel kurz oberhalb einer Blattansatzstelle auf etwa 8 bis 15 Zentimeter Länge (von der Wurzel aus) einkürzen.*

2 *Die Wurzeln auf 5 bis 8 Zentimeter Länge zurückschneiden. Dabei sollte man unbedingt darauf achten, daß alle verbliebenen Teile auch wirklich gesund und frei von Schädlingen sind.*

3 *Einen Behälter, etwa eine Holzkiste, mit Drainagelöchern versehen, mit Kunststoffolie auslegen (auf dem Boden einritzen) und zur Hälfte mit Torfkultursubstrat füllen.*

4 *Die Pflanzen dicht in den Behälter legen – sie dürfen sich nicht berühren – und mit Substrat bedecken; gießen und abtropfen lassen. Die Kiste an einem hellen, frostfreien Ort lagern.*

PFLANZ-BEISPIELE

Attraktive und interessante Kübelbepflanzungen entstehen meist durch die Kombination von gärtnerischer Erfahrung und einem Gefühl für ansprechende Pflanzenkonstellationen. Das notwendige praktische Wissen ist schnell erlernt, während der Blick für kreative Bepflanzungen im Laufe der Zeit geschult und am Beispiel gelungener Pflanzthemen geschärft wird.

Das folgende Kapitel enthält detaillierte Anleitungen für 34 verschiedene Pflanzbeispiele. Jede Doppelseite beginnt mit einer Einleitung, die das Pflanzthema beschreibt. Im Anschluß daran finden sich nützliche Informationen, zum Beispiel über die Pflanzzeit und die Pflege der Pflanzen. Einfache Schritt-für-Schritt-Anleitungen und eine ausführliche Liste der verwendeten Pflanzen und Materialien erläutern die abgebildete Bepflanzung. Manche Topfgärtner halten sich gerne exakt an die vorgestellten Beispiele, während anderen die Grundideen und Informationen lediglich als Inspirationsquelle für eigene Kreationen dienen. Schon durch die Verwendung eines Gefäßes aus anderem Material, in einer anderen Größe oder Farbe als hier abgebildet läßt sich der Charakter einer Bepflanzung völlig verändern. Narzissen, Fuchsien, Petunien und Tulpen bieten eine solche Vielfalt an Sorten, daß sich für jeden Geschmack und Gestaltungsstil etwas findet; aber natürlich kann man auch andere Pflanzen mit ähnlichen Eigenschaften verwenden und dadurch dem Garten eine persönliche Note verleihen. Eine Auswahl von Pflanzen, die nach verschiedenen Merkmalen zusammengestellt ist, finden Sie auf Seite 204 f.

Fuchsien zeichnen sich durch eine lange Blütezeit aus und bringen vom Hochsommer bis in den Herbst eine Fülle von Blüten hervor. In diesem traditionellen Terrakottatopf mit Flechtmuster ergänzen sich die buschige Sorte 'Tom Woods' und die rankende 'Jack Shahan' auf wundervolle Weise. Das rankende, bei warmem Wetter nahezu wuchernde Laub der Salvia discolor *fügt der Bepflanzung im Vordergrund einen silberfarbenen Ton hinzu.* *Eine ausführliche Anleitung für dieses Pflanzschema finden Sie auf Seite 114.*

KRÄFTIGES ROSA FÜR DEN FRÜHLING

Für eine aufsehenerregende Farbenpracht im Frühling sind Zwiebelgewächse unerläßlich. Nach dem Setzen im Herbst benötigen sie kaum Pflege, bis sie dann im Frühjahr jeden Topfgarten in ein Farbenmeer verwandeln. Zwiebelgewächse können einzeln gepflanzt oder mit anderen Frühlingsblühern beziehungsweise krautartigen Pflanzen wie etwa Lenzrosen kombiniert werden. Winterharte Pflanzen setzt man zur gleichen Zeit wie Zwiebeln, frostempfindliche Arten jedoch erst im Frühjahr; allerdings sollten Sie dann die Pflanzstelle der Zwiebeln markieren.

TERRAKOTTATOPF MIT LENZROSEN

Den Topf von Frühherbst bis Mitte des Herbstes bepflanzen, an einen sonnigen oder schattigen Standort stellen und genügend Platz für die Zwergprimeln lassen. Sobald die Hyazinthen und Primeln blühen, mit Flüssigdünger düngen; nach weiteren zwei Wochen erneut düngen. Lenzrosen und Efeu können im Topf bleiben, während die Hyazinthen und Primeln nach der Blüte in den Garten gesetzt werden sollten.

Terrakottatopf (20 cm Durchmesser, 13 cm Höhe)
Tonscherben
Blumensubstrat auf Lehmbasis mit einem Langzeitdünger
3 rosa Hyazinthen (*Hyacinthus orientalis* 'Pink Pearl'), Seite 156, **A**
2 Lenzrosen *(Helleborus orientalis)*, Seite 156, **B**
3 rosa Zwergprimeln *(Primula)*, Seite 139, **C**
1 kleinblättriger Efeu (*Hedera helix* 'Donerailensis'), Seite 180 f., **D**

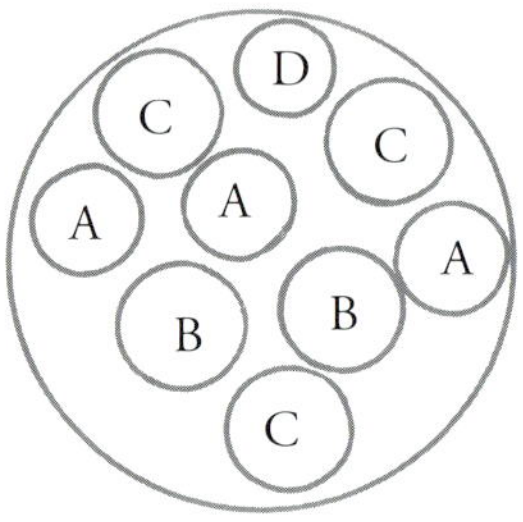

1 Den Topf sorgfältig reinigen und mehrere Stunden in klares Wasser stellen.
2 Die Tonscherben über das Drainageloch legen und 5 Zentimeter hoch mit Blumensubstrat bedecken.
3 Die Hyazinthenzwiebeln (**A**) hineinlegen und fast vollständig mit Blumensubstrat bedecken.
4 Links und rechts der mittleren Hyazinthe je eine Lenzrose (**B**) pflanzen; darauf achten, daß die Pflanzen ihre ursprüngliche Pflanztiefe beibehalten.
5 Primeln (**C**) und Efeu (**D**) pflanzen, den Kübel bis etwa 2,5 Zentimeter unterhalb des Randes mit Blumensubstrat füllen und die Pflanzen fest andrücken.
6 Gründlich wässern.

TULPEN IN EINER GEMISCHTEN BEPFLANZUNG

Die Zwiebeln im Spätherbst setzen, an einen sonnigen Standort stellen, die übrigen Pflanzen im Frühling hinzufügen. Mit Flüssigdünger düngen, sobald die Blätter der Tulpen erscheinen; beim Öffnen der Knospen erneut düngen. Nach der Blüte in den Garten setzen.

Terrakottatopf (45 cm Durchmesser, 35 cm Höhe)
Tonscherben
Blumensubstrat auf Lehmbasis mit einem Langzeitdünger
12 rosa Tulpen (*Tulipa* 'Garden Party'), Seite 157, **A**
2 panaschierte Taglilien (*Hemerocallis fulva* 'Kwanzo Variegata'), Seite 141, **B**
2 gefüllte, rosa Ranunkeln *(Ranunculus asiaticus)*, Seite 163 f., **C**
1 gefüllte, weiße Ranunkel *(Ranunculus asiaticus)*, Seite 163 f., **D**
2 großblütige, gefüllte, dunkelrosa Gänseblümchen *(Bellis perennis)*, Seite 156, **E**
2 kleinblütige, gefüllte, dunkelrosa Gänseblümchen (*Bellis perennis* 'Pomponette'), Seite 156, **F**
3 gefüllte, dunkelrosa Primeln *(Primula vulgaris)*, Seite 139, **G**
1 rosa *Dicentra* 'Stuart Boothman', Seite 160, **H**

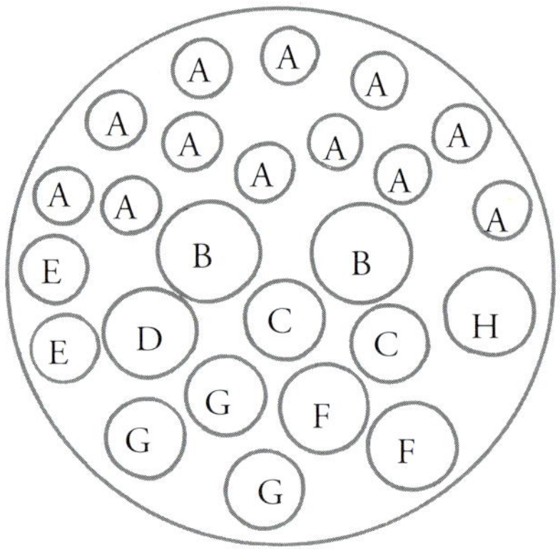

1 Den Topf sorgfältig reinigen und mehrere Stunden in klares Wasser stellen.
2 Die Tonscherben über die Drainagelöcher legen und etwa 5 bis 8 Zentimeter hoch mit Substrat bedecken.
3 Die Tulpenzwiebeln (**A**) in den hinteren Topfbereich in dichten Gruppen und in zwei Ebenen setzen; die Taglilien (**B**) in die Mitte pflanzen.
4 Die hintere Hälfte des Topfes vollständig mit Blumensubstrat füllen und die Position der Tulpenzwiebeln markieren. Die vordere Topfhälfte zu zwei Dritteln mit Blumensubstrat füllen.
5 Wenn die Tulpen im Frühjahr erscheinen, 8 bis 10 Zentimeter des Substrats im vorderen Topfbereich entfernen und Ranunkeln (**C**, **D**), Gänseblümchen (**E**, **F**), Primeln (**G**) und *Dicentra* (**H**) pflanzen. Das Substrat um die Wurzeln verteilen und den Topf bis 2,5 Zentimeter unterhalb des Randes füllen. Pflanzen fest andrücken.
6 Gründlich wässern.

FRÜHLINGSFRISCHE

Pflanzen, die sich die Schlichtheit ihrer wildlebenden Vorfahren bewahrt haben, besitzen einen ganz besonderen Charme. Der Lerchensporn *(Corydalis flexuosa,* unten*)*, eine der schönsten Neueinführungen aus China, fällt in diese Kategorie. Er verfügt über ein farnartiges, manchmal graugrünes oder violettgrünes Laub mit roter Zeichnung und bringt im Frühling eine Fülle leicht geneigter, blauer Blüten hervor. Die sehr viel vertrauteren Schlüsselblumen (rechts) zählen dagegen zu den klassischen Wildblumen des Frühlings. Kleinblättrige Stiefmütterchen zeichnen sich durch ihre schlichte Schönheit aus und eignen sich daher hervorragend als Begleitpflanzen von Lerchensporn und Schlüsselblume. Alle Pflanzen gedeihen im Halbschatten.

Da kunstvolle Gefäße Pflanzen von schlichter, zurückhaltender Ausstrahlung optisch in den Hintergrund drängen, wurde der Lerchensporn zusammen mit den Stiefmütterchen in einen einfachen Terrakottatopf gepflanzt. Der Terrakottatrog erhielt dagegen eine hellblaue Tönung, wodurch das Relief etwas zurücktritt und der Trog sich optisch in das Farbschema der Bepflanzung einfügt.

LERCHENSPORN UND STIEFMÜTTERCHEN

Den Topf im Spätwinter oder zu Beginn des Frühlings bepflanzen und an einen halbschattigen Ort stellen. Drei Wochen danach mit Flüssigdünger düngen, nach weiteren zwei Wochen erneut düngen. Verwelkte Stiefmütterchenblüten regelmäßig entfernen, um die Blütezeit zu verlängern. Den Lerchensporn nach der Blüte in den Garten setzen. Falls die Stiefmütterchen noch blühen, als Ergänzung zur Sommerbepflanzung im Topf lassen, sonst entfernen.

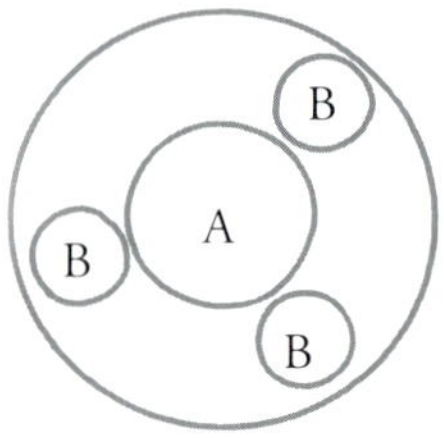

Terrakottatopf (25 cm Durchmesser, 17 cm Höhe)
Tonscherben
Blumensubstrat auf Lehmbasis
1 Lerchensporn *(Corydalis flexuosa)*, Seite 172, **A**
3 Stiefmütterchen (*Viola* 'Johnny Jump Up'), Seite 143, **B**

1 Den Topf sorgfältig reinigen und mehrere Stunden in klares Wasser stellen.
2 Die Tonscherben über die Drainagelöcher legen und 8 bis 10 Zentimeter hoch mit Blumensubstrat bedecken.
3 Den Lerchensporn (**A**) in die Mitte des Topfes setzen, dabei auf die ursprüngliche Pflanztiefe achten.
4 Die Stiefmütterchen (**B**) gleichmäßig um den Lerchensporn verteilen. Den Topf bis 2,5 Zentimeter unterhalb des Randes mit Blumensubstrat füllen und die Pflanzen fest andrücken.
5 Gründlich wässern.

SCHLÜSSELBLUMEN UND STIEF-MÜTTERCHEN

Den Trog im Spätwinter oder zu Beginn des Frühlings bepflanzen; an einen halbschattigen Ort stellen. Die Schlüsselblumen blühen im Frühling mehrere Wochen, die Stiefmütterchen haben eine längere Blüte, wenn man verwelkte Blüten entfernt. Ab der dritten Woche alle zwei Wochen mit Flüssigdünger düngen. Schlüsselblumen nach der Blüte in den Garten setzen, Stiefmütterchen als Randbepflanzung belassen.

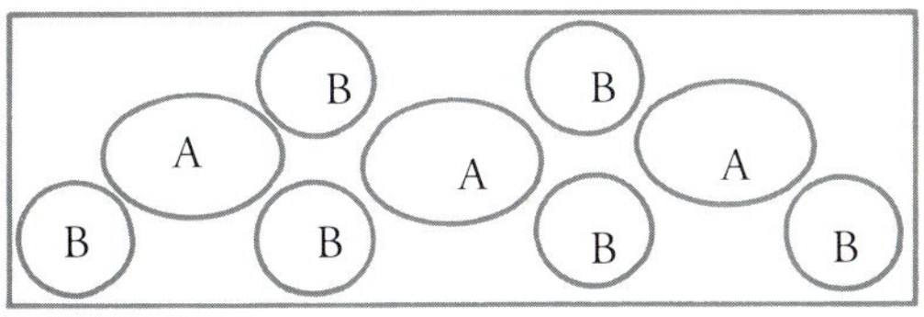

Terrakottatrog (45 cm Länge, 15 cm Breite und Höhe)
Tonscherben
Blumensubstrat auf Lehmbasis
3 Schlüsselblumen *(Primula veris)*, Seite 139, **A**
6 Stiefmütterchen (*Viola*-Hybriden), Seite 143, **B**

1 Den Trog sorgfältig reinigen und mehrere Stunden in klares Wasser stellen.
2 Die Tonscherben über die Drainagelöcher legen und 8 bis 10 Zentimeter hoch mit Blumensubstrat bedecken.
3 Die Schlüsselblumen (**A**) gleichmäßig entlang der Mitte verteilen.
4 Die Stiefmütterchen (**B**) in die beiden vorderen Ecken sowie vorne und hinten zwischen den Schlüsselblumen plazieren.
5 Den Trog bis etwa 2,5 Zentimeter unterhalb des Randes mit Blumensubstrat füllen und die Pflanzen fest andrücken.
6 Gründlich wässern.

TULPENZEIT

Tulpen zählen zu den vielseitigsten Frühlingszwiebelpflanzen und sind für den Topfgarten von unschätzbarem Wert. Ihre zahllosen Hybriden bieten eine riesige Farbenvielfalt, der sich nur wenige andere Pflanzen rühmen können. Die Blütezeit der Tulpen beträgt etwa drei Monate und besitzt ihren Höhepunkt zwischen Mitte und Ende des Frühlings. Darüber hinaus lassen sich Tulpen problemlos kultivieren und erfordern zwischen dem Setzen der Zwiebeln im Herbst und der Blüte im Frühling kaum Pflege. Obwohl es natürlich eine Frage des persönlichen Geschmacks ist, für welche Blütenfarbe und -form, Blattzeichnung oder Blütezeit man sich entscheidet, eignen sich die kleinwüchsigen Arten am besten für Gefäße an exponierten Standorten.

Bei großen Kübeln empfiehlt es sich, die Zwiebeln in zwei Schichten zu setzen, so daß eine besonders dichte Bepflanzung entsteht, wobei sich die Ausstrahlung der Tulpen durch eine Randbepflanzung aus anderen Gewächsen noch zusätzlich verstärken läßt. Bei diesem Topf (unten) wurden gelber Schöterich und gelbviolette Stiefmütterchen mit ungefüllten, scharlachroten Tulpen zu einem eindrucksvollen Arrangement kombiniert, während die Blütenmitten der Gänseblümchen (rechts) die prächtige Farbe der gefüllten, gelben Tulpen wiederholen. Da die Schönheit und Blütengröße der Tulpen nach der ersten Blütezeit meist nachläßt, sollten für Pflanzgefäße nur frische Zwiebeln verwendet und diese nach der Blüte in den Garten gesetzt werden.

TULPEN UND SCHÖTERICH

Für ein Frühlingsarrangement die Tulpenzwiebeln und den Schöterich im Spätherbst pflanzen und an einen sonnigen Standort stellen. Die Stiefmütterchen zu Beginn des Frühlings dazwischen setzen. Mit Flüssigdünger düngen, sobald die Blätter der Tulpen erscheinen, und erneut, wenn sich die Knospen öffnen. Nach der Blüte die Tulpen in den Garten setzen und Schöterich sowie Stiefmütterchen entfernen.

Terrakottatopf (25 cm Durchmesser, 17 cm Höhe)
Tonscherben
Blumensubstrat auf Lehm- oder Torfbasis
6 ungefüllte, rote Tulpen (*Tulipa* 'Red Riding Hood'), Seite 150 f., **A**
6 kleinwüchsige, gelbe Schöterichpflanzen *(Erysimum)*, Seite 138, **B**
2 Stiefmütterchen (*Viola* 'Johnny Jump Up'), Seite 143, **C**

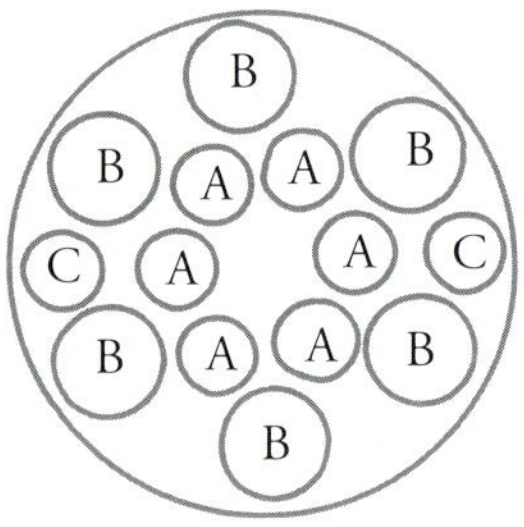

1 Den Topf sorgfältig reinigen und mehrere Stunden in klares Wasser stellen.
2 Die Tonscherben über die Drainagelöcher legen und den Topf etwa 8 bis 10 Zentimeter hoch mit Blumensubstrat füllen.
3 Die Tulpenzwiebeln (**A**) gleichmäßig in der Mitte verteilen (sie dürfen einander nicht berühren) und mit Blumensubstrat bedecken.
4 Schöterich (**B**) und Stiefmütterchen (**C**) am Rand pflanzen. Den Topf bis etwa 2,5 Zentimeter unterhalb des Randes mit Blumensubstrat füllen und die Pflanzen fest andrücken.
5 Gründlich wässern.

TULPEN UND GÄNSEBLÜMCHEN

Für dieses Frühlingsarrangement die Tulpenzwiebeln zur Herbstmitte setzen und an einen sonnigen Ort stellen. In milden Klimazonen die Gänseblümchen zur gleichen Zeit pflanzen; in Regionen mit strengen Wintern die Pflanzen zu Frühlingsbeginn einsetzen: Die oberste Erdschicht entfernen, die Pflanzen einsetzen und die Wurzeln mit Substrat umgeben. Mit Flüssigdünger düngen, sobald die Blätter der Tulpen erscheinen, und erneut, wenn sich die Knospen öffnen. Nach der Blüte die Tulpen in den Garten setzen, die Gänseblümchen entfernen.

Terrakottatopf (30 cm Durchmesser und Höhe)
Tonscherben
Blumensubstrat auf Lehm- oder Torfbasis
15 gefüllte, gelbe Tulpen (*Tulipa* 'Gold Medal'), Seite 140, **A**
4 gefüllte, weiße Gänseblümchen *(Bellis perennis)*, Seite 156, **B**

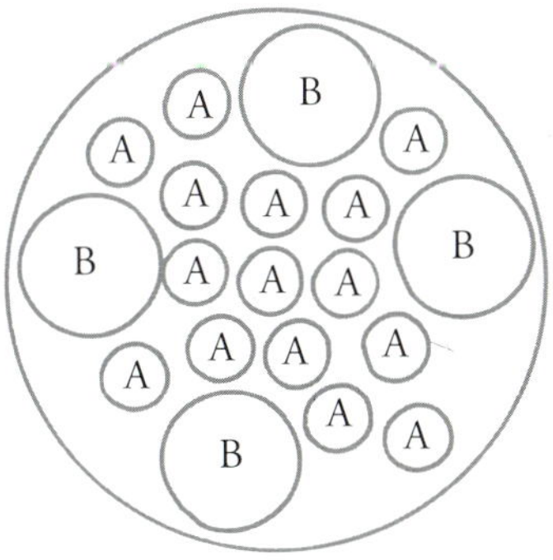

1 Den Topf sorgfältig reinigen und mehrere Stunden in klares Wasser stellen.
2 Die Tonscherben über die Drainagelöcher legen und etwa 10 Zentimeter hoch mit Blumensubstrat bedecken.
3 Acht Tulpenzwiebeln (**A**) gleichmäßig verteilen (sie bilden die erste Schicht) und mit Blumensubstrat bedecken, so daß nur die Zwiebelspitzen herausschauen.
4 Die restlichen sieben Tulpenzwiebeln zwischen den Spitzen der bereits gepflanzten Zwiebeln verteilen und den Topf bis etwa 8 bis 10 Zentimeter unterhalb des Randes mit Blumensubstrat füllen.
5 Die Gänseblümchen (**B**) am Rand entlang pflanzen, den Topf bis etwa 2,5 Zentimeter unterhalb des Randes mit Blumensubstrat füllen und die Pflanzen fest andrücken.
6 Gründlich wässern.

DEKORATIVES GEMÜSE

Unter den zahlreichen Pflanzen mit dekorativen Blättern finden sich auch einige Ziergemüsearten, die mit Blüten- oder anderen Blattpflanzen auf phantasievolle Weise zu ungewöhnlichen Arrangements kombiniert werden können. Der Rotstielige Mangold eignet sich aufgrund seiner karmesinroten Stiele und dunklen Blätter hervorragend als Begleitpflanze für rote und violette Blütenpflanzen, wie etwa Petunien (unten). Die blütenähnlichen Rosetten des Zierkohls wirken auch nach Wochen noch sehr attraktiv und bieten sich besonders im Herbst oder Winter als Ersatz für sommerliche Blütenpflanzen an. Bei diesem Arrangement dienen die Kohlköpfe als Unterpflanzung für ein kugelförmiges Buchsbaumhalbstämmchen (rechts). Während sich der Mangold auch zum Verzehr eignet, sollte man beim Zierkohl lieber darauf verzichten. Er wird in erster Linie aufgrund seiner dekorativen, wunderschön geschnittenen, gewellten und gekräuselten Blätter mit Panaschierungen in Grün, Rot, Rosa, Weiß und Creme kultiviert.

ROTSTIELIGER MANGOLD MIT PETUNIEN

Dieser Mangold eignet sich hervorragend als Blickfang einer spätfrühlingshaften Bepflanzung mit violettroten Petunien, die vom Sommer bis in den Herbst blühen. Den Topf an einen sonnigen Platz stellen, regelmäßig wässern und ab der zweiten bis dritten Woche nach dem Pflanzen alle zwei Wochen mit Flüssigdünger düngen. Die Pflanzen nach der Blüte entfernen.

Glasierter Terrakottatopf (30 cm Durchmesser und Höhe)
Tonscherben
Blumensubstrat auf Lehm- oder Torfbasis
1 Rotstieliger Mangold (*Beta vulgaris* Cicla-Gruppe), Seite 200, **A**
5 violettrote Petunien *(Petunia)*, Seite 170, **B**

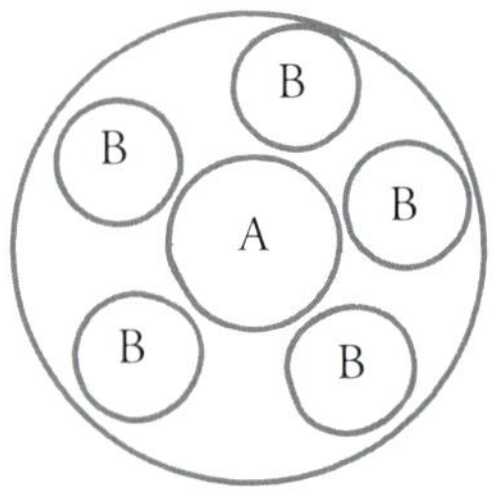

1 Den Topf sorgfältig reinigen und mehrere Stunden in klares Wasser stellen.
2 Die Tonscherben über die Drainagelöcher legen und den Topf bis etwa 8 Zentimeter unterhalb des Randes mit Blumensubstrat füllen.
3 Den Mangold (**A**) in die Mitte setzen und die Wurzeln mit Blumensubstrat bedecken. Dann die Petunien (**B**) gleichmäßig um ihn herum plazieren.
4 Den Topf bis ungefähr 2,5 Zentimeter unterhalb des Randes mit Blumensubstrat füllen und die Pflanzen fest andrücken.
5 Gründlich wässern.

BUCHSBÄUMCHEN MIT ZIERKOHL

Diese Bepflanzung wurde mit Buchsbaumkugeln in kleinen Töpfen umgeben, um die Form des Halbstamm-Buchsbäumchens zu wiederholen. Durch seinen hohen Stamm bleibt genügend Raum für eine großzügige Unterpflanzung. Den Zierkohl bei den ersten Anzeichen von Welkheit entfernen.

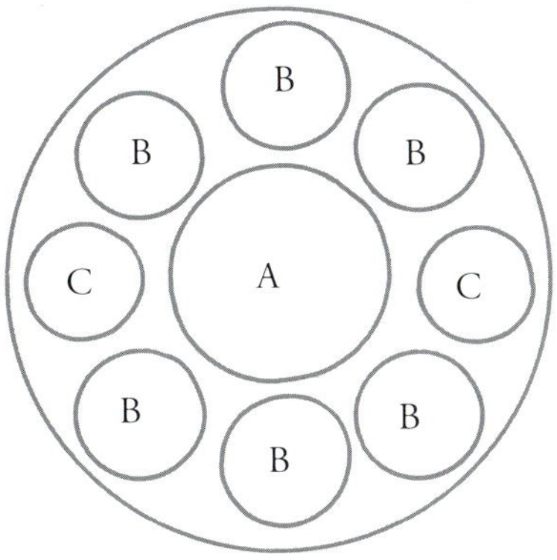

Terrakottatopf (50 cm Durchmesser und Höhe)
Tonscherben
Blumensubstrat auf Lehmbasis mit einem Langzeitdünger
1 Halbstamm-Buchsbäumchen *(Buxus sempervirens)*, Seite 179, **A**
6 rote und 2 weiße Zierkohlköpfe (*Brassica oleracea* Capitata-Gruppe), Seite 186 und 189, **B** und **C**

1 Den Topf sorgfältig reinigen und mehrere Stunden in klares Wasser stellen.
2 Die Tonscherben über die Drainagelöcher legen und den Topf etwa 35 Zentimeter hoch mit Blumensubstrat füllen.
3 Den Buchsbaum (**A**) in die Mitte setzen; dabei auf die ursprüngliche Pflanztiefe achten.
4 Den Topf bis etwa 8 Zentimeter unterhalb des Randes mit Blumensubstrat füllen und alle Zierkohlköpfe (**B** und **C**) gleichmäßig am Rand entlang plazieren.
5 Den Topf um die Kohlköpfe herum bis etwa 2,5 Zentimeter unterhalb des Randes mit Blumensubstrat füllen und die Pflanzen fest andrücken.
6 Gründlich wässern.

GELB FÜR SONNE UND SCHATTEN

Rankende Pflanzen mit attraktiven Blüten sind für einen Topfgarten sehr wichtig. Einige Gewächse, wie Kapuzinerkresse und Pfennigkraut, ergießen sich dekorativ über den Gefäßrand, wodurch sie dessen harte Konturen etwas auflockern, während andere – wie etwa Zweizahn – sich hübsch verzweigen und einen bunten Quirl bilden, der über den Rand des Kübels hinaus zu schweben scheint.

In dem Trog an einem halbschattigen Platz (unten) harmoniert goldblättriges Pfennigkraut mit attraktiven Beetpflanzen und Stauden, die relativ feuchte Böden bevorzugen. Dagegen scheinen sich die gefüllte, scharlachrote Kapuzinerkresse und die luftigen Zweige des gelben Zweizahns (rechts) aus den Beschränkungen ihres schmalen, an einen sonnigen Ort plazierten Kübels befreien zu wollen.

HOLZTROG FÜR EINEN HALBSCHATTIGEN STANDORT

Diese feuchtigkeitsliebende Mischung im Spätfrühling oder Frühsommer pflanzen. Verwelkte Blüten regelmäßig entfernen, um die Blütezeit der Stiefmütterchen und Gauklerblumen bis in den Sommer zu verlängern. Regelmäßig wässern und ab der dritten Woche nach dem Pflanzen alle zwei Wochen mit Flüssigdünger düngen. Nach der Blüte Tellima grandiflora *und Pfennigkraut in einen anderen Topf oder in den Garten setzen.*

Holztrog (90 cm Länge, 20 cm Breite und Höhe)
Schwarze Folie zum Auslegen
Blumensubstrat auf Lehmbasis
1 *Tellima grandiflora*, Seite 182, **A**
6 gelb-rote Stiefmütterchen *(Viola)*, Seite 143, **B**
12 Gauklerblumen (*Mimulus* Malibu-Mischung), Seite 147, **C**
6 goldblättrige Pfennigkrautpflanzen *(Lysimachia nummularia 'Aurea')*, Seite 185, **D**

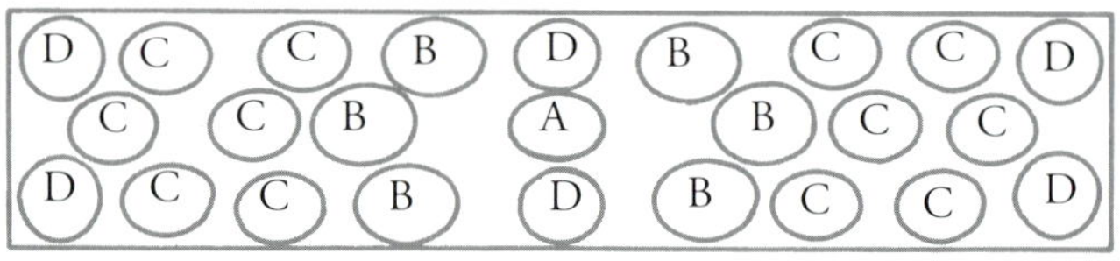

1 Den Trog vollständig mit Folie auslegen; Drainagelöcher in den Boden schneiden und den Trog bis 10 Zentimeter unterhalb des Randes mit Substrat füllen.
2 *Tellima grandiflora* (**A**) in der Mitte plazieren und auf beiden Seiten jeweils drei Stiefmütterchen (**B**) bogenförmig um sie herum arrangieren. Dann je sechs Gauklerblumen (**C**) im linken und rechten Bereich des Troges pflanzen.
3 Jeweils ein Pfennigkraut (**D**) in jede Trogecke setzen und die restlichen beiden Pflanzen vor und hinter der *Tellima grandiflora* plazieren.
4 Den Trog bis 2,5 Zentimeter unterhalb des Randes mit Substrat füllen und die Pflanzen fest andrücken.
5 Gründlich wässern.

SONNENLIEBENDE RANKPFLANZEN

Diese leuchtende Mischung blüht bis in den Herbst, wenn man sie im Spätfrühling oder Frühsommer pflanzt. Im Sommer regelmäßig wässern, ab der dritten Woche nach dem Pflanzen alle zwei Wochen mit Flüssigdünger düngen. Fuchsien festbinden. Die Pflanzen nach der Blüte entfernen; Fuchsienstecklinge überwintern (siehe Seite 83).

Terrakottatopf (30 cm Durchmesser, 40 cm Höhe)
Tonscherben
Blumensubstrat auf Lehmbasis mit Langzeitdünger
1 rote Fuchsie (*Fuchsia* 'Thalia'), Seite 153, **A**
1 gefüllte, scharlachrote Große Kapuzinerkresse (*Tropaeolum majus* 'Hermine Grashoff'), Seite 149, **B**
1 Zweizahn *(Bidens ferulifolia)*, Seite 140, **C**
1 Bleichschnäbeliger Hornklee *(Lotus berthelotti* x *maculatus)*, Seite 147, **D**
2 dunkelblaue Salbeipflanzen *(Salvia discolor)*, Seite 176, **E**
2 graublättrige Strohblumen *(Helichrysum petiolare)*, Seite 193, **F**
4 Bambusstäbe (75 cm Länge)

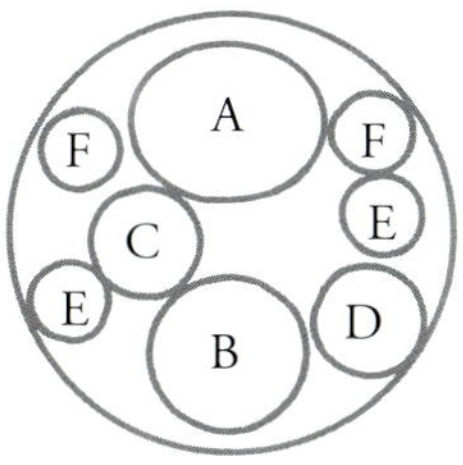

1 Topf reinigen und mehrere Stunden in Wasser stellen.
2 Die Tonscherben über das Drainageloch legen und den Topf bis etwa 10 Zentimeter unterhalb des Randes mit Blumensubstrat füllen.
3 Die Fuchsie (**A**) in den hinteren Bereich des Topfes pflanzen; dabei auf die ursprüngliche Pflanztiefe achten. Die Kapuzinerkresse (**B**) in der Mitte des vorderen Bereichs plazieren und mit Zweizahn (**C**) sowie Bleichschnäbeligem Hornklee (**D**) flankieren. Salbei und Strohblumen (**E** und **F**) am Rand entlang einsetzen.
4 Den Topf bis etwa 2,5 bis 5 Zentimeter unterhalb des Randes mit Blumensubstrat füllen.
5 Die Pflanzen fest andrücken, gründlich wässern und das Wasser ablaufen lassen.
6 Die Bambusstäbe um die Fuchsie herum als Stütze in den Kübel stecken und den Topf an einen sonnigen Standort stellen.
Tip: Ein solch hoher Kübel muß eventuell mit Steinen standsicher eingekeilt werden, damit er nicht beim ersten Windstoß umfällt.

WEISSE BLÜTENHARMONIE

Von allen einfarbigen Pflanzthemen erzeugen weiße Bepflanzungen den schönsten Anblick, da sie die gefüllten Kübel und Töpfe in der Sonne strahlen lassen, ihnen selbst im dunklen Schatten eine transparente Frische verleihen und sogar bei Einbruch der Dämmerung ihre ätherische Schönheit bewahren. Geschickt eingesetzte Farbtupfer verleihen diesen Bepflanzungen zusätzlichen Charme, ohne den weißen Gesamteindruck zu beeinträchtigen. Hier legen ungefüllte und gefüllte, weiße Strauchmargeriten das weiße Pflanzthema fest, während die rosa Schattierungen – das sanfte Rosa einer weiteren gefüllten Strauchmargerite sowie ein dunklerer Rosaton von Rankpflanzen am Kübelrand – dem Arrangement eine individuelle Note geben.

WEISS MIT EINEM HAUCH ROSA

Das Gefäß im Spätfrühling bepflanzen und an einen sonnigen Standort stellen, damit die Blüten den ganzen Sommer und Herbst bis zum ersten Frost blühen. Verwelkte Blüten regelmäßig entfernen und Margeritenstengel mit gelben Blättern zurückschneiden, um neue Triebe zu fördern. Ab der dritten bis vierten Woche nach dem Pflanzen alle zwei Wochen mit Flüssigdünger düngen; von sämtlichen Pflanzen können bewurzelte Stecklinge überwintert werden (siehe Seite 82 f., 85).

Terrakottatopf (50 cm Durchmesser, 60 cm Höhe)
Tonscherben
Blumensubstrat auf Lehmbasis
1 ungefüllte, weiße Strauchmargerite *(Argyranthemum foeniculaceum)*, Seite 131, **A**
1 gefüllte, rosa Strauchmargerite (*Argyranthemum* 'Mary Wootton'), Seite 158, **B**
1 gefüllte, weiße Strauchmargerite (*Argyranthemum* 'Mrs F. Sander'), Seite 131, **C**
1 rosarote Verbene (*Verbena* 'Sissinghurst'), Seite 165, **D**
1 *Malvastrum lateritium*, Seite 148, **E**

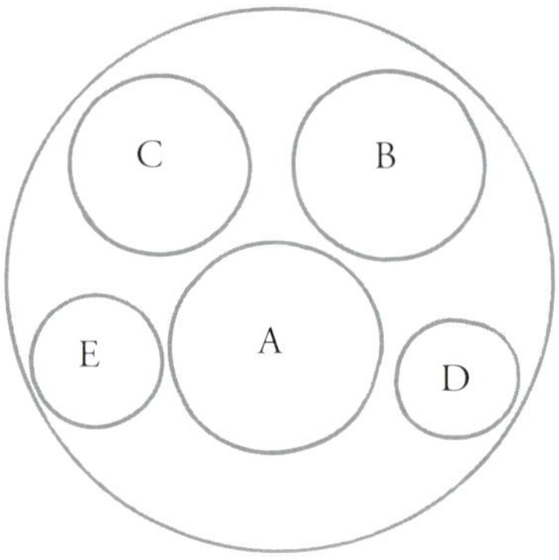

1 Den Topf sorgfältig reinigen und mehrere Stunden in klares Wasser stellen.
2 Die Tonscherben über die Drainagelöcher legen und den Topf bis 13 Zentimeter unterhalb des Randes mit Blumensubstrat füllen.
3 Die ungefüllte, weiße Strauchmargerite (**A**) leicht nach vorne versetzt in der Mitte des Topfes plazieren und die Wurzeln mit Blumensubstrat bedecken. Im hinteren rechten Bereich die rosa Strauchmargerite (**B**) und im hinteren linken Bereich die weiße, gefüllte Strauchmargerite (**C**) einsetzen, mit Blumensubstrat umgeben und die Pflanzen fest andrücken.
4 Die Verbene (**D**) vorne rechts, *Malvastrum lateritium* (**E**) vorne links einpflanzen.
5 Den Topf um die Pflanzen herum bis etwa 2,5 bis 5 Zentimeter unterhalb des Randes mit Blumensubstrat füllen und die Pflanzen fest andrücken.
6 Gründlich wässern.

SUBTILE GRAUTÖNE

Trotz seiner optischen Zurückhaltung trägt graues Laub häufig zum Gelingen einer Kübelbepflanzung bei. Es eignet sich einerseits zum Dämpfen leuchtender oder greller Farbkombinationen und bringt andererseits zarte Farbtöne – von Rosa über Mauve und Violett bis Blau – besonders gut zur Geltung. Sobald das Grau in Silber übergeht, wie bei einigen attraktiven, grauen Blattpflanzen, bildet es einen hübschen Blickfang zwischen Blütenpflanzen.

Das pelzige und wunderbar silberhaarige Kreuzkraut *(Senecio cineraria)* zählt zu den beliebtesten graublättrigen Pflanzen in sommerlichen Topfgärten. Die blasse, filigrane Schönheit der Sorte 'Silver Dust' wirkt in dem dichtbepflanzten Topf (unten), der außerdem eine Curry-Strohblume mit zinngrauen Blättern enthält, besonders attraktiv. Aber auch die graublättrige Strohblume *(Helichrysum petiolare)* erfreut sich großer Beliebtheit und stellt bei dieser hübsch verwobenen Mischung aus rosa Schattierungen (rechts) eine der Hauptkomponenten dar. Sie bringt manchmal cremefarbene Blüten hervor, die ebenfalls wunderschön in das Farbschema dieser Bepflanzung passen.

1 Den Topf sorgfältig reinigen und mehrere Stunden in klares Wasser stellen.
2 Die Tonscherben über die Drainagelöcher legen und den Topf bis 10 Zentimeter unterhalb des Randes mit Blumensubstrat füllen.
3 Die beiden Salbeipflanzen (A) im linken Bereich einsetzen, mit Blumensubstrat umgeben und fest andrücken.
4 Den Leberbalsam (B) im vorderen rechten Bereich plazieren und mit der Curry-Strohblume (C) und dem Kreuzkraut (D) flankieren.
5 Die Verbenen (E) links und rechts neben dem hinteren Salbei pflanzen.
6 Den Topf bis 2,5 Zentimeter unterhalb des Randes mit Substrat füllen; Pflanzen andrücken.
7 Gründlich wässern.

GRAUSCHATTIERUNGEN

Für eine lange, bis in den Herbst reichende Blütezeit die Pflanzen im Spätfrühling oder Frühsommer einsetzen und an einen offenen, sonnigen Standort stellen. Oft wässern und ab der zweiten bis dritten Woche nach dem Pflanzen alle zwei Wochen mit Flüssigdünger düngen. Verwelkte Blüten stets entfernen. Nach der Blüte die Curry-Strohblume in den Garten setzen und die anderen Pflanzen entfernen.

Terrakottatopf (25 cm Durchmesser, 17 cm Höhe)
Tonscherben
Blumensubstrat auf Lehmbasis
2 dunkelblaue Salbeipflanzen (*Salvia farinacea* 'Victoria'), Seite 176, **A**
1 kompakter Leberbalsam *(Ageratum houstonianum)*, Seite 173, **B**
1 Curry-Strohblume *(Helichrysum italicum)*, Seite 193, **C**
1 Kreuzkraut (*Senecio cineraria* 'Silver Dust'), Seite 195, **D**
2 violette Verbenen *(Verbena tenuisecta)*, Seite 171, **E**

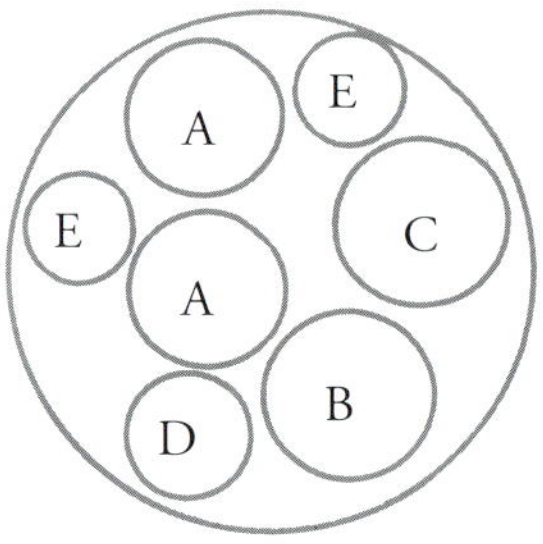

ROSA MIT GRAU

Das Gefäß im Frühsommer bepflanzen, an einen sonnigen Standort stellen, gründlich wässern und ab der zweiten bis dritten Woche nach dem Pflanzen alle zwei Wochen mit Flüssigdünger düngen. Nach der Blüte die Petunien und Verbenen entfernen und Diascia *in den Garten setzen. Harfensträucher, Nemesien, Margeritenstecklinge und geteilte Strohblumen überwintern (siehe Seite 82 bis 85).*

Quadratischer Holzkübel (50 cm Länge und Breite, 45 cm Höhe)
Stabiler Kunststoffeinsatz (passend für den Kübel)
Tonscherben
Blumensubstrat auf Lehmbasis
3 weiße Kapkörbchen (*Osteospermum* 'Blue Streak' und 'Silver Sparkler'), Seite 135, **A**
1 gefüllte, weiße Strauchmargerite (*Argyranthemum* 'Qinta White'), Seite 130 f., **B**
1 weiße Petunie *(Petunia)*, Seite 136, **C**
1 rosa Kapkörbchen (*Osteospermum* 'Pink Whirls'), Seite 135, **D**
2 rosa Verbenen (*Verbena* 'Silver Anne'), Seite 165, **E**
2 rosa *Diascia vigilis*, Seite 160, **F**
1 graublättrige Strohblume *(Helichrysum petiolare)*, Seite 193, **G**
1 violette und 2 mauvefarbene Nemesien *(Nemesia caerulea)*, Seite 169, **H**
2 Harfensträucher (*Plectranthus madagascariensis* 'Variegated Mintleaf'), Seite 187, **I**

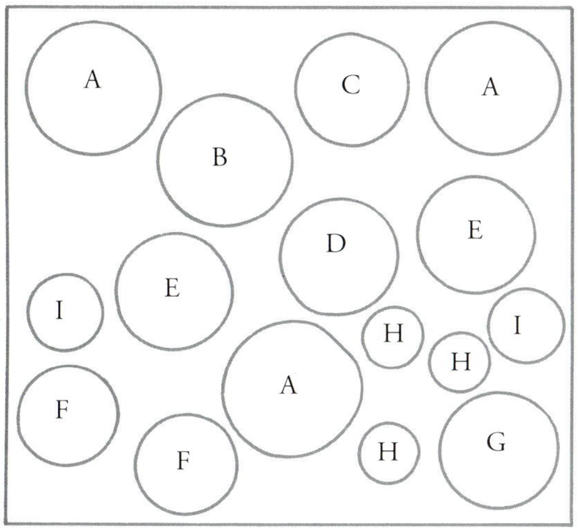

1 Den Kunststoffeinsatz reinigen und in den Holzkübel setzen.
2 Die Tonscherben über die Drainagelöcher legen und den Einsatz bis 13 Zentimeter unterhalb des Randes mit Substrat füllen.
3 Die weißen Kapkörbchen (**A**) in die beiden hinteren Ecken sowie in die Mitte des vorderen Bereichs setzen und mit Blumensubstrat umgeben.
4 Die Margerite (**B**) und die Petunie (**C**) zwischen die beiden hinteren Kapkörbchen plazieren, davor das rosa Kapkörbchen (**D**) pflanzen und mit den Verbenen (**E**) flankieren.
5 *Diascia* (**F**) in die vordere linke Ecke setzen und die Strohblume (**G**) zusammen mit den Nemesien (**H**) bogenförmig in der vorderen rechten Ecke arrangieren.
6 Die Harfensträucher (**I**) auf beiden Seiten einpflanzen.
7 Den Einsatz bis etwa 5 Zentimeter unterhalb des Randes mit Blumensubstrat füllen und die Pflanzen fest andrücken.
8 Gründlich wässern.

VIOLETTE BLÄTTER

Obwohl nur wenige der bekannteren Topfpflanzen dunkelviolette Blätter besitzen, sollte man diese Gewächse durchaus in sommerliche Bepflanzungen integrieren, da sie die Farben der benachbarten Blüten zu intensivieren scheinen. Hier wurde ein schlichter Terrakottatopf (unten) mit prächtig dunkelrosafarbenen Petunien und einem farblich passenden, violettblättrigen Basilikum bepflanzt, während der Holztrog (rechts) mit seiner konventionellen Mischung aus scharlachroten Großen Kapuzinerkressen und kleinwüchsigen Studentenblumen durch die violettblättrigen Kohlköpfe völlig verwandelt wird. Die gewagte Kombination scharlachroter und orangefarbener Blüten mit den pflaumenblauen Blättern des Ziergemüses erzeugt eine eindrucksvolle Wirkung.

TERRAKOTTATOPF MIT BASILIKUM UND PETUNIEN

Den Topf im Spätfrühling bepflanzen und an einen sonnigen, geschützten Ort stellen. Regelmäßig wässern, aber das Substrat vor dem nächsten Gießen stets fast völlig trocken werden lassen. Ab der dritten bis vierten Woche nach dem Pflanzen alle zwei Wochen mit Flüssigdünger düngen. Basilikumblüten bei Erscheinen, verwelkte Petunienblüten regelmäßig entfernen. Alle Pflanzen im Herbst aus dem Topf nehmen.

Terrakottatopf (20 cm Durchmesser, 17 cm Höhe)
Tonscherben
Blumensubstrat auf Lehmbasis
1 violettblättriges Basilikum (*Ocimum basilicum* 'Purple Ruffles'), Seite 196 f., **A**
2 dunkelrosa Petunien *(Petunia)*, Seite 170, **B**

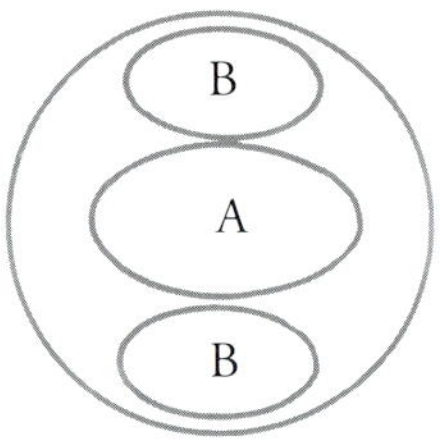

1 Den Topf sorgfältig reinigen und anschließend mehrere Stunden in klares Wasser stellen.
2 Die Tonscherben über die Drainagelöcher legen.
3 Den Topf zur Hälfte mit Blumensubstrat füllen, das Basilikum (**A**) in die Mitte des Topfes pflanzen und mit den Petunien (**B**) flankieren.
4 Den Topf bis etwa 2,5 Zentimeter unterhalb des Randes mit Blumensubstrat füllen und die Pflanzen fest andrücken.
5 Gründlich wässern.

HOLZTROG MIT EINJÄHRIGEN UND ZIERKOHL

Den Trog vor dem Füllen und Bepflanzen an einen sonnigen Standort stellen, da er danach zu schwer ist, um ihn zu transportieren. Diese im Spätfrühling angelegte Bepflanzung blüht den ganzen Sommer bis in den Herbst. Regelmäßig wässern und ab der zweiten bis dritten Woche nach dem Pflanzen alle zwei Wochen mit Flüssigdünger düngen. Verwelkte Blüten der Studentenblumen und Kapuzinerkressen regelmäßig entfernen; Laub und Zierkohlköpfe auf Welkheit überprüfen. Sämtliche Pflanzen im Herbst entfernen.

Holztrog (1,35 m Länge, 30 cm Breite, 25 cm Höhe)
Tonscherben
Blumensubstrat auf Lehm- oder Torfbasis
9 violettblättrige Zierkohlköpfe (*Brassica oleracea* Capitata-Gruppe), Seite 189, **A**
18 kleinwüchsige Studentenblumen (*Tagetes* 'Paprika'), Seite 148, **B**
5 scharlachrote Große Kapuzinerkressen (*Tropaeolum majus* 'Empress of India'), Seite 155, **C**

1 Den Trog sorgfältig reinigen.
2 Den Boden des Troges mit einer Schicht Tonscherben versehen, so daß alle Drainagelöcher bedeckt sind.
3 Den Trog bis etwa 10 Zentimeter unterhalb des Randes mit Blumensubstrat füllen.
4 Jeweils einen Zierkohl (**A**) in jede Trogecke und einen in die Mitte des hinteren Bereiches pflanzen. Die restlichen Kohlköpfe gleichmäßig über den Trog verteilen.
5 Je fünf der kleinwüchsigen Studentenblumen (**B**) in der vorderen

linken Ecke des Holztroges sowie im hinteren Bereich rechts neben dem mittleren Zierkohl pflanzen. Dann je drei vor den mittleren Zierkohl und im vorderen rechten Bereich plazieren. Zum Schluß weitere zwei in den hinteren linken Bereich setzen.

6 Je eine Große Kapuzinerkresse (**C**) im hinteren Bereich sowie an den Seiten zwischen die Zierkohlköpfe in den Ecken des Troges plazieren. Dann eine weitere Kapuzinerkresse leicht nach links versetzt vor den mittleren Kohlkopf setzen.

7 Den Trog bis etwa 2,5 bis 5 Zentimeter unterhalb des Randes mit Blumensubstrat füllen und die Pflanzen fest andrücken.

8 Gründlich wässern.

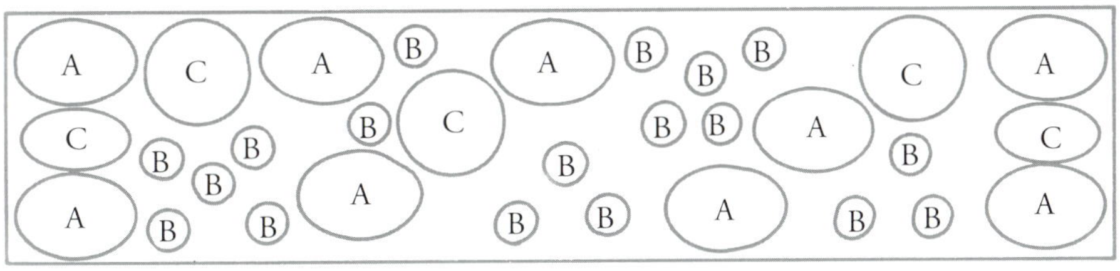

AROMATISCHE BLÄTTER

Bei der Bepflanzung eines Blumenkastens – der von außen wie von innen einen attraktiven Anblick bieten soll – muß man nicht nur auf die Farbe der Blüten und Blätter, sondern auch auf Struktur und Duft achten. Das aromatische, cremepanaschierte Laub der Pelargonie 'Lady Plymouth' bildet den Kern dieser Blumenkastenbepflanzung (unten), während die kleinen, violetten Blüten von *Heliotropium* 'Chatsworth' über einen langen Zeitraum ihren betörenden Duft verströmen.

Die ungewöhnliche Kupferspindel (rechts) verdient eine ganz besondere Bepflanzung: Ihre auffallendste Pflanze ist eine Duftpelargonie *(Pelargonium* 'Atomic Snowflake'*)*, deren große Blätter einen cremeweißen Rand aufweisen. Eine andere kleinblättrige Duftpelargonie *(Pelargonium crispum* 'Variegatum'*)* bildet mit ihrem panaschierten, dicht gekräuselten Laub einen interessanten Kontrast dazu. Die rosa Blüten dieser Pelargonien-Sorten passen sehr schön in das Farbschema.

EIN DUFTENDER BLUMENKASTEN

Dieser Blumenkasten benötigt einen Platz in voller Sonne und kann im Spätfrühling oder Frühsommer bepflanzt werden. Regelmäßig wässern und ab der zweiten bis dritten Woche nach dem Pflanzen alle zwei Wochen mit Flüssigdünger düngen. Die Pflanzen im Herbst aus dem Kasten nehmen, Diascia *in den Garten setzen. Stecklinge der Pelargonien und Heliotrope können an einem frostgeschützten Standort überwintert werden (siehe Seite 82 f., 85).*

Blumenkasten aus Kunststoff (1 m Länge, 20 cm Breite und Höhe)
Tonscherben
Blumensubstrat auf Lehm- oder Torfbasis
2 cremepanaschierte Pelargonien (*Pelargonium* 'Lady Plymouth'), Seite 187, **A**
2 graublättrige Strohblumen *(Helichrysum petiolare)*, Seite 193, **B**
3 zart mauvefarbene Pelargonien (*Pelargonium* 'L'Elégante'), Seite 170, **C**
2 Heliotrope (*Heliotropium* 'Chatsworth'), Seite 169, **D**
2 lachsrosa *Diascia rigescens*, Seite 160, **E**

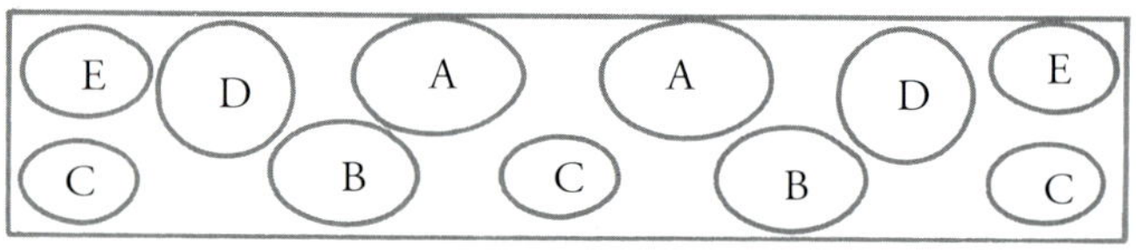

1 Die Tonscherben über die Drainagelöcher legen und den Blumenkasten zur Hälfte mit Blumensubstrat füllen.
2 Die cremepanaschierten Pelargonien (**A**) im hinteren Bereich links und rechts der Mitte plazieren, davor die beiden Strohblumen (**B**) mit einer mauvefarbenen Pelargonie (**C**) dazwischen pflanzen.
3 Die Heliotrope (**D**) links und rechts dieser Gruppen pflanzen und jeweils eine *Diascia* (**E**) in der hinteren linken und rechten Ecke einsetzen. Die beiden vorderen Ecken mit mauvefarbenen Pelargonien besetzen.
4 Den Blumenkasten bis etwa 2,5 Zentimeter unterhalb des Randes mit Blumensubstrat füllen und die Pflanzen fest andrücken.
5 Gründlich wässern und das Wasser vollständig ablaufen lassen, bevor der Blumenkasten an seinen endgültigen Standort gestellt wird.

PANASCHIERTE BLÄTTER UND ROSA BLÜTEN

Das Gefäß im Spätfrühling oder Frühsommer bepflanzen und an einen sonnigen Standort stellen; regelmäßig wässern und ab der dritten bis vierten Woche nach dem Pflanzen alle zwei Wochen mit Flüssigdünger düngen. Anisodontea capensis *sowie Pelargonien- und Verbenenstecklinge können unter Glas überwintert werden.* Diascia *in den Garten setzen, die Gefleckten Gundelreben für die nächste Bepflanzung im Frühling in der Spindel lassen.*

Kupferspindel (50 cm Durchmesser, 45 cm Höhe)
Tonscherben
Kies
Blumensubstrat auf Lehmbasis
1 *Anisodontea capensis*, Seite 158, **A**
2 rosa Verbenen (*Verbena* 'Silver Anne'), Seite 165, **B**
1 panaschierte, kleinblättrige Pelargonie (*Pelargonium crispum* 'Variegatum'), Seite 187, **C**
3 leuchtend rosa *Diascia cordata*, Seite 160, **D**
3 panaschierte Duftpelargonien (*Pelargonium* 'Atomic Snowflake'), Seite 187, **E**
2 Gefleckte Gundelreben (*Glechoma hederacea* 'Variegata'), Seite 186, **F**

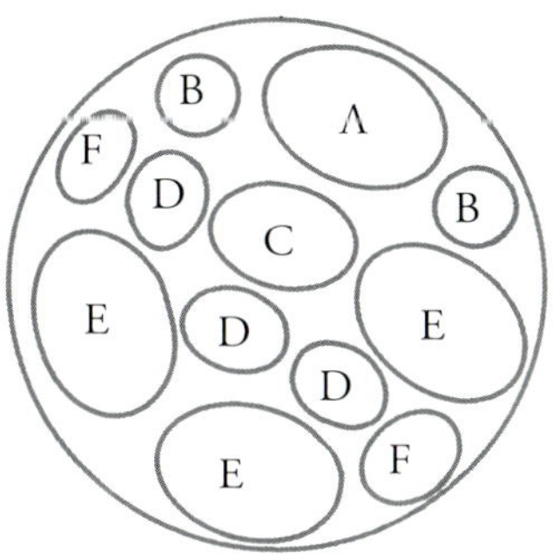

1 Die Spindel sorgfältig reinigen, Tonscherben über die Drainagelöcher legen, und den Boden mit einer ungefähr 8 Zentimeter dicken Schicht Kies bedecken.
2 Die Spindel bis etwa 10 Zentimeter unterhalb des Randes mit Blumensubstrat füllen.
3 Die *Anisodontea capensis* (**A**) im hinteren Bereich der Spindel plazieren, die rosa Verbenen (**B**) links und rechts daneben und die panaschierte, kleinblättrige Pelargonie (**C**) davor setzen.
4 *Diascia* (**D**) in einer geschwungenen Linie in der Mitte der Spindel pflanzen. Den Rand hinter dieser Linie mit einer Duftpelargonie (**E**) und vor der Linie mit zwei Duftpelargonien bestücken. Dann eine Gundelrebe (**F**) im vorderen und eine im hinteren Bereich plazieren.
5 Die Spindel bis etwa 5 Zentimeter unterhalb des Randes mit Blumensubstrat füllen und die Pflanzen fest andrücken.
6 Gründlich wässern.

KONTRASTIERENDES LAUB

Obwohl bei den meisten Pflanzthemen die Blüten im Rampenlicht stehen, trägt häufig erst die geschickte Verwendung von Blättern zum Gelingen einer Bepflanzung bei. Die warmen Schattierungen der Verbene 'Peaches and Cream' verleihen dieser Blumenampel einen ganz besonderen Charme, während das Thema der Bepflanzung auf dem Kontrast zwischen der Struktur, Form und Farbe der Blätter beruht – der im herrlichen Laub der Buntnessel besonders deutlich zum Ausdruck kommt.

BLUMENAMPEL MIT LEUCHTENDEN BLÄTTERN

Für ein Arrangement mit langer, bis weit in den Sommer reichender Blütezeit die Ampel im Spätfrühling bepflanzen und an einen sonnigen, geschützten Standort hängen. Regelmäßig wässern und ab der zweiten bis dritten Woche nach dem Pflanzen alle zwei Wochen mit Flüssigdünger düngen. Die Blüten der Buntnessel sofort bei Erscheinen, verwelkte Verbenenblüten regelmäßig entfernen. Die Pflanzen im Herbst aus der Ampel nehmen, das Felsenpurpurglöckchen in den Garten setzen. Bewurzelte Strohblumenstecklinge können unter Glas überwintert werden.

Blumenampel aus Draht (45 cm Durchmesser)
Fasermatte, Seite 56
Blumensubstrat auf Lehm- oder Torfbasis
1 violettblättriges Felsenpurpurglöckchen *(Heuchera micrantha* var. *diversifolia* 'Palace Purple'*)*, Seite 189, **A**
3 dunkelblättrige Buntnesseln *(Solenostemon)*, Seite 191, **B**
3 apricot- oder orangefarbene Verbenen (*Verbena* 'Peaches and Cream'), Seite 149, **C**
3 Strohblumen mit limonengrünen Blättern (*Helichrysum petiolare* 'Limelight'), Seite 184, **D**

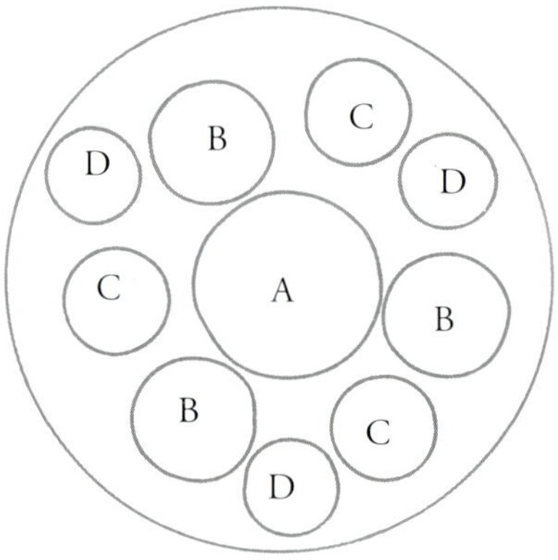

1 Die Blumenampel auf einen leeren Eimer oder großen Kübel mit stabilem Stand stellen, eine der Ketten lösen und die Ampel mit der Matte auslegen.
2 Dann die Blumenampel zu drei Vierteln mit Blumensubstrat füllen.
3 Das Felsenpurpurglöckchen (**A**) in die Mitte setzen und die Buntnesseln (**B**) gleichmäßig um sie herum verteilen. Die Verbenen (**C**) zwischen die Nesseln pflanzen und die Strohblumen (**D**) zwischen Nesseln und Verbenen plazieren.
4 Die Blumenampel bis ungefähr 2,5 Zentimeter unterhalb des Randes mit Blumensubstrat füllen und anschließend die Pflanzen fest andrücken.
5 Gründlich wässern und das Wasser wirklich vollständig ablaufen lassen, bevor die Kette wieder befestigt und die Blumenampel an einen geschützten, aber offenen und sonnigen Standort gehängt wird.

ZWECKENTFREMDETE GEFÄSSE

Normalerweise müssen Makel und Schönheitsfehler von zweckentfremdeten alten Gefäßen mit Hilfe der Bepflanzung kaschiert werden, aber wenn es sich um solch attraktive Behälter wie den ovalen Terrakottatopf (unten) – der früher zum Pökeln diente – oder den alten Waschzuber aus Kupfer (rechts) handelt, sollten die Pflanzen die Gefäße ergänzen und nicht verdecken. Bei beiden Behältern wurden nachträglich Drainagelöcher in den Boden gebohrt.

Der ovale Topf erhielt eine Bepflanzung in einer begrenzten Palette von Rosa und Violett. Der Kupfertopf zeichnet sich durch seine schlichte runde Form, das regelmäßige Muster der Nieten und seine phantastische Patina aus, deren blaugrüne Tönung durch die rankenden dunkelrosa Petunien und die dunkelvioletten Heliotrope noch verstärkt wird. So entsteht eine prächtig gefärbte Basis, über der sich weiße und rosa Strauchmargeriten erheben.

OVALER TERRAKOTTATOPF

Diese Bepflanzung blüht bis in den Herbst, wenn man sie im Spätfrühling anlegt und an einen sonnigen Platz stellt. Regelmäßig wässern und ab der dritten Woche alle zwei Wochen mit Flüssigdünger düngen. Verwelkte Blüten regelmäßig entfernen. Stecklinge der Pelargonien, Strohblumen und Verbenen überwintern (siehe Seite 82 f., 85).

Terrakottatopf (25 cm Durchmesser und Höhe, 50 cm Länge)
Tonscherben
Blumensubstrat auf Lehmbasis
1 weiße Strauchmargerite *(Argyranthemum)*, Seite 130, **A**
2 weiße Pelargonien *(Pelargonium)*, Seite 135, **B**
2 rankende Savona-Winden *(Convolvulus sabatius)*, Seite 174, **C**
1 graublättrige Strohblume *(Helichrysum petiolare)*, Seite 193, **D**
4 weiße Verbenen *(Verbena tenuisecta* f. *alba)*, Seite 136, **E**

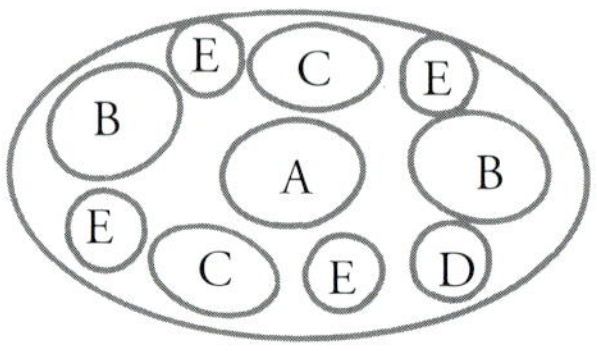

1 Den Topf reinigen und mehrere Stunden in klares Wasser stellen.
2 Die Tonscherben über die Drainagelöcher legen, und den Topf bis etwa 10 Zentimeter unterhalb des Randes mit Blumensubstrat füllen.
3 Die Strauchmargerite (**A**) in der Mitte plazieren und mit zwei Pelargonien (**B**) flankieren. Das Blumensubstrat um sie herum verteilen.
4 Die Winden (**C**) vor und hinter der Margerite einsetzen, die Strohblume (**D**) im vorderen rechten Bereich pflanzen und die Verbenen (**E**) gleichmäßig verteilen.
5 Den Topf bis etwa 2,5 Zentimeter unterhalb des Randes mit Blumensubstrat füllen und die Pflanzen fest andrücken.
6 Gründlich wässern.

KUPFERTOPF MIT PATINA

Den Topf an einen sonnigen Platz stellen und im Spätfrühling für ein Arrangement mit langer, bis in den Herbst reichender Blütezeit bepflanzen. Regelmäßig wässern, aber das Blumensubstrat vor dem nächsten Gießen stets fast völlig trocken werden lassen. Ab der zweiten bis dritten Woche nach dem Pflanzen alle zwei Wochen mit Flüssigdünger düngen. Verwelkte Blüten regelmäßig entfernen. Stecklinge der Alyogyne *sowie der Strauchmargeriten und Heliotrope können überwintert werden (siehe Seite 82 f., 85).*

Kupfertopf (55 cm Durchmesser, 45 cm Höhe)
Tonscherben
Blumensubstrat auf Lehmbasis
3 weiße Strauchmargeriten *(Argyranthemum foeniculaceum)*, Seite 131, **A**
1 violette *Alyogyne huegelii*, Seite 158, **B**
2 gefüllte, rosa Strauchmargeriten (*Argyranthemum* 'Vancouver'), Seite 158, **C**
2 dunkelviolette Heliotrope (*Heliotropium* 'Princess Marina'), Seite 169, **D**
2 rankende, dunkelrosa Petunien, *(Petunia)*, Seite 170, **E**

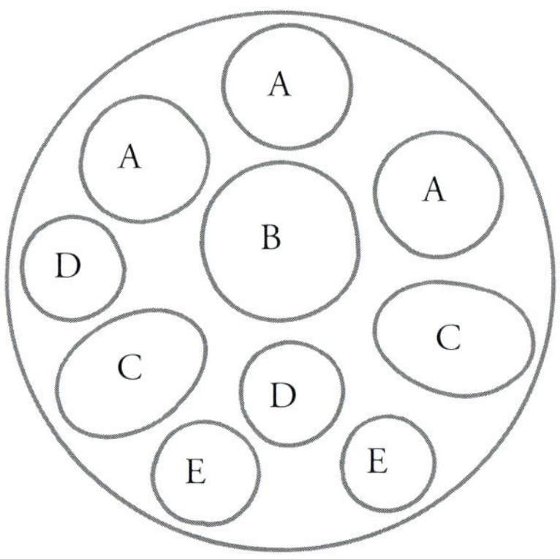

1 Den Topf sorgfältig reinigen und anschließend mit klarem Wasser ausspülen.
2 Den Boden mit einer Schicht Tonscherben versehen, so daß alle Drainagelöcher bedeckt sind; den Topf bis etwa 13 Zentimeter unterhalb des Randes mit Blumensubstrat bedecken.
3 Die weißen Strauchmargeriten (**A**) im hinteren Bereich am Rand des Topfes plazieren, mit Blumensubstrat umgeben und fest andrücken.
4 Die violett-rosa *Alyogyne huegelii* (**B**) in die Mitte des Kupfertopfes setzen und links und rechts von ihr, leicht nach vorne versetzt, jeweils eine gefüllte, rosa Strauchmargerite (**C**) pflanzen.
5 Den Topf bis etwa 5 Zentimeter unterhalb des Randes mit Blumensubstrat füllen und die Pflanzen fest andrücken.
6 Ein Heliotrop (**D**) vor die *Alyogyne huegelii* setzen und eines hinter eine rosa Strauchmargerite. Die beiden dunkelrosa Petunien (**E**) so plazieren, daß sie über den vorderen Topfrand ranken können. Anschließend die Pflanzen fest andrücken.
7 Gründlich wässern.

ROT ALS BLICKFANG

Diese beiden, unterschiedlich großen Bepflanzungen besitzen als Mittelpunkt eine beeindruckende Blattpflanze, die von leuchtend roten Blüten umgeben ist. In dem Terrakottatrog (unten) wird Hirschzunge von mehreren Fleißigen Lieschen *(Impatiens-*Neu-Guinea-Hybriden*)* flankiert, die während einer langen Blütezeit durch leuchtende Farben erfreuen und am besten im Halbschatten gedeihen. Aber auch das teils panaschierte, teils dunkelviolettrot getönte Laub wirkt sehr attraktiv. Die beeindruckende Bepflanzung des großen Topfes (rechts) kombiniert rote Pelargonien und eine stachlige Keulenlilie zu einem aufsehenerregenden Arrangement, das sich gut für einen sonnigen Innenhof oder eine Terrasse eignet. Pelargonien sind in zahlreichen leuchtenden Rottönen erhältlich, benötigen aber einen sonnigen Platz, wenn sie während ihrer langen Blütezeit eine Fülle von Blüten hervorbringen sollen.

TERRAKOTTATROG FÜR EINE HALBSCHATTIGE FENSTERBANK

Den Trog im Sommer an einen halbschattigen Platz stellen, regelmäßig wässern und ab der dritten bis vierten Woche alle zwei Wochen mit Flüssigdünger düngen. Verwelkte Blüten der Fleißigen Lieschen stets entfernen und Triebe der Harfensträucher ausknipsen (Stecklinge überwintern, siehe Seite 82 f., 85). Nach der Blüte Fleißige Lieschen entfernen; die Hirschzunge kann erneut verwendet werden.

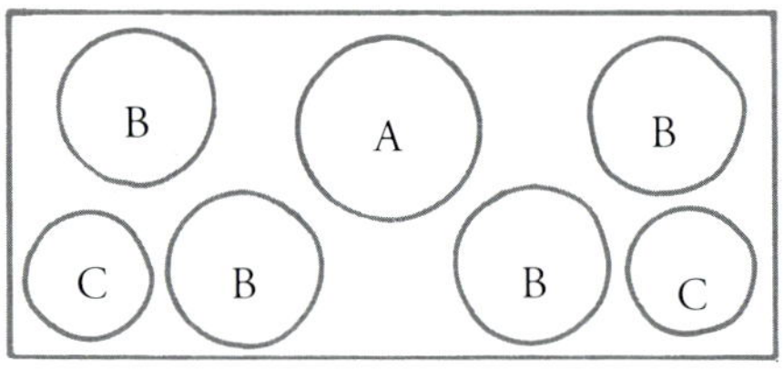

Terrakottatrog (60 cm Länge, 25 cm Breite und Höhe)
Tonscherben
Blumensubstrat auf Lehmbasis
1 Hirschzunge *(Asplenium scolopendrium)*, Seite 179, **A**
4 rote Fleißige Lieschen (*Impatiens*-Neu-Guinea-Hybriden), Seite 161 f., **B**
2 panaschierte Harfensträucher (*Plectranthus madagascariensis* 'Variegated Mintleaf'), Seite 187, **C**

1 Den Trog sorgfältig reinigen und mehrere Stunden in klares Wasser stellen. Die Tonscherben über die Drainagelöcher legen und den Trog zu drei Vierteln mit Blumensubstrat füllen.
2 Die Hirschzunge (**A**) im hinteren Bereich in die Mitte setzen und mit Fleißigen Lieschen (**B**) – zwei vorne und zwei seitlich – umgeben. Die panaschierten Harfensträucher (**C**) in die beiden vorderen Trogecken plazieren.
3 Den Trog bis etwa 2,5 Zentimeter unterhalb des Randes mit Blumensubstrat füllen und die Pflanzen fest andrücken.
4 Gründlich wässern.

TOPF MIT LEUCHTENDEN FARBEN

Den Topf an seinem endgültigen, sonnigen Standort im Spätfrühling oder Frühsommer bepflanzen und regelmäßig wässern. Da das Substrat einen Langzeitdünger enthält, ist eine weitere Düngung voraussichtlich nicht nötig. Die Pelargonien sowie die Rhizome des Blumenrohrs können überwintern (siehe Seite 85); die Keulenlilie läßt sich erneut verwenden.

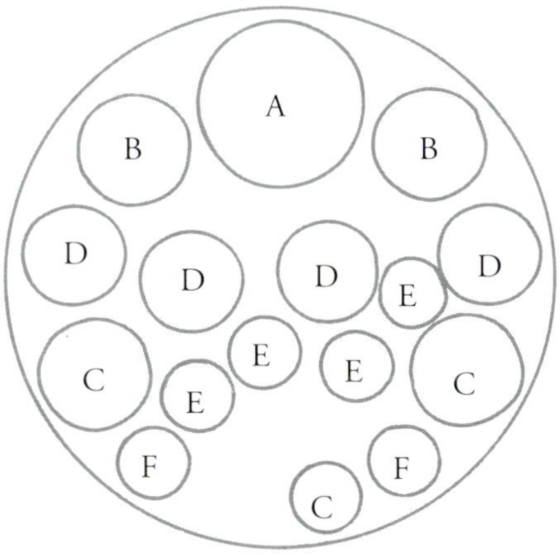

Terrakottatopf (60 cm Durchmesser, 65 cm Höhe)
Tonscherben
Blumensubstrat auf Lehmbasis mit einem Langzeitdünger
1 ausgewachsene, violettblättrige Keulenlilie (*Cordyline australis* Purpurea-Gruppe), Seite 189, **A**
2 rote Blumenrohrpflanzen (*Canna* 'Roi Humbert'), Seite 189, **B**
3 rote Efeupelargonien (*Pelargonium* 'Yale'), Seite 154, **C**
4 rote Zonalpelargonien (*Pelargonium* 'Paul Crampel'), Seite 154, **D**
4 limonengrüne Tabakpflanzen (*Nicotiana* 'Lime Green'), Seite 142, **E**
2 rote Salbeipflanzen *(Salvia fulgens)*, Seite 155, **F**

1 Den Topf sorgfältig reinigen und mehrere Stunden in klares Wasser stellen. Die Tonscherben über die Drainagelöcher legen und den Topf zur Hälfte mit Blumensubstrat füllen.
2 Die Pflanzen so arrangieren, daß sie auf der Sichtseite den größten Lichteinfall erhalten: Die Keulenlilie (**A**) in der Mitte des hinteren Kübelbereiches plazieren und mit Blumenrohr (**B**) flankieren. Die Pflanzen mit Blumensubstrat umgeben und festdrücken.
3 Die Efeupelargonien (**C**) gleichmäßig über den vorderen Randbereich verteilen und leicht nach außen neigen. Die Zonalpelargonien (**D**) entlang der Mittelachse arrangieren und den Tabak (**E**) sowie den Salbei (**F**) vor die Zonalpelargonien plazieren.
4 Den Topf bis etwa 5 Zentimeter unterhalb des Randes mit Blumensubstrat füllen und die Pflanzen fest andrücken.
5 Gründlich wässern.

SPEZIELLE STANDORTE

Diese beiden Bepflanzungen sind zwar ihrer jeweiligen Umgebung angeglichen, können aber mühelos auch jedem anderen Standort angepaßt werden und kommen auf ihrem Podest in Form von alten Baumstümpfen besonders schön zur Geltung. Der schlichte Terrakottatopf (unten) ist mit einer grauen Blattpflanze, einer dunkelrosa Petunie und wuchernden Fächerblumen bepflanzt und steht am Übergang vom gepflegten Garten zu einer naturnahen Fläche. Die Farbzusammenstellung setzt das Thema des Gartens fort, während die Asymmetrie der Pflanzen bereits zur dahinterliegenden »Wildnis« paßt. Dagegen verleihen Strohblumen und Gräser der Kübelbepflanzung in Gelb, Creme und Mauve (rechts), die vor ihrem blaugelben Hintergrund besonders strahlend wirkt, zusätzliche Höhe.

GRAUES LAUB MIT FÄCHERBLUMEN UND PETUNIEN

Das Gefäß im Spätfrühling bepflanzen und an einen offenen, sonnigen Ort stellen; regelmäßig wässern und ab der dritten bis vierten Woche alle zwei Wochen mit Flüssigdünger düngen. Verwelkte Blüten stets entfernen. Stecklinge der Plecostachys *und der Fächerblumen überwintern (siehe Seite 82 f., 85).*

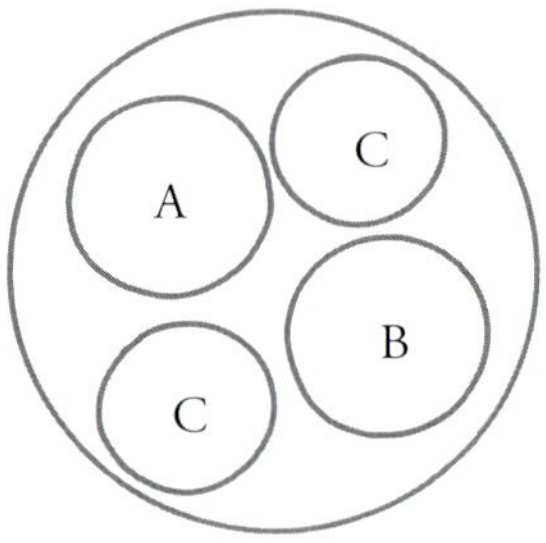

Terrakottatopf (35 cm Durchmesser, 30 cm Höhe)
Tonscherben
Blumensubstrat auf Lehmbasis
1 dunkelrosa Petunie *(Petunia)*, Seite 170, **A**
1 *Plecostachys serpyllifolia*, Seite 194 f., **B**
2 Fächerblumen *(Scaevola saligna* 'Blue Fan'*)*, Seite 176, **C**

1 Den Topf sorgfältig reinigen und mehrere Stunden in klares Wasser stellen.
2 Die Tonscherben über die Drainagelöcher legen und den Topf bis etwa 10 Zentimeter unterhalb des Randes mit Blumensubstrat füllen.
3 Die Petunie (**A**) und die *Plecostachys serpyllifolia* (**B**) jeweils links und rechts der Mitte einsetzen, die Fächerblumen (**C**) zu den Rändern hin plazieren.
4 Den Topf bis etwa 5 Zentimeter unterhalb des Randes mit Blumensubstrat füllen und die Pflanzen fest andrücken.
5 Gründlich wässern.

BEPFLANZUNG IN GELB, CREME UND MAUVE

Für ein sommerliches Arrangement mit langer Blütezeit den Topf im Spätfrühling bepflanzen und an einen offenen, sonnigen Standort stellen. Aufgrund der dichten Bepflanzung häufig wässern und ab der zweiten bis dritten Woche nach dem Pflanzen alle zwei Wochen mit Flüssigdünger düngen. Das Blumensubstrat mit wasserspeicherndem Granulat versehen, um Schwankungen des Feuchtigkeitsgehalts auszugleichen. Verwelkte Blüten der Petunien regelmäßig entfernen und wilde Triebe zurückschneiden. Nach der Blüte Petunien und Tabakpflanzen entfernen, das Rohrglanzgras und Stecklinge der anderen Pflanzen überwintern (siehe Seite 82 f., 85).

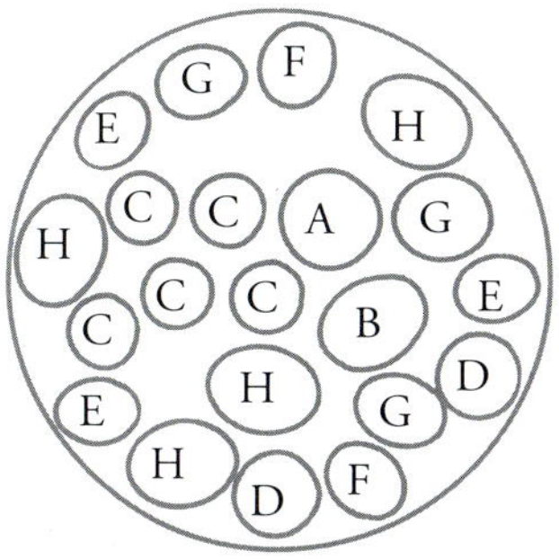

Keramiktopf (50 cm Durchmesser, 40 cm Höhe)
Tonscherben
Blumensubstrat auf Lehm- oder Torfbasis mit wasserspeicherndem Granulat
1 gelbe Petunie *(Petunia)*, Seite 142, **A**
1 weiße Petunie *(Petunia)*, Seite 136, **B**
5 kleinwüchsige, weiße Tabakpflanzen (*Nicotiana* 'White Bedder'), Seite 135, **C**
2 *Thymophylla tenuiloba*, Seite 143, **D**
3 graublättrige Strohblumen *(Helichrysum petiolare)*, Seite 193, **E**
2 panaschierte Strohblumen (*Helichrysum petiolare* 'Variegatum'), Seite 193, **F**
3 Rohrglanzgräser *(Phalaris arundinacea* var. *picta)*, Seite 187, **G**
4 *Brachycome multifida*, Seite 173, **H**

1 Den Topf sorgfältig reinigen und mehrere Stunden in klares Wasser stellen.
2 Die Tonscherben über die Drainagelöcher legen und den Topf bis etwa 10 Zentimeter unterhalb des Randes mit Blumensubstrat füllen.
3 Die Petunien (**A** und **B**) und den Tabak (**C**) um die Mitte herum gruppieren.
4 Die *Thymophylla tenuiloba* (**D**) sowie beide Strohblumen-Sorten (**E** und **F**) gleichmäßig am Rand entlang verteilen.
5 Zwei Rohrglanzgräser (**G**) im hinteren Bereich und eines vorne rechts einsetzen. Je zwei *Brachycome* (**H**) im hinteren sowie im vorderen Bereich plazieren.
6 Den Topf bis etwa 5 Zentimeter unterhalb des Randes mit Blumensubstrat füllen und die Pflanzen fest andrücken.
7 Gründlich wässern.

BLUMENKASKADEN

Aufgrund ihrer eleganten, nickenden und während einer langen Blütezeit hervorgebrachten Blüten bilden *Fuchsia*-Hybriden eine wertvolle Gruppe von Sträuchern für den Topfgarten. Hängefuchsien mit ihren geschmeidigen Stielen eignen sich besonders für die Randbepflanzung von Töpfen und Ampeln, aber auch die aufrecht wachsenden Buschfuchsien zeichnen sich durch hübsch herabhängende Blüten aus. Beide Formen lassen sich hervorragend miteinander kombinieren – wie die Bepflanzung des traditionellen Terrakottatopfs mit Flechtmuster (unten und Seite 87) zeigt, über dessen Rand sich Hängefuchsien ergießen. Dagegen runden die Buschfuchsien das Bild einer Blumenampel (rechts) ab, die mit verschiedenen Rankpflanzen (darunter auch Hängefuchsien) gefüllt ist. Einige besonders attraktive Fuchsien zeichnen sich durch lange Kelchschläuche mit kleinen, spitz zulaufenden Blütenblättern aus. In einem ebenfalls mit Flechtmuster dekorierten Topf (Seite 116 f.) kommt die *Fuchsia* 'Gartenmeister Bonstedt' zwischen den kühlen Farbtönen von graublättrigen Strohblumen und blauen Lobelien sehr schön zur Geltung.

TOPF MIT FUCHSIEN

Siehe Abbildung Seite 87

Den Topf im Spätfrühling bepflanzen und an einen sonnigen Standort stellen. Die Bambusstäbe um die Buschfuchsie herum in den Topf stecken, und die wachsenden Triebe im Laufe der Zeit an den Stäben festbinden. Regelmäßig wässern und ab der zweiten bis dritten Woche nach dem Pflanzen alle zwei Wochen mit Flüssigdünger düngen. Fuchsien- und Salbeistecklinge können überwintert werden (siehe Seite 82 f., 85).

Terrakottatopf (43 cm Durchmesser, 50 cm Höhe)
Tonscherben
Blumensubstrat auf Lehmbasis
1 Buschfuchsie (*Fuchsia* 'Tom Woods'), Seite 168, **A**
1 Hängefuchsie (*Fuchsia* 'Jack Shahan'), Seite 161, **B**
1 dunkelblütiger Salbei *(Salvia discolor)*, Seite 176, **C**
2 bis 3 Bambusstäbe

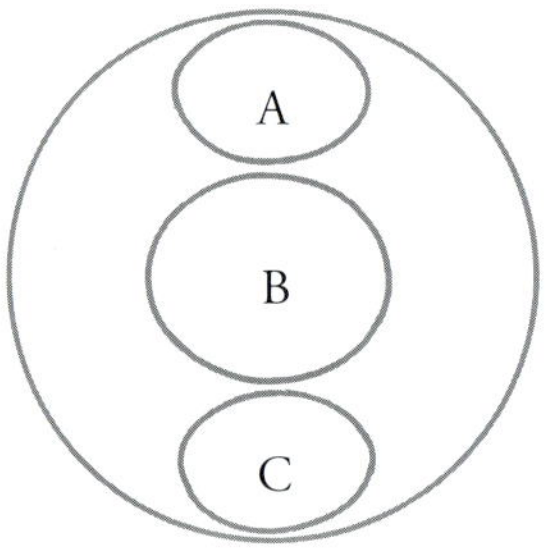

1 Den Topf reinigen und mehrere Stunden in Wasser stellen.
2 Die Tonscherben über die Drainagelöcher legen und den Topf bis etwa 12 Zentimeter unterhalb des Randes mit Blumensubstrat füllen.
3 Die Buschfuchsie (**A**) im hinteren Bereich, die Hängefuchsie (**B**) in der Mitte und den Salbei (**C**) im vorderen Bereich des Topfes plazieren.
4 Den Topf bis etwa 5 Zentimeter unterhalb des Randes mit Blumensubstrat füllen und die Pflanzen fest andrücken.
5 Die Bambusstäbe um die Buschfuchsie herum in das Gefäß stecken.
6 Gründlich wässern.

BLUMENAMPEL MIT FUCHSIEN

Die Ampel in der Frühlingsmitte bepflanzen und an einen sonnigen, geschützten Standort hängen (siehe Seite 43). Das Substrat mit wasserspeicherndem Granulat versehen, regelmäßig wässern und alle zwei Wochen mit Flüssigdünger düngen. Verwelkte Blüten stets entfernen und wilde Triebe zurückschneiden. Stecklinge der Fuchsien, der Strauchmargerite und der Pelargonien überwintern.

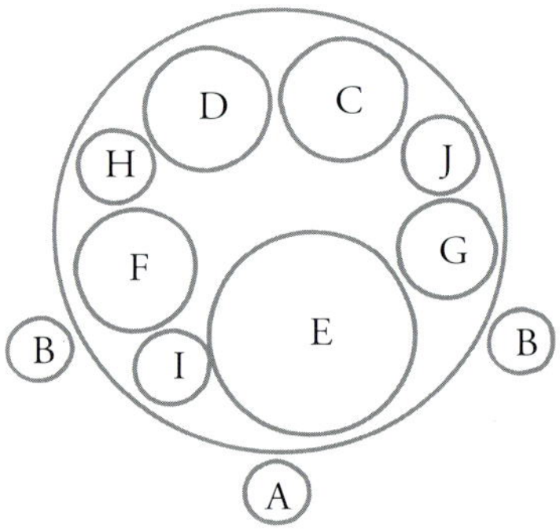

Blumenampel aus Draht (45 cm Durchmesser)
Matte aus Kunststoff
Blumensubstrat auf Torfbasis mit wasserspeicherndem Granulat
1 Gefleckte Gundelrebe (*Glechoma hederacea* 'Variegata'), Seite 186, **A**
2 mauve-rosa panaschierte Efeupelargonien *(Pelargonium)*, Seite 170, **B**
1 weiße Buschfuchsie *(Fuchsia)*, Seite 132 f., **C**
1 rosa Strauchmargerite (*Argyranthemum* 'Pink Australian'), Seite 158, **D**
1 rote Hängefuchsie *(Fuchsia* 'Marinka'*)*, Seite 153, **E**
1 weiß-rosa Hängefuchsie *(Fuchsia)*, Seite 133, **F**
1 rote Efeupelargonie (*Pelargonium* 'Rote Mini-Cascade'), Seite 154, **G**
1 rosa Efeupelargonie (*Pelargonium* 'Madame Crousse'), Seite 163, **H**
1 graublättrige Strohblume *(Helichrysum petiolare)*, Seite 193, **I**
1 Strohblume mit limonengrünen Blättern (*Helichrysum petiolare* 'Limelight'), Seite 184, **J**

1 Die Blumenampel auf einen leeren Eimer oder großen Kübel mit stabilem Stand stellen, eine der Ketten lösen und die Ampel mit der Matte auslegen.
2 Die Ampel zur Hälfte mit Blumensubstrat füllen.
3 Die Matte direkt oberhalb des Substrats sowohl im vorderen Bereich des Korbs als auch an den beiden Seiten waagerecht etwa 5 Zentimeter tief einschneiden.
4 Den Wurzelballen der Gundelrebe (**A**) von außen durch den mittleren Schlitz schieben, die panaschierten Pelargonien (**B**) durch die Seitenschlitze stecken und den Korb bis etwa 10 Zentimeter unterhalb des Randes mit Blumensubstrat füllen.
5 Die Buschfuchsie (**C**) im hinteren Bereich und die Strauchmargerite (**D**) links daneben plazieren. Die rote Hängefuchsie (**E**) im mittleren vorderen Bereich einsetzen und mit der weiß-rosa Hängefuchsie (**F**) und der roten Pelargonie (**G**) links beziehungsweise rechts flankieren.
6 Dann die rosa Pelargonie (**H**) und die beiden Strohblumen (**I, J**) gleichmäßig verteilen. Den Korb bis etwa 2,5 Zentimeter unterhalb des Randes mit Blumensubstrat füllen und die Pflanzen fest andrücken.
7 Gründlich wässern und das Wasser ablaufen lassen.
8 Anschließend die Kette wieder befestigen und die Ampel aufhängen.

ROTE FUCHSIE KOMBINIERT MIT GRAU UND BLAU

Dieses Arrangement eignet sich hervorragend für einen zentralen Standort. Aufgrund der symmetrischen Anordnung der üppig blühenden Strohblumen wirkt der Topf von allen Seiten attraktiv. Diese Bepflanzung bietet bis in den Herbst einen ansprechenden Anblick, wenn man sie im Spätfrühling anlegt und an einen sonnigen Ort stellt. Regelmäßig wässern und ab der dritten Woche nach dem Pflanzen alle zwei Wochen mit Flüssigdünger düngen. Bewurzelte Stecklinge der Strohblumen und Fuchsien können überwintert werden (siehe Seite 82 f., 85). Lobelien nach der Blüte entfernen.

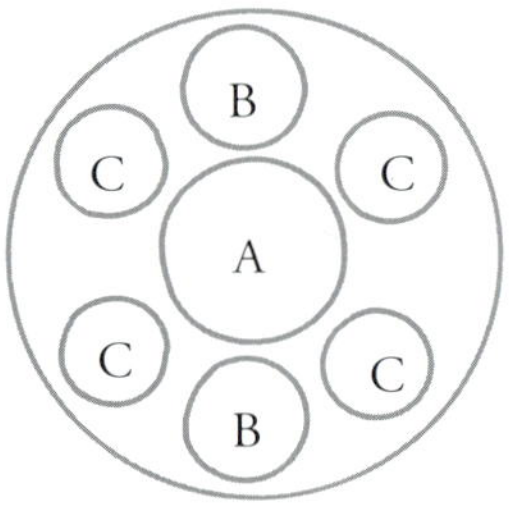

Terrakottatopf (43 cm Durchmesser, 50 cm Höhe)
Tonscherben
Blumensubstrat auf Lehmbasis
1 rote Buschfuchsie (*Fuchsia* 'Gartenmeister Bonstedt'), Seite 153, **A**
2 graublättrige Strohblumen *(Helichrysum petiolare)*, Seite 193, **B**
4 blaue Lobelien *(Lobelia)*, Seite 175 f., **C**

1 Den Topf sorgfältig reinigen und mehrere Stunden in klares Wasser stellen.
2 Die Tonscherben über die Drainagelöcher legen und den Topf bis etwa 13 Zentimeter unterhalb des Randes mit Blumensubstrat füllen.
3 Die Fuchsie (**A**) in der Mitte des Topfes pflanzen, die beiden Strohblumen (**B**) davor und dahinter setzen und die Lobelien (**C**) gleichmäßig verteilen.
4 Den Topf bis etwa 2,5 Zentimeter unterhalb des Randes mit Blumensubstrat füllen und die Pflanzen fest andrücken.
5 Gründlich wässern.

ZARTE ORANGE- UND GELBTÖNE

Leuchtende Orangetöne besitzen bei strahlendem Sonnenschein eine unvergleichliche Ausdruckskraft, während in Regionen mit weniger intensiver Sonneneinstrahlung zarte Schattierungen von Pfirsichrosa und Apricot besser zur Geltung kommen. Diese Töne, die durch eine Vielzahl von sommerblühenden Stauden und Sträuchern vertreten sind, lassen sich gut mit anderen Farben kombinieren, einschließlich zarter Schattierungen von Gelb oder Creme – wie die dezente Bepflanzung (unten) zeigt.

Der besondere Charme der umfangreichen Bepflanzung in dem großen Kübel (rechts) beruht unter anderem auch auf der Vielfalt der Pflanzen; eine solche Bepflanzung läßt sich problemlos auch in einem kleineren Topf und mit den jeweils verfügbaren Gewächsen herstellen.

BEPFLANZUNG IN APRICOT- UND CREMETÖNEN

Bei dieser Bepflanzung bildet die höhere Kugelmalve einen hübschen Hintergrund für die Verbenen. Für eine lange, bis in den Herbst reichende Blütezeit die Pflanzen im Spätfrühling einsetzen und an einen sonnigen Standort stellen. Regelmäßig wässern, ab der dritten Woche nach dem Pflanzen alle zwei Wochen mit Flüssigdünger düngen und verwelkte Verbenenblüten im Sommer stets entfernen. Stecklinge der Kugelmalve können überwintert werden (siehe Seite 82 f., 85).

Topf (23 cm Durchmesser, 17 cm Höhe)
Tonscherben
Blumensubstrat mit Lehm
1 Kugelmalve *(Sphaeralcea ambigua)*, Seite 148, **A**
2 apricot- oder orangefarbene Verbenen (*Verbena* 'Peaches and Cream'), Seite 149, **B**

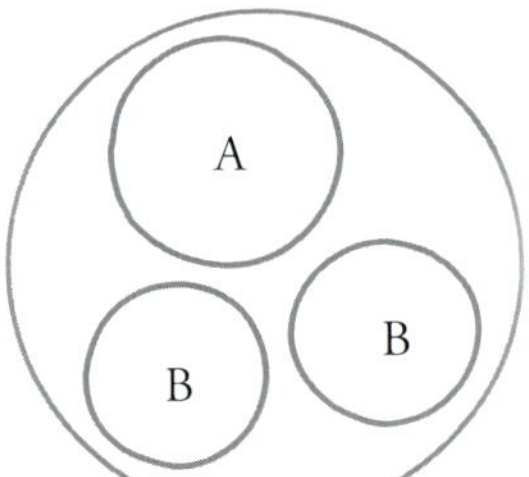

1 Den Topf reinigen und mehrere Stunden in klares Wasser stellen.
2 Die Tonscherben über die Drainagelöcher legen und den Topf zur Hälfte mit Blumensubstrat füllen.
3 Die Kugelmalve (**A**) im hinteren Bereich plazieren und mit Substrat umgeben. Die Verbenen (**B**) davor pflanzen.
4 Topf bis 5 Zentimeter unterhalb des Randes mit Blumensubstrat füllen und die Pflanzen fest andrücken.
5 Gründlich wässern.

GROSSER KÜBEL MIT FROSTEMPFINDLICHEN EINJÄHRIGEN

Diese Mischung, die den ganzen Sommer bis in den Herbst blüht, erst dann pflanzen, wenn die Frostgefahr vorüber ist. Den schweren Kübel vor dem Bepflanzen an einen sonnigen und offenen Standort stellen. Obwohl die meisten Pflanzen kurze Dürreperioden relativ gut überstehen, sollten sie aufgrund der dichten Bepflanzung häufig gegossen werden. Ab der dritten Woche alle zwei Wochen mit Flüssigdünger düngen. Verwelkte Blüten im Sommer und Herbst stets entfernen. Nach der Blüte die Pflanzen aus dem Kübel nehmen und den Beifuß in den Garten setzen oder erneut verwenden. Stecklinge der Strauchmargeriten, des Kapkörbchens und der Pelargonien können überwintert werden (siehe Seite 82 f., 85).

Terrakottakübel (55 cm Durchmesser, 60 cm Höhe)
Tonscherben
Blumensubstrat auf Lehmbasis
1 cremegelbes Kapkörbchen (*Osteospermum* 'Buttermilk'), Seite 135, **A**
1 weiße Strauchmargerite (*Argyranthemum gracile* 'Chelsea Girl'), Seite 131, **B**
2 gelbe Strauchmargeriten (*Argyranthemum callichrysum* 'Prado'), Seite 140, **C**
3 rosarote Pelargonien *(Pelargonium)*, Seite 147, **D**
1 Zigarettenblümchen *(Cuphea ignea)*, Seite 146, **E**
3 Bärenohrpflanzen (*Arctotis* x *hybrida* 'Apricot'), Seite 145, **F**
2 Zweizahnpflanzen *(Bidens ferulifolia)*, Seite 140, **G**
1 graublättriger Beifuß *(Artemisia stelleriana)*, Seite 192, **H**
1 *Brachycome iberidifolia*, Seite 173 f., **I**

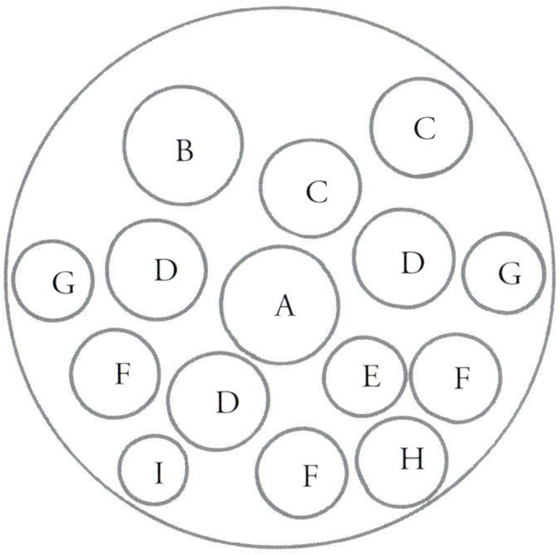

1 Den Kübel sorgfältig reinigen und anschließend mehrere Stunden in klares Wasser stellen.

2 Die Tonscherben über die Drainagelöcher legen und den Kübel bis etwa 12 Zentimeter unterhalb des Randes mit Blumensubstrat füllen.

3 Das Kapkörbchen (**A**) in der Mitte plazieren, mit Blumensubstrat umgeben und festdrücken. Die weiße sowie die gelben Strauchmargeriten (**B** und **C**) hinter das Kapkörbchen setzen.

4 Die Pelargonien (**D**) und das Zigarettenblümchen (**E**) vor und neben das Kapkörbchen setzen, so daß ein Halbkreis entsteht; dann mit Bährenohr (**F**) eine Bogenform im Vordergrund arrangieren.

5 Die beiden Zweizahnpflanzen (**G**) auf Höhe der Mittelachse links und rechts am Rand einsetzen und den graublättrigen Beifuß (**H**) und die *Brachycome iberidifolia* (**I**) am vorderen Rand des Kübels, ebenfalls rechts und links, plazieren.

6 Den Kübel bis etwa 5 Zentimeter unterhalb des Randes mit Blumensubstrat füllen und die Pflanzen fest andrücken.

7 Gründlich wässern.

LEUCHTENDE FARBEN

Leuchtende Rot- und Gelbtöne scheinen während der zweiten Sommerhälfte im Garten das Zepter zu übernehmen, und einige Einjährige oder Stauden in einem Terrakottatopf erzeugen einen unvergeßlichen Anblick.

Bei dieser Mischung (unten) in feurigen Rot- und Gelbtönen überragen schlanke Sonnenblumen eine Bepflanzung aus Gartenstrohblumen, Rudbeckien und Färbermädchenauge. (Sämtliche Pflanzen lassen sich aus Samen ziehen, die in der Frühlingsmitte unter Glas gesät werden.)

Die etwas gedämpftere Bepflanzung aus ausdauernden Pflanzen (rechts) knüpft dagegen mit Hilfe der Blattfarbe eine Verbindung zum offenen Garten: Das Bronzeviolett des Gartens wird von den übergeneigten Blättern des Neuseeländer Flachses und den herzförmigen, metallisch glänzenden Blättern des Felsenpurpurglöckchens noch einmal aufgenommen, während eine Zwergform der kurzlebigen Kokardenblume einen leuchtenden Blickfang in strahlendem Rot und Gelb bietet.

EINE FEURIGE MISCHUNG

Den Topf im Spätfrühling mit aus Samen gezogenen oder gekauften Jungpflanzen bepflanzen. Das Gefäß wurde so plaziert, daß es von der Vorderseite am besten zur Geltung kommt und den Pflanzen möglichst viel Sonnenlicht bietet. Regelmäßig wässern und ab der zweiten bis dritten Woche nach dem Pflanzen alle zwei Wochen mit Flüssigdünger düngen. Nach der Blüte die Pflanzen entfernen.

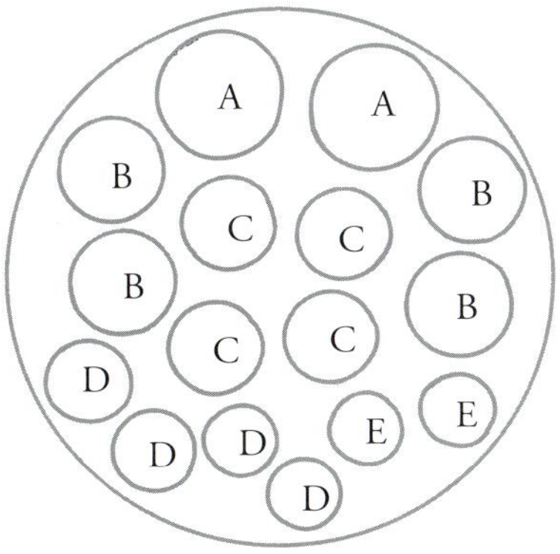

Terrakottatopf (45 cm Durchmesser, 50 cm Höhe)
Tonscherben
Blumensubstrat auf Lehmbasis
2 mittelgroße Sonnenblumen (*Helianthus annuus* 'Valentine'), Seite 141, **A**
4 Färbermädchenaugen (*Coreopsis tinctoria*), Seite 141, **B**
4 Rudbeckien (*Rudbeckia hirta* Rustic Dwarfs), Seite 148, **C**
4 Gartenstrohblumen (*Helichrysum bracteatum* 'Hot Bikini'), Seite 146, **D**
2 *Oncosiphon grandiflorum*, Seite 142, **E**

1 Den Topf sorgfältig reinigen und mehrere Stunden in klares Wasser stellen. Die Tonscherben über die Drainagelöcher legen und den Topf bis etwa 10 Zentimeter unterhalb des Randes mit Blumensubstrat füllen.
2 Die Sonnenblumen (**A**) in den hinteren Teil des Topfes pflanzen und mit Mädchenauge (**B**) flankieren. Die Rudbeckien (**C**) in der Mitte, die Strohblumen (**D**) an den linken, *Oncosiphon grandiflorum* (**E**) an den rechten Rand plazieren.
3 Den Topf bis etwa 2,5 Zentimeter unterhalb des Randes mit Blumensubstrat füllen und die Pflanzen fest andrücken.
4 Gründlich wässern.

EIN TOPF MIT VIOLETT-, GELB- UND ROTTÖNEN

Für ein sommerliches Arrangement den Topf zur Frühlingsmitte bepflanzen und an einen sonnigen Standort stellen; regelmäßig wässern und ab der zweiten bis dritten Woche nach dem Pflanzen alle zwei Wochen mit Flüssigdünger düngen. Nach der Blüte die Pflanzen in den Garten setzen.

Terrakottatopf (50 cm Durchmesser, 40 cm Höhe)
Tonscherben
Blumensubstrat auf Lehmbasis
1 bronzeblättriger Neuseeländer Flachs (*Phormium* 'Bronze Baby'), Seite 190, **A**
1 violettblättriges Felsenpurpurglöckchen (*Heuchera micrantha* var. *diversifolia* 'Palace Purple'), Seite 189, **B**
3 kleinwüchsige Kokardenblumen (*Gaillardia* 'Kobold'), Seite 146, **C**
1 panaschierte Akelei (*Aquilegia*), Seite 167, **D**

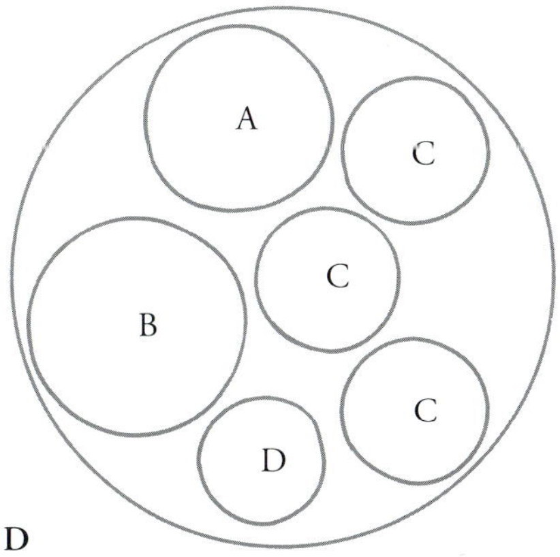

1 Den Topf sorgfältig reinigen und mehrere Stunden in klares Wasser stellen. Die Tonscherben über die Drainagelöcher legen und den Topf bis etwa 10 Zentimeter unterhalb des Randes mit Blumensubstrat füllen.
2 Den Neuseeländer Flachs (**A**) im hinteren Bereich leicht versetzt zur Mittelachse pflanzen und das Felsenpurpurglöckchen (**B**) davor plazieren; dabei auf die ursprüngliche Pflanztiefe achten. Die Kokardenblumen (**C**) gleichmäßig verteilen und die Akelei (**D**) im vorderen Bereich einsetzen.
3 Den Topf bis etwa 2,5 Zentimeter unterhalb des Randes mit Blumensubstrat füllen, Pflanzen fest andrücken und gründlich wässern.

BEPFLANZUNG FÜR WINTER UND FRÜHLING

Gerade in milden Regionen eignen sich immergrüne Zwergsträucher – insbesondere solche mit Beeren oder Blüten während der kalten Jahreszeit – hervorragend als winterliche Kübelbepflanzung. Die Skimmie ist eine kompakte, langsam wachsende und schattenduldende immergrüne Pflanze, die männliche und weibliche Blüten an unterschiedlichen Exemplaren hervorbringt. Mit ihren ovalen, ledrigen, hell- oder dunkelgrünen Blättern wirkt sie das ganze Jahr über sehr ansprechend; ihre eigentliche Schönheit entfaltet sie aber erst vom Winter bis zum Frühjahr, wenn die weiblichen Pflanzen dichte Büschel runder, leuchtend roter Beeren hervorbringen.

Da die weiblichen Pflanzen für eine üppige Beerenbildung jedoch eine männliche Skimmie in ihrer Nähe benötigen, besteht das ideale Arrangement aus zwei oder drei weiblichen Pflanzen mit karmesinroten Beeren zwischen glänzenden Blättern, die eine höhere, männliche Skimmie umgeben. Bei dieser Bepflanzung wurde die kleinwüchsige *Skimmia japonica* ssp. *reevesiana* mit der wuchsfreudigeren männlichen *Skimmia japonica* 'Rubella' kombiniert, deren zunächst rötlichbraune und später rosafarbene Knospen sich im Frühling zu süß duftenden, weißen Blüten öffnen, aber auch im Winter einen herrlichen Anblick bieten, wenn sie in dichten Büscheln an den roten Stielen heranwachsen (unten). Im Frühling erhält diese Bepflanzung durch ein blühendes Zwiebelgewächs (rechts) zusätzliche Frische. Die Skimmien nur umtopfen, wenn das Wurzelwerk zu dicht wird.

IMMERGRÜNES LAUB MIT BLÜTEN UND BEEREN

Den Topf zwischen Frühherbst und Herbstmitte bepflanzen; im Winter und Frühling an einen sonnigen Standort stellen, aber im Sommer im Schatten plazieren. Die Hyazinthen in den Garten setzen, sobald sie zu welken beginnen.

Terrakottatopf (30 cm Durchmesser, 25 cm Höhe)
Tonscherben
Saures Blumensubstrat mit einem Langzeitdünger
1 männliche Skimmie (*Skimmia japonica* 'Rubella'), Seite 203, **A**
3 weibliche Skimmien (*Skimmia japonica* ssp. *reevesiana*), Seite 203, **B**
3 weiße Hyazinthen (*Hyacinthus orientalis* 'Carnegie'), Seite 129, **C**

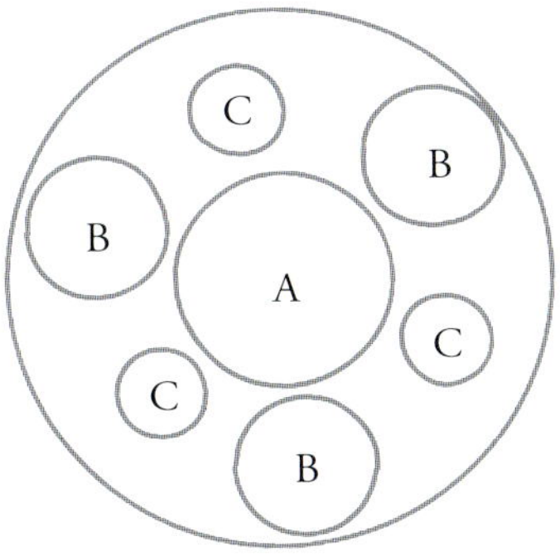

1 Den Topf sorgfältig reinigen und mehrere Stunden in klares Wasser stellen.
2 Die Tonscherben über die Drainagelöcher legen und den Topf zur Hälfte mit Blumensubstrat füllen.
3 Die männliche Skimmie (**A**) in der Mitte plazieren und mit den weiblichen Pflanzen (**B**) umgeben. Die Hyazinthen (**C**) in 10 Zentimeter Pflanztiefe zwischen die weiblichen Skimmien setzen.
4 Den Topf bis etwa 2,5 Zentimeter unterhalb des Randes mit Blumensubstrat füllen und die Pflanzen fest andrücken.
5 Gründlich wässern.

FARBE IM SPÄTWINTER

Die zahllosen Zwergzwiebelgewächse verkürzen die lange Wartezeit auf den Frühling, indem sie bereits lange vor der Blüte von Narzissen und Tulpen die winterharte Erde durchbrechen. Leider geht im Garten dieser Effekt meist verloren, aber in einem Pflanzgefäß ergibt sich ein dichtes, lebendiges Arrangement. Die Blüten von Schwertlilien, Krokussen und Zwergnarzissen wirken zwar sehr zerbrechlich, vertragen das rauhe, kalte Wetter des Spätwinters jedoch erstaunlich gut. Immergrünes Laub mit interessanter, gelber oder cremefarbener Panaschierung bildet eine heitere Ergänzung zur winterlichen Bepflanzung und lockert darüber hinaus die Strenge der aufrecht wachsenden Zwiebelpflanzen etwas auf.

Am besten stellen Sie die mit hübschen Frühlingsboten bepflanzten Kübel an einen gut sichtbaren Ort, wo man sie auch vom Inneren des Hauses aus betrachten kann, oder plazieren Sie sie neben einen häufig benutzten Gartenweg oder die Eingangstür. Obwohl ein derartiges Arrangement nur von kurzer Dauer ist, bietet es einen schönen Anblick. Sie können eine weitere Bepflanzung unter Glas bereithalten, diese in den Kübel setzen, sobald die Blüten erscheinen, und nach der Blüte durch neue Pflanzen ersetzen.

TOPF MIT ZWERGNARZISSEN UND ZWIEBELIRIS

Die Panaschierung von Duftblüte und Efeu kommt an einem sonnigen Ort gut zur Geltung. Diese ausdauernden Blattpflanzen im Herbst mit den Zwiebeln einsetzen; in Regionen mit strengen Wintern erst im Frühling pflanzen, während die Zwiebeln im Frühherbst gesetzt werden. Die Zwiebeln jedes Jahr austauschen; die Blattpflanzen alle zwei Jahre umtopfen und in den Jahren dazwischen die oberste Erdschicht durch frisches Blumensubstrat ersetzen.

Verzierter Tontopf (20 cm Durchmesser, 15 cm Höhe)
Tonscherben
Blumensubstrat auf Lehmbasis
1 gelbpanaschierte Duftblüte (*Osmanthus heterophyllus* 'Goshiki'), Seite 185, **A**
2 grüne Efeupflanzen *(Hedera helix)*, Seite 180 f., **B**
1 gelbpanaschierter Efeu (*Hedera helix* 'Golden Ingot'), Seite 184, **C**
2 Zwergnarzissen (*Narcissus* 'Tête-à-Tête'), Seite 138 f., **D**
4 gelbe Zwiebeliris *(Iris danfordiae)*, Seite 144, **E**

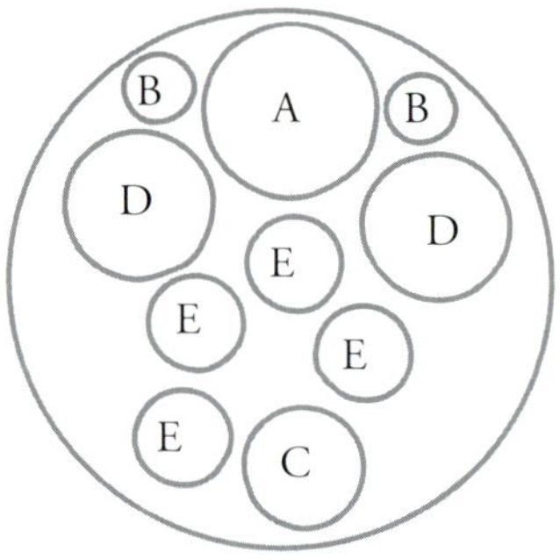

1 Topf reinigen und mehrere Stunden in Wasser stellen.
2 Die Tonscherben über die Drainagelöcher legen und den Topf bis etwa 5 Zentimeter unterhalb des Randes mit Blumensubstrat füllen.
3 Die Duftblüte (**A**) im hinteren Bereich plazieren und mit grünem Efeu (**B**) flankieren. Den panaschierten Efeu (**C**) an den vorderen Rand pflanzen.
4 Den Topf bis 2,5 Zentimeter unterhalb des Randes mit Substrat füllen und die Pflanzen fest andrücken.
5 Die Narzissenzwiebeln (**D**) links und rechts der Duftblüte einsetzen; die Zwiebeliris (**E**) davor plazieren. Dazu mit einem Stift Löcher in die Erde bohren und die Zwiebeln in 5 bis 8 Zentimeter Tiefe einsetzen. Dann die Oberfläche fest andrücken; gründlich wässern.

NETZBLATTIRIS UND KROKUSSE MIT THYMIAN

Diese Bepflanzung benötigt einen offenen, sonnigen Standort und ein durchlässiges Blumensubstrat. In milden Regionen den Thymian im Herbst gleichzeitig mit den Zwiebeln pflanzen, nach der Blüte zurückschneiden und alle drei bis vier Jahre durch Jungpflanzen ersetzen, sobald er unansehnlich wird. Die Zwiebeln jedes Jahr gegen neue austauschen; im Frühling die oberste Erdschicht erneuern.

Schwarzer Kunststofftopf (20 cm Durchmesser, 15 cm Höhe)
Tonscherben
Blumensubstrat auf Lehmbasis mit beigemischtem Sand
1 gelbpanaschierter Thymian (*Thymus serpyllum* 'Goldstream'), Seite 185, **A**
15 blaue Netzblattiris (*Iris reticulata* 'Harmony'), Seite 177, **B**
10 dunkelgelbe Krokusse (*Crocus chrysanthus* 'Gipsy Girl'), Seite 144, **C**

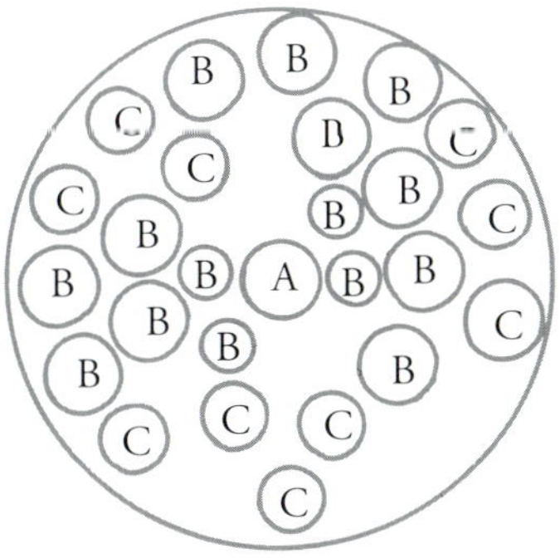

1 Topf reinigen und mehrere Stunden in Wasser stellen.
2 Die Tonscherben über die Drainagelöcher legen und den Topf bis etwa 5 Zentimeter unterhalb des Randes mit Blumensubstrat füllen.
3 Den Thymian (**A**) in der Mitte plazieren. Den Topf bis etwa 2,5 Zentimeter unterhalb des Randes mit Blumensubstrat füllen und die Oberfläche fest andrücken.
4 Die Netzblattiris- (**B**) und Krokuszwiebeln (**C**) um den Thymian herum verteilen. Dazu das Laub des Thymians anheben und mit einem spitzen Stock oder einem Stift Löcher in die Erde bohren, so daß die Zwiebeln in ungefähr 5 bis 8 Zentimeter Pflanztiefe eingesetzt werden können.
5 Gründlich wässern.

Pflanzen für Kübel und Töpfe

Dieses Verzeichnis mit über tausend Pflanzen, die jeder Hobbygärtner ohne besondere Vorkenntnisse ziehen kann, unterteilt sich in verschiedene Abschnitte. Der erste und größte Teil umfaßt Pflanzen – von flachwüchsigen Kriechpflanzen bis hin zu großen Sträuchern –, die hauptsächlich (wenn auch nicht ausschließlich) aufgrund ihrer Blüten geschätzt werden. Zur einfacheren Gestaltung attraktiver Arrangements sind die Pflanzen nach der Farbe ihrer Blüten eingeteilt. Im zweiten Abschnitt folgen Pflanzen mit ansprechendem Laub – wiederum nach der Farbe der Blätter geordnet. Der dritte Teil beschäftigt sich mit Nutzpflanzen wie Kräuter, Gemüse und Obst, die problemlos in Kübeln und Töpfen gedeihen. Im Anschluß daran findet sich ein kleines Kapitel über Gräser und beerentragende Sträucher. Innerhalb der einzelnen Kapitel sind die Pflanzen alphabetisch nach ihren botanischen Namen geordnet, denen, sofern vorhanden, die deutsche Bezeichnung folgt. Bei mehreren Einträgen (beispielsweise bei Tulpen aufgrund ihrer großen Farbenvielfalt) nennt ein fettgedruckter Querverweis den jeweiligen Haupteintrag mit nützlichen Tips zu Pflege und Züchtung.

Die als giftig gekennzeichneten Pflanzen enthalten Stoffe, die sich für Mensch oder Tier als schädlich erweisen können. Da jedoch auf diesem Gebiet noch viele Wirkstoffe unbekannt sind, darf man nicht davon ausgehen, daß nicht gekennzeichnete Pflanzen notwendigerweise ungiftig sind.

Viele der schlichten, aber sehr wirkungsvollen Pflanzthemen für Topfgärten beruhen auf einer gelungenen Kombination von Blüten und Blättern. Aufgrund ihrer lebendigen Ausstrahlung zählen diese sternförmigen Pelargonien, deren Blüten sich anmutig über wunderschön gelapptem und panaschiertem Laub erheben, zu den wichtigsten Sommerpflanzen für Pflanzgefäße. Vor einem Hintergrund aus Duftpelargonien der Sorte 'Lady Plymouth' und graublättrigem, rankendem Helichrysum petiolare *kommen die korallenroten und lachsrosa Fuchsien mit ihrem sanft strukturiertem und gefärbtem Laub schön zur Geltung.*

WEISSE UND CREMEFARBENE BLÜTEN

Ob Sie auf der Suche nach Pflanzen von exquisiter Schönheit sind, einen interessanten Blickfang für Ihre bunten Rabatten benötigen oder eine durchgehend weiße Bepflanzung gestalten wollen – unter den folgenden weißblühenden Pflanzen werden Sie bestimmt fündig. Darüber hinaus beinhaltet dieser Abschnitt viele Pflanzen mit Blüten in gebrochenem Weiß oder mit einem zarten Hauch kräftigerer Tönungen sowie zahlreiche cremefarbene Blüten, die im Abendlicht fast so zart leuchten wie reinweiße, bei Tageslicht jedoch sanfter und wärmer erscheinen.

FRÜHLING

Arabis alpina ssp. *caucasica* 'Flore Pleno'
ALPENKRESSE
IMMERGRÜNE STAUDE · ZONE 5
Diese sich ausbreitende immergrüne, häufig unter dem Namen *A. caucasica* 'Flore Pleno' geführte Pflanze ergibt eine etwa 50 Zentimeter breite Matte aus graugrünen Blättern (unten). Die gefüllten weißen Blüten erscheinen im Spätfrühling und Frühsommer in dichten Büscheln an 23 Zentimeter hohen Stielen.

Die Alpenkresse sollte so gepflanzt werden, daß sie über den Rand eines mit anderen sonnenliebenden Steingartengewächsen bepflanzten Troges rankt, der mit sandigem, durchlässigem, lehmhaltigem Substrat gefüllt ist. Verwelkte Blüten regelmäßig entfernen und wilde Schößlinge nach der Blüte zurückschneiden.

Alpenkresse *(Arabis alpina* ssp. *caucasica)* 'Flore Pleno'

Kamelie *(Camellia japonica)* 'Alba Plena'

Camellia japonica
KAMELIE
IMMERGRÜNER STRAUCH · ZONE 8
Kamelien eignen sich hervorragend für Pflanzgefäße und erfreuen sich aufgrund ihrer glänzenden dunkelgrünen Blätter sowie ihrer eleganten Blüten großer Beliebtheit. Die vorherrschende Blütenfarbe ist zwar Rosa oder Rot, aber man findet auch einige weiße Formen mit ungefüllten, halbgefüllten und dichtgefüllten Blüten.

Die ungefüllten Blüten der 'Alba Simplex' besitzen auffällige Staubgefäße, während die Petalen (Blütenblätter) der dichtgefüllten 'Shiragiku' (syn. *C. japonica* 'Purity') durch ihre formale Anordnung bestechen. Dagegen verfügt die buschige 'Alba Plena' (oben) über beeindruckend gefüllte Blüten mit einander überlappenden Petalen. 'Lady Vansittart' zeichnet sich durch halbgefüllte Blüten mit weißen, rosagestreiften Petalen aus. *Siehe auch Seite 150, **156**.*

Clematis
WALDREBE
KLETTERPFLANZE · ZONE 3 · GIFTIG
Viele der frühlingsblühenden *Clematis* besitzen einen zu kräftigen Wuchs für Pflanzgefäße, doch die weniger stark wuchernden Arten und Sorten, die man an Stützen hochranken oder anmutig über den Topfrand hängen lassen kann, bereichern jeden Garten.

'White Moth', eine Sorte der *Clematis alpina* var. *sibirica* , hat eine grünliche Tönung und erreicht selten mehr als 1,8 Meter Höhe. Sie bringt im Spätfrühling eine Fülle nickender gefüllter Blüten hervor. *C. florida* 'Sieboldii' (Zone 6) besitzt gefüllte weiße Blüten mit einem leichten Grünton und violetter Blütenmitte. Beide *Clematis*-Sorten sollten nach dem Welken der Blüten leicht zurückgeschnitten werden. *Siehe auch Seite **131 f.**, 156, 159, 167, 174.*

Crocus vernus 'Jeanne d'Arc'
KROKUS
ZWIEBELKNOLLENPFLANZE · ZONE 4
Dieser große Frühlingskrokus bringt im Frühjahr bis zu 13 Zentimeter hohe Blüten hervor, deren orangefarbene Griffel in dem weißen Kelch aus runden Petalen wunderschön zur Geltung kommen.

Die Zwiebelknollen im Herbst in durchlässiges, lehmhaltiges Blumensubstrat oder Torfkultursubstrat, das mit grobem Sand angereichert ist, 5 Zentimeter tief und dicht nebeneinander einsetzen (sie dürfen sich jedoch nicht berühren); eventuell mit anderen Frühlingsblumen in einem Kübel oder sonnig gelegenen Blumenkasten kombinieren. *Siehe auch Seite 137, **138**, 144, 149, 166, 171, 177.*

Fritillaria meleagris var. alba
SCHACHBRETTBLUME
ZWIEBELPFLANZE · ZONE 4 · GIFTIG
Die anmutig geneigten Glockenblüten der Schachbrettblume (unten) besitzen ein zartes Netz aus grünlichen Adern und wirken in Kübeln ebenso zauberhaft wie direkt im Garten eingepflanzt. Die Zwiebeln im Herbst zwischen andere Frühlingsblumen setzen. *Siehe auch Seite **166**.*

Schachbrettblume *(Fritillaria meleagris* var. *alba)*

Hyacinthus orientalis
HYAZINTHE
Zwiebelpflanze · Zone 5
Die dichten Blütenstände der Hyazinthen mit ihren wächsernen kleinen Blüten verströmen einen intensiven Duft. Sehr beliebt sind die weißen Sorten 'Carnegie' und 'L'Innocence' mit ihren etwa 20 Zentimeter großen Blütentrauben voller schneeweißer beziehungsweise elfenbeinfarbener Blüten im Frühling. *Siehe auch Seite 138, 150, 156, 172; Abbildung Seite 123.*

Narcissus
OSTERGLOCKE, NARZISSE, JONQUILLE
Zwiebelpflanze · Zone 4
Der betörend duftende *N. papyraceus* (*N.* 'Paper White', Zone 9 bis 10) mit seinen weißen, sternförmigen Blüten gedeiht nur im Haus oder in sehr milden Klimazonen hervorragend in Pflanzgefäßen. Allerdings gibt es zahlreiche robustere Sorten.

Das Frühjahr bringt die Sorte 'February Silver' hervor, eine *Cyclamen*-artige Narzisse von kaum 35 Zentimeter Höhe. Ihre trompetenartige Nebenkrone, die von milchweißen Petalen umgeben ist, verblaßt sehr schön von Zitronengelb zu Creme. Die nur 40 Zentimeter hohe Sorte 'Ice Follies' besitzt einen kräftigeren Wuchs und eignet sich für exponierte Standorte im Garten; ihre cremefarbenen Petalen umfassen eine gekräuselte Nebenkrone, deren Farbe im Laufe der Zeit von Primelgelb zu Ecruweiß verblaßt.

In der Mitte des Frühlings bringt die Sorte 'Dove Wings' Blüten mit milchweißen, zurückgebogenen Petalen und einer hellgelben Nebenkrone auf etwa 30 Zentimeter hohen Stielen hervor. Die nur 25 Zentimeter hohe und hervorragend für Blumenkästen geeignete 'Petrel' produziert pro Zwiebel zwei bis drei Stiele mit jeweils bis zu fünf kleinen schneeweißen Blüten.

Die etwa 50 Zentimeter hohe 'Actaea', eine Hybride der Dichternarzisse *(N. poeticus)*, blüht im Spätfrühling und besitzt süß duftende Blüten mit glänzend weißen Petalen und einer kleinen gelben, orange gerandeten Nebenkrone (rechts). Die ebenfalls spätblühende, etwa 50 Zentimeter hohe Sorte 'Cheerfulness' trägt an jedem Stiel ein bis drei gefüllte, cremefarbene Blüten mit gelber Nebenkrone und köstlichem Duft. 'Silver Chimes' (Zone 5) ist etwas empfindlicher; an den 35 Zentimeter hohen Stielen stehen je sechs schneeweiße Blüten mit kleiner hellgelber Nebenkrone. *Siehe auch Seite 138 f., 144 f.*

Phlox subulata 'White Delight'
MOOSPHLOX
Immergrüne Staude · Zone 3
Von Mitte bis Ende des Frühlings bildet der Moosphlox dichte Hügel aus flachen, sternförmigen Blüten in verschiedenen Schattierungen von Rosa, Mauve und Rot. Die zu dieser Zeit verdeckten, kleinen pfriemenförmigen Blätter stellen eine kaum 10 Zentimeter hohe, aber 20 Zentimeter breite Matte dar. Besonders schön ist die wuchsfreudige Sorte 'White Delight'.

Die Pflanzen in einen Kübel mit sandigem, lehmhaltigem Blumensubstrat setzen und an einen sonnigen Standort stellen. Diese Moosphlox-Sorte sollte nach der Blüte zurückgeschnitten werden, damit der Wuchs kompakter wird. *Siehe auch Seite 163.*

Pieris
LAVENDELHEIDE
Immergrüner Strauch · Zone 5
Die mittelgroßen bis gelegentlich sehr großen Sträucher dieser immergrünen Gattung zeichnen sich sowohl durch die brillante Tönung ihres jungen Laubs im Frühling als auch durch ihre wächsernen Blütenzweige aus, deren Knospen bereits während der Wintermonate einen attraktiven Anblick bieten. In Kübeln gezogene Exemplare besitzen einen relativ kompakten Wuchs und breiten sich lediglich im unteren Bereich etwas aus, so daß man sie am besten einzeln pflanzt. Da die Lavendelheide keine alkalischen Böden verträgt, sollte der Kübel mit saurer Erde gefüllt werden.

Narzisse *(Narcissus)* 'Actaea'

P. formosa var. *forrestii* mit verschiedenen Sorten ist relativ empfindlich (Zone 8) und benötigt einen geschützen Standort. Im Kübel wird sie selten mehr als 1,8 Meter hoch und breit. Ihre im Frühling leuchtend scharlachroten, jungen Blätter verblassen erst zu Rosa und Hellgelb, bevor sie schließlich dunkelgrün werden. In die Zeit des lebendigsten Farbwechsels der Blätter fällt auch die Blütezeit der weißen Blüten, die an die der Maiglöckchen erinnern.

Eine ähnliche Größe besitzen mehrere Zuchtformen der etwas unempfindlicheren *P. japonica* (beispielsweise 'Scarlett O'Hara'), deren junges Laub bronzefarben oder rötlich getönt ist. Ihre attraktiven Knospen sitzen an lockeren Blütenzweigen und öffnen sich zu duftenden, weißen oder rosa Blüten.

Lavendelheide benötigt einen großen Kübel mit kalkfreier Erde und einen geschützten Standort im Halbschatten. Sobald sich nach der Blüte Samenstände bilden, sollten diese entfernt werden.

Rhododendron
ALPENROSE, AZALEE
Strauch · Zone 5
Die immergrüne oder halbimmergrüne *Rhododendron*-Sorte 'Palestrina' (Zone 7) bildet einen etwa 1,2 Meter hohen und breiten Strauch mit einer Fülle trichterförmiger Blüten im Spätfrühling, deren klares Weiß durch zartgrüne Streifen eine kühle Note erhält.

'Silver Sixpence', eine der *R.-yakushimanum*-Hybriden, erreicht trotz ihres Durchmessers von 1,5 Metern selten eine Höhe von mehr als 90 Zentimetern. Im Spätfrühling und Frühsommer zieren Büschel cremefarbener Blüten mit hübschen, zitronengelben Tupfen das immergrüne Laub. *Siehe auch Seite 139, 142, 145, 148, 150, 156 f., 167, 173.*

Tulipa
TULPE
Zwiebelpflanze · Zone 3
Weiße und cremefarbene Tulpen verleihen dem Topfgarten eine ganz besondere Note. Formschöne, ungefüllte Blüten in klarem Weiß und Creme erzeugen einen formalen Eindruck, während gefüllte weiße oder in anderen Farben gestreifte Blüten sehr viel lockerer und ungezwungener wirken.

Die Tulpen-Art *T. turkestanica* bringt im Frühjahr bis zu 30 Zentimeter hohe Stiele mit sechs oder sieben weißen, sternförmigen Blüten hervor, die auf der Außenseite cremefarbene und grüne Streifen tragen und mit ihrer gelben Blütenmitte gut zu vielen Pflanzen in einem Steingarten passen.

Tulpe *(Tulipa)* 'White Triumphator'

Ebenfalls in den ersten Frühlingsmonaten blühen die Sorten 'Diana', eine ovale, ungefüllte, reinweiße Tulpe auf kräftigem, 35 Zentimeter hohen Stiel, 'Purissima' (auch als 'White Emperor' bekannt), mit kräftigen, 45 Zentimeter hohen Stielen, die wunderschön geformte, ungefüllte, milchweiße Blüten mit gelben Blütenmitten tragen, sowie 'Carnaval de Nice', eine 40 Zentimeter hohe, dichtgefüllte, weiße Tulpe mit rotgestreiften Petalen und panaschierten Blättern.

Mitte des Frühlings gedeiht 'Schoonoord', eine stämmige, 30 Zentimeter hohe Sorte, die sich mit ihren päonienähnlichen, milchweißen Blüten gut für Blumenkästen eignet. 'Mount Tacoma' mit ihren gefüllten, reinweißen Blüten auf 45 Zentimeter hohen Stielen zeichnet sich durch eine lange Blütezeit (bis in den Spätfrühling) aus.

Unter den weißblühenden Tulpen für die letzten Frühlingsmonate befinden sich die Sorten 'Maureen', mit einer ungefüllten, milchweißen Blüte auf 60 Zentimeter hohem Stiel, sowie die gleich große 'Estelle Rijnveld', deren ebenfalls ungefüllte Blüte so von gedrehten und gekräuselten, rot und weiß gestreiften Blütenblättern beherrscht wird, daß sich ihre Form darin zu verlieren scheint.

Die im späten Frühjahr blühende 'Shirley' besitzt mindestens 50 Zentimeter hohe Stiele und ungefüllte, elfenbeinweiße Blüten mit zartvioletter Maserung. 'White Triumphator' (oben) ist eine elegant wirkende, ebenfalls spätblühende Tulpe mit lilienähnlichen, ungefüllten Blüten und anmutig geschwungenen, spitz zulaufenden Petalen auf 65 Zentimeter hohen Stielen. *Siehe auch Seite 140, 145,* ***150 f.****, 157, 167; Abbildung Seite 8.*

SOMMER

Agapanthus
SCHMUCKLILIE
STAUDE · ZONE 8
A. campanulatus var. *albidus* ist eine weiße Varietät der bekannteren blaublühenden Schmucklilie und besitzt an ihren etwa 60 Zentimeter hohen Stielen bandförmige Blätter und zahlreiche weiße, trichterförmige Blüten. *Siehe auch Seite 173.*

Anacyclus pyrethrum var. *depressus*
RÖMISCHER BERTRAM
STAUDE · ZONE 6
Niedrige Sträucher und flachwüchsige Stauden mit einer langen Blütezeit eignen sich besonders für Tröge und andere Gefäße mit Steingartenpflanzen. Der ursprünglich aus Marokko stammende Römische Bertram gedeiht zwar möglicherweise nicht sehr lange, aber entschädigt dafür mit einer Fülle von Blüten während des ganzen Sommers. Die bodendeckenden, etwa 30 Zentimeter langen Stiele, die den Rahmen für eine dichte Matte aus feingelappten Blättern bilden, wachsen vom zentralen Wurzelstock aus strahlenförmig in alle Richtungen. Die nach oben weisenden Stengelenden tragen rostrote Knospen, die sich zu weißen Korbblüten öffnen.

Die Pflanzen im Frühherbst oder zur Frühlingsmitte in sandiges, durchlässiges, lehmhaltiges Blumensubstrat setzen und an einen sonnigen Standort stellen.

Anthemis punctata ssp. *cupaniana*
HUNDSKAMILLE
IMMERGRÜNE STAUDE · ZONE 5
Diese Verwandte der Kamille bildet aromatische, silberfarbene Kissen von bis zu 30 Zentimeter Höhe und Breite, die sich aus filigranen Blättern zusammensetzen. Sie bringt im Spätfrühling und Sommer zahlreiche, etwa 5 Zentimeter große Blüten hervor.

Die Pflanzen in sandiges, lehmhaltiges Blumensubstrat setzen und an einen sonnigen Standort zwischen andere Steingartenpflanzen stellen. Verwelkte Blüten regelmäßig entfernen, um die Blütezeit zu verlängern.

Antirrhinum majus 'White Wonder'
GARTENLÖWENMAUL
BEDINGT WINTERHARTE EINJÄHRIGE
A. majus 'White Wonder' (rechts) besitzt 45 Zentimeter hohe Blütenähren, deren weiße Blüten mit gelbem Schlund die klassische Löwenmaulform aufweisen – eine schlauchförmige Blütenkrone, die durch Aufwölbung der Unterlippe elastisch verschlossen ist. *Siehe auch Seite 140,* ***151****, 158, 167.*

Arctotis
BÄRENOHR
BEDINGT WINTERHARTE EINJÄHRIGE
Die wuchernde, etwa 60 Zentimeter hohe und breite *A. fastuosa* 'Zulu Prince' *(Venidium fastuosum* 'Zulu Prince'*)* besitzt wollige, graue Blätter und bis zu 10 Zentimeter große, cremefarbene Korbblüten mit schwarzem Ring und schwarzer Blütenmitte. *A. venusta* (syn. *A. stoechadifolia)* zeichnet sich durch graugrüne Blätter und blaue Knospen aus, die sich zu weißen Blüten mit blauer Mitte und gelbem Ring öffnen. *Siehe auch Seite* ***145****.*

Argyranthemum
STRAUCHMARGERITE
IMMERGRÜNE STAUDE · ZONE 9
Diese (manchmal noch unter ihrem früheren Namen *Chrysanthemum frutescens* geführte) Margerite zählt zu den schönsten und nützlichsten Kübelpflanzen und bringt den ganzen Sommer bis in den Herbst eine Fülle von weißen Blüten hervor. In ihrer Heimat, den Kanarischen Inseln, und ähnlich milden Klimazonen gedeiht sie das ganze Jahr, während sie in kühleren Gebieten im Gewächshaus überwintern sollte. Meistens wird sie jedoch wie eine Einjährige behandelt: Die jungen Pflanzen sind im Spätfrühling oder Frühsommer erhältlich und werden im Herbst weggeworfen.

Die Strauchmargerite wird im allgemeinen 45 bis 90 Zentimeter hoch und bis zu 75 Zentimetern breit, kann aber als Halbstamm 1,5 Meter Höhe erreichen. Das fedrige, graugrüne oder dunkelgrüne Laub wird häufig von 5 Zentimeter großen Blüten verdeckt.

Gartenlöwenmaul *(Antirrhinum majus)* 'White Wonder'

Ähnlich üppig blüht *A. foeniculaceum*, das sich durch filigrane, blaugrüne Blätter auszeichnet. *A. gracile* 'Chelsea Girl' besitzt hübsche, ungefüllte, weiße Blüten, während 'Blizzard', 'Mrs F. Sander' und 'Qinta White' (auch als *A.* 'Sark' geführt) gefüllte Blüten aufweisen sowie 60 Zentimeter hoch und ungefähr 45 Zentimeter breit werden.

Die Margeriten in einzelne, mit lehmhaltigem Substrat gefüllte Kübel setzen (auf diese Weise entwickeln sich Halbstämmchen am besten) oder mit anderen sonnenliebenden Pflanzen kombinieren. Verwelkte Blüten regelmäßig entfernen, um die Blütezeit zu verlängern. Falls die Pflanzen im Gewächshaus überwintern sollen, müssen sie im Herbst stark zurückgeschnitten und im Frühjahr erneut geschnitten werden. *Siehe auch Seite 140, 158; Abbildungen Seite 10, 20, 98/99, 101, 109, 119.*

Browallia

BROWALLIA

BEDINGT WINTERHARTE EINJÄHRIGE/ STAUDE · ZONE 9

Die bekanntesten Formen der *Browallia* besitzen blaue Blüten, aber die Sorte 'White Troll' sorgt für eine interessante Abwechslung in Ampeln, Fensterkästen und anderen Gefäßen mit gemischten Bepflanzungen. Die kompakten, 25 Zentimeter hohen und breiten Pflanzen benötigen einen sonnigen, geschützten Standort und blühen während des ganzen Sommers bis in den Herbst. *Siehe auch Seite 174.*

Calluna vulgaris

HEIDEKRAUT

IMMERGRÜNER STRAUCH · ZONE 4

Diesen Zwergstrauch findet man in zahlreichen Formen mit einer Vielzahl von Blüten- und Blattfarben, aber die weißblühenden Sorten bieten eine attraktive Alternative zu den bekannten Schattierungen von Violett und Mauve.

Die nur 5 Zentimeter hohe, aber häufig mehr als 30 Zentimeter breite Sorte 'White Lawn' eignet sich hervorragend zur Bepflanzung der Ränder von Kübeln und Töpfen, während die 45 Zentimeter hohe 'Anthony Davis' eher in die Höhe wächst. Beide Sorten blühen im Spätsommer und Herbst. *Siehe auch Seite 159, 183.*

Campanula

GLOCKENBLUME

STAUDE · ZONE 3

Die hübsche Glockenblume *C. carpatica* ssp. *turbinata* f. *alba* bildet einen kaum 15 Zentimeter hohen, aber etwa 25 Zentimeter breiten Hügel aus gezackten Blättern, der im Hoch- und Spätsommer von exquisiten, schalenförmigen Blüten bedeckt ist. Da das strahlende Weiß der Blüten eine hauchzarte Blautönung aufweist, eignet sich diese Glockenblume als Begleiter für andere Pflanzen mit Blüten in kräftigeren Blautönen.

In der zweiten Sommerhälfte gedeiht *C. cochleariifolia* ssp. *alba* , eine weitere hübsche Steingartenpflanze (mit kleinen, leuchtend weißen Glockenblüten an drahtigen Stielen), die selten mehr als 15 Zentimeter Höhe erreicht. Doch da sie sich gerne ausbreitet, eignet sie sich weniger für Miniaturgärten. *Siehe auch Seite 174.*

Catharanthus roseus 'Pretty-in-White'

Catharanthus roseus

CATHARANTHUS ROSEUS

BEDINGT WINTERHARTE EINJÄHRIGE · GIFTIG

Die Blüten des *Catharanthus roseus* sind denen des Phlox ähnlich und bilden eine interessante Abwechslung für gemischte Bepflanzungen in Fensterkästen, Ampeln und Kübeln. Bei der Sorte 'Pretty-in-White' (oben links) mildert die gelbe Blütenmitte die klare Wirkung der reinweißen Petalen, während die Sorte 'Parasol' eine rote Mitte besitzt.

Choisya ternata

ORANGENBLUME

IMMERGRÜNER STRAUCH · ZONE 7

Aufgrund ihrer aromatischen, dreizählig gefingerten, glänzenden Blätter bietet die Orangenblume (oben rechts) während des ganzen Jahres einen interessanten Anblick. Diese üppige Pflanze, die im Frühling und häufig gegen Ende des Sommers (oder sogar im Spätherbst beziehungsweise in einem milden Winter) große Büschel schneeweißer, duftender Blüten hervorbringt, erreicht in Kübeln selten eine Höhe von mehr als 1,5 Metern, wobei sie im unteren Bereich einen Durchmesser von 1,8 Metern aufweist.

Orangenblume *(Choisya ternata)*

Die Orangenblume einzeln in mit lehmhaltigem Blumensubstrat gefüllte Kübel setzen und an einen sonnigen oder leicht schattigen, aber vor Zugluft geschützten Standort stellen. Frostgeschädigte Triebe im Frühjahr, wilde Schößlinge im Spätfrühling beziehungsweise im Frühsommer entfernen, sobald die Blüten verwelkt sind.

Clematis

WALDREBE

KLETTERPFLANZE · ZONE 3 · GIFTIG

Mit ihren zahllosen ungefüllt- und gefülltblühenden Varitäten in großer Farbenvielfalt zählt die *Clematis* zu den abwechslungsreichsten Kletterpflanzen. Für Topfgärten eignen sich am besten die etwas weniger wuchsfreudigen Sorten, die mit Kletterhilfen gestützt werden oder an großen Kübeln und hochstehenden Gefäßen herabranken können.

Die folgenden weißblühenden Sorten zeichnen sich besonders durch ihren zurückhaltenden Wuchs aus und erreichen in Pflanzgefäßen selten mehr als 3,7 Meter Höhe.

'Marie Boisselot' (manchmal unter dem Namen 'Madame Le Coultre' geführt) ist eine wunderschön geformte, großblütige Hybride; ihre schneeweißen nach dem Öffnen rosa überhauchten Blüten erscheinen im Frühsommer und manchmal später ein zweites Mal. 'Henryi', eine weitere großblütige Hybride, bringt vom Spätfrühling bis zum Frühsommer reinweiße, ungefüllte Blüten hervor, während 'Alba Luxurians' (unten), eine hübsche *C.-viticella*-Hybride, im Spätsommer und Frühherbst ihre nickenden, an den Spitzen grünen Blüten präsentiert.

Die Pflanzen werden im Herbst oder Frühling in lehmhaltiges Blumensubstrat gesetzt und mit Kletterhilfen gestützt. Frühblühende *Clematis* nach der Blüte im Frühsommer leicht zurückschneiden; spätblühende im Frühjahr stark zurückschneiden; mehrfach blühende, großblütige Hybriden in der Mitte des Frühlings leicht schneiden. Bei allen Sorten die obere Erdschicht im Frühjahr durch frisches Blumensubstrat ersetzen. *Siehe auch Seite 128, 156, 159, 167, 174.*

Waldrebe *(Clematis)* 'Alba Luxurians'

Cobaea scandens 'Alba'
GLOCKENREBE
EINJÄHRIGE/AUSDAUERNDE KLETTERPFLANZE · ZONE 9

Diese wuchsfreudige, aber empfindliche Kletterpflanze klammert sich mit ihren Ranken an jede Stütze und erreicht eine erstaunliche Höhe – innerhalb einer Wachstumsperiode wächst sie bis zu 5 Metern. Mehrjährige Exemplare blühen in frostfreien Klimazonen vom Frühling bis in den Winter, während Einjährige in

Glockenrebe *(Cobaea scandens)* 'Alba'

gemäßigten Klimazonen vom Spätsommer bis zum Herbst blühen (sofern sie im Frühjahr im Gewächshaus gesät wurden). Jeder Stiel trägt eine glockenförmige, nickende Blüte, die sich bei der Sorte 'Alba' (oben) durch eine grünlichweiße Blütenkrone mit grünem Kelch auszeichnet. *Siehe auch Seite **167 f.***

Cosmos
SCHMUCKKÖRBCHEN
BEDINGT WINTERHARTE EINJÄHRIGE

Schmuckkörbchen sind pflegeleichte Einjährige, die mit ihren luftigen, ungefüllten Blüten, die denen der Dahlien ähneln, über dünn gefiederten Blättern im Sommer und Herbst einen interessanten Anblick bilden. Meistens werden sie als Mischung mit vielen Rosa- und Rottönen angeboten. Die Sorte 'Sonata' mit ihren weißen Blüten und goldfarbenen Blütenmitten eignet sich aufgrund ihrer Größe (60 Zentimeter) und ihrer kräftigen Stiele besonders für Pflanzegefäße.

Schmuckkörbchen werden im Frühjahr unter Glas gesät und später gruppenweise in lehmhaltiges Blumensubstrat oder Torfkultursubstrat gesetzt. Verwelkte Blüten regelmäßig entfernen, um die Blütezeit zu verlängern. Die Pflanzen nicht zu stark düngen, da dies nur den Blattwuchs anregt und zu Lasten der Blüten geht. *Siehe auch Seite 152, 159 f.; Abbildung Seite 23.*

Dianthus
NELKE
STAUDE · ZONE 4

Neben den zahlreichen rosablühenden Sorten sind auch einige zauberhafte weiße Formen dieser dürrebeständigen, sonnenliebenden Pflanzen mit ihrem charakteristischen graugrünen Laub erhältlich. Viele der seit Jahren gezüchteten altmodischen Nelken besitzen einen betörenden Duft, wie etwa 'Musgrave's Pink' (auch als 'Charles Musgrave' bekannt), die ungefüllte, weiße Blüten mit grüner Blütenmitte und hübsch gekräuselten Blütenblättern hat, oder die besonders kräftig duftende Sorte 'Mrs Sinkins' mit gefüllten weißen Blüten. Bei manchen Nelken wird die Form der Blüte durch eine dunkle Zeichnung betont: 'Dad's Favourite' besitzt beispielsweise einen weißen Grund mit violetter Maserung.

Die wuchsfreudigeren neuen Nelken-Sorten blühen hauptsächlich im Früh- bis Hochsommer und häufig ein zweites Mal im Herbst; so auch die bezaubernde 'Haytor', eine dichtgefüllte weiße Nelke. *Siehe auch Seite 152 f., **160**.*

Dimorphotheca sinuata
KAPMARGERITE
BEDINGT WINTERHARTE EINJÄHRIGE

Diese manchmal als *Osteospermum aurantiacum* geführte, sonnenliebende Pflanze wird hauptsächlich als sommerblühende Einjährige verwendet. Die im allgemeinen kaum 25 Zentimeter hohe, kompakte Sorte 'Glistening White' besitzt seidige Blütenblätter, die sehr schön mit der schieferblauen Mitte kontrastieren. Die Blüten der Kapmargerite öffnen sich weder im Schatten noch bei bedecktem Himmel und kommen am besten ohne Begleitpflanzen in einem niedrigen Kübel zur Geltung.

In Zone 8 oder noch kälteren Gebieten die Samen im Frühjahr unter Glas in lehmhaltige Erde oder Torfkultursubstrat säen und das Gefäß an einen sonnigen Standort stellen. Verwelkte Blüten regelmäßig entfernen.

Fuchsia
FUCHSIE
STRAUCH · ZONE 10

Die herabbaumelnden Blüten vieler Fuchsien-Hybriden zeichnen sich durch Zweifarbigkeit aus: Kelchschlauch und vier wächserne Kelchblätter präsentieren sich in einer Farbe, während die Kronblätter eine andere Farbe besitzen. Alle hier aufgeführten Fuchsien besitzen weiße Kronblätter.

Die folgenden drei Sorten erreichen während einer Wachstumsperiode eine Höhe und Breite von 60 bis 90 Zentimetern: 'Annabel' trägt gefüllte, vollständig weiße Blüten; 'Hawkshead' (Zone 8) bringt ungefüllte, weißgrünliche Blüten hervor, deren Kronblätter schneeweiß sind; 'Madame Cornelissen' (Zone 8) besitzt halbgefüllte, zartrosa überhauchte Blüten mit kirschrot gemaserten Kronblättern. Die beiden letzten Sorten werden als winterharte Fuchsien geführt.

Zu den für Ampeln und Fensterkästen ideal geeigneten Hängesorten gehören auch 'Sophisticated Lady' (Zone 9) mit gefüllten, weißen und zartrosa Blüten sowie 'Swingtime' (Zone 9), deren gefüllte rote Blüten cremeweiße Kronblätter aufweisen. *Siehe auch Seite 153, 160 f.,* ***168****; Abbildung Seite 115.*

Helianthemum 'Wisley White'
SONNENRÖSCHEN
Immergrüner Strauch · Zone 6 bis 9

Diese Sonnenröschen-Sorte besitzt graugrüne Blätter und erreicht eine Höhe von 25 Zentimetern sowie einen Durchmesser von 30 Zentimetern. Ihre weißen Blüten mit den gelben Zentren erzeugen einen cremefarbenen Gesamteindruck. *Siehe auch Seite* ***141****, 146, 161.*

Hydrangea
HORTENSIE
Strauch · Zone 6

H. macrophylla 'Madame Emile Mouillère' ist eine großblütige, weiße Hortensie mit langer Blütezeit und eignet sich gut für formale Bepflanzungen, beispielsweise in farblich passenden Kübeln.

Die kompakte Sorte 'Lanarth White' besitzt Blütenstände mit kleinen fruchtbaren Blüten in der Mitte, die von größeren, unfruchtbaren Blüten umgeben sind.

Andere für Kübel und Töpfe geeignete sommergrüne Hortensien-Arten sind *H. quercifolia* (Zone 5) und *H. paniculata* (Zone 4). *H. quercifolia* mit ihren hübsch gelappten Blättern, die sich im Herbst verfärben, bringt im Hochsommer pyramidenförmige, milchweiße Blütenstände hervor, die im Laufe der Zeit eine zartviolette Tönung annehmen. In Kübeln erreicht sie eine Höhe und Breite von etwa 1,2 Metern. Die am weitesten verbreitete Sorte von *H. paniculata* ist 'Grandiflora'. Sie kann im Kübel eine Höhe von über 2,5 Metern erzielen; ihre cremefarbenen, unfruchtbaren Blüten in dichten Pyramiden werden bis zu 38 Zentimetern groß und verfärben sich während der Wachstumsperiode zartrosa.

Die Hortensien sollten im Frühjahr in lehmhaltiges Blumensubstrat gesetzt und alle zwei bis drei Jahre umgetopft werden; in den anderen Jahren die oberste Erdschicht durch frisches Blumensubstrat ersetzen. Im Frühling zurückschneiden. *Siehe auch Seite 161, 175; Abbildungen Seite 37, 45.*

Iberis
SCHLEIFENBLUME
Winterharte Einjährige

Nur wenige Pflanzen verleihen einem sommerlichen Topfgarten solch strahlend weiße Akzente wie die Schleifenblume. *I. amara* 'Giant Hyacinth Flowered White' besitzt bis zu 38 Zentimeter hohe Stiele mit zahlreichen duftenden, langblühenden Blüten. Die Doldige Schleifenblume *(I. umbellata)* ist einfarbig nur schwer erhältlich; sie ist meist in Mischungen im Handel, die auch Weiß enthalten. Schleifenblumen der Fairy-Serie – eine farbige Züchtung mit rosa, roten, lavendelblauen und weißen Blüten – wachsen zu buschigen, 23 Zentimeter hohen Pflanzen heran.

Schleifenblumen werden im Herbst oder Frühling ausgesät oder im Frühling als Jungpflanzen gekauft und in lehmhaltige Erde beziehungsweise Torfkultursubstrat gesetzt. Verwelkte Blüten regelmäßig entfernen, um die Blütezeit zu verlängern.

Jasminum
JASMIN
Kletterpflanze · Zone 8

Der sommerblühende weiße Jasmin *(J. officinale)* zählt zu den laubabwerfenden oder halbimmergrünen Kletterpflanzen, die an Kletterhilfen bis zu 9 Metern emporranken. Die rosa Knospen öffnen sich zu weißen Blüten, die zwar relativ klein sind, dafür aber lange blühen und betörend duften. Obwohl der Jasmin sehr wuchsfreudig ist und daher keine ideale Kübelpflanze ist, kann man ihn in sehr großen Pflanzgefäßen ziehen.

Für Kübel und Töpfe ist der empfindliche *J. polyanthum* (Zone 9 bis 10), der eine Höhe von 3 Metern erreicht, besser geeignet. In kühleren Klimazonen stellt er mit seinen süß duftenden, weißen oder zartrosa Blütenbüscheln eine Bereicherung für jeden Wintergarten dar. Manchmal treibt er bereits im Winter die ersten Blüten, aber im allgemeinen beginnt die Blütezeit erst im Frühling und dauert dann bis zum Frühsommer.

Jasmin benötigt lehmhaltiges Blumensubstrat und eine Kletterhilfe zum Ranken. Übermäßig wachsende Triebe nach der Blüte vorsichtig zurückschneiden.

Lathyrus odoratus
WOHLRIECHENDE WICKE
Winterharte Einjährige/Zweijährige Kletterpflanze · Giftig

Wohlriechende Wicke wird häufig in gemischten Pastellfarben angeboten, aber es gibt auch einige unifarbene Sorten, wie etwa die duftende, weißblühende 'White Supreme'.

Zu den cremefarbenen Sorten zählen 'Hunter's Moon' mit süß duftenden und gekräuselten Blüten und 'Lillie Langtry' mit zart duftenden, hübsch gewellten Blüten. *Siehe auch Seite* ***162****, 169, 175.*

Lavandula angustifolia 'Alba'
ECHTER LAVENDEL
Immergrüner Strauch · Zone 6

Von diesen unkomplizierten, sonnenliebenden Sträuchern mit ihren aromatischen Blättern und Blüten sind die graublau- oder violettblaublühenden Sorten am bekanntesten, aber *L. angustifolia* 'Alba' ist eine attraktive weiße Varietät. Ihre aufsehenerregenden, im Spätsommer erscheinenden Blütenähren bedecken einen graugrünen Strauch von etwa 45 Zentimeter Höhe. *Siehe auch Seite* ***169****.*

Lavatera trimestris 'Mont Blanc'
BECHERMALVE
Winterharte Einjährige

Die einjährige Bechermalve 'Mont Blanc' (unten) bringt vom Spätsommer bis zum Herbst zahlreiche Blüten hervor, deren strahlendes Weiß am besten in großen Pflanzgefäßen an einem sonnigen Standort zur Geltung kommt.

Die Pflanzen werden an Ort und Stelle im Frühling ausgesät und im Frühsommer mit etwa 15 Zentimeter Abstand pikiert. *Siehe auch Seite* ***162****.*

Malve *(Lavatera trimestris)* 'Mont Blanc'

Lilium
LILIE

ZWIEBELPFLANZE · ZONE 3 · GIFTIG
Lilien gehören zu den wichtigsten sommerblühenden Zwiebelpflanzen, und die meisten Sorten eignen sich für Kübelbepflanzungen. Am besten stellt man die Lilien zu Beginn der Blütezeit an einen gut sichtbaren, sonnigen oder halbschattigen Standort und rückt sie nach der Blüte in den Hintergrund.

Die folgenden Lilien werden in zwei Kategorien unterteilt: in basalwurzeltreibende und stengelwurzeltreibende Lilien. Basalwurzeltreibende Lilien entwickeln nur aus der Zwiebel Wurzeln, während die stengelwurzeltreibenden Lilien auch oberhalb der Zwiebel Wurzeln treiben und daher tiefer eingesetzt werden müssen.

L. candidum (Zone 4), die Madonnenlilie, wird bereits seit Jahrhunderten kultiviert und zählt zu den schönsten Zierpflanzen. Vom Früh- bis zum Hochsommer tragen die bis zu 1,5 Meter hohen Stengel zahllose duftende, trichterförmige Blüten mit goldfarbenen Staubbeuteln. Die Art gehört zu den basalwurzeltreibenden Lilien.

'Casa Blanca' (Zone 4) ist eine stengelwurzeltreibende Lilie, die vom Hoch- bis zum Spätsommer blüht. An den bis zu 1,2 Meter hohen Stengeln gedeihen viele große, duftende Blüten, deren orangebraune Staubbeutel sich von den weißen Petalen abheben, die warzenartige Höcker und eine gelbe Mittelrippe besitzen.

'Mont Blanc' ist eine kleinwüchsige, nur 60 Zentimeter hohe, basalwurzeltreibende Lilie mit cremeweißen Blüten, die in der Mitte leicht gefleckt sind.

L. regale (Zone 3), die stengelwurzeltreibende Königslilie (links), ist eine der schönsten und unkompliziertesten Lilien. Ihre 1,2 bis 1,8 Meter hohen Stengel tragen im Hochsommer zahlreiche duftende Büschel trichterförmiger, strahlend weißer Blüten mit gelber Mitte; die Außenseite der Petalen ist violett und dunkelrosa getönt. In der Album-Gruppe finden sich auch reinweiße Lilien.

L. speciosum ist eine weitere prächtig duftende, stengelwurzeltreibende Lilien-Art. Die 5 bis 10 schalenförmigen Blüten mit ihren zurückgebogenen, gewellten Petalen wachsen an 1,2 bis 1,8 Meter hohen Stielen. *L. speciosum* var. *album* (Zone 4) besitzt strahlend weiße Blüten.

'Sterling Star' (Zone 3), eine basalwurzeltreibende Lilie, bringt im Hochsommer sternförmige Blüten an 90 Zentimeter hohen Stengeln hervor. Die orangebraunen Staubbeutel und die dunklen Tupfen heben sich deutlich von den weißen Petalen ab.

Im Herbst nur unbeschädigte, feste Zwiebeln kaufen und sofort einzeln oder in Dreiergruppen einsetzen. Bei der Wahl des Pflanzgefäßes sowohl die Standfestigkeit als auch die Höhe berücksichtigen: Basalwurzeltreibene Arten benötigen eine Pflanztiefe von 13 bis 15 Zentimetern, während stengelwurzeltreibende Lilien etwa 20 Zentimeter hoch mit lehmhaltiger, durchlässiger Erde bedeckt werden. Der Pflanzabstand zwischen gruppenweise gepflanzten Lilien sollte etwa 8 Zentimeter betragen. Lediglich *L. candidum* wird im Spätsommer eingesetzt und nur knapp mit Erde bedeckt.

Lilien in kleinen oder mittleren Töpfen während der letzten Wintermonate oder im Frühjahr umtopfen; Lilien in großen Kübeln nur jedes zweite Jahr umtopfen, aber in den Jahren dazwischen eine Kopfdüngung mit einem Langzeitdünger verabreichen. Ruhende Lilien nicht gießen, und auch während der Wachstumszeit nicht allzu stark wässern.

Da durch Schädlinge übertragene Viruskrankheiten sich zu einem ernsten Problem entwickeln können, sollten Lilien, besonders die für Grauschimmel (Borytis) anfällige Madonnenlilie, regelmäßig mit Insektiziden beziehungsweise Fungiziden gespritzt werden. *Siehe auch Seite 142, 147, 153, 162; Abbildungen Seite 7, 14, 18, 24, 50.*

Königslilie *(Lilium regale)*

Lobelia erinus 'Snowball'
MÄNNERTREU
BEDINGT WINTERHARTE EINJÄHRIGE · GIFTIG
Männertreu wird besonders als Rankpflanze in Ampeln und als Randbepflanzung von Kübeln geschätzt. 'Snowball' ist eine kompakte Sorte mit großen, strahlend weißen Blüten. Hin und wieder taucht aber auch einmal ein hübscher, hellblauer »Ausreißer« auf. *Siehe auch Seite 153, 169,* ***175 f.****; Abbildung Seite 24.*

Lobularia maritima
DUFTSTEINRICH
WINTERHARTE EINJÄHRIGE
Der nach Honig duftende Duftsteinrich erfreut sich seit Jahren großer Beliebtheit und dient häufig als Randbepflanzung von Kübeln. Er blüht den ganzen Sommer über bis in den Herbst. Die Sorte 'Carpet of Snow' bildet niedrige, bis zu 10 Zentimeter hohe und 38 Zentimeter breite Hügel und erzeugt mit ihren kleinen Blüten einen grünweißen Effekt. Dagegen besitzt 'Snow Crystal' größere Blüten und einen etwas wuchernden Wuchs. Der Duftsteinrich wird häufig in Mischungen wie etwa Mixed Wonderland angeboten, die neben rosaroten und violetten auch weiße Blüten hervorbringt.

Im Frühjahr aussäen beziehungsweise Jungpflanzen in lehmhaltige Erde oder Torfkultursubstrat setzen. Verwelkte Blüten regelmäßig entfernen, um die Blütezeit zu verlängern. *Siehe auch Seite 162 f.*

Myrtus communis
BRAUTMYRTE
IMMERGRÜNER STRAUCH · ZONE 9
Das glänzende, aromatische Laub der Brautmyrte (unten) bildet das ganze Jahr über einen interessanten Anblick. Die Pflanze wird in Kübeln selten höher als 1,2 Meter und erreicht einen Durchmesser von 60 Zentimetern; im Spätsommer trägt sie duftende, weiße Blüten mit dünnen Staubgefäßen, denen schwarzviolette Beeren folgen. *M. communis* ssp. *tarentina* ist etwas kompakter und besitzt kleine schmale Blätter.

Die Pflanzen im Spätfrühling in lehmhaltiges Blumensubstrat setzen und an einen warmen, geschützten Standort stellen – eine sonnige Wand ist dafür am besten geeignet.

Brautmyrte *(Myrtus communis)*

Tabak *(Nicotiana-*Hybride*)*

Nicotiana
TABAK
BEDINGT WINTERHARTE EINJÄHRIGE · GIFTIG
Zu den betörendsten Abenddüften eines Sommergartens gehört der der Tabakpflanzen *N.* x *sanderae* und *N. alata* (syn. *N. affinis*). Die Blüten dieses klebrigen, häufig als Einjährige behandelten, etwa 75 Zentimeter hohen Krauts (oben) besitzen eine langröhrige Krone und sternförmige Blütenblätter. In kleinen Gärten bietet ein großer, dichtbepflanzter Kübel mit Tabak einen interessanten Blickfang.

Heutzutage sind zahlreiche Tabak-Sorten im Handel erhältlich: 'Fragrant Cloud' besitzt große Blüten, die abends einen intensiven Duft verströmen; aufgrund ihrer Höhe (bis zu 90 Zentimetern) eignet sich diese Sorte nicht für alle Topfgärten. Die etwa 40 Zentimeter hohe, buschige 'White Bedder' bringt duftende, reinweiße Blüten hervor und bietet sich besonders für Blumenkästen und andere kleine Gefäße an. Darüber hinaus sind im Handel weitere kompakte Tabak-Farbmischungen erhältlich, die auch weißblühende Pflanzen umfassen. Die Domino-Mischung enthält 30 Zentimeter hohe Hybriden mit duftenden, aufrechten Blüten in einer Vielzahl von Farben. Noch kleiner sind die Merlin-Hybriden (25 Zentimeter) mit üppigem Wuchs und leuchtenden Blütenfarben.

Tabak im Frühjahr unter Glas säen oder im späten Frühling Jungpflanzen in lehmhaltiges Blumensubstrat beziehungsweise Torfkultursubstrat setzen. *Siehe auch Seite 142, 163; Abbildung Seite 113.*

Osteospermum
KAPKÖRBCHEN
STAUDE · ZONE 9
Diese wuchernde, immergrüne Pflanze aus Südafrika blüht während des gesamten Sommers. Aufgrund ihrer Frostempfindlichkeit wird sie häufig als Einjährige behandelt oder mit Hilfe von Ablegern überwintert.

Das bis zu 60 Zentimeter hohe und breite *O. ecklonis* zeichnet sich durch weiße Blüten, deren Petalen auf der Rückseite bläulich getönt sind, und eine dunkelblaue Blütenmitte aus. Beliebte Hybriden sind 'Blue Streak' (mit blau angehauchten Petalen) und die gefleckte 'Silver Sparkler', während 'Whirligig' mit zusammengekniffenen, löffelförmigen Blütenblättern eine faszinierende Varietät darstellt. Kapkörbchen erhält man in einer Vielzahl von Farben, einschließlich Rosa ('Pink Whirls') und Hellgelb ('Buttermilk'). Die Korbblütler lassen sich mit vielen sonnenliebenden Pflanzen kombinieren und dienen als reizvoller Kontrast zu dunkelblauen und violetten Blüten.

Kapkörbchen werden im Frühjahr unter Glas gesät und im späten Frühling eingesetzt. Ableger oder Jungpflanzen ebenfalls im späten Frühling in lehmhaltiges Blumensubstrat oder Torfkultursubstrat setzen, den Kübel aber mit einer dicken Schicht Drainagematerial versehen. *Siehe Abbildungen Seite 101, 119.*

Pelargonium
PELARGONIE
IMMERGRÜNE STAUDE · ZONE 9
Obwohl leuchtend rote und rosa Blüten bei dieser Gattung überwiegen, gibt es nicht nur im breiten Farbspektrum der Zonalpelargonien (zum Beispiel die Sorten 'Arctic Star' und 'Hermione'), sondern auch unter den diversen Neuzüchtungen verschiedene weiße Formen dieser beliebten Kübelpflanze.

Unter den Efeupelargonien finden sich nur wenige weißblühende Züchtungen, aber zu den zahlreichen Sorten gehört auch die reinweiße 'Snowdrift'. *Siehe auch Seite 147 f.,* ***153 f.****, 163, 170, 181 f., 187, 190, 194; Abbildung Seite 108.*

Petunia
PETUNIE
BEDINGT WINTERHARTE EINJÄHRIGE
Obwohl es unter den Petunien strahlend weiße Sorten gibt – wie etwa die wunderschöne, gekräuselte und gefülltblühende 'White Swan' –, sind einzelne Farben nur schwer erhältlich und viele Arten nur als Mischungen im Handel. Am besten kauft man Jungpflanzen, die gerade die ersten Blüten hervorbringen, um sicherzustellen, daß man ausschließlich weiße Exemplare anpflanzt.

Für auffällige und vielfältige Bepflanzungen eignen sich auch zweifarbige Petunien: Die großen Blüten der Razzle-Dazzle-Mischung zeichnen sich durch kräftige Farben auf weißem Grund aus, während die dunklen Blüten der Picotee-Serie weiße Ränder aufweisen. *Siehe auch Seite 142, 154, 163, 170, **176**; Abbildungen Seite 19, 101, 113.*

Phlox drummondii
FLAMMENBLUME
BEDINGT WINTERHARTE EINJÄHRIGE
Die bis zu 50 Zentimeter hohe Sorte 'Brilliant' ist ein faszinierendes Beispiel für die hochwüchsigeren Varietäten der Flammenblume; sie besitzt weiße Blütenblätter mit dunkelrosa Mitten.

Reseda odorata
GARTENRESEDA
WINTERHARTE EINJÄHRIGE
Die zunächst eher unauffällige Gartenreseda (unten) erfreut sich jedoch aufgrund ihrer süß duftenden Blüten einer großen Beliebtheit. An einem sonnigen Standort kommen die in Töpfen gezogenen Pflanzen mit ihrem betörenden Duft zwischen anderen Kübeln besonders gut zur Geltung.

Gartenreseda *(Reseda odorata)*

Die Pflanzen erreichen eine Höhe von 40 Zentimetern und einen Durchmesser von 25 Zentimetern und blühen (je nach Saatzeit) vom Sommer bis zum Herbst. Jede einzelne Blütenähre besitzt eine Fülle von kleinen Blüten mit winzigen cremefarbenen Petalen und auffälligen orangebraunen Staubgefäßen.

Für eine verschwenderische Blütenpracht im Früh- bis Hochsommer wird die Gartenreseda im Frühjahr in lehmhaltiges Blumensubstrat oder Torfkultursubstrat gesät (die Pflanze mag alkalische Böden). Die Pflänzchen dann mit etwa 15 Zentimeter Abstand zueinander pikieren und die Triebspitzen der Jungpflanzen ausknipsen, damit sie sich verzweigen.

Rosa
ROSE
STRAUCH · ZONE 4
Die modernen, bodendeckenden Rosen – die kleine Hügel oder flachliegende Sträucher bilden – umfassen eine Reihe von Sorten, die sich auch hervorragend für Kübel und andere große Pflanzgefäße eignen. Dazu zählt beispielsweise die Sorte 'Avon' mit ihren zahlreichen Blütenbüscheln aus kleinen, halbgefüllten, teils perlmuttweißen und teils rosa überhauchten Blüten, die zwar kaum duften, aber vom Sommer bis zum Herbst blühen. Diese Rose wird nur 30 Zentimeter hoch, aber mit ihren rankenden Zweigen erreicht sie einen Durchmesser von 90 Zentimetern.

Die zart duftende Polyantha-Rose 'White Pet' wurde bereits im 19. Jahrhundert kultiviert und besitzt mit ihren hübschen, pomponförmigen, schneeweißen Blüten eine völlig andere Ausstrahlung. Aufgrund ihrer Höhe und Breite von etwa 60 Zentimetern läßt sie sich auch gut als Halbstämmchen ziehen. *Siehe auch Seite 142, **154**, 164, 170, 203; Abbildung Seite 24.*

Verbena
VERBENE
BEDINGT WINTERHARTE EINJÄHRIGE
Die häufig in Mischungen (einschließlich weißblühender Sorten) erhältlichen Verbenen-Hybriden zeichnen sich durch eine lange Blütezeit im Sommer aus und eignen sich gut zur Bepflanzung von Kübeln.

Die rankende Art *V. tenuisecta* mit violetten Blüten an 45 Zentimeter hohen Stielen sät sich selbst zwischen anderen Pflanzen aus – eine Eigenschaft, die sie mit der weißen Form *V. tenuisecta* f. *alba* teilt. Diese Varietät lockert jede Randbepflanzung von Kübeln auf oder rankt anmutig über den Rand von Ampeln. *Siehe auch Seite 149, 155, 165, **171**, 176; Abbildung Seite 108.*

Viola cornuta Alba-Gruppe
HORNVEILCHEN
STAUDE · ZONE 5
Dieses weißblühende Veilchen ist eine hübsche Version der blaublühenden Arten und bietet sich als attraktive Unterpflanzung von Sträuchern oder zur Kombination mit anderen Stauden in großen Kübeln an. Das Veilchen begnügt sich mit einem sonnigen oder halbschattigen Platz und bringt im Frühsommer eine Fülle von gespornten Blüten hervor. Falls die Pflanze danach zurückgeschnitten wird, blüht sie ein weiteres Mal.

Hornveilchen im Herbst oder Frühling in lehmhaltiges Substrat setzen. *Siehe auch Seite **143**, 149, 155, 167, 171, 177.*

Yucca gloriosa
PALMLILIE
IMMERGRÜNER STRAUCH · ZONE 5
Die Palmlilie (unten) zeichnet sich durch eine Fülle spitz zulaufender Blätter aus, die sternförmig in alle Richtungen weisen. Manche Pflanzen bringen erst nach fünf Jahren ihre erste, bis zu 1,8 Meter hohe Blütenähre hervor. Ihre Knospen öffnen sich im Herbst zu glockenförmigen, cremeweißen, duftenden Blüten, die auf der Außenseite leicht rötlich getönt sind. Die Pflanze gedeiht am besten an einem sonnigen, geschützten Standort in einem eigenen, großen Kübel.

Palmlilien im Herbst oder Frühling in lehmhaltiges Substrat pflanzen.

Palmlilie *(Yucca gloriosa)*

Krokus *(Crocus chrysanthus)* 'Cream Beauty'

HERBST UND WINTER

Crocus
KROKUS

ZWIEBELKNOLLENPFLANZE · ZONE 5
Die winterblühenden Krokusse zählen zu den bezauberndsten Frühlingsboten unter den Zwiebelpflanzen. Die folgenden weißen und cremefarbenen Sorten erreichen alle eine Höhe von ungefähr 8 Zentimetern.

Zu den zuverlässigsten, frühblühenden Krokussen gehören viele Sorten des *C. chrysanthus*: Die buttermilchgelbe Tönung von 'Cream Beauty' (oben) besitzt einen zauberhaften Charme, während sich 'Snow Bunting' zwar durch ein klareres Weiß auszeichnet, auf der Außenseite der Petalen aber eine cremefarbene Tönung mit violetter Maserung präsentiert. Genau wie die Sorte *C. sieberi* 'Albus', deren reinweiße Petalen spitz zulaufen, sind beide Sorten an ihrem gelben Schlund und den leuchtend orangefarbenen Narben zu erkennen. *Siehe auch Seite 128,* ***138****, 144, 149, 166, 171, 177.*

Cyclamen hederifolium f. *album*
ALPENVEILCHEN

KNOLLENPFLANZE · ZONE 6 · GIFTIG
Die sich im Herbst öffnenden weißen Blüten dieses Alpenveilchens wirken frisch und anmutig und werden nur von der Schönheit ihrer marmorierten, silberfarbenen Blätter übertroffen. Trotz der geringen Größe (13 Zentimeter Höhe und 25 Zentimeter Durchmesser) eignet sich diese Pflanze hervorragend zum Aufhellen dunkler Gartenecken.

Die Alpenveilchen ohne Begleitpflanzen in eine flache Schale setzen oder als Unterpflanzung für Sträucher in großen Kübeln verwenden. *Siehe auch Seite* ***165****.*

Erica carnea 'Springwood White'
SCHNEEHEIDE

IMMERGRÜNER STRAUCH · ZONE 6
Die wuchsfreudige 'Springwood White' ist nur ein Beispiel der zahlreichen Sorten dieses immergrünen Strauchs, der sich nicht nur als Begleiter für Pflanzen eignet, die saure Böden bevorzugen, sondern sogar in alkalischen Böden gedeiht. Da die etwa 15 Zentimeter hohe und bis zu 45 Zentimeter breite Schneeheide auch einen halbschattigen Standort akzeptiert, dient sie häufig zur Unterpflanzung größerer Sträucher. In den weißen Blüten, die sie in den letzten Winter- beziehungsweise ersten Frühlingswochen hervorbringt, sind die braunen Staubgefäße deutlich sichtbar.

Schneeheide im Herbst in lehmhaltiges Blumensubstrat pflanzen und nach der Blüte zurückschneiden. *Siehe auch Seite 155, 165, 171, 183.*

Erica x *darleyensis* 'Silberschmelze'
GLOCKENHEIDE

IMMERGRÜNER STRAUCH · ZONE 7
Benannte Varietäten dieser Hybride vertragen wie die von *E. carnea* alkalische Böden. Die Sorte 'Silberschmelze' ('Molten Silver') erreicht eine Höhe von etwa 60 Zentimetern, wird aber beträchtlich breiter. Sie blüht von Winter bis Frühling und bietet durch die rosa Spitzen der jungen Triebe einen besonders hübschen Anblick.

Die Pflanzen im Herbst in lehmhaltiges Substrat setzen und nach der Blüte zurückschneiden. *Siehe auch Seite 165.*

Galanthus
SCHNEEGLÖCKCHEN

ZWIEBELPFLANZE · ZONE 3
Die verschiedenen Arten, Hybriden und Sorten dieser klassischen Winterpflanze, die das Nahen des Frühlings verkünden, sind einander sehr ähnlich. Ihre weißen, nickenden Blüten besitzen drei äußere und drei kürzere innere, meist grüngefleckte Kronblätter. Da Schneeglöckchen gut im Schatten gedeihen, eignen sie sich hervorragend als Unterpflanzung für Sträucher in großen Kübeln, während sie in Gruppen und ohne Begleiter gepflanzt ihre ganze Pracht entfalten können.

Zu den größten Schneeglöckchen (bis zu 25 Zentimeter hoch) gehört die Sorte 'Atkinsii', die manchmal bereits mitten im Winter blüht und deren schlanke, spitz zulaufende, äußere Petalen die inneren Blütenblätter mit grünen Spitzen umfassen.

Ein weiteres großes Schneeglöckchen ist *G. elwesii*, mit einer Höhe von bis zu 30 Zentimetern und breiten, graugrünen Blättern. Die inneren Petalen der kräftigen Blüten sind sowohl an der Spitze als auch an der Basis grün gefleckt. Auch 'S. Arnott' besitzt kräftige Blüten, wird aber im allgemeinen eher aufgrund seines intensiven Dufts geschätzt.

Das Echte Schneeglöckchen (*G. nivalis*, unten), das nur selten eine Höhe von über 15 Zentimetern erreicht, zeichnet sich durch sehr viel schmalere, linealische Blätter und grüngefleckte innere Blütenblätter aus, während die zahlreichen inneren Petalen der gefülltblühenden Sorte *G. nivalis* 'Flore Pleno' eine Rosette mit grünen Spitzen bilden.

Schneeglöckchen am besten im Frühling direkt nach der Blüte, wenn sie noch belaubt sind, pflanzen oder als trockene Zwiebeln im Frühherbst in lehmhaltige, faserreiche Blumenzwiebelerde setzen. Dichte Büschel sollten nach der Blüte geteilt werden. *Siehe Abbildung Seite 20.*

Schneeglöckchen *(Galanthus nivalis)*

GELBE UND GRÜNE BLÜTEN

Leuchtend gelbe Blüten sorgen für sonnige Farbtupfer, die einen Topfgarten in jeder Jahreszeit aufheitern. In Kombination mit orangefarbenen Blumen erzeugen gelbe Töne ein warmes, harmonisches Bild, während kühler anmutende Bepflanzungen leichte Grüntöne benötigen und Gelb und Violett eine aufsehenerregende Wirkung erzielen.

FRÜHLING

Aurinia saxatilis
FELSENSTEINKRAUT
IMMERGRÜNE STAUDE · ZONE 6
Das manchmal als *Alyssum saxatile* geführte Felsensteinkraut bringt in der zweiten Frühlingshälfte sowie im Frühsommer eine Fülle leuchtend goldfarbener Blüten hervor. Dieses etwa 30 Zentimeter hohe und 45 Zentimeter breite, immergrüne Gewächs bildet eine attraktive Bereicherung für einen Trog mit sonnenliebenden Steingartenpflanzen.

Die ebenfalls leuchtend goldfarbene, kleinwüchsige Sorte 'Compacta' erreicht nur eine Höhe von 15 Zentimetern. Das Zitronengelb der *A. saxatilis* var. *citrina* erzeugt einen luftigeren, kühleren Effekt.

Die Pflanzen im Herbst oder Frühjahr in sandiges, lehmhaltiges Substrat setzen und nach der Blüte zurückschneiden.

Crocus x *luteus* 'Golden Yellow'
KROKUS
ZWIEBELKNOLLENPFLANZE · ZONE 4
Die wuchsfreudige, 10 bis 13 Zentimeter hohe Sorte *C.* x *luteus* 'Golden Yellow' (unten) blüht in den ersten Frühlingsmonaten, wenn viele Krokus-Arten und -Hybriden bereits verwelkt sind. Ihre prächtig goldfarbenen Blüten wirken in Kombination mit kräftigen Farben in sonnig stehenden Blumenkästen und anderen Gefäßen sehr harmonisch, kommen aber in großen Kübeln ohne Begleitpflanzen am besten zur Geltung.

Die Knollen im Herbst in etwa 5 Zentimeter Pflanztiefe in sandiges, gut durchlässiges, lehmhaltiges Substrat setzen (sie dürfen einander jedoch nicht berühren) und an einen sonnigen Standort stellen. *Siehe auch Seite 128, 137, 144, 149, 166, 171, 177.*

Krokus *(Crocus* x *luteus)* 'Golden Yellow'

Erysimum
SCHÖTERICH
ZWEIJÄHRIGE
Der manchmal auch unter dem Namen *Cheiranthus* (Goldlack) geführte Schöterich ist eine kurzlebige, immergrüne Staude, die häufig als Zweijährige angepflanzt wird. Die buschige Pflanze trägt vom Spätfrühling bis zum Frühsommer samtige Blütenbüschel mit betörendem Duft. Häufig kombiniert man sie mit anderen Frühlingsblumen, aber in dicht gepflanzten Gruppen in einem großen Kübel wirkt sie besonders schön.

Sowohl die Zwergformen als auch die hochwüchsigeren Sorten sind meistens nur als Mischungen erhältlich, die auch gelbblühende Formen beinhalten. Aber man findet auch einige einfarbige Sorten: 'Cloth of Gold' wird 40 Zentimeter hoch und besitzt prächtige tiefgelbe Blüten, während sich die kompaktere, 30 Zentimeter hohe 'Primrose Bedder' durch strahlend gelbe Blüten auszeichnet.

Schöterich wird im Spätfrühling oder Frühsommer in einer Saatschale ausgesät. Sobald die Jungpflanzen etwa 15 Zentimeter hoch sind, die Triebspitzen ausknipsen, um einen buschigen Wuchs anzuregen. Vom Frühherbst bis zur Herbstmitte in lehmhaltiges Blumensubstrat oder Torfkultursubstrat setzen. *Siehe auch Seite 145, 150; Abbildung Seite 92.*

Euphorbia myrsinites
WALZENWOLFSMILCH
IMMERGRÜNE STAUDE · ZONE 5
Die holzigen und dennoch elastischen Stiele dieser Wolfsmilch-Art (rechts) erreichen eine Höhe von 30 Zentimetern und sind mit fleischigen, graugrünen Blättern belaubt. Im Frühjahr bringt die Pflanze Blütenstände mit grüngelben Blüten hervor, die von kleinen, gleichfarbigen Kelchen umgeben sind.

Diese ungewöhnliche Wolfsmilch-Art benötigt einen sonnigen Standort sowie sandiges, lehmhaltiges Blumensubstrat und kommt in einem großen Kübel mit Steingartenpflanzen gut zur Geltung.

Hyacinthus orientalis 'City of Haarlem'
HYAZINTHE
ZWIEBELPFLANZE · ZONE 5
Diese hellgelbblühende Hyazinthe stellt eine erfrischende Abwechslung zu den zahlreichen blauen, weißen und rosafarbenen Hyazinthen-Sorten dar. Die dichten, duftenden Blütenähren scheinen wie maßgeschneidert für sonnig stehende Blumenkästen, aber diese Zwiebelpflanze wirkt auch ohne Begleitpflanzen oder in Kombination mit anderen Frühlingsblumen in großen Kübeln sehr attraktiv. *Siehe auch Seite 129, 150, 156,* ***172.***

Narcissus
OSTERGLOCKE, NARZISSE, JONQUILLE
ZWIEBELPFLANZE · ZONE 3
Narzissen zählen zu den wichtigsten Pflanzen des Frühlingsgartens, da die gelbblühenden Arten und Sorten der Bepflanzung – unabhängig vom Wetter – eine sonnig-heitere Note verleihen. Für Kübel und Töpfe eignen sich am besten kleine und mittelhohe Sorten mit raffinierten Blüten. Darunter fallen Sorten mit zurückgebogenen Petalen oder auffälliger Nebenkrone, mit mehreren Blüten an einem Stiel, mit gefüllten Blüten oder betörendem Duft, die alle an einem sonnigen oder halbschattigen Standort wunderbar gedeihen.

Unter den winzigen *N.-cyclamineus*-Hybriden besitzen nur wenige eine längere Blütezeit als 'February Gold', deren

Walzenwolfsmilch *(Euphorbia myrsinites)*

Narzisse *(Narcissus)* 'Rip van Winkle'

Blüten mit zurückgebogenen Petalen und eleganter Nebenkrone auf 30 Zentimeter hohen Stielen wachsen. Die selten mehr als 15 Zentimeter hohe Sorte 'Tête-à-Tête' zählt zu den am frühsten blühenden Narzissen im Frühling und besitzt häufig zwei bis drei goldgelbe Blüten mit zurückgebogenen, zitronengelben Petalen. Dagegen stellt die gleich hohe 'Rip van Winkle' aufgrund ihrer gefüllten Blüten mit Spaltkrone (oben) eine Besonderheit unter den Narzissen dar. Die 25 Zentimeter hohe Sorte 'Jack Snipe' blüht einige Wochen nach den bereits genannten Narzissen und zeichnet sich durch eine langröhrige hellgelbe Krone mit zurückgeschlagenen cremeweißen Petalen aus.

Bei den folgenden Sorten handelt es sich um Narzissen mit vielblütigen Stengeln, die gegen Mitte des Frühlings blühen: 'Hawera' (20 Zentimeter hoch) mit nickenden zitronengelben Blüten, deren duftende Petalen eine sternförmige Wirkung erzeugen. Noch wohlriechender sind 'Minnow' (20 Zentimeter hoch) mit zitronengelben Nebenkronen und cremegelben Petalen sowie 'Yellow Cheerfulness', deren etwa 50 Zentimeter hohe Stiele gegen Ende des Frühlings gefüllte, cremegelbe Blüten hervorbringen.

Alle Narzissen werden im Spätsommer oder Frühherbst gepflanzt (je eher, desto besser), da sich ihre Wurzeln lange vor den ersten oberirdischen Wachstumsanzeichen entwickeln. Die Zwiebeln in einer Pflanztiefe von zwei- bis dreifacher Zwiebeldicke in lehmhaltiges Blumensubstrat oder Torfkultursubstrat setzen (in Gefäßen an exponierten Standorten noch tiefer) und dicht nebeneinander oder in zwei Lagen plazieren – sie dürfen einander jedoch nicht berühren.

Verwelkte Blüten regelmäßig entfernen, aber das Laub in Ruhe einziehen lassen. Um einen unansehnlichen Eindruck zu vermeiden und eine weitere Bepflanzung des Kübels zu ermöglichen, empfiehlt es sich, die Zwiebeln nach der Blüte in den Garten umzusetzen, wo die Blätter ungestört einziehen können. *Siehe auch Seite 129, 144 f.; Abbildung Seite 124.*

Primula
PRIMEL
ZWEIJÄHRIGE/STAUDE · ZONE 5

Die Kissenprimel *(P. vulgaris)*, eine in Kübeln anmutig wirkende Pflanze von natürlicher Schönheit, ist die Mutterpflanze einiger blütenreicher Hybriden, die unter dem Namen Polyanthus-Gruppe geführt werden. Diese Pflanzen sind in einer Vielzahl von Farben – von Gelb über Rosa bis hin zu Rot, Blau und Weiß – erhältlich und zeichnen sich häufig durch eine auffällige Blütenmitte aus; im allgemeinen werden sie als Zweijährige behandelt und nach der Blüte entfernt. Die Crescendo-Mischung beinhaltet eine als Saat erhältliche Hybride mit bis zu 30 Zentimeter hohen Stielen. Wenn man jedoch eine bestimmte Farbe wünscht, empfiehlt es sich, im Herbst oder sogar im Frühling Jungpflanzen zu kaufen.

Raffinierte Pflanzen in einer Vielzahl wundervoller Farben finden sich auch unter den in den 30er Jahren in Oregon gezüchteten Barnhaven-Linien, die auch eine Form mit goldfarbenen Spitzen beinhalten – vergleichbar der im 19. Jahrhundert weit verbreiteten Sorten mit dunkelroten Petalen und gelbem Rand. Die Schlüsselblume *(P. veris)* erscheint im Frühsommer.

Primeln werden im Spätfrühling oder Frühsommer gesät oder als Jungpflanzen im Herbst in lehmhaltiges Blumensubstrat oder Torfkultursubstrat gesetzt und an einen sonnigen oder halbschattigen Standort gestellt. *Siehe auch Seite 166; Abbildungen Seite 88, 89, 91.*

Primula auricula
ALPENAURIKEL
STAUDE · ZONE 3

Alpenaurikel (oben rechts) erfreuen sich seit Jahrhunderten großer Beliebtheit: Insbesondere im 18. und 19. Jahrhundert wurden zahlreiche Neuzüchtungen vorgenommen, die auf Gartenausstellungen viel Bewunderung erhielten. Und auch heute zeigen Gärtner wieder großes Interesse für diese faszinierende Pflanzengruppe, die in vielen Farben erhältlich ist.

'Old Yellow Dusty Miller' ist eigentlich eine Beetpflanze, die aber auch in Kübeln gut gedeiht. Ihre grauen, wie mit weißem

Alpenaurikel *(Primula auricula)*

Mehl bestaubten Blätter bilden ein dichtes Büschel, aus dem sich von Frühlingsmitte bis zum Spätfrühling der 15 Zentimeter hohe Stiel mit der Blüte erhebt. Die Form der duftenden Blütenbüschel erinnert an die Blütenstände der Primeln; sie sind jedoch etwas runder.

Die Pflanzen benötigen sandiges, alkalisches, lehmhaltiges Blumensubstrat und einen kühlen, schattigen Standort. *Siehe Abbildung Seite 14.*

Rhododendron
ALPENROSE, AZALEE
STRAUCH · ZONE 5

Unter den kompakten frühlingsblühenden Alpenrosen- und Azaleen-Formen findet man mehrere sehr schöne gelbblühende Hybriden.

'Bo-peep' (Zone 7) ist eine immergrüne *Rhododendron*-Sorte, die im Frühjahr eine Höhe von 90 bis 150 Zentimetern und einen Durchmesser von etwa 90 Zentimetern erreicht. Ihre primelgelben, grün angehauchten, trichterförmigen Blüten blühen in kleinen Büscheln.

Einige Hybriden des immergrünen *R. yakushimanum* (Zone 5) bieten sich ebenfalls als Kübelpflanzen an: 'Grumpy' (Zone 4) bleibt unter 90 Zentimeter Höhe, breitet sich aber stark aus und bringt von Mitte bis Ende des Frühlings zahlreiche Büschel gelber, rosa angehauchter Blüten hervor.

Zu den hübschesten laubabwerfenden Azaleen gehört 'Narcissiflorum' (Zone 6), ein bis zu 1,5 Meter hoher Strauch mit gefüllten, trompetenförmigen, hellgelben Blüten von betörendem Duft. Das Laub nimmt im Herbst eine wunderschöne Bronzetönung an. *Siehe auch Seite 129, 142, 145, 148, 150,* ***156 f.****, 167, 173.*

Saxifraga
STEINBRECH
IMMERGRÜNE STAUDE · ZONE 6
Viele Steinbrech-Arten eignen sich für eine gemischte Kübelbepflanzung mit anderen Steingartenpflanzen.

Alle folgenden Sorten bilden dichte Rosetten aus graugrünen, mit weißen Härchen bedeckten Blättern, die mit einem limonengrünen Belag überzogen sind. Die kissenbildende *S.* x *apiculata* 'Gregor Mendel' (Zone 6) erreicht einen Durchmesser von über 30 Zentimetern und bringt vom Frühjahrsbeginn bis zur Frühlingsmitte eine Fülle von 10 Zentimeter hohen primelgelben Blüten hervor. Noch früher blüht die etwa 15 Zentimeter breite *S. burseriana* 'Brookside' (Zone 4) mit becherförmigen, 5 Zentimeter großen, gelben Blüten.

Die Pflanzen von Herbst bis Frühjahr in sandiges, leicht alkalisches, lehmhaltiges Substrat setzen. *Siehe auch Seite 157.*

Tulipa
TULPE
ZWIEBELPFLANZE · ZONE 4
Obwohl es einige sehr früh blühende Arten gibt, blühen die meisten Tulpen von der Mitte bis zum Ende des Frühlings und präsentieren nicht nur zahlreiche kräftige Gelbtöne, sondern auch attraktive Farbkombinationen und zartere Schattierungen – wie etwa die Tulpen der Viridiflora-Gruppe mit ihrer grünen Zeichnung.

Für Blumenkästen eignen sich besonders die kleinwüchsigen Tulpen von maximal 25 Zentimeter Höhe. Sehr früh blüht *T. tarda* (unten) mit bis zu fünf Blüten pro Stiel, deren gelbe Blütenblätter weiße Spitzen tragen; sie ist etwas frostempfindlicher (Zone 5) als die meisten Tulpen. Kurz danach blüht die Sorte 'Stresa', eine Seerosen-Tulpe, deren Blüten innen gelb mit rotem Grund und außen rot überhaucht sind und sich zu einer Sternform öffnen. Bei der noch raffinierteren, zur Frühlingsmitte blühenden Tulpen-Art *T. clusiana* var. *chrysantha* bildet die gelbe Innenseite der Blütenblätter einen schönen Kontrast zur roten Außenseite.

Auch unter den höheren Tulpen-Sorten finden sich ungefüllte und gefüllte Blüten in zahlreichen Gelbtönen. Die 50 Zentimeter hohe 'Yellow Purissima' blüht kurz vor der Mitte des Frühlings und zeichnet sich durch ungefüllte, goldgelbe Blüten mit seidigem Glanz aus. Zu den zur Frühlingsmitte blühenden Sorten gehören: 'Bellona' (40 Zentimeter hoch) mit ungefüllten, duftenden Blüten, 'Monte Carlo' (40 Zentimeter) mit gefüllten Blüten und dunkelgelber Blütenmitte und 'Gold Medal' (50 Zentimeter) mit ebenfalls gefüllten Blüten. 'West Point' ist eine spätblühende, lilienblütige Tulpe von 50 Zentimeter Höhe, deren spitze Blütenblätter sich an der Spitze nach außen wölben.

Die folgenden Tulpen zeichnen sich durch eine Kombination von Gelb mit einer anderen Farbe aus; sie blühen gegen Frühlingsende und werden 50 bis 60 Zentimeter hoch. Die elegant wirkende *T. marjoletti* (Zone 6) besitzt hellgelbe Blütenblätter mit rotem Rand, während 'Sweet Harmony' zitronengelbe Blüten mit elfenbeinfarbener Einfassung trägt.

Die Tulpen der Viridiflora-Gruppe blühen im Spätfrühling. 'Groenland' ('Greenland') wird 60 Zentimeter hoch und besitzt rosa Blüten mit grünem Rand. Die 45 Zentimeter hohe 'Spring Green' präsentiert cremegelbe Blüten mit grüner Maserung. *Siehe auch Seite 129 f., 145, **150 f.**, 157, 167; Abbildung Seite 93.*

Tulpe *(Tulipa tarda)*

SOMMER

Anthemis tinctoria
FÄRBERKAMILLE
STAUDE · ZONE 4 BIS 8
Die Färberkamille bringt während ihrer langen Blütezeit im Sommer eine Fülle von Korbblüten über einem Büschel aus farnartigen Blättern hervor. 'E. C. Buxton' trägt Blüten in einem kühlen, cremigen Gelbton. *Siehe auch Seite 130; Abbildung Seite 11.*

Antirrhinum majus 'Yellow Monarch'
GARTENLÖWENMAUL
BEDINGT WINTERHARTE EINJÄHRIGE
Die Monarch-Löwenmäulchen werden häufig als Mischungen mit einer großen Farbenvielfalt angeboten. Sie sind widerstandsfähig gegen Rostbefall und erreichen eine Höhe von 45 Zentimetern. 'Yellow Monarch' besitzt aufrechte, kräftige Blütenähren, die ein strahlendes Gelb präsentieren. *Siehe auch Seite 130, **151**, 158, 167.*

Argyranthemum
STRAUCHMARGERITE
IMMERGRÜNE STAUDE · ZONE 9
Zu den bekannten weißblühenden Formen der Strauchmargerite gesellen sich immer mehr Sorten in cremigen Gelbtönen und Rosaschattierungen. 'Jamaica Primrose' bildet einen 90 Zentimeter hohen und breiten Strauch aus farnähnlichen Blättern und gelben Korbblüten, die vom Sommer bis in den Herbst blühen. Etwas kleiner ist die Sorte *A. callichrysum* 'Prado' mit leuchtend gelben Blüten. *Siehe auch Seite **130 f.**, 158; Abbildung Seite 119.*

Bidens ferulifolia
ZWEIZAHN
EINJÄHRIGE/STAUDE · ZONE 9
Obwohl es sich bei dieser Pflanze um eine Staude handelt, wird *B. ferulifolia* meistens als Einjährige gezogen. Der Zweizahn besitzt zahlreiche, geschmeidige, bis zu 65 Zentimeter lange Stiele, die sich ihren Weg durch andere Pflanzen hindurchbahnen und feingezähnte Blätter tragen. An einem sonnigen Standort bringt er vom Sommer bis zum Herbst eine erstaunliche Fülle kleiner, leuchtend gelber Blüten hervor, die an winzige Dahlien erinnern.

Zweizahn wird im Frühling unter Glas gesät oder als Jungpflanze im Spätfrühling in lehmhaltiges Blumensubstrat oder Torfkultursubstrat gesetzt. Wilde Triebe und Schößlinge sollten während der Wachstumszeit zurückgeschnitten werden. *Siehe auch Abbildungen Seite 9, 97, 119.*

Calceolaria integrifolia
PANTOFFELBLUME
EINJÄHRIGE/STAUDE · ZONE 9
Die buschig wachsende, ausdauernde Pantoffelblume wird aufgrund ihrer gelben Blüten, die während des ganzen Sommers in dichten doldentraubigen Rispen erscheinen, häufig als einjährige Beet- oder Kübelpflanze gezogen und erreicht eine Höhe von etwa 60 Zentimetern.

Die Pflanze im Spätfrühling in lehmhaltiges Blumensubstrat oder Torfkultursubstrat setzen.

Calendula officinalis
GARTENRINGELBLUME
WINTERHARTE EINJÄHRIGE
Orange und Gelb zählen zu den vorherrschenden Farben bei den vielen Sorten dieser etwas altmodisch wirkenden, buschigen Pflanze, die vom Sommer bis zum Herbst blüht und deren Varietäten 30 bis 60 Zentimeter hoch werden.

'Kablouna Gold' ist eine hochwüchsige Sorte mit gefüllten, gelben Blüten, deren innere Blätter braune Spitzen tragen, während die kleinwüchsige 'Sunglow' eine Fülle leuchtend goldgelber Blüten hervorbringt. *Siehe auch Seite **146**.*

Coreopsis tinctoria
FÄRBERMÄDCHENAUGE
WINTERHARTE EINJÄHRIGE
Die roten Blütenmitten verleihen den gelben Blüten des Färbermädchenauges eine lebendige Ausstrahlung. Die unkomplizierte Pflanze wird an einem sonnigen Standort 75 Zentimetern hoch und blüht im Sommer und im Frühherbst.

Färbermädchenauge wird im Frühjahr unter Glas gesät; die Jungpflanzen setzt man gegen Ende des Frühlings in lehmhaltiges Blumensubstrat und stellt sie ins Freie. *Siehe Abbildung Seite 120.*

Helianthemum
SONNENRÖSCHEN
IMMERGRÜNER STRAUCH · ZONE 6
Unter diesen niedrigen Steingartenpflanzen finden sich verschiedene gelbblühende Sorten: Die kompakte, kaum 25 Zentimeter hohe 'Amy Baring' besitzt dottergelbe Blüten über grünem Laub. 'Jubilee' mit gefüllten, zartgelben Blüten breitet sich etwas stärker aus.

Die Pflanzen benötigen sandiges, lehmhaltiges Blumensubstrat und einen sonnigen Standort. Nach der Blüte zurückschneiden. *Siehe auch Seite 133, 146, 161.*

Helianthus annuus
SONNENBLUME
WINTERHARTE EINJÄHRIGE
Obwohl die Sonnenblume als Riese unter den Gartenpflanzen bekannt ist, gibt es

Sonnenblume *(Helianthus annuus)* 'Teddy Bear'

auch einige kleinwüchsige Sorten; alle benötigen jedoch einen sonnigen Standort. Die Mischung Music Box enthält eine Palette an Blütenfarben von Hellgelb bis Rotbraun. Ihre buschigen Pflanzen werden nur 75 Zentimeter hoch und tragen etwa 13 Zentimeter große Blüten. 'Teddy Bear' (oben) ist noch kleiner (60 Zentimeter), besitzt aber gefüllte, leuchtend gelbe Blüten mit einem Durchmesser von 15 Zentimetern. Die bis zu 1,5 Meter hohe Sorte 'Valentine' hat zitronengelbe Blüten mit schwarzer Mitte.

Sonnenblumenkerne werden von Anfang bis Mitte des Frühlings einzeln in mittelgroße Kübel gesät, die mit einer dicken Schicht Drainagematerial versehen und mit lehmhaltigem Blumensubstrat oder Torfkultursubstrat gefüllt sind. Wenn man zwei Samenkörner einsetzt, wird die schwächere Pflanze entfernt, falls beide keimen. *Siehe Abbildung Seite 120.*

Hemerocallis
TAGLILIE
STAUDE · ZONE 4
Die einzelnen Blüten der Taglilie sind sehr kurzlebig. Allerdings zeichnen sich viele der sommerblühenden Hybriden durch eine lange Blütezeit aus. Die riemenförmigen Blätter bilden 45 bis 60 Zentimeter breite Büschel, die ohne Begleitpflanzen oder gruppenweise in großen Kübeln am besten zur Geltung kommen.

Die Blüten sind in einer Vielzahl von Farben erhältlich – von Gelb bis Orangerot. In der ersten Sommerhälfte bringt die Sorte 'Golden Chimes' weitverzweigte, etwa 60 Zentimeter hohe Stiele mit elegant wirkenden, trichterförmigen, gelben Blüten hervor, deren Außenseite mahagonibraun ist. Die nur 40 Zentimeter hohe 'Stella de Oro' zeichnet sich durch eine außergewöhnlich lange Blütezeit (vom Hochsommer bis zum Herbst) aus. *H. fulva* 'Kwanzo Variegata' erreicht eine Höhe von 90 Zentimetern; sie besitzt weißgefleckte, hellgrüne Blätter und vom Hoch- bis zum Spätsommer dunkelorangefarbene Blüten. Die Pflanzen im Frühling in lehmhaltiges Substrat setzen und an einen sonnigen oder halbschattigen Standort stellen. *Siehe Abbildung Seite 89.*

Lantana camara
WANDELRÖSCHEN
IMMERGRÜNER STRAUCH · ZONE 9 · GIFTIG
In tropischen und subtropischen Regionen wird die Pflanze zwar häufig als Unkraut betrachtet, aber mit ihren dichten Blütenköpfen aus kleinen röhrenförmigen Blüten stellt sie auch eine attraktive Zierpflanze dar. Da sich die vorherrschende Blütenfarbe Gelb im Laufe der Zeit zu Ziegelrot verfärbt, sind viele Blüten zweifarbig. Dagegen zeichnet sich die gefleckte Sorte 'Samantha' (unten) durch einheitlich gelbe Blüten aus. Das Wandelröschen wird 1,2 Meter hoch, 90 Zentimeter breit und läßt sich als Halbstamm ziehen.

Wandelröschen werden häufig als Topfpflanze gezogen, im Spätfrühling ins Freie gesetzt und gegen Ende des Sommers weggeworfen. Die Pflanzen einzeln in lehmhaltiges Blumensubstrat setzen.

Wandelröschen 'Samantha'

Lilie *(Lilium monadelphum)*

Lilium
LILIE
ZWIEBELPFLANZE · ZONE 3 · GIFTIG
Viele vom Früh- bis zum Hochsommer blühenden Lilien eignen sich hervorragend für Kübel und Töpfe. Die folgenden Sorten werden etwa 90 Zentimeter hoch.

Die basalwurzeltreibende Sorte 'Connecticut King' ist eine wuchsfreudige Lilie mit aufrechten Blüten, deren grüngetönte Mitte sich deutlich vom Gelb der Petalen abhebt. Eine der schönsten Lilien-Arten in vielen Farben ist die duftende, stengelwurzeltreibende *L. monadelphum* (oben). Ihre kräftigen Stengel tragen nickende, hellgelbe Blüten, deren Innenseite manchmal dunkelviolett oder rot gefleckt ist und im Grund sowie an den Spitzen der Petalen eine violette Tönung zeigt. *Siehe auch Seite 134, 147, 153, 162.*

Nicotiana 'Lime Green'
TABAK
BEDINGT WINTERHARTE EINJÄHRIGE · GIFTIG
Die Tabakpflanze erreicht eine Höhe von 75 Zentimetern und blüht vom Sommer bis zum Herbst. Die Sorte 'Lime Green' erfreut sich sowohl bei Floristen als auch bei Topfgartenbesitzern großer Beliebtheit. Ihre gelbgrüne Färbung erzeugt eine kühle, gedämpfte Wirkung, paßt aber auch zu anderen Farben. *Siehe auch Seite **135**, 163; Abbildungen Seite 21, 111.*

Nymphaea
SEEROSE
STAUDE
Es gibt verschiedene Zwerg-Seerosen, die sich hervorragend für Gefäße mit einer Wassertiefe von 30 bis 45 Zentimetern eignen. Diese Seerosen benötigen stehendes und kein fließendes Wasser und einen offenen, sonnigen Standort. Dagegen spielen die Lufttemperaturen keine so bedeutende Rolle, da sich die Pflanzenwurzeln relativ weit unterhalb der Wasseroberfläche befinden – aber natürlich darf das Wasser nicht gefrieren.

Zu den schönsten Zwergvarietäten gehört 'Aurora' mit violetten Tupfen auf olivgrünen Blättern. Die Blüten zeichnen sich durch eine außergewöhnliche Farbabfolge aus, wobei jede Farbe nur einen Tag andauert: Die cremefarbenen Knospen öffnen sich zu gelben Blüten, die sich erst orange und dann rot färben. Die winzige *N.* x *helvola* gedeiht sogar in einer Wassertiefe von nur 30 Zentimetern.

Die Frühlingsmitte eignet sich am besten zum Pflanzen von Seerosen, die in offene Körbe beziehungsweise bei sehr kleinen Teichen direkt in den Boden auf den Grund des Teiches gesetzt werden. Seerosen erreichen im allgemeinen einen Durchmesser, der etwas größer ist als ihre Wuchshöhe. Die Pflanzen zwischen Frühlingsmitte und Spätfrühling teilen. *Siehe auch Seite 153; Abbildung Seite 63.*

Oncosiphon grandiflorum
ONCOSIPHON GRANDIFLORUM
EINJÄHRIGE
Die sonnenliebende Pflanze (syn. *Matricaria grandiflorum*) wird 45 Zentimeter hoch und bringt im Sommer knopfförmige, leuchtend gelbe Blüten hervor.

Die Pflanzen von Frühling bis Spätfrühling im Freien aussäen oder bereits vorher unter Glas vorziehen und dann in sandiges, lehmhaltiges Blumensubstrat setzen. *Siehe Abbildung Seite 120.*

Petunia
PETUNIE
BEDINGT WINTERHARTE EINJÄHRIGE
Die wenigen vollständig gelbblühenden Petunien sind bei der Gestaltung sonnigheiterer Pflanzthemen von besonderer Bedeutung. Die folgenden Sorten erreichen eine Höhe von maximal 30 Zentimetern: 'Brass Band' gehört zur Multiflora-Gruppe und bringt zahlreiche kleine, ungefüllte Blüten hervor; 'Californian Girl', eine Grandiflora mit großen Blüten, besitzt dunkelgelbe, gewellte Petalen; 'Summer Sun' zeichnet sich durch große, kräftig gelbe Blüten aus. *Siehe auch Seite 136, 154, 163, 170, **176**; Abbildung Seite 113.*

Phlomis chrysophylla
STRAUCHIGES BRANDKRAUT
IMMERGRÜNER STRAUCH · ZONE 9
Dieser Strauch mit seinen starren Zweigen wird etwa 90 Zentimeter hoch und breit und besitzt ovale Blätter, die sich im Sommer, wenn die goldgelben Blüten erscheinen, von Graugrün zu Gelbgrün verfärben. Die Pflanzen im Frühling in lehmhaltiges Blumensubstrat setzen.

Rhododendron 'Summer Fragrance'
ALPENROSE, AZALEE
STRAUCH · ZONE 5
Die laubabwerfende Azaleen-Sorte 'Summer Fragrance' kommt im Spätfrühling oder Frühsommer besonders gut zur Geltung. Der in Kübeln kaum 1,8 Meter hohe, wundervoll duftende Strauch trägt weiße Blütenbüschel, die aufgrund ihrer Tupfen und Flecken jedoch gelb erscheinen. *Siehe auch Seite 129, 139, 145, 148, 150, **156 f.**, 167, 173.*

Rosa
ROSE
STRAUCH · ZONE 4
Gelbe Rosen runden jeden Topfgarten harmonisch ab. Die folgenden drei Rosen haben eine lange Blütezeit.

Für Blumenkästen und ähnliche Gefäße eignen sich am besten Miniaturrosen wie die ungewöhnliche Sorte 'Baby Masquerade' mit zahlreichen Büscheln kleiner Blüten in changierenden Gelb-, Rosa- und Rottönen. Sie wird 38 Zentimeter hoch, kann aber auch als Halbstamm gezogen werden und dann etwa 75 Zentimeter Höhe aufweisen. Etwas größer ist 'Perestroika', eine Zwergbuschrose (Patio-Rose) von 45 Zentimeter Höhe und Durchmesser, deren kleine gefüllte, gelbe Blüten sich über dunklem Laub erheben.

Wesentlich kräftiger ist die Strauchrose 'Graham Thomas' aus der Gruppe der Englischen Rosen, die sehr widerstandsfähig gegen Krankheiten sind und vom Sommer bis zum Herbst zahlreiche Blüten im Stil alter Rosen hervorbringen. 'Graham Thomas' wird in Kübeln nicht ganz 2,5 Meter hoch und besitzt gefüllte, leuchtend gelbe und wunderbar duftende Blüten. Sie benötigt einen großen Kübel von mindestens 40 Zentimeter Höhe. *Siehe auch Seite 136, **154**, 164, 170, 203.*

Tagetes
STUDENTENBLUME
BEDINGT WINTERHARTE EINJÄHRIGE
Die unermüdlich blühende Studentenblume (nächste Seite, oben links) bietet mit ihrer Farbpalette von Rostrot über Mahagonibraun bis zu Orangebraun mehrere Monate einen wunderschönen Anblick. Sorten mit gelben Blüten sind sowohl einzeln als auch in Mischungen erhältlich. Zu den beliebtesten Sorten gehört die kompakte, bis zu 38 Zentimeter hohe 'First Lady' mit gefüllten, strahlend gelben Blüten, die einen Durchmesser von 8 Zentimetern erreichen.

Studentenblume *(Tagetes-Hybride)*

Große Kapuzinerkresse *(Tropaeolum majus)* 'Whirlybird Gold'

Die dichten Farbtupfer dieser und anderer großblütiger Studentenblumen eignen sich besonders für Bepflanzungen in leuchtenden Farben. Etwas gedämpfter wirken die kleinen, ungefüllten Blüten der Sorte 'Lemon Gem', einer Züchtung der *T. tenuifolia* var. *pumila (T. signata* var. *pumila)*, die einen 23 Zentimeter hohen Hügel bildet, der von den sternförmigen, zitronengelben Blüten fast vollständig bedeckt wird. 'Naughty Marietta' bringt an 30 Zentimeter hohen Büscheln eine Fülle kleiner, dunkelgelber Blüten mit kastanienbraunen Flecken hervor. *Siehe auch Seite **148**; Abbildung Seite 33.*

Thymophylla tenuiloba
THYMOPHYLLA TENUILOBA
EINJÄHRIGE/ZWEIJÄHRIGE

Diese intensiv duftende, lange blühende Pflanze mit kleinen, orangegelben Blüten stammt aus Texas und Mexiko und ist in frostfreien Klimazonen ausdauernd, wird aber meistens als Ein- oder Zweijährige behandelt. In sandigem, lehmhaltigem Blumensubstrat erreicht sie an einem sonnigen Standort bis zu 50 Zentimeter Höhe. Den Samen im Frühling direkt in Kübel säen. *Siehe Abbildung Seite 113.*

Tropaeolum majus
GROSSE KAPUZINERKRESSE
BEDINGT WINTERHARTE EINJÄHRIGE

Die Große Kapuzinerkresse gehört zu den unkompliziertesten und schönsten sommerblühenden Einjährigen. Alle Mischungen mit kompakten und kletternden Sorten enthalten auch gelbblühende Formen: Die halbgefüllte Whirlybird-Mischung umfaßt zum Beispiel 'Whirlybird Gold' (oben). Aber auch die halbgefüllte 'Peaches and Cream' ist fast überall als Saat erhältlich; diese buschige Zwergsorte bringt zahlreiche hellgelbe Blüten mit scharlachroten Flecken hervor und gedeiht am besten in humusarmer Erde an einem sonnigen Standort. *Siehe auch Seite **149**, 155; Abbildung Seite 97.*

Tropaeolum peregrinum
KANARIENKRESSE
BEDINGT WINTERHARTE KLETTERPFLANZE

Diese kurzlebige Staude stammt ursprünglich aus Peru und wird häufig als Einjährige behandelt. Sie ist ausgesprochen wuchsfreudig, während sie ihre Blattstiele um Kletterhilfen windet und so bis zu 3,7 Meter pro Wachstumszeit erzielt. Die Pflanze besitzt gelappte, blaugrüne Blätter sowie gelbe Blüten mit flügelartigen, gekräuselten Petalen.

Diese Kresse wird im Frühjahr unter Glas oder zwischen Frühlingsmitte und Frühlingsende im Freien ausgesät. Wenn man jeweils zwei Samenkörner einsetzt, kann die schwächere Pflanze später entfernt werden, falls beide keimen. Da die Kanarienkresse sich von Natur aus sehr schön verzweigt, muß sie nicht zurückgeschnitten werden.

Viola
VEILCHEN, STIEFMÜTTERCHEN
EINJÄHRIGE/ZWEIJÄHRIGE/STAUDE · ZONE 5

Die sommerblühenden Stiefmütterchen und Veilchen zählen zu den anmutigsten unter den niedrigen Kübelpflanzen. Sie sind sehr genügsam und bringen während ihrer langen Blütezeit eine erstaunliche Fülle von Blüten hervor. Das klassische Stiefmütterchen besitzt große runde Blüten in einer Vielzahl von samtigen Farben und prächtigen Schattierungen mit teilweise auffälliger Blütenmitte. Bei der 20 Zentimeter hohen und breiten Clear-Crystal-Serie handelt es sich um eine Züchtung mit vielen klaren Farben, die häufig als Mischung, aber auch einzeln angeboten werden. Darunter befindet sich eine schöne leuchtend gelbe Sorte mit einer zarten, strahlenförmigen dunklen Zeichnung auf der Blütenmitte.

Die Veilchen zeichnen sich durch kleinere, weniger abgerundete Blüten aus, die denen der ursprünglichen Arten stärker ähneln. Sie erreichen selten eine Höhe von über 15 Zentimetern, dafür aber einen Durchmesser von 20 Zentimetern. Sie eignen sich gut für Blumenkästen und als Unterpflanzung für Sträucher. 'Johnny Jump Up' ist ein hübsches, kleinblütiges, zweifarbiges Veilchen, das zahlreiche gelbviolette Blüten hervorbringt.

Diese Veilchen und Stiefmütterchen lassen sich gut aus Samen ziehen, während andere mit Hilfe von Stecklingen vermehrt werden müssen, da die Samen keine reinen Formen ergeben – wie etwa die ungewöhnlich getönte, 13 Zentimeter hohe 'Irish Molly', deren bronzegelbe Blüten grün überhaucht sind. Bei der ebenfalls 13 Zentimeter hohen, zweifarbigen 'Jackanapes' (unten) sind die unteren Petalen gelb und die oberen rostrot.

Stiefmütterchen *(Viola)* 'Jackanapes'

Veilchen und Stiefmütterchen sind kurzlebige Stauden. Die aus Samen gezogenen Formen werden häufig als Zweijährige behandelt und im Sommer im Freien ausgesät, damit sie im nächsten Jahr blühen. Sie können aber auch zwischen den letzten Winter- und den ersten Frühlingswochen unter Glas als Einjährige vorgezogen und nach dem Abhärten im Spätfrühling/Frühsommer ins Freie gepflanzt werden. Sorten, deren Samen keine reinen Formen ergeben, vermehrt man im Hochsommer mit Hilfe von Basalstecklingen. Die Pflanzen in lehmhaltiges Blumensubstrat oder Torfkultursubstrat setzen und an einen sonnigen oder halbschattigen Standort stellen. *Siehe auch Seite 136, 149, 155, 167, 171, 177; Abbildungen Seite 90, 91, 92, 96.*

Zinnia 'Envy'
ZINNIE
BEDINGT WINTERHARTE EINJÄHRIGE
Zinnien gehören zu den farbenprächtigsten sommerblühenden Einjährigen. Sie werden als Mischungen angeboten; allerdings erfreut sich die Sorte 'Envy' solch großer Beliebtheit, daß sie auch als Samen erhältlich ist. Die kräftige, bis zu 60 Zentimeter hohe Pflanze gehört zu den gefüllten Zinnien mit mehrstufigen Blüten. *Siehe auch Seite* ***155****; Abbildung Seite 33.*

HERBST UND WINTER

Crocus
KROKUS
ZWIEBELKNOLLENPFLANZE · ZONE 5
Wie alle kleinen Krokusse des Spätwinters gedeihen auch die gelbblühenden am besten in flachen Gefäßen; man kann sie auch als Unterpflanzung von laubabwerfenden Sträuchern oder in Kombination mit Steingartenpflanzen verwenden.

C. chrysanthus 'Gipsy Girl' besitzt kleine goldgelbe Blüten mit bronzefarbener Zeichnung auf der Außenseite. 'E. P. Bowles' hat größere gelbe Blüten mit bronzefarbener Zeichnung, während die Sorte 'Zwanenburg Bronze' (rechts) über eine besonders prächtige Tönung verfügt: seidige, violettbraune äußere Petalen umschließen einen orangegelben Kelch. Die Blüten der aufgeführten Sorten erreichen eine Höhe von 8 bis 10 Zentimetern. *Siehe auch Seite 128, 137,* ***138****, 149, 166, 171, 177; Abbildung Seite 125.*

Iris danfordiae
ZWIEBELIRIS
ZWIEBELPFLANZE · ZONE 5
Diese kaum 10 Zentimeter hohe Zwiebelpflanze bringt eine der leuchtendsten Blüten des Winters hervor. Ihre Blätter entwickeln sich erst nach der Blütezeit, und die kräftigen, zitronengelben Blüten (oben) haben orangefarbene und grünliche Tupfen. Diese Iris-Art eignet sich hervorragend als Unterpflanzung für laubabwerfende Sträucher oder als Erstbepflanzung eines Kübels mit Frühlingsblumen. Aber am schönsten kommt sie in einem nur mit Zwiebeliris bepflanzten schlichten Kübel zur Geltung.

Die Zwiebeln im Herbst in etwa 5 bis 8 Zentimeter Pflanztiefe in sandiges, lehmhaltiges Blumensubstrat setzen. Wenn man sie besonders tief setzt, läßt sich manchmal verhindern, daß sich die Zwiebeln nach der Blüte in kleinere Brutzwiebeln teilen. Diese Brutzwiebeln müssen mehrere Jahre wachsen, bevor sie blühen. *Siehe auch Seite 171, 177; Abbildung Seite 124.*

Zwiebeliris *(Iris danfordiae)*

Reifrocknarzisse *(Narcissus bulbocodium)*

Crocus chrysanthus 'Zwanenburg Bronze'

Narcissus
OSTERGLOCKE, NARZISSE
ZWIEBELPFLANZE · ZONE 4
Einige bereits in den letzten Winterwochen blühende Zwergnarzissen-Arten lassen sich wunderbar mit Steingartenpflanzen kombinieren oder ohne Begleitpflanzen in dicht bepflanzten flachen Schalen heranziehen.

Zwei Narzissen-Arten zeichnen sich durch eine außergewöhnliche Blütenform aus: Die anmutige, 8 bis 15 Zentimeter hohe *N. bulbocodium* (Zone 6) besitzt reifrockartige Nebenkronen sowie weniger auffallende Petalen (oben) und leuchtet in verschiedenen Gelbtönen.

Ein bis zwei Wochen vorher blüht *N. cyclamineus* (Zone 6), die Mutterpflanze vieler kleinwüchsiger Hybriden. Sie erreicht 10 bis 20 Zentimeter Höhe und hat prächtig goldgelbe Blüten. Die Nebenkrone besitzt einen ungleichmäßig ausgestellten Rand, und ihre Petalen sind stark zurückgebogen.

Zu den frühblühenden Trompetennarzissen gehört die 25 Zentimeter hohe, gelbe 'Rijnveld's Early Sensation'.

Die Zwiebeln der aufgeführten Narzissen im Herbst in etwa 2,5 bis 5 Zentimeter Tiefe dicht nebeneinander in sandiges, lehmhaltiges Blumensubstrat setzen (sie dürfen einander nicht berühren) und während der Wachstumszeit relativ feucht halten. *Siehe auch Seite 129,* ***138 f.****, 145.*

APRICOT- UND ORANGEFARBENE BLÜTEN

Die ausgeprägte Schönheit und Wärme orangefarbener Blüten stellt besonders in Kombination mit grünen oder graugrünen Blättern eine Bereicherung für jeden Topfgarten dar. Bei den gedämpfteren, aber ebenso warmen Nuancen von Apricot handelt es sich um sanfte, zartrosa überhauchte Schattierungen von Orange.

FRÜHLING

Erysimum
SCHÖTERICH
ZWEIJÄHRIGE · ZONE 7
Der manchmal auch unter dem Namen *Cheiranthus* geführte Schöterich blüht zwischen Mitte und Ende des Frühjahrs und wird meist als Zweijährige kultiviert. Die warmen Farbtöne und der köstliche Duft seiner samtigen Blüten kündigen den Sommer an. Sowohl die bis zu 50 Zentimeter hohen Sorten als auch die Zwergformen von bis zu 30 Zentimeter Höhe werden meist als Samenmischung angeboten, die Schattierungen von Apricot und Orangebraun enthalten; es ist auch eine begrenzte Anzahl einzelner Blütenfarben erhältlich. Die hohe 'Fire King Improved' trägt leuchtend orangerote Blüten, während die wuchsfreudige *E.* x *allionii* 'Orange Bedder' 30 Zentimeter hohe, kompakte Pflanzen bildet. *Siehe auch Seite **138**, 150.*

Narcissus
NARZISSE, OSTERGLOCKE, JONQUILLE
ZWIEBELPFLANZE · ZONE 5
Die zwischen Frühlingsanfang und -mitte blühende 'Jetfire' zählt zu den farbenprächtigsten Zwergsorten des *N. cyclamineus.* Ihre zurückgebogenen Petalen zeigen ein tiefes Gelb, die am Rand gekräuselte Nebenkrone leuchtet orangefarben. Mit kaum 30 Zentimetern eignet sie sich gut für Blumenkästen. Bei der bis zu 38 Zentimeter hohen Sorte 'Suzy' (Zone 4) handelt es sich um eine gegen Mitte des Frühjahrs orangefarbenblühende Jonquille mit drei bis fünf großen, süßduftenden, kelchförmigen Blüten pro Stiel. Die für ihren Duft berühmten Tazetten bringen zwischen Mitte und Ende des Frühjahrs ebenfalls mehrere Blüten pro Stiel hervor: 'Geranium' und 'Cragford' verfügen über rötlichorangefarbene Blütenkelche mit einem Kranz weißer Petalen und werden 40 bis 45 Zentimeter hoch. Die zartere 'Soleil d'Or' mit gelben Petalen wird für die Treibhauskultur verwendet. *Siehe auch Seite 129, **138**, 144; Abbildung Seite 48.*

Rhododendron
ALPENROSE, AZALEE
STRAUCH · ZONE 5
Die Knap-Hill-Hybriden erreichen in Kübeln eine Höhe von 1,5 bis 2,2 Metern und bringen trompetenförmige Blüten in vielen Farben hervor, zu denen auch kräftige Orangetöne zählen. Ein schönes Beispiel für diese im Spätfrühling blühende Gruppe ist 'Gibraltar'. Die dunkelroten Knospen öffnen sich zu gekräuselten Petalen in leuchtendem Orange mit gelber Zeichnung; das Laub färbt sich im Herbst hübsch. Dagegen präsentieren sich die Blüten von 'Ginger' in strahlendem Orange und kräftigem Gelb.

Die Sorten der *Azalea-mollis*-Gruppe werden 1,5 Meter hoch und bringen zwischen Mitte und Ende des Frühjahrs duftlose Blüten von meist intensiver Tönung hervor. Die dunkelorangefarbenen Knospen von 'Spek's Orange' öffnen sich zu etwas blasseren Blüten mit grüner Zeichnung. 'Koningen Emma' zeigt ein sehr tiefes Orange, das durch einen Hauch Rosa aufgehellt wird. Ihre großen Blüten weisen an den oberen Petalen einen kräftigeren Farbton auf als bei den restlichen. *Siehe auch Seite 129, 139, 142, 148, 150, **156 f.**, 167, 173.*

Tulipa
TULPE
ZWIEBELPFLANZE · ZONE 5
Wildtulpen haben zu den warmen, manchmal geradezu feurigen Farbtönen beigetragen, die in Frühjahrsbepflanzungen einen attraktiven Anblick bieten – wobei Zuchtbemühungen feine Farbabstufungen hervorbrachten.

Die Batalinii-Gruppe der zwergwüchsigen *T. linifolia* zählt zu den frühblühenden Tulpen und wird nur 15 Zentimeter hoch. Die Sorte 'Bright Gem' könnte als reingelb gelten, wenn nicht die Unterseite der Petalen orangefarben überhaucht wäre. Bei 'Apricot Jewel' ist die Außenseite der Petalen dagegen apricot bis orangerot schattiert.

Die 35 Zentimeter hohe, außergewöhnliche 'Prinses Irene' ('Princess Irene', rechts) bringt zwischen Frühlingsanfang und -mitte orangefarbene Blüten mit einer flammenförmigen violetten Zeichnung vom Ansatz zur Spitze hervor.

Zu den gegen Frühlingsmitte blühenden Tulpen gehört 'Apricot Beauty', eine der schönsten Sorten dieser Gruppe. Sie erreicht eine Höhe von bis zu 40 Zentimetern und verfügt über eine pfirsichrosa- bis cremefarbene Schattierung. Die 35 Zentimeter hohe 'Generaal de Wet' zeichnet sich durch den starken Duft ihrer kelchförmigen, goldorangefarbenen Blüten aus.

Die spätblühende 'Temple of Beauty' zählt mit 65 Zentimetern zu den höchsten Tulpen und eignet sich daher nicht für einen ungeschützten Standort. Sie trägt apricotorangefarbene Blüten über leicht gesprenkelten Blättern. *Siehe auch Seite 129 f., 140, **150 f.**, 157, 167; Abbildung Seite 23.*

SOMMER

Arctotis
BÄRENOHR
BEDINGT WINTERHARTE EINJÄHRIGE
Die als Samenmischung erhältlichen *Arctotis*-Hybriden bieten eine bunte Vielfalt an Blütenfarben, die von Violett und Karmesinrot bis zu zahlreichen Schattierungen von Creme bis Orange reicht. Darüber hinaus werden mehrere, nach ihrer Farbe benannte Hybriden (Zone 10) angeboten, wie etwa 'Apricot' und die leuchtende 'Flame'. Solange verwelkte Blüten regelmäßig entfernt werden, bringen sie über einen langen Zeitraum eine Fülle von Korbblüten an 40 Zentimeter hohen Stielen über fiederschnittigen, grauen Blättern hervor.

Diese benannten Hybriden müssen mit Hilfe von Stecklingen vermehrt werden, die unter Glas überwintern können. Alle Bärenohr-Sorten benötigen einen sonnigen Standort. *Siehe auch Seite 130; Abbildungen Seite 9, 119.*

Tulpe *(Tulipa)* 'Prinses Irene'

Engelstrompete *(Brugmansia* x *candida)* 'Grand Marnier'

Brugmansia x *candida* 'Grand Marnier'
ENGELSTROMPETE
IMMERGRÜNER STRAUCH · ZONE 9 · GIFTIG
Engelstrompeten (auch als *Datura* geführt) verleihen kleinen Gärten oder Terrassen eine exotische Note, aber sie erfordern aufgrund ihrer Größe von 2,5 Metern ein relativ geräumiges Winterquartier. Die Pflanze zeichnet sich durch wundervoll duftende, ausgestellte Trompetenblüten aus, die im Sommer zwischen den großen Blättern hängen. Die Blüten der Sorte 'Grand Marnier' (oben) mit ihren graziös ausgestellten Blütenblattspitzen schimmern in einem pfirsichrosa überhauchten Hellgrün.

Die Pflanzen einzeln als Busch oder Halbstamm von etwa 1,2 Meter Höhe in lehmhaltiges Blumensubstrat setzen. Während des Sommers großzügig, in der übrigen Zeit eher sparsam wässern. In frostgefährdeten Regionen vom Herbst bis zum Spätfrühling in einem Wintergarten überwintern. Die Pflanzen können im Frühjahr kräftig zurückgeschnitten werden. *Siehe Abbildung Seite 7.*

Calendula officinalis
GARTENRINGELBLUME
WINTERHARTE EINJÄHRIGE
Die aromatische Gartenringelblume (rechts) ist in zahlreichen Mischungen sowie in geringerem Umfang auch in Einzelfarben erhältlich. Die Fiesta-Gitana-Mischung bringt buschige, zwergwüchsige Pflanzen mit einer Höhe und Breite von 30 Zentimetern hervor, die über einen langen Zeitraum gefüllte Blüten des gesamten Farbspektrums von Cremegelb bis Leuchtendorange präsentieren. Eine etwas subtilere Farbabstufung, einschließlich Creme und Apricot, findet sich bei der höheren Art-Shades-Mischung: Die gefüllten Blüten von 'Apricot Bon Bon' beispielsweise zeigen einen sanften, warmen Farbton.

Die Samen in einen Kübel mit sandigem, lehmhaltigem Blumensubstrat säen, in dem die Ringelblumen später stehen sollen; die Jungpflanzen nach dem Keimen pikieren. Die Triebspitzen ausknipsen, um einen buschigen Wuchs zu fördern, und verwelkte Blüten regelmäßig entfernen, um die Blütezeit zu verlängern. *Siehe auch Seite 141.*

Cuphea ignea
ZIGARETTENBLÜMCHEN
IMMERGRÜNER HALBSTRAUCH · ZONE 9
Das aus Mexiko stammende Zigarettenblümchen eignet sich hervorragend für gemischte Bepflanzungen mit warmen bis feurigen Blütenfarben. Seine schmalen, 2,5 Zentimeter langen, orangeroten Blütenröhren, deren Öffnung violettschwarz und weiß geringelt ist, erscheinen zwischen den mittelgrünen Blättern des etwa 30 Zentimeter hohen und breiten Busches. Die Pflanze blüht vom Frühjahr bis zum Herbst – unter idealen Bedingungen sogar das ganze Jahr.

In frostgefährdeten Regionen wird das Zigarettenblümchen meist als Einjährige kultiviert und gegen Ende des Frühjahrs in lehmhaltiges Blumensubstrat oder Torfkultursubstrat gesetzt. Während der Wachstumszeit genommene Stecklinge können unter Glas überwintern. *Siehe auch Seite 168; Abbildungen Seite 25, 119.*

Gartenringelblume *(Calendula officinalis)* 'Orange Gitana'

Gaillardia
KOKARDENBLUME
EINJÄHRIGE/STAUDE · ZONE 3
Kokardenblumen werden meist als Einjährige für die Sommerblüte kultiviert. Ihre Korbblüten zeigen hinreißende Farbkombinationen wie Orange und Feuerrot oder Gelb und Kastanienbraun. Die niedrige, bis zu 30 Zentimeter hohe 'Kobold' ('Goblin') mit ihrer Farbkombination von Gelb und Rostorange eignet sich gut als Kübelpflanze.

Im Gartencenter gekaufte Pflanzen im Frühjahr in lehmhaltiges Blumensubstrat oder Torfkultursubstrat setzen und ab der dritten bis vierten Woche nach dem Pflanzen alle zwei Wochen mit Flüssigdünger düngen. *Siehe Abbildung Seite 121.*

Helianthemum
SONNENRÖSCHEN
IMMERGRÜNER STRAUCH · ZONE 6
Einige Sorten des Sonnenröschens zeigen ausgesprochen lebhafte Schattierungen von Orange. Das strahlende Scharlachrot-Orange von 'Fire Dragon' erregt Aufmerksamkeit, auch wenn die Pflanze mit ihren graugrünen Blättern eine Höhe und einen Durchmesser von 30 beziehungsweise 45 Zentimetern selten übersteigt. *Siehe auch Seite 133,* ***141****, 161.*

Helichrysum bracteatum
GARTENSTROHBLUME
EINJÄHRIGE
Die meist für die Verwendung als Trockenblumen gepflanzte *H. bracteatum* (syn. *Bracteantha bracteata)* erreicht eine Höhe und Breite von 30 Zentimetern und benötigt einen gut durchlässigen Boden sowie einen sonnigen Standort. Die Sorte 'Hot Bikini' bringt Blüten in Schattierungen von Orange, Rot, Gelb und Rosa hervor. *Siehe Abbildung Seite 120.*

Impatiens
SPRINGKRAUT (FLEISSIGES LIESCHEN)
BEDINGT WINTERHARTE EINJÄHRIGE
Diese meist als Einjährige kultivierten, frostempfindlichen Stauden zählen zu den farbenprächtigsten Kübelpflanzen, wobei 'Mega Orange Star' besonders hinreißend ist. Obwohl sie nur eine Höhe und Breite von 25 Zentimetern erreicht, bietet sie mit ihren orangefarbenen, von einem weißen Stern überhauchten Blüten den gesamten Sommer einen Blickfang.

Die Neu-Guinea-Hybriden tragen große, leuchtende Blüten über attraktivem und manchmal panaschiertem Laub. Bei der 60 Zentimeter hohen und breiten 'Tango' hebt sich das Orange der Blüten sehr schön von den dunkelgrünen Blättern ab. *Siehe auch Seite* ***161 f.***

Lilie *(Lilium)* 'Enchantment'

Lilium
LILIE
ZWIEBELPFLANZE · ZONE 5 · GIFTIG
Unter den herrlichen Lilien-Arten und -Hybriden finden sich auch einige mit orangefarbener Tönung, während sanftere Schattierungen eher selten sind.

Eine der farbenprächtigsten Sorten ist die stengelwurzeltreibende Hybride 'Enchantment' (oben), deren zurückgebogene, feurig orangerote, kelchförmige Blüten im Frühsommer in dichten Büscheln an den Enden der 90 Zentimeter hohen Stengeln stehen.

Die ebenfalls stengelwurzeltreibende 'African Queen' bildet vom Hoch- bis zum Spätsommer einen wundervollen Blickfang. Ihre manchmal über 1,5 Meter hohen Stengel tragen große, duftende, trompetenförmige Blüten, die sich weit öffnen, um ihr orangefarbenes Inneres zu präsentieren; die Außenseiten der Petalen sind mahagonibraun und gelb.

Wesentlich gedämpfter in ihren Farben ist die im Hochsommer blühende Nankinglilie *(L.* x *testaceum)*, eine alte, basalwurzeltreibende Hybride mit 1,2 bis 1,8 Meter hohen Stengeln, an denen hängende Blüten von ungewöhnlicher, zart apricotfarbener Schattierung gedeihen. Diese duftenden Blüten tragen einige rötliche Flecken und verfügen über auffallend leuchtend rote Pollensäcke. Die stengelwurzeltreibende *L. henryi* öffnet ihre zart apricotfarbenen und rotgefleckten Blüten später. Sie erreicht eine Höhe von bis zu 2,5 Metern, verfügt über lanzettliche Blätter und trägt zahlreiche abwärts hängende Blüten mit zurückgebogenen Petalen. *Siehe auch Seite* ***134****, 142, 153, 162.*

Bleichschnäbeliger Hornklee *(Lotus berthelotii* x *maculatus)*

Lotus berthelotii
BLEICHSCHNÄBELIGER HORNKLEE
HALBIMMERGRÜNE STAUDE · ZONE 9
Da diese rankende Staude über schönes Laub und ungewöhnliche Blüten verfügt, bietet sie sich als hervorragende Ergänzung für Ampeln mit sonnenliebenden Pflanzen an. Aber auch in einem großen Kübel kommt sie gut zur Geltung. Die rankenden, 60 bis 90 Zentimeter langen Stiele sind mit nadelförmigen, aber weichen, graugrünen Blättern besetzt und tragen im Sommer dichte Büschel dunkelorangefarbener, klauenförmiger Blüten. Die ihr ähnliche Hybride *L. berthelotii* x *maculatus* (oben) besitzt gelbe Blüten mit orangebrauner Schattierung.

Die Pflanzen zwischen Mitte und Ende des Frühjahrs in sandiges, lehmhaltiges Blumensubstrat setzen. Obwohl diese Gewächse meist als Einjährige kultiviert und im Herbst entfernt werden, lassen sich bewurzelte Stecklinge unter Glas problemlos überwintern. *Siehe Abbildung Seite 97.*

Mimulus
GAUKLERBLUME
BEDINGT WINTERHARTE EINJÄHRIGE
Bei den modernen *Mimulus*-Hybriden handelt es sich um meist als Einjährige kultivierte Stauden, die schnell blühen, wenn man sie aus Samen zieht. Bei einer ausreichenden Wasserversorgung gedeihen diese feuchtigkeitsliebenden, hervorragend für Ampeln und Balkonkästen geeigneten Pflanzen sowohl an sonnigen als auch an halbschattigen Standorten, wo sie den gesamten Sommer hindurch Blüten tragen. Die Form der Blüten ähnelt der von Löwenmäulchen, wobei jede ausgestellte Trompete über zwei obere und drei untere Lappen verfügt. Die Gauklerblume ist nicht nur in einer Vielzahl leuchtender Blütenfarben wie Orange, Rot und Gelb sowie in Pastellschattierungen wie Apricot, Lachs und Creme erhältlich, sondern auch in zweifarbigen Tönungen. Viele Blüten zeigen faszinierende rostfarbene Flecken und Tupfen. Die Jungpflanzen kann man nach ihrer Farbe aussuchen; Samenpackungen enthalten meist Mischungen. Die 15 Zentimeter hohe und 30 Zentimeter breite Malibu-Mischung enthält Pflanzen mit hauptsächlich einfarbigen Blüten in Orange, Rot und Gelb, während die 23 Zentimeter hohe Calypso-Mischung (unten) über eine größere Farbenvielfalt verfügt.

Die Samen in frostgefährdeten Regionen im Spätwinter oder zu Beginn des Frühjahrs unter Glas säen. Jungpflanzen im Spätfrühling oder Frühsommer kaufen und erst dann in lehmhaltiges Blumensubstrat oder Torfkultursubstrat setzen, wenn keine Frostgefahr mehr besteht. *Siehe Abbildung Seite 96.*

Pelargonium
PELARGONIE
IMMERGRÜNE STAUDE · ZONE 9
Unter den vielen Hybriden, insbesondere den Zonal- und Edelpelargonien, finden sich mehrere mit apricot- oder orangefarbenen Blüten. 'Springtime' ('Springtime Irene') bildet eine 45 Zentimeter hohe, buschige Pflanze mit lachsrosafarbenen Blüten, die wie bei allen Zonalpelargonien der Irene-Gruppe halbgefüllt sind. Weniger konventionell ist *P. frutetorum*

Gauklerblume Calypso-Mischung

'The Boar'. Diese rankende Sorte eignet sich mit einer Höhe und Breite von 60 Zentimetern hervorragend für Ampeln; ihre zart lachsorangefarbenen Blütendolden gedeihen an langen Stielen über dunkelgrünen Blättern mit einem braunen Fleck in der Mitte.

Auch unter den aus Samen gezogenen Pelargonien-Hybriden finden sich einige Schattierungen von Lachs und Orange; Mischungen wie die der Orbit-Serie beinhalten ebenfalls orangefarbene Blüten.

Darüber hinaus bieten sich auch Edelpelargonien als attraktive Kübelpflanzen an, solange sie vor rauhem Wetter und Regen geschützt werden. 'Sunrise' trägt lachsorangefarbene Blüten mit rotbrauner Zeichnung und weißem Schlund, während sich die Blüten von 'Valenciana' in einem tiefen Apricot präsentieren. Beide Sorten erreichen eine Höhe von 60 bis 90 Zentimetern. *Siehe auch Seite 135, **153 f.**, 163, 170, 181 f., 187, 190, 194.*

Rhododendron
ALPENROSE, AZALEE
STRAUCH · ZONE 5

Die spätblühenden Alpenrosen und Azaleen eignen sich gut zur Überbrückung der Lücke zwischen dem Frühjahr und dem Sommer. Mehrere Hybriden besitzen Blüten in Schattierungen von Scharlachrot bis Orange. Die zweigreiche, laubabwerfende Azalee 'Gloria Mundi' (Zone 3) ist eine typische Ghent-Hybride mit duftenden, geißblattartigen, gekräuselten Blüten von intensivem Orange mit gelber Zeichnung, die sich im Frühsommer öffnen. *Siehe auch Seite 129, 139, 142, 145, 150, **156 f.**, 167, 173.*

Rudbeckia hirta
RUDBECKIE
EINJÄHRIGE

Rudbeckien sind in der zweiten Sommerhälfte und im Frühherbst ein vertrauter Bestandteil sonniger Rabatten. Die violettbraunen, herausragenden Blütenmitten bilden das dunkle Zentrum strahlenförmig angeordneter Blütenblätter in einer Vielzahl leuchtender Schattierungen von Gelb, Orange und Rostrot. Die kompakten Sorten der meist als Einjährige kultivierten Staude *R. hirta* stellen eine strahlende Ergänzung zu warmen Farbkombinationen dar – die nur 60 Zentimeter hohen Rustic Dwarfs eignen sich hierfür besonders. Ihre herausragenden, fast schwarzen Blütenmitten bilden einen interessanten Kontrast zu den bronzefarbenen, mahagonibraunen, gelben und goldenen Farbschattierungen der Petalen.

Die Pflanzen im Frühjahr in lehmhaltiges Blumensubstrat oder Torfkultursubstrat setzen, nach der ersten Blüte zurückschneiden und mit Flüssigdünger düngen, um eine weitere Blüte zu fördern. *Siehe Abbildungen Seite 55, 120.*

Sphaeralcea ambigua
KUGELMALVE
IMMERGRÜNER HALBSTRAUCH · ZONE 7

Die Familie der Malven umfaßt eine Reihe langblühender, häufig kurzlebiger und struppiger Zierpflanzen. Bei der Kugelmalve handelt es sich um eine weich behaarte, buschige Staude, die sich von Sommer bis Herbst durch den warmen korallenroten Ton ihrer seidigen, trichterförmigen Blüten auszeichnet. Ein Rückschnitt der Triebspitzen fördert einen buschigen Wuchs, der im Kübel selten 90 Zentimeter Höhe überschreitet.

Malvastrum lateritium ist eine weitere halbstrauchige Art der Malvengewächse mit wunderschön geformten Blüten in einer seltenen apricotfarbenen Schattierung. Sie wird bis zu 45 Zentimetern hoch und mehr als 1,2 Meter breit.

Die Pflanzen werden im Frühjahr in sandiges, lehmhaltiges durchlässiges Blumensubstrat gesetzt und an einen sonnigen Standort gestellt. Sie dulden zwar niedrige Temperaturen, vertragen aber keine kühlen und feuchten Bedingungen und sollten (eventuell mit Hilfe von bewurzelten Stecklingen) in einem hellen, gut belüfteten Raum überwintert werden. *Siehe Abbildung Seite 118.*

Tagetes
STUDENTENBLUME
BEDINGT WINTERHARTE EINJÄHRIGE

Aufgrund ihrer leuchtenden Blütenfarben und der langen Blütezeit im Sommer zählt die Studentenblume zu den beliebtesten Einjährigen für Beete und Kübel an sonnigen Plätzen. Man unterscheidet drei Haupttypen: Bei den Erecta-Hybriden handelt es sich um aufrecht wachsende Pflanzen mit fiederschnittigen, dunkelgrünen, aromatischen Blättern, deren Sorten mit ihren gefüllten, 8 Zentimeter großen, gelben und orangefarbenen Blüten oft eine Höhe von 60 bis 90 Zentimetern erreichen; es gibt auch 30 bis 45 Zentimeter hohe Varietäten.

Die 15 bis 45 Zentimeter hohen, kompakteren Patula-Hybriden verfügen über ähnliche Blätter, und ihre kleineren, gelb oder orangefarbenen Blüten haben häufig rotbraune Schattierungen. Kreuzungen zwischen diesen beiden Gruppen bringen wuchsfreudige, kompakte Sorten mit der Bezeichnung Triploid hervor.

Die Sorten der *T. tenuifolia* var. *pumila* – buschige, 15 bis 30 Zentimeter hohe Pflanzen mit vielen kleinen, ungefüllten Blüten – bilden die dritte Hauptgruppe.

Schwarzäugige Susanne *(Thunbergia alata)*

'Toreador' ist eine hochwüchsige Erecta-Hybride (75 Zentimeter) mit dunkelorangefarbenen, kugelförmigen, gekräuselten Blüten von etwa 10 Zentimeter Durchmesser. Die zahlreichen gelben und orangefarbenen Mischungen der Erecta-Hybriden umfassen auch mehrere bis zu 30 Zentimeter hohe, kompakte Pflanzen, wie etwa die Inca-Hybriden.

Die 30 Zentimeter hohe, gefülltblühende 'Honeycomb' zählt mit ihren gelb gerandeten, orange-braunen Petalen zu den Sorten der Patula-Hybriden. Die gefüllten Blüten der nur 15 Zentimeter hohen Boy-o-Boy-Serie weisen orangefarbene, rotbraune und gelbe Farbtöne auf, während die 30 Zentimeter hohen Pflanzen der Disco-Serie große, ungefüllte Blüten in vielen Schattierungen tragen.

Die Fülle kleiner Blüten, die *T. tenuifolia* var. *pumila* hervorbringt, stellt eine charmante Alternative zu der überladenen Dichte von Erecta- und Patula-Hybriden dar. 'Paprika' verfügt über ungefüllte, rote Korbblüten mit goldfarbener Mitte und Umrandung. Dagegen umfaßt die 20 Zentimeter hohe Gem-Serie Pflanzen mit Blüten in leuchtendem Orange, Zitronengelb und Gold. Die Starfire-Hybriden sind kompakter, wobei einzelne Blüten auch Farbmischungen aufweisen können.

Die Samen aller Sorten zwischen Frühlingsanfang und -mitte unter Glas säen; abgehärtete oder gekaufte Jungpflanzen im Spätfrühling oder Frühsommer in lehmhaltiges Blumensubstrat oder Torfkultursubstrat setzen und ins Freie stellen. *Siehe auch Seite 142 f.; Abbildung Seite 103.*

Thunbergia alata
SCHWARZÄUGIGE SUSANNE
EINJÄHRIGE KLETTERPFLANZE
In den kühlen Regionen der gemäßigten Klimazonen benötigen diese schlingenden Kletterpflanzen, die an Kletterhilfen eine Höhe von 3 Metern erreichen, einen warmen, geschützten Standort. Den gesamten Sommer blühen zwischen ihren herzförmigen Blättern zart orangefarbene, röhrenförmige Blüten mit fünflappiger Blütenkrone, die eine schokoladenbraune Mitte umschließt (links).

Die Samen zu Beginn des Frühjahrs unter Glas säen und bis zum Keimen für eine konstante Temperatur von 16 bis 18 Grad Celsius sorgen. Die Pflanzen vor dem Abhärten pikieren; die Kübel im Freien so aufstellen, daß die Pflanzen an an der Wand befestigten Drähten oder an wigwamförmig zusammengebundenen Bambusstäben klettern können.

Tropaeolum majus
GROSSE KAPUZINERKRESSE
BEDINGT WINTERHARTE EINJÄHRIGE
Die weit verbreitete, genügsame Große Kapuzinerkresse gedeiht auch in Kübeln

Große Kapuzinerkresse *(Tropaeolum majus)* Alaska-Mischung

und bringt eine Fülle gespornter Blüten in leuchtenden Farben über attraktiv gerundeten, blaugrünen Blättern hervor, wobei man bei allen Mischungen Blüten in Orange findet. Wuchsfreudige Formen wie die Tall-Mischung klettern oder ranken bis zu 2,5 Metern. Kompaktere, halbrankende Mischungen wie die Gleam-Hybriden werden 30 Zentimeter hoch und breit und eignen sich mit ihren halbgefüllten Blüten in Orange, Scharlachrot und Gelb gut für Ampeln. Auch bei der 23 Zentimeter hohen Alaska-Mischung (unten links) mit ihrem attraktiven, cremefarben marmorierten Laub finden sich leuchtende Blütenfarben.

Die 23 Zentimeter hohe Zwergform 'Peach Melba' zählt zu den wenigen in Einzelfarben erhältlichen Kapuzinerkressen und trägt orange überhauchte, rosafarbene Blüten. Die wuchsfreudige 'Hermine Grashoff' muß mit ihren leuchtend orangefarbenen, gefüllten Blüten aus Stecklingen gezogen werden.

Die Samen ab Mitte des Frühjahrs dünn in einem Kübel säen und die Jungpflanzen später pikieren. Für eine besonders frühe Blüte die Samen bereits im Spätwinter oder zu Beginn des Frühlings unter Glas in lehmhaltiges Blumensubstrat oder Torfkultursubstrat säen. Übermäßiges Düngen vermeiden, da die Blätter sonst auf Kosten der Blüten wachsen. Die Große Kapuzinerkresse blüht zwar an einem sonnigen Standort am schönsten, aber ihre Blätter kommen im Halbschatten besonders gut zur Geltung. *Siehe auch Seite 143, 155; Abbildung Seite 97.*

Verbena 'Peaches and Cream'
VERBENE
BEDINGT WINTERHARTE EINJÄHRIGE
Diese Sorte (unten rechts) mit ihren Blüten in den Farben Orange, Apricot und Creme – die sich manchmal sogar auf einer einzelnen Blüte vereint finden – stellt eine willkommene Neuentwicklung unter den Verbenen dar. Die etwas steifen Pflanzen von 23 Zentimeter Höhe und 30 Zentimeter Breite eignen sich für Ampeln und Kübel an sonnigen Standorten. *Siehe auch Seite 136, 155, 165,* ***171****, 176; Abbildungen Seite 106, 118.*

Viola
VEILCHEN, STIEFMÜTTERCHEN
EINJÄHRIGE/ZWEIJÄHRIGE
Viele Mischungen von Veilchen und Stiefmütterchen enthalten Pflanzen mit bernstein-, apricot- und rostorangefarbenen Blüten. Diese Schattierungen finden sich beispielsweise bei den Roggli Giants, einer bis zu 20 Zentimeter hohen und breiten Züchtung mit großen Blüten von bis zu 10 Zentimeter Durchmesser. Dagegen zeichnet sich die 15 Zentimeter hohe und breite Hybride 'Padparadja' durch eine intensive Orangefärbung ihrer mittelgroßen, runden Blüten von fast einheitlicher, außergewöhnlichen Leuchtkraft aus. Weniger auffallend ist die Veilchen-Sorte 'Chantreyland', die eine Höhe von bis zu 20 Zentimetern erreicht und deren kleine, zart apricotfarbene Blüten rötlichorange überhaucht sind.

Bei diesen Sorten handelt es sich um kurzlebige Stauden, die fast ausschließlich als Ein- oder Zweijährige aus Samen gezogen oder im Spätfrühling im Gartencenter als Beetpflanzen gekauft werden können. *Siehe auch Seite 136,* ***143 f.****, 155, 167, 171, 177.*

HERBST UND WINTER

Crocus
KROKUS
ZWIEBELKNOLLENPFLANZE · ZONE 5
Viele der kleinen, im Spätwinter blühenden Krokusse zeigen trotz ihrer geringen Größe eine bemerkenswert intensive Färbung von überraschender Ausdruckskraft. Der manchmal auch unter dem Namen 'Golden Bunch' geführte *C. ancyrensis* zeichnet sich beispielsweise durch eine solch erstaunliche Farbbrillanz aus. Jede Zwiebelknolle dieser Zwergart bringt fünf oder mehr leuchtend orangefarbene, nach Honig duftende Blüten mit einem dreiästigen, dunkelorangeroten Griffel an kaum 8 Zentimeter hohen Stielen hervor. 'Brass Band', eine schöne neue Sorte von *C. chrysanthus*, verfügt über goldbronzefarbene Blüten mit einer orangefarbenen Narbe. Sie wird etwa 8 Zentimeter hoch und blüht von Mitte bis Ende des Winters. Krokusse kommen ohne Begleitpflanzen und dicht nebeneinander in einer flachen Schale gepflanzt am besten zur Geltung. *Siehe auch Seite 128, 137,* ***138****, 144, 166, 171, 177.*

Verbene *(Verbena)* 'Peaches and Cream'

ROTE BLÜTEN

Rottöne gehören zu den auffallendsten, manchmal fast aggressiven Farben in der Palette an Blütenfarben. Aber es gibt auch gedämpftere Schattierungen sowie erstaunlich dunkel und satt getönte Blüten, deren samtartige Petalen die Farben noch stärker leuchten lassen.

FRÜHLING

Camellia japonica
KAMELIE
IMMERGRÜNER STRAUCH · ZONE 7
Viele Kamelien sind erstaunlich robust, aber die prachtvollen Blüten der frühblühenden Sorten können durch Frost Schaden nehmen. Eine sehr alte Sorte mit halbgefüllten, roten Blüten, deren Durchmesser bis zu 13 Zentimetern beträgt, ist 'Adolphe Audusson'. Ihre goldfarbenen Staubgefäße stehen in schönem Kontrast zu den dunkelroten Petalen. 'Bob Hope', eine jüngere halbgefüllte Kamelie, bringt karmesinrote Blüten mit gelben Staubgefäßen hervor. Beide Sorten werden in Kübeln und Töpfen im allgemeinen bis zu 1,8 Metern hoch und bis zu 1,2 Metern breit. *Siehe auch Seite 128, **156**.*

Erysimum
SCHÖTERICH
STAUDE · ZONE 7
Viele Schöterich-Mischungen (manchmal unter dem Namen *Cheiranthus* geführt) enthalten satte Blütenfarben in Rotschattierungen, wobei einige Sorten auch in einzelnen Farben erhältlich sind. 'Blood Red' trägt samtartige, tiefrot gefärbte Blüten und erreicht mit einer Höhe von 30 bis 38 Zentimetern die gleiche Höhe wie die Sorte 'Vulcan' mit ihren karmesinroten Blüten. Zu den Zwergsorten, die sich für Blumenkästen eignen und maximal 30 Zentimeter hoch werden, gehören Mischungen wie die Tom-Thumb-Serie und 'Scarlet Bedder'. *Siehe auch Seite **138**, 145; Abbildung Seite 8.*

Hyacinthus orientalis
HYAZINTHE
ZWIEBELPFLANZE · ZONE 5
Von Mitte bis Ende des Frühlings bilden die 20 Zentimeter hohen Hyazinthen dicht mit stark duftenden, wachsglänzenden, roten Blüten bepackte Ähren. Um die weiße Blütenmitte der Sorte 'Jan Bos' gruppieren sich karmesinrote Blütenblätter, während 'Hollyhock' eine dunklere Farbe zeigt, deren Wirkung durch die doppeltgefüllten Blüten noch verstärkt

Hyazinthe *(Hyacinthus orientalis)* 'Hollyhock'

wird (oben). Beide Hyazinthen-Sorten blühen früh. *Siehe auch Seite 129, 138, 156, **172**.*

Rhododendron
ALPENROSE, AZALEE
STRAUCH · ZONE 5
Kompakte Alpenrosen und Azaleen gehören zu den schönsten Sträuchern für Kübel und Töpfe, und man findet eine große Auswahl an rotblühenden Hybriden. Die immergrüne *Rhododendron*-Sorte 'May Day', die zu einer sich ausbreitenden Kuppel von 1,5 Meter Höhe heranwächst, trägt im Spätfrühling lockere, scharlachrote Blütenstände. Die Unterseiten der Blätter sind blaß und filzartig. 'Dopey' (Zone 4), eine Hybride von *R. yakushimanum,* ist ein immergrüner, sich ausbreitender Strauch, der bis zu 1,2 Meter Höhe erreicht und mit seinen roten Blüten vom Spätfrühling bis in den Sommer erfreut.

Die beliebte Sorte 'Hinodegiri' (Zone 7) ist eine immergrüne Azalee, die zwar nur 75 Zentimeter hoch wird, sich jedoch sehr stark ausbreitet. Von Mitte bis Ende des Frühjahrs bringt sie zahlreiche kleine, dunkelrote Blüten hervor.

Viele der laubabwerfenden Azaleen besitzen Blüten in kräftigen Rot- oder Orangetönen, die meist von Mitte bis Ende des Frühjahrs blühen. Die trompetenförmigen Blüten der 'Royal Lodge' sind zunächst zinnoberrot, dunkeln aber später nach. In Kübeln oder Töpfen wird diese Sorte selten höher als 1,8 Meter. *Siehe auch Seite 129, 139, 142, 145, 148, **156 f.**, 167, 173.*

Tulipa
TULPE
ZWIEBELPFLANZE · ZONE 4
Durch eine jahrhundertelange Zuchtkultur entwickelte sich bei den modernen Tulpen eine erstaunliche Palette an Blütenfarben, deren lebhafte Rottöne auf einige der aufsehenerregenden Hybriden übertragen wurden. Die folgenden Tulpen lassen sich leicht in Gefäßen ziehen und sorgen den ganzen Frühling über für bunte Farbtupfer.

Die Sorten der *T. kaufmanniana* gehören zu den frühblühenden Tulpen und eignen sich mit kaum 25 Zentimetern sehr gut für Blumenkästen; ihre Blätter besitzen violette Streifen. Die spitz zulaufenden Petalen von 'Alfred Cortot' zeichnen sich durch eine dunkle, scharlachrote Tönung aus, die von einem schwarzen Fleck in der Mitte ausstrahlt.

Tulpen mit ungefüllten Blüten, die zu Beginn des Frühlings blühen, bilden eine größere Gruppe und werden meist etwa 35 Zentimeter hoch. 'Couleur Cardinal' zeigt ein prächtiges, violett überhauchtes Karmesinrot. Die langlebige, gefülltblühende, leuchtend scharlachrote 'Carlton' wird 25 Zentimeter hoch.

Einige frühblühende Tulpen stammen von der wundervollen *T. fosteriana* ab; zu den schönsten zählt die bis zu 38 Zentimeter hohe Sorte 'Madame Lefeber' ('Red Emperor'), deren glänzend scharlachrote Blütentönung sich von einem gelben Grund erhebt.

Zu den robusten Tulpen, die von Mitte bis Ende des Frühlings blühen, gehört 'Bing Crosby' (unten); ihre langlebigen,

Tulpe *(Tulipa)* 'Bing Crosby'

glänzend scharlachroten Blüten stehen auf 40 Zentimeter hohen Stielen. Dagegen kann *T. linifolia* mit einer Höhe von 10 bis 15 Zentimetern zwischen Steingartengewächse gepflanzt werden. Die Blüten öffnen sich weit über engstehenden, gewellten Blättern und zeigen ein seidiges, scharlachrotes Inneres mit einer dunkelvioletten Mitte.

T. greigii ist die Mutterpflanze zahlreicher leuchtend bunter, spätblühender Zwergtulpen, die meistens nicht höher als 30 Zentimeter werden und denen sie ihre prachtvollen roten Blüten und ihre violettbraun gestreiften Blätter vererbte; die dunkelrote 'Red Riding Hood' etwa erfreut sich zu Recht großer Beliebtheit.

Tulpenzwiebeln werden im Spätherbst in lehmhaltiges Blumensubstrat gesetzt (sie gedeihen gut in alkalischen Böden). Hybriden mit großen Blüten sollten mit einer mindestens 10 Zentimeter dicken Schicht Blumensubstrat bedeckt werden. Die Zwiebeln von kleineren Arten in 5 bis 10 Zentimeter Tiefe dicht nebeneinander und in zwei Schichten setzen (sie dürfen sich nicht berühren).

Die Blütenköpfe entfernen, sobald die Blütenblätter abfallen, aber Stiele und Blätter in Ruhe einziehen lassen, bevor die Zwiebeln zum Trocknen und Einlagern herausgenommen werden. Falls man die Kübel oder Töpfe für andere Pflanzen benötigt, Tulpenzwiebeln nach der Blüte herausziehen und im Herbst wieder in die Erde setzen. Für Kübelpflanzungen empfiehlt es sich, jedes Jahr frische Zwiebeln zu verwenden. *Siehe auch Seite 129 f., 140, 145, 157, 167; Abbildungen Seite 8, 49, 92.*

SOMMER

Amaranthus caudatus
GARTENFUCHSSCHWANZ
BEDINGT WINTERHARTE EINJÄHRIGE

Diese in den Tropen beheimatete Einjährige, die in den Gärten des 17. Jahrhunderts sehr geschätzt wurde, läßt sich auch heute noch sehr gut in Töpfen ziehen und ergibt eine hübsche Dekoration für Treppen, Pfade und Innenhöfe. Die bis zu 1,2 Meter hohe Pflanze trägt vom Hochsommer bis zum Frühherbst herabhängende, dunkelrote Blütenstände. Die winzigen Blüten gedeihen dicht gedrängt an seilartigen Stielen, die bis zu 45 Zentimetern lang werden.

Die Samen zu Beginn des Frühjahrs unter Glas säen. Abgehärtete oder gekaufte Jungpflanzen im Spätfrühling in lehmhaltiges Blumensubstrat oder Torfkultursubstrat setzen, das mit organischer Substanz angereichert sein sollte, da der Gartenfuchsschwanz bei gehaltvoller

Gartenlöwenmaul *(Antirrhinum majus)* 'Black Prince'

Nahrung gut gedeiht. An einen sonnigen Standort stellen und großzügig mit Flüssigdünger düngen.

Antirrhinum majus
GARTENLÖWENMAUL
BEDINGT WINTERHARTE EINJÄHRIGE

Diese meist als Einjährige kultivierten Stauden sind als niedrige, mittelhohe und hohe Sorten mit zahlreichen Blütenfarben erhältlich, darunter auch verschiedene Rottöne und diverse Blütenvariationen. Das Gartenlöwenmaul besitzt aufrechte, dichtbestückte Blütenstiele und wirkt in Gruppen gepflanzt während des ganzen Sommers sehr eindrucksvoll, kommt aber auch als vertikaler Akzent zwischen anderen Blumen schön zur Geltung.

Hohe Löwenmäulchen wie die Formen der Madame-Butterfly-Mischung (60 bis 90 Zentimeter) mit lanzettlichen Blättern und Blütenständen aus gefüllten Blüten, eignen sich nur für Gefäße an einem geschützten Ort.

Monarch, eine mittelhohe, rostbeständige und robuste Serie, die bis zu 45 Zentimeter Höhe erreicht, ist in einzelnen Farben erhältlich. 'Scarlet Monarch' trägt leuchtend scharlachrote Blüten und bringt mehrere seitlich wachsende Blütenstände hervor, die lange blühen.

'Black Prince' (oben) wird bis zu 45 Zentimetern hoch und besitzt dunkelrote Blüten über bronzefarbenen Blättern.

Zu den niedrigen Löwenmäulchen, die sich besonders gut für Blumenkästen eignen, gehört die rostbeständige Mischung Royal Carpet, die nicht höher als 30 Zentimeter wird.

Die Samen gegen Ende des Winters oder Anfang des Frühjahrs (in frostgefährdeten Regionen unter Glas) säen, abgehärtete oder gekaufte Jungpflanzen im Spätfrühling oder Frühsommer in lehmhaltiges Blumensubstrat oder Torfkultursubstrat setzen und ins Freie stellen.

Triebspitzen junger Pflanzen ausknipsen, um einen buschigen Wuchs zu fördern, und Seitentriebe entfernen, damit sich die prächtigen Blütenstände voll entwickeln können. Blütenstände abschneiden, wenn die Blüten welken, um die Blütezeit zu verlängern. *Siehe auch Seite 130, 140, 158, 167.*

Armeria maritima
GRASNELKE
IMMERGRÜNE STAUDE · ZONE 3

Ihre grasartigen, immergrünen Hügel, die in der ersten Hälfte des Sommers mit üppigen Blütenköpfen übersät sind, machen die Grasnelke zu einer sehr hübschen Ergänzung in sonnenbeschienenen Steingartenarrangements. Obwohl die wilden Pflanzen meist rosa oder weiße Blüten besitzen, findet man bei den Sorten dunklere Farbtöne: Die rosarote 'Vindictive' und die dunkelrosa 'Düsseldorfer Stolz' erreichen beide kaum 15 Zentimeter Höhe, breiten sich aber 25 bis 45 Zentimeter weit aus.

Die Pflanzen zwischen Herbst und Frühlingsmitte in sandiges, lehmhaltiges Blumensubstrat setzen.

Astilbe x *arendsii*
ASTILBE
STAUDE · ZONE 5

Unter den Hybriden der feuchtigkeitsliebenden Astilben, die federartige Rispen langlebiger Blüten über dekorativen Blättern hervorbringen, finden sich einige kräftige Rottöne.

Die niedrige Sorte 'Fanal' (60 Zentimetern hoch) trägt im Frühsommer Blüten von dunklem Karmesinrot. 'Red Sentinel' blüht zur gleichen Zeit und in der gleichen Farbe, aber ihre Blütenstände sind lockerer und können bis zu 90 Zentimetern hoch werden. Die Sorte 'Feuer' erreicht die gleiche Höhe, zeigt aber von Mitte bis Ende des Sommers fedrige korallenrote Rispen. Die hübschen bronzefarbenen jungen Blätter der aufgeführten Astilben leuchten den ganzen Sommer über dunkelgrün mit einem Hauch Rot. *Siehe auch Seite 158 f.*

Begonia x *tuberhybrida*
KNOLLENBEGONIE
KNOLLENPFLANZE · ZONE 10

Knollenbegonien werden häufig als farbenprächtige Mischungen angeboten, in denen auch Rottöne enthalten sind, beispielsweise die aufrecht wachsende Nonstop-Serie und die hängenden Sorten der Pendula-Gruppe. Darüber hinaus sind zahlreiche benannte Sorten mit roten Blüten erhältlich: 'Allan Langdon' etwa ist ein aufrecht wachsender Busch von 30 bis 60 Zentimeter Höhe, der vom Hochsommer bis zum Frühherbst große, gefüllte, kardinalrote Blüten trägt.

Bougainvillea x *buttiana*
BOUGAINVILLEA
IMMERGRÜNE KLETTERPFLANZE · ZONE 10

In Kalifornien, der Mittelmeerregion und in anderen heißen Klimazonen ist die Bougainvillea eine häufig anzutreffende Kletterpflanze, die im Freien über 4,5 Meter hoch wird. In kühleren Regionen muß sie jedoch in einem Gewächshaus gehalten werden.

Ihre üppigen Blüten sind von herrlich gefärbten, pergamentartigen Deckblättern umgeben. Viele Sorten der Hybride *B.* x *buttiana* leuchten magentarot, scharlachrot, orange oder gelb: 'Scarlett O'Hara' ('San Diego Red') etwa besitzt dunkelrosa Deckblätter, während die der 'Scarlet Queen' scharlachrot sind.

Die Pflanzen in lehmhaltiges Substrat setzen und an einen sonnigen Standort stellen. Die Triebe an Stützen festbinden. Im Frühling die Triebe des Vorjahrs zurückschneiden; Seitentriebe mit einer oder zwei Knospen stehenlassen.

Cosmos atrosanguineus
SCHMUCKKÖRBCHEN
STAUDE · ZONE 9

Im Spätsommer trägt diese leicht frostempfindliche, bis zu 60 Zentimeter hohe Staude zahlreiche kleine, dahlienähnliche Blüten von ungewöhnlich prächtigem Kastanienbraun (unten). Erstaunlicherweise verströmt sie einen zu dieser Farbe passenden, schokoladenartigen Duft.

Die knollenartigen Wurzeln gegen Winterende einzeln in 15 Zentimeter Tiefe in lehmhaltiges Substrat setzen, das mit faserreicher Blumenzwiebelerde oder anderem Humus angereichert ist. Vor Frost schützen, bis der Topf im Frühsommer nach draußen gestellt wird. In der Wachstumszeit gründlich wässern und etwa zwei bis drei Wochen nach dem Erscheinen der ersten Triebe gegen Frühlingsende alle zwei Wochen mit Flüssigdünger düngen. An einem frostgeschützten Standort überwintern und jedes Jahr umtopfen. *Siehe auch Seite 132, 159 f.*

Schmuckkörbchen *(Cosmos atrosanguineus)*

Dahlia
DAHLIE
BEDINGT WINTERHARTE EINJÄHRIGE/STAUDE MIT KNOLLENWURZELN · ZONE 8

Mit modernen Dahlien-Hybriden, die einen sonnigen, freien Standort benötigen, lassen sich Topfgärten in der zweiten Sommerhälfte oder im Frühherbst am besten aufwerten. Dahlien werden aus jährlich gesetzten und wieder herausgenommenen Knollen oder jedes Jahr aus Samen gezogen. Viele der aus den Knollen gezogenen Dahlien sind zu groß für Kübel oder Töpfe – mit Ausnahme der buschigen 'Bishop of Llandaff', die eine Höhe von bis zu 1 Meter erreicht und mit ihren dunklen Blättern und halbgefüllten, scharlachroten Blüten sehr ansprechend wirkt.

Die niedrigen, aus Samen gezogenen Beetdahlien eignen sich meist am besten für Kübel oder Blumenkästen. Sie werden häufig als Mischungen angeboten, in denen viele Rottöne enthalten sind. Die Bambino-Mischung etwa erreicht eine Höhe bis zu 45 Zentimetern und zeigt halbgefüllte Blüten in einer breiten Farbpalette. Die Pflanzen der bis zu 60 Zentimeter hohen Coltness-Mischung besitzen ungefüllte Blüten, während die dunkelbronzefarbenen Blätter der Sorte 'Redskin' (kaum 40 Zentimeter hoch) einen hübschen Hintergrund für gefüllte Blüten in lebhaften Farben bilden.

Alle Dahlien sollten in nährstoffreichem, lehmhaltigem Blumensubstrat oder in Torfkultursubstrat wachsen. Ungekeimte Knollen zur Frühlingsmitte und gekeimte gegen Ende des Frühjahrs in 10 Zentimeter Pflanztiefe setzen. Triebspitzen ausknipsen, um einen buschigen Wuchs zu fördern, und große Triebe stützen, sobald sich Stengel ausbilden. Die Knollen im Herbst herausnehmen und an einem frostgeschützten Ort lagern.

Die Samen von Beetdahlien am Ende des Winters oder Anfang des Frühlings unter Glas säen, abgehärtete oder gekaufte Jungpflanzen im Spätfrühling ins Freie setzen. *Siehe auch Seite 168.*

Dianthus
NELKE
STAUDE · ZONE 3

Zwergnelken gehören zu den hübschesten sommerblühenden Steingartenpflanzen. Die 10 Zentimeter hohe Alpennelke *(D. alpinus)* ist in vielen Blütenfarben von Blaßrot bis Violett erhältlich und blüht im Frühsommer. Die rosaroten Blüten von 'Joan's Blood' besitzen eine tiefrote Mitte. Die Heidenelke *(D. deltoides)* wird 15 bis 23 Zentimeter hoch und trägt viele kleine Blüten. Einige Züchtungen, darunter 'Leuchtfunk' und 'Samos', haben karmesinrote Blüten und blühen vom Früh- bis zum Hochsommer.

Alte wie moderne Nelken-Hybriden werden bis zu 30 Zentimetern hoch. 'Brympton Red' besitzt mit ihren ungefüllten, duftenden Blüten, deren leuchtendes Karmesinrot mit einem dunkleren Rotton überhaucht ist, den ganzen Charme der alten Hybriden. 'Ian', eine moderne Nelke mit tiefroten samtigen Blüten, die an den Rändern ein noch dunkleres Rot zeigen, blüht vom Früh- bis zum Hochsommer und manchmal ein zweites Mal im Spätsommer oder Herbst. *Siehe auch Seite 132,* ***160.***

Fuchsia

FUCHSIE

LAUBABWERFENDER STRAUCH · ZONE 10

Folgende Fuchsien besitzen rote Petalen: 'Marinka', eine langblühende Sorte der hängenden Fuchsien, zeichnet sich – wie 'Golden Marinka' mit ihren goldfarbenen Blättern – durch fast einheitlich rote Blüten aus. Eine weitere hängende Hybride mit nahezu einheitlich roten Blüten ist 'Red Spider', deren lange Kelchblätter die Kronblätter umschließen. Die weißen Kelchblätter der 'Cascade' sind zurückgebogen und bringen so die karmesinroten Kronblätter schön zur Geltung. Die hängenden Stiele dieser Fuchsien erreichen eine Länge von bis zu 90 Zentimetern.

Die meisten der aufrecht wachsenden Hybriden bilden Büsche von bis zu 90 Zentimeter Höhe. 'Rufus' (Zone 8) mit kleinen, fast einheitlich roten Blüten kann auch als Halbstamm erzogen werden. 'Gartenmeister Bonstedt' besitzt rotbraune Kron- und Kelchblätter. 'Thalia' ist eine buschige Pflanze mit samtigen Blättern und bringt während des ganzen Sommers schlanke Blüten mit roten Kelchblättern und orangeroten Kronblättern hervor. *Siehe auch Seite 132 f., 160 f.,* ***168;*** *Abbildungen Seite 8, 97, 114, 115, 116/117.*

Lilium

LILIE

ZWIEBELPFLANZE · ZONE 4 · GIFTIG

Unter den zahlreichen Lilien-Hybriden finden sich auch einige Sorten in kräftigen Rottönen. Die stark duftende, bis zu 90 Zentimeter hohe 'Star Gazer' etwa blüht vom Hoch- bis zum Spätsommer und trägt große, nach außen gerichtete Blüten, deren breite, karmesinrote, weiß gerandete Petalen sich an den Spitzen nach außen biegen und kräftig kastanienbraun gesprenkelt sind. Von ähnlicher Farbe und vergleichbar intensivem Duft ist die stengelwurzeltreibende *L. speciosum* var. *rubrum*, die einen warmen Platz benötigt. An ihren bis zu 1,2 Meter hohen Stengeln wachsen im Spätsommer zahlreiche nickende, wachsartige Blüten.

Eine völlig andere Wirkung hat die kurzstielige (etwa 30 Zentimeter) Sorte 'Red Carpet' mit ihren gelben Knospen, die sich im Hochsommer zu nach oben gerichteten Blüten von intensivem Scharlachrot öffnen. *Siehe auch Seite* ***134,*** *142, 147, 162.*

Lobelia erinus

MÄNNERTREU

BEDINGT WINTERHARTE EINJÄHRIGE · GIFTIG

Variationen des blau- und violettblühenden Männertreus stellen eine willkommene Abwechslung dar. Die oft als Mischung angebotene Fountain-Serie enthält auch 'Rose Fountain', die 15 Zentimeter hoch wird und an deren langen, schlanken Stielen unzählige kleine, rosarote Blüten erscheinen. Unter den Exemplaren der Cascade-Serie finden sich auch einige Rankpflanzen: 'Red Cascade' bringt violettrote Blüten mit einem weißen Auge hervor, und 'Rosamund' zeigt weinrote Blüten, ebenfalls mit weißem Auge. *Siehe auch Seite 135, 169,* ***175 f.***

Lonicera x *brownii*

GEISSBLATT

KLETTERPFLANZE · ZONE 6

Bei diesem bis zu 3,7 Meter hohen Geißblatt handelt es sich um eine wunderschöne Hybride mit scharlachroten Blüten und blaugrünem Laub. Die geöffneten Blüten zeigen einen orangefarbenen Schlund. Im Handel sind mehrere Sorten erhältlich, darunter 'Dropmore Scarlet' (rechts), die fast den ganzen Sommer über in prächtigen Farben blüht.

Die Pflanzen im Herbst oder zu Frühlingsbeginn in lehmhaltiges Blumensubstrat setzen und mit Kletterhilfen versehen. Im Frühjahr leicht zurückschneiden und die oberste Erdschicht durch frisches Substrat ersetzen.

Nemesia strumosa

NEMESIE

BEDINGT WINTERHARTE EINJÄHRIGE

Die hübsche Form der trichterförmigen, taschenartigen Blüten und die leuchtenden Farben der Samenmischungen machen den Charme der Nemesie aus. Carnival mit ihren großen Blüten und die in vielen zarten Schattierungen erhältliche Tapestry sind Mischungen von maximal 30 Zentimeter Höhe und decken eine Farbpalette ab, die von Karmesinrot, Scharlachrot, Rosa, Orange, Gelb und Creme bis Blau reicht. Zeichnungen im Blütenschlund sorgen für zusätzliche Farbenpracht. Die außergewöhnliche rotweiße 'Mello Red and White' bildet ebenfalls einen beeindruckenden Blickfang.

Die Samen zu Beginn des Frühjahrs in frostgefährdeten Regionen unter Glas säen, abgehärtete oder gekaufte Jungpflanzen im Spätfrühling in lehmhaltiges Blumensubstrat oder Torfkultursubstrat setzen und ins Freie stellen. Nemesien benötigen zwar viel Sonne, blühen bei heißem Wetter jedoch nicht lange. *Siehe auch Seite 169 f., 176.*

Geißblatt *(Lonicera* x *brownii)* 'Dropmore Scarlet'

Nymphaea 'Laydekeri Purpurata'

SEEROSE

STAUDE

Viele der kleinen Seerosen-Hybriden können in 30 bis 60 Zentimeter tiefem Wasser gezogen werden und eignen sich daher auch für Pflanzgefäße. Die tulpenförmigen Blüten von *N.* 'Laydekeri Purpurata' sind dunkelrosa bis weinrot mit orangefarbenen Staubgefäßen und blühen während des ganzen Sommers. Ihre kleinen Blätter sind auf der Unterseite dunkelrot und besitzen kastanienbraune Sprenkel. *Siehe auch Seite* ***142.***

Pelargonium

PELARGONIE

IMMERGRÜNE STAUDE · ZONE 9

Pelargonien sind das Herzstück eines jeden Topfgartens. Als bescheidene Pflanzen, die mit wenig Pflege auskommen und trotzdem über einen langen Zeitraum leuchtende Blüten hervorbringen (vorausgesetzt, sie wachsen an einem sonnigen Standort), erfreuen sie sich zu Recht großer Beliebtheit. In frostfreien Regionen blühen sie fast das ganze Jahr hindurch, während sie in anderen Gegenden meist als einjährige Pflanzen kultiviert werden, obwohl sie auch abgedeckt überwintern können (siehe Seite 85). Man unterscheidet vier Hauptgruppen: Duftpelargonien werden aufgrund ihrer aromatischen Blätter geschätzt. Die als Edelpelargonien bezeichneten (auch unter

P. x *domesticum* geführten) Arten und Sorten besitzen zwar große, auffallende Blüten, aber nur wenige sind für eine Freilandkultur ausreichend robust. Dennoch lohnt es sich, die remontierende Sorte 'Dubonnet' mit ihren weinroten Blüten und 'Grand Slam' mit weiß gezeichneten, scharlachroten Blüten an einem sonnigen, geschützten Standort versuchsweise aufzustellen. Beide Pflanzen erreichen eine Höhe von etwa 60 Zentimetern.

Die beiden wichtigsten Gruppen für den Topfgarten sind die Zonal- und die Efeupelargonien. Bei den Zonalpelargonien handelt es sich um buschige Pflanzen (maximal 90 Zentimeter hoch), die häufig eine ausgeprägte dunkle Zone auf den Blättern aufweisen. Die ungefüllten, halbgefüllten oder gefüllten Blüten wachsen in dichten Dolden, und ihre breite Farbpalette enthält viele leuchtende Rottöne: 'Irene', eine Mutterpflanze bewährter Zonalpelargonien, besitzt halbgefüllte, tiefkarmesinrote Blüten; ebenfalls halbgefüllt sind die scharlachroten Blüten von 'Gustav Emrich', während 'Madame Dubarry' ungefüllte, korallenrote Blüten trägt und die ungefüllten Blüten von 'Paul Crampel' (unten) scharlachrot leuchten. Man findet aber auch einige Zwergpelargonien von maximal 20 Zentimeter Höhe: 'Caligula' zeichnet sich durch gefüllte, karmesinrote Blüten aus. Züchtungen, wie etwa die Pulsar-Serie, werden meist als Mischungen angeboten, die auch Rottöne enthalten.

Die von *P. peltatum* abstammenden Efeupelargonien besitzen ähnliche Blüten wie die Zonalpelargonien, aber hierbei handelt es sich um Hängepflanzen, die sich manchmal mehr als 1,2 Meter weit ausbreiten; ihre etwas fleischigen Blätter ähneln in der Form denen des Efeus. 'Rote Mini-Cascade' ist ein kurzstieliges Exemplar mit ungefüllten, roten Blüten, 'Mexican Beauty' und 'Yale' besitzen halbgefüllte, dunkelscharlachrote Blüten, während sich 'Tavira' durch halbgefüllte, aber hellrote Blüten auszeichnet.

Pelargonien können in lehmhaltiges Blumensubstrat oder Torfkultursubstrat gesetzt werden; vor dem Überwintern die Pflanzen zurückschneiden, die im Sommer geblüht haben. Stecklinge im Frühherbst nehmen, und Samen gegen Ende des Winters bei 16 bis 18 Grad Celsius säen. Überwinterte Pflanzen nur leicht feucht halten. Jungpflanzen werden meist gegen Ende des Frühjahrs angeboten; zu dieser Zeit sollte man auch die überwinterten Exemplare ins Freie stellen. Verwelkte Blüten entfernen, um die Blütezeit zu verlängern. *Siehe auch Seite 135, 147 f., 163, 170, 181 f., 187, 190, 194; Abbildungen Seite 8, 9, 21, 25, 111, 115.*

Pelargonie *(Pelargonium)* 'Paul Crampel'

Petunia

PETUNIE

BEDINGT WINTERHARTE EINJÄHRIGE

Die meisten als Samen erhältlichen Mischungen enthalten Rottöne, wie etwa die extravagant wirkende Fluffy-Ruffles-Mischung (geäderte und gesprenkelte Blüten mit gewellten und gekräuselten Blütenblättern) und die leuchtende, aber schlichtere Super-Cascade-Serie, die sich hervorragend für Ampeln eignet.

Die Palette der als Samen erhältlichen einfarbigen Petunien ist begrenzt, obwohl manchmal ungewöhnliche Schattierungen entstehen. 'Flame Carpet', eine Zwergpetunie von 30 Zentimeter Höhe, hat ungefüllte, leuchtend korallenrote Blüten mit gelbem Schlund. Die Farbauswahl fällt bei Jungpflanzen leichter. *Siehe auch Seite 136, 142, 163, 170,* ***176****.*

Rosa

ROSE

LAUBABWERFENDER STRAUCH · ZONE 4

Unter den vielen hundert Rosen-Hybriden mit roten Blüten gibt es zahlreiche Formen, die auch in Kübeln gedeihen. Am besten eignen sich hierfür die büschelblütigen Buschrosen (Floribundarosen) und ihre Zwergformen (auch als Patio- oder Zwergbuschrosen bekannt): 'Red Rascal' etwa wird 45 Zentimeter hoch und besitzt gefüllte, tiefrote Blüten.

Noch kleiner und eher für Kübel als für Rabatten geeignet sind die Zwergrosen, die selten eine Höhe von über 30 Zentimetern erreichen. 'Red Ace' mit ihren halbgefüllten, dunkelroten Blüten blüht zwar relativ oft, duftet jedoch kaum.

Bodendecker-Rosen gedeihen ebenfalls sehr gut in Kübeln und Töpfen. Zu ihnen gehört die Sorte 'Scarlet Meidiland', die einen Hügel von bis zu 1,2 Meter Höhe und 1,8 Meter Breite bildet und große Büschel kleiner, gefüllter Blüten in verschiedenen Rottönen hervorbringt.

Rosen sollten zwischen Herbst und Frühjahrsanfang in lehmhaltiges Blumensubstrat gepflanzt und alle zwei Wochen mit Flüssigdünger gedüngt werden. Verwelkte Blüten regelmäßig entfernen und büschelblütige sowie großblumige Buschrosen am Ende des Winters kräftig zurückschneiden, andere Rosenformen nur leicht stutzen. Alle zwei Jahre umtopfen; in den Jahren dazwischen die oberste Erdschicht erneuern. *Siehe auch Seite 136, 142, 164, 170, 203.*

Salvia

SALBEI

EINJÄHRIGE

Die Salbei-Art *S. splendens* gehört zu den wuchsfreudigsten Beetpflanzen. Diese

Salbei *(Salvia splendens)*

Zinnie *(Zinnia)* Miniature-Pompon-Mischung

frostempfindliche, meist als bedingt winterharte Einjährige kultivierte Staude besitzt 30 bis 60 Zentimeter hohe Blütenstände aus dichten scharlachroten, von langlebigen, gleichfarbigen Brakteen umgebenen Blüten (oben). Es gibt auch weiße, rosafarbene und violette Formen. *S. fulgens* ist eine Staude mit 60 Zentimeter hohen, leuchtend roten Blütenständen.

Der immergrüne, bis zu 1,2 Meter hohe Strauch *S. microphylla* (Zone 9) benötigt frostfreie Bedingungen und trägt vom Hochsommer bis in den Herbst kleine karmesinrote oder scharlachrote Blüten. *Siehe auch Seite **170**, 176; Abbildung Seite 111.*

Tropaeolum majus
GROSSE KAPUZINERKRESSE
BEDINGT WINTERHARTE EINJÄHRIGE
Die kletternden, halbrankenden und kompakten Formen der Großen Kapuzinerkresse werden meist als Mischungen mit überwiegend Rottönen angeboten. Die Palette an einzelnen Blütenfarben, in denen diese Pflanze als Samen erhältlich ist, ist zwar begrenzt, aber 'Empress of India', eine langblühende Sorte von kompaktem Wuchs, wird häufig geführt. Sie erreicht eine Höhe und einen Durchmesser von 23 Zentimetern und bringt ungefüllte, dunkelkarmesinrote Blüten zwischen blaugrünen Blättern hervor. *Siehe auch Seite 143, **149**; Abbildungen Seite 97, 103.*

Verbena
VERBENE
BEDINGT WINTERHARTE EINJÄHRIGE
Die meisten Farbmischungen der Verbenen enthalten Rottöne. Einzelfarben sind dagegen häufig als Jungpflanzen erhältlich, einige wenige auch als Samen. 'Blaze', eine kompakte Hybride von 23 Zentimeter Höhe, trägt charakteristische doldenartige Ähren mit röhrenförmigen, scharlachroten Blüten. Bei 'Valentine' handelt es sich um eine größere Pflanze von bis zu 38 Zentimeter Höhe, deren rote Blüten durch eine strahlend weiße Mitte auffallen. Zu den Verbenen, deren Samen keine reinen Formen ergeben und die daher durch Ableger vermehrt werden müssen, gehört auch die ausdauernde, scharlachrote 'Lawrence Johnston' (Zone 9).

Diese Verbenen lassen sich besonders in Balkonkästen und Ampeln gut mit anderen Pflanzen kombinieren. *Siehe auch Seite 136, 149, 165, **171**, 176.*

Viola
VEILCHEN, STIEFMÜTTERCHEN
EINJÄHRIGE/ZWEIJÄHRIGE
Diese unschätzbaren Pflanzen blühen unermüdlich über einen langen Zeitraum, besonders in Regionen mit eher kühlen Sommern. Sie bieten sowohl allein als auch in Kombination mit anderen Pflanzen stets einen sehr hübschen Anblick. Obwohl sich in vielen Samenmischungen auch samtige Rottöne finden, trifft man eine Farbauswahl jedoch am besten im Spätfrühling in Gärtnereien oder Gartencentern, die dann die gerade blühenden Pflanzen anbieten. Manchmal lassen aber auch die Namen der Samen (wie etwa 'Alpen Fire' und 'Flame Princess') Rückschlüsse auf den Farbenreichtum der späteren Pflanzen zu. *Siehe auch »Stiefmütterchen« (rechts) und Seite 136, **143 f.**, 149, 167, 171, 177.*

Zinnia
ZINNIE
BEDINGT WINTERHARTE EINJÄHRIGE
Zinnien gehören zu den farbenprächtigsten sommerblühenden Einjährigen und sind relativ unempfindlich gegen Hitze; allerdings können die Sorten mit großen Blüten durch Regen Schaden nehmen. Sie werden als Mischungen angeboten, in denen verschiedene Rottöne sowie Rosa, Violett, Kastanienbraun, Orange, Gelb und Weiß enthalten sind. Hybriden mit kaktusartigen oder dahlienähnlichen Blüten bringen große Blüten (15 Zentimeter Durchmesser) hervor, wobei sich die ersteren durch struppige und die letzteren durch dichte, adrette Blütenstände auszeichnen. Die Pflanzen werden 75 Zentimeter hoch, aber es sind auch kompaktere Hybriden erhältlich, wie etwa die 30 Zentimeter hohe 'Persian Carpet' mit halbgefüllten oder gefüllten Blüten, oder die Miniature-Pompon-Mischung (links) mit 23 Zentimeter Höhe.

Die Samen zu Beginn des Frühlings unter Glas säen, abgehärtete Jungpflanzen im Spätfrühling in lehmhaltiges Blumensubstrat oder Torfkultursubstrat setzen und ins Freie stellen. Verwelkte Blüten regelmäßig entfernen. *Siehe auch Seite 144.*

HERBST UND WINTER

Erica carnea
SCHNEEHEIDE
IMMERGRÜNER STRAUCH · ZONE 6
Dieser immergrüne Zwergstrauch besitzt nadelartige Blätter und eine Fülle kleiner rosafarbener, weißer oder roter Glockenblüten, die in Dolden an den Spitzen der Stiele sitzen. Die von Mitte des Winters bis Frühlingsbeginn blühende Sorte 'Vivellii' bringt den kräftigsten Rotton hervor, während ihre dunkelgrünen Blätter im Winter eine ansprechende bronzene Färbung annehmen. *Siehe auch Seite **137**, 165, 171, 183.*

Viola
STIEFMÜTTERCHEN
EINJÄHRIGE/ZWEIJÄHRIGE
Bei nur wenigen benannten Züchtungen der winterblühenden Stiefmütterchen finden sich auch Rottöne; eine der schönsten ist 'Redwing', die während der düsteren Jahreszeit in Töpfen, Kübeln und Blumenkästen einen freundlichen Anblick bietet. Ihre beiden oberen Petalen zeigen ein sattes Rostrot, während die übrigen gelben Petalen zarte rostrote Flecken und eine dunkle Maske präsentieren. Die Pflanze erreicht eine Höhe von etwa 15 Zentimetern. *Siehe auch »Veilchen« (links) und Seite 136, **143 f.**, 149, 167, 171, 177.*

ROSA BLÜTEN

Bei den meisten Nuancen von Rosa – insbesondere bei denjenigen, die man mit traditionellen Pflanzen assoziiert – handelt es sich um sanfte Pastelltöne von zarter Frische. Aber auch auf der anderen Seite dieses Farbspektrums finden sich einige Schattierungen von Rosa mit einer erstaunlichen Farbintensität. Eine Kombination mit grauen Blättern bringt fast alle rosafarbenen Blüten gut zur Geltung: Grelle Töne werden gedämpft, während zarte Schattierungen leuchtender und intensiver erscheinen.

FRÜHLING

Bellis perennis
GÄNSEBLÜMCHEN
ZWEIJÄHRIGE
Die gefüllten Formen des Gänseblümchens erfreuen sich von jeher besonderer Beliebtheit. Die Blüten der 'Dresden China', eine Sorte, die aus dem 18. Jahrhundert stammen soll, bilden dichtgefüllte, rosafarbene Kugeln. Trotz ihrer geringen Größe haben sie die richtige Proportion für die 10 Zentimeter hohen Stiele und eignen sich gut für die Kombination mit frühlingsblühenden niedrigen Zwiebelpflanzen wie Traubenhyazinthe *(Muscari)* und *Scilla*.

In Samenmischungen mit Rosa, Rot- und Weißtönen finden sich sowohl Gänseblümchen mit kleinen, gefüllten Blüten, wie zum Beispiel 'Pomponette', als auch Formen mit Blüten von mehr als 5 Zentimeter Durchmesser, wie die Habanera- und Goliath-Mischung (unten). Diese großblütigen Sorten erreichen eine Höhe von bis zu 20 Zentimetern.

Die Sorte 'Dresden China', die keine Samen produziert, wird durch Teilung vermehrt. Die Samen anderer Sorten werden im Frühsommer gesät und als kräftige Jungpflanzen im Herbst in lehmhaltiges Blumensubstrat oder Torfkultursubstrat gesetzt. Gänseblümchen eignen sich für Blumenkästen und niedrige Pflanzgefäße an einem sonnigen Platz. *Siehe Abbildungen Seite 41, 89, 93.*

Gänseblümchen *(Bellis perennis)*
Goliath-Mischung

Camellia
KAMELIE
IMMERGRÜNER STRAUCH · ZONE 7
Kamelien eignen sich hervorragend für die Kultur in Kübeln und Töpfen. Ihre Schönheit liegt in den glänzenden dunkelgrünen Blättern und den elegant wirkenden Blüten, die sich gegen Ende des Winters und im Frühling öffnen. Die hauptsächlich rosafarbenen und roten Blüten präsentieren sich in einer erstaunlichen Formenvielfalt – von ungefüllt über halbgefüllt bis gefüllt. Zahlreiche Sorten von *C. japonica* und deren Hybriden erreichen in Kübeln eine Höhe von 1,8 Metern und einen Durchmesser von bis zu 1,2 Metern.

'Hagoromo', auch als 'Magnoliiflora' geführt, ist eine sehr schöne gefülltblühende Sorte der *C. japonica* mit magnolienartigen, zartrosa Blüten. Die viel dunklere 'Elegans' ('Chandleri Elegans') verfügt über gefüllte Blüten mit einer anemonenähnlichen Mitte.

Die verschiedenen unter *C.* x *williamsii* geführten Hybriden blühen häufig bereits im Winter und besitzen gegenüber den Sorten der *C. japonica* den großen Vorteil, daß ihre Blüten abfallen, bevor sie sich bräunlich verfärben. Die üppig blühende 'Donation' trägt gefüllte Blüten in leuchtendem Rosa, während 'J. C. Williams' ungefüllte, zartrosa Blüten besitzt.

Kamelien einzeln in große Kübel oder Töpfe pflanzen, die mit neutralem oder saurem Blumensubstrat (zum Beispiel *Rhododendron*-Erde) gefüllt sind. Sie mögen eine gleichmäßige, kühle Ballenfeuchtigkeit, aber es darf sich natürlich keine Staunässe bilden. Die Kübel in den Halbschatten oder auch ganz in den Schatten einer Mauer stellen. In frostgefährdeten Regionen die Pflanzen nicht so plazieren, daß die Blüten der frühen Morgensonne ausgesetzt sind. Um das Riskio von Frostschäden zu verringern, die Pflanzen mit einer Haube schützen oder sehr frühblühende Exemplare ins Haus stellen. Nach der Blüte zurückschneiden, jedoch nur um krankes oder beschädigtes Holz zu entfernen und die Konturen zu erhalten. *Siehe auch Seite 128, 150.*

Clematis macropetala
WALDREBE
KLETTERPFLANZE · ZONE 5 · GIFTIG
Die zarte *C. macropetala* gehört zu den schönsten der frühlingsblühenden Arten. Die Sorte 'Markham's Pink' erreicht bis zu 3,7 Meter Höhe und trägt nickende Blüten in einer zarten, aber sehr schönen rosa Schattierung. *Siehe auch Seite 128,* ***131** f., 159, 167, 174; Abbildung Seite 75.*

Helleborus orientalis
LENZROSE
IMMERGRÜNE STAUDE · ZONE 4
Obwohl manche Lenzrosen bereits im Winter blühen, stehen die meisten erst zum Frühlingsanfang in voller Blüte. Ihre bis zu 60 Zentimeter hohen Stiele tragen mehrere schalenförmige Blüten über den alten Blättern, die jedoch bald durch neue dunkelgrün glänzende ersetzt werden. Die Farben der Blüten reichen von Grünlichweiß bis Dunkelviolett, wobei das Innere häufig hübsch gesprenkelt ist. Die prächtigsten Farben findet man bei den Pflanzen mit traubenförmigen Blüten.

Die Lenzrose gedeiht gut an einem schattigen oder halbschattigen Standort. Die Pflanzen zur Herbstmitte einzeln in lehmhaltiges, mit faserreicher Blumenzwiebelerde angereichertes Blumensubstrat setzen. Da die Wurzeln sehr berührungsempfindlich sind, sollte die Lenzrose nur im äußersten Notfall umgetopft werden. *Siehe Abbildung Seite 88.*

Hyazinthus orientalis
HYAZINTHE
ZWIEBELPFLANZE · ZONE 3
Hyazinthen gehören zu den meistgezüchteten Frühlingszwiebelpflanzen; ihre dichtgedrängten, wachsartigen und in zahlreichen rosa Schattierungen erhältlichen Blüten verströmen von Mitte bis Ende des Frühlings einen intensiven Duft. Eine der dunkelsten Sorten ist 'Pink Pearl', deren rosa Blütenblätter einen Hauch Karmesinrot aufweisen. Zartere Nuancen von Rosa zeigen sich bei 'Anna Marie' und 'Lady Derby', die größere, weniger steife Blüten als die anderen Sorten besitzt und etwas später blüht. Alle Pflanzen erreichen eine Höhe von etwa 20 Zentimetern. *Siehe auch Seite 129, 138, 150,* ***172**; Abbildung Seite 88.*

Rhododendron
ALPENROSE, AZALEE
STRAUCH · ZONE 5
In der großen Gattung *Rhododendron,* zu der auch laubabwerfende und immergrüne Azaleen gehören, finden sich viele

Alpenrose *(Rhododendron)* 'Bow Bells'

blühende Sträucher, die sich hervorragend für Pflanzgefäße an einem schattigen Platz eignen. Die Palette an Blütenfarben umfaßt auch verschiedene Schattierungen von Rosa.

Die wunderschöne immergrüne Art *R. williamsianum* (Zone 7) wächst zu einer 1,2 bis 1,5 Meter hohen Kuppel heran, deren bronzefarbene junge Blätter sich allmählich dunkelgrün färben. Die karmesinroten Knospen erscheinen einzeln oder in kleinen Gruppen gegen Mitte des Frühlings und öffnen sich zu glockenförmigen, zartrosa Blüten. Eine beliebte und kompaktere Art ist *R. yakushimanum*, die zwar nur eine Höhe von etwa 75 Zentimetern erreicht, sich aber stark ausbreitet. Wie die meisten ihrer wundervollen Hybriden blüht auch sie im Spätfrühling. Ihre lederartigen, zunächst silbrigen Blätter sind auf der Unterseite filzig und braun. Die Knospen der aufrechten Blütendolden leuchten dunkelrosa, nehmen aber nach dem Öffnen die Farbe von Apfelblüten an und zeigen in voller Blüte ein reines Weiß.

Eine der *Rhododendron*-Hybriden, die im Frühjahr als erste blühen, ist 'Cilpinense' (Zone 6). Dieser halbimmergrüne Strauch, der in Kübeln selten eine Höhe und Breite von mehr als 1,2 Metern erreicht, trägt eine Fülle rosafarbener Knospen, die sich zu fast schneeweißen Blüten mit rosafarbenen Tupfen öffnen. Die Sorte 'Bow Bells' (Zone 6) blüht etwas später, wirkt aber ebenso kompakt; ihre lockeren Blütendolden sind als Knospen dunkelrosa, zeigen aber beim Aufblühen ein zartrosa Inneres, das schön mit den kupferfarbenen jungen Blättern kontrastiert (links). 'Anna Baldsiefen', mit einer Höhe von 75 Zentimetern und Blüten in einem lebendigen Rosa, blüht ebenfalls sehr früh und trägt im Winter bronzefarbene Blätter. 'Temple Belle' (Zone 6), mit einer Höhe und Breite von weniger als 1,5 Metern, bringt gegen Mitte/Ende des Frühjahrs Blüten von einem klaren Rosa hervor, die vor gerundeten, auf der Unterseite graugrünen Blättern sehr schön zur Geltung kommen.

Viele der immergrünen Azaleen-Hybriden stammen aus Japan. 'Hinomayo' ist ein hochwachsendes Exemplar der Kurume-Azaleen, die meist nicht höher als 1,2 Meter werden, sich aber bis zu 1,5 Metern ausbreiten können. Ihre trichterförmigen, leuchtend rosafarbenen Blüten erscheinen Mitte/Ende des Frühjahrs.

Im Handel sind aber auch zahlreiche laubabwerfende Hybriden mit rosa Blüten erhältlich. 'Homebush' beispielsweise, mit einer Höhe und einem Durchmesser von 1,5 Metern, trägt im Spätfrühling dichte Dolden mit halbgefüllten Blüten von einer rosaroten Tönung mit zarteren Schattierungen. Nur wenige der Azaleen-Hybriden reichen an die Schönheit von *R. schlippenbachii* heran, einer laubabwerfenden Art von 1,8 Meter Höhe. Zwischen Mitte und Ende des Frühlings öffnen sich zahllose zarte, rosafarbene Blüten über violettroten Blättern, die sich im Herbst aber stark verfärben.

Einzelne Alpenrosen oder Azaleen in große Kübel mit saurem Blumensubstrat setzen. Nur stark wuchernde Triebe zurückschneiden, verwelkte Blüten jedoch entfernen, um eine Samenproduktion zu vermeiden. Selbst die Blüten winterharter Pflanzen (insbesondere die der frühblühenden Sorten) können durch Frost Schaden nehmen; dies läßt sich aber durch den Schutz von Bäumen oder einem vorstehenden Dach vermeiden. *Siehe auch Seite 129, 139, 142, 145, 148, 150, 167, 173; Abbildung Seite 45.*

Saxifraga
STEINBRECH
IMMERGRÜNE STAUDE · ZONE 4

Der meist langsam wachsende Steinbrech besteht aus dichten Rosetten kleiner Blätter, die sich zu kleinen Hügeln oder flachen Matten ausbreiten. *S.* x *irvingii* 'Jenkinsiae' eignet sich gut zur Kombination mit anderen Steingartenpflanzen in einem durchlässigen Boden und bildet ein Kissen von nur 2,5 Zentimeter Höhe, das jedoch einen Durchmesser von bis zu 30 Zentimetern erreicht. Zu Beginn oder in der Mitte des Frühlings ist diese Sorte mit vielen stiellosen, rosa Blüten bedeckt.

Die grünen Blätter des Moossteinbrechs bilden kompaktere und dichtere Hügel, die feuchte Wachstumsbedingungen benötigen. Über dem Laub von 'Peter Pan', die bei einer Höhe von 8 Zentimetern einen Durchmesser von 30 Zentimetern erreicht, erscheinen in der ersten Frühlingshälfte rosafarbene Blüten auf karmesinroten Stielen. *Siehe auch Seite **140**.*

Tulipa
TULPE
ZWIEBELPFLANZE · ZONE 5

Die traditionelle Kombination aus rosafarbenen Tulpen und blauen Vergißmeinnicht *(Myosotis)* zählt zu den schönsten Arrangements des Frühlingsgartens. Die klassische Tulpe dafür ist 'Clara Butt' (60 Zentimeter hoch), die im Spätfrühling kleine, kugelförmige, rosarote Blüten trägt. Weitere ungefüllte, gegen Frühlingsende blühende und 50 Zentimeter hohe Tulpen sind die lachsrosa 'Palestrina', deren Petalen an den Außenseiten eine grünliche Tönung aufweisen, und 'China Pink' mit lilienähnlichen Blüten und weniger stark gekräuselten Petalen. Die 45 Zentimeter hohe 'Garden Party' bringt zur Frühlingsmitte ungefüllte Blüten mit weißen, rosarot gerandeten Petalen hervor. Zwei schöne Sorten mit gefüllten Blüten, die sich in der zweiten Frühjahrshälfte öffnen, sind die 30 Zentimeter hohe, dunkelrosa 'Peach Blossom' (unten) und die zarter getönte 'Angélique' mit einer Höhe von 40 Zentimetern.

Es gibt auch rosafarbene Tulpen mit mehreren Blüten: Die in der zweiten Frühlingshälfte blühende 'Toronto' (30 Zentimeter) trägt zwei oder drei langlebige Blüten in leuchtendem Rosa. 'Happy Family' (45 Zentimeter) blüht etwas später in kräftigem Rosarot. *Siehe auch Seite 129 f., 140, 145, **150 f.***

Tulpe *(Tulipa)* 'Peach Blossom'

SOMMER

Aethionema 'Warley Rose'
STEINTÄSCHEL
IMMERGRÜNE STAUDE · ZONE 4
Diese genügsame Steingartenpflanze trägt im Frühsommer kurze, dunkelrosa Blütenstände über graugrünem Laub. Sie wird nur 15 Zentimeter hoch, breitet sich aber bis zu 38 Zentimetern aus und läßt sich schön mit anderen robusten Zwergpflanzen kombinieren, die einen durchlässigen Boden und einen sonnigen Platz schätzen. Die Pflanzen zwischen Herbst und Frühlingsanfang in sandiges, lehmhaltiges Blumensubstrat setzen. Verwelkte Blütenstiele im Sommer abschneiden.

Alyogyne huegelii
ALYOGYNE HUEGELII
IMMERGRÜNER HALBSTRAUCH · ZONE 9
Von Frühling bis Herbst öffnen sich die Knospen der *Alyogyne huegelii* zu seidigen, violettrosa Blüten. Mit einem Durchmesser von über 10 Zentimetern bieten sie einen prächtigen Anblick. Der immergrüne Busch erreicht in Kübeln kaum mehr als 1,5 Meter Höhe. Die Pflanzen im Frühjahr in lehmhaltiges Blumensubstrat setzen und im Winter an einen geschützten Ort stellen. *Siehe Abbildungen Seite 10, 109.*

Anisodontea capensis
ANISODONTEA CAPENSIS
IMMERGRÜNER STRAUCH · ZONE 9
Dunkle Adern verstärken das Rosa der kleinen Blüten, die den ganzen Sommer über an diesem sonnenliebenden Strauch blühen (unten). Er erreicht eine Höhe von bis zu 90 Zentimetern; damit er jedoch buschig bleibt, müssen die Triebspitzen ausgeknipst werden. Die *Anisodontea* kann einzeln oder zwischen anderen Pflanzen stehen.

Die Pflanzen im Frühjahr in lehmhaltiges Blumensubstrat setzen, aber erst ins Freie stellen, wenn keine Frostgefahr mehr besteht. Während des Sommers großzügig wässern. Pflanzen und bewurzelte Stecklinge sollten im Winter unter Glas gehalten und sparsam gegossen werden. *Siehe Abbildung Seite 105.*

Anisodontea capensis

Antirrhinum majus
GARTENLÖWENMAUL
BEDINGT WINTERHARTE EINJÄHRIGE
Einzelne Farben hoher, mittelhoher und niedriger Gartenlöwenmäulchen sind meist eher als Jungpflanzen denn als Samen erhältlich; lediglich die mittelhohe, rostresistente Monarch-Serie bietet Samen in Einzelfarben. Die 45 Zentimeter hohe 'Coral Monarch' etwa bringt leuchtend korallenrosa Blüten hervor. *Siehe auch Seite 130, 140, **151**, 167.*

Argyranthemum
STRAUCHMARGERITE
IMMERGRÜNE STAUDE · ZONE 9
Die genügsame und üppig blühende Strauchmargerite gibt es in vielen Farben. Die folgenden Sorten haben rosa Blüten: 'Petite Pink' ('Pink Delight') und 'Pink Australian' besitzen hübsche ungefüllte Blüten, während 'Vancouver' und 'Mary Wootton' gefüllte Blüten von satter Farbe und mit anemonenähnlicher Mitte tragen. Die Pflanzen erreichen eine Höhe von 30 bis 60 Zentimetern und lassen sich gut zu Halbstämmen erziehen. *Siehe auch Seite **130 f.**, 140; Abbildungen Seite 99, 109, 115.*

Astilbe
ASTILBE
STAUDE · ZONE 5
Astilben gehören zu den schönsten Kübelpflanzen, solange das Blumensubstrat stets feucht gehalten wird. Ihre hübschen, farnartigen Blätter sind besonders im Jugendstadium häufig dunkelbronze- oder kupferfarben, und ihre langlebigen Blütenstände sehen auch im Winter (wenn die Pflanze vertrocknet ist) noch sehr attraktiv aus. Die meisten Astilben gedeihen sowohl im Halbschatten als auch an einem sonnigen Standort.

Unter den zahlreichen Arten und Hybriden finden sich viele mit schönen rosafarbenen Blüten. Die Zwergastilbe *A. chinensis* 'Pumila' streckt in Spätsommer und Frühherbst steife, 45 Zentimeter hohe Kerzen mit mauve-rosa Blüten in die Höhe. *A.* 'Bronce Elegans' (nur selten über 30 Zentimeter hoch) besitzt lockere Blütenstände mit kleinen rosa- und cremefarbenen Blüten, die ebenfalls sehr spät blühen und sich bogenförmig über dem bronzefarbenen Laub ausbreiten. Eine größere, im Früh- oder Hochsommer blühende Astilben-Sorte ist *A.* 'Straußenfeder' mit einer Höhe von 90 Zentimetern und anmutig fedrigen, korallenrosa Blütenständen.

Die Pflanzen werden zwischen Herbst und Frühlingsbeginn in lehmhaltiges, mit faserreicher Blumenzwiebelerde angereichertes Blumensubstrat gesetzt, das stets feucht gehalten werden muß. Blütenstände, die den Winter über stehenbleiben, sollten zu Beginn des Frühjahrs abgeschnitten werden. *Siehe auch Seite 151.*

Calluna vulgaris
HEIDEKRAUT
IMMERGRÜNER STRAUCH · ZONE 5
Zahlreiche Sorten des Heidekrauts zeichnen sich durch rosafarbene Blüten aus, die häufig vom Spätsommer bis weit in den Herbst blühen. Die meisten Heidekrautpflanzen erreichen eine Höhe von 30 bis 45 Zentimetern; aber man findet auch diverse niedrigere Sorten wie etwa 'County Wicklow' von kaum 23 Zentimeter Höhe, aber bis zu 35 Zentimeter Durchmesser, die gefüllte, zartrosa Blüten hervorbringt. Die lachsrosablühende 'J. H. Hamilton' ist ebenfalls eine kompakte Sorte. Die Pflanzen im Frühjahr oder Sommer in saures Blumensubstrat setzen, im Frühjahr zurückschneiden und die oberste Erdschicht durch frisches Substrat ersetzen. *Siehe auch Seite 131, 183.*

Clarkia amoena
GODETIE
WINTERHARTE EINJÄHRIGE
Die seidigen, gekräuselten Blüten der Godetien erscheinen besonders an sonnigen Standorten sehr zahlreich und sehen außergewöhnlich reizvoll aus. Die Samen dieser Pflanzen sind meist als Mischungen erhältlich, mit Rosa als vorherrschender Blütenfarbe. Einige Mischungen ergeben Zwerggodetien mit einer Höhe von maximal 30 Zentimetern, während die höchsten Godetien 60 bis 90 Zentimeter hoch werden können. Zu den mittelhohen Formen zählen die azaleenblütigen Mischungen, mit bis zu 38 Zentimeter Höhe und halbgefüllten Blüten.

Es sind auch Farbzüchtungen erhältlich. Zu den schönsten gehört die Zwerggodetie 'Salmon Princess', deren gleichmäßiges Rosa durch einen Pfirsichton eine warme Note erhält (unten links).

Die besten Ergebnisse lassen sich erzielen, wenn man die Samen direkt in Kübel sät, die mit lehmhaltigem Blumensubstrat oder Torfkultursubstrat gefüllt sind, und die Jungpflanzen später im Abstand von 10 bis 15 Zentimetern pikiert. Übermäßiges Düngen vermeiden, da sonst die Blätter auf Kosten der Blüten wachsen.

Godetie *(Clarkia amoena)* 'Salmon Princess'

Clarkia unguiculata
CLARKIA UNGUICULATA
WINTERHARTE EINJÄHRIGE
Diese buschige Pflanze (auch unter dem Namen *C. elegans* geführt) erreicht ungefähr 60 Zentimeter Höhe und ist in Samenmischungen mit hauptsächlich gefüllten Blüten erhältlich, die dichtgedrängt an schlanken Stielen stehen. Die Double-Mischung etwa enthält viele rosa Schattierungen, aber auch Scharlachrot, Violett, Lachsrosa und Weiß.

Die Samen zu Beginn des Frühlings dünn in Töpfe säen; die Jungpflanzen später in einem Abstand von 15 Zentimetern pikieren. Triebspitzen ausknipsen, um einen buschigen Wuchs zu fördern. An geschützten Standorten die Samen im Frühherbst säen, damit die Pflanzen im Frühsommer blühen.

Clematis
WALDREBE
KLETTERPFLANZE · ZONE 3 · GIFTIG
Viele großblütige *Clematis*-Hybriden bringen den ganzen Sommer über Blüten in zahlreichen rosa Schattierungen hervor. Als Kletterpflanzen an Spalieren können die folgenden Sorten eine Höhe von 3,7 Metern erreichen; sie bieten auch einen hübschen Anblick, wenn sie über den Rand eines hohen Kübels ranken.

Die Sorte 'Bees' Jubilee' blüht im Frühsommer und eventuell später ein zweites Mal. Das Mauverosa ihrer ungefüllten Blüten wirkt durch eine karmesinrote Schattierung in der Mitte der Sepalen, die cremefarbene Staubgefäße umschließen, noch lebendiger. Diese Pflanze braucht einen halbschattigen Standort, damit die Blüten nicht verblassen. Im Frühjahr das alte Holz teilweise herausschneiden.

Im Spätsommer blüht die Sorte 'Comtesse de Bouchaud' üppig. Ihre ungefüllten, leuchtend rosafarbenen Blüten sind mauvefarben überhaucht und besitzen cremefarbene Staubgefäße. Die ebenfalls spätblühende 'Hagley Hybrid' trägt ungefüllte, bis zu 10 Zentimeter große, rosamauvefarbene Blüten mit violettroten Staubbeuteln. Beide Hybriden im Frühjahr kräftig zurückschneiden. *Siehe auch Seite 128, **131 f.**, 156, 167, 174.*

Cleome hassleriana
SPINNENPFLANZE
BEDINGT WINTERHARTE EINJÄHRIGE
Die schnellwachsende Spinnenpflanze (unten rechts), die auch als *C. spinosa* geführt wird, benötigt einen sonnigen Standort, um eine Höhe von 1,2 Metern zu erreichen. Vom Hochsommer bis zum Frühherbst bringt sie ungewöhnliche, endständige große Blüten mit schmalen Petalen und auffallend herausragenden Staubgefäßen hervor, die sich durch ein rosa überhauchtes Weiß auszeichnen. Im Handel sind jedoch auch Mischungen mit reinem Weiß, Violett, Karmesinrot und kräftigen Rosatönen erhältlich. Die dunkelrosa 'Rose Queen' zählt zu den in Einzelfarben angebotenen Sorten.

Die Samen in frostgefährdeten Regionen zu Beginn des Frühjahrs unter Glas säen, die Jungpflanzen abhärten, im Spätfrühling in lehmhaltiges Blumensubstrat oder Torfkultursubstrat setzen und ins Freie stellen. Verwelkte Blüten während des ganzen Sommers sofort entfernen.

Cosmos bipinnatus
SCHMUCKKÖRBCHEN
BEDINGT WINTERHARTE EINJÄHRIGE
Das Schmuckkörbchen ist eine attraktive, unkomplizierte Pflanze für sonnige Standorte. Sie bringt in Sommer und Herbst locker angeordnete, dahlienähnliche, meist ungefüllte Blüten über fiederschnittigen Blättern hervor und wird häufig als Samenmischung mit rosafarbenen, roten und weißen Blüten angeboten. Die *C. bipinnatus* Sonata-Mischung eignet

Spinnenpflanze *(Cleome hassleriana)*

Schmuckkörbchen *(Cosmos)* Sea-Shells-Mischung

sich besonders gut für Kübel. Diese bis zu 50 Zentimeter hohen Pflanzen produzieren eine Fülle rosafarbener Blüten. Die meisten Schmuckkörbchen werden jedoch bis zu 90 Zentimeter hoch und sollten gestützt werden. 'Daydream' trägt beeindruckende weiße Blüten mit einem kräftigen rosa Fleck um die gelbe Mitte. Die überwiegend rosafarbenen Blüten der Sea-Shells-Mischung besitzen kannelierte Blütenröhren (oben).

Die Samen in frostgefährdeten Regionen zu Beginn des Frühjahrs unter Glas säen. Ein besonders schöner Effekt läßt sich erzielen, wenn man die Jungpflanzen gruppenweise in lehmhaltiges Blumensubstrat oder Torfkultursubstrat setzt. Übermäßiges Düngen vermeiden, da sonst die Blätter auf Kosten der Blüten wachsen. Verwelkte Blüten regelmäßig entfernen. *Siehe auch Seite 132, 152.*

Dianthus
NELKE
STAUDE · ZONE 4

Mit ihren graugrünen, grasartigen Blättern, ihren hübschen, oft schön gemusterten Blüten und ihrem manchmal angenehm würzigen Duft stellen Nelken seit Jahrhunderten eine nie versiegende Quelle der Inspiration dar. Obwohl sie relativ einfach zu pflegen sind und sogar Dürreperioden schadlos überstehen, benötigen sie unbedingt einen sonnigen Standort.

Eine traditionelle Art, höhere Nelken zu ziehen, besteht darin, die Pflanzen mit mehreren Stäben gestützt in Terrakottatöpfe zu setzen.

Für die Kombination mit anderen Steingartenpflanzen in Trögen eignen sich auch zahlreiche Arten und Hybriden der Alpennelke, wie etwa 'Inshriach Dazzler', deren Blätter einen dichten, im Sommer mit rosa-karmesinroten Blüten übersäten Hügel bilden. 'Pike's Pink' besitzt kräftig gefärbte, halbgefüllte Blüten; beide werden 10 Zentimeter hoch. Die Pfingstnelke (*D. gratianopolitanus,* Zone 5) erreicht dagegen 30 Zentimeter und trägt vom Spätfrühling bis zum Hochsommer ungefüllte, gekräuselte Blüten in frischem Rosa, die stark duften.

Die alten Nelken von etwa 30 Zentimeter Höhe bringen nur im Frühsommer ungefüllte oder gefüllte Blüten von einem meist betörenden Duft hervor. 'Inchmery' etwa trägt gefüllte, zartrosa Blüten.

Die modernen Hybriden wachsen zwar schneller als die alten Nelken, erreichen aber fast die gleiche Höhe. Obwohl ihre Hauptblütezeit zwischen Früh- und Hochsommer liegt, blühen viele auch im Herbst ein weiteres Mal. 'Doris' (unten), mit gefüllten, zart lachsrosa Blüten, fällt durch einen besonderen Duft auf.

Nelken werden in sandiges, lehmhaltiges Blumensubstrat gepflanzt. Moderne Nelken-Sorten muß man alle zwei bis drei Jahre, alte nur alle vier bis fünf Jahre mit Hilfe von Stecklingen vermehren, die man in der ersten Sommerhälfte nimmt. Zur Förderung eines schön verzweigten Wuchses die Jungpflanzen (insbesondere die der modernen Sorten) gegen Mitte/Ende des Frühlings zurückschneiden; dabei den Haupttrieb über einem Knoten ausknipsen. *Siehe auch Seite 132, 152 f.*

Nelke *(Dianthus)* 'Doris'

Diascia
DIASCIA
STAUDE · ZONE 8

Diese häufig als Einjährige kultivierte Staude benötigt einen sonnigen Standort, um den ganzen Sommer über eine Fülle kleiner, röhrenförmiger Blüten hervorzubringen. Von allen folgenden *Diascia*-Arten lassen sich bewurzelte Stecklinge unter Glas überwintern.

Die zunächst kriechend wachsenden, steifen Stiele von *D. rigescens* richten sich 30 Zentimeter hoch auf und tragen den ganzen Sommer über dichte lachsrosa Blütenstände. 'Ruby Field', eine kleinere Pflanze von 15 Zentimeter Höhe, bringt vom Hoch- bis zum Spätsommer ebenfalls lachsrosa Blüten hervor, die jedoch weiter auseinander liegen. Zwei andere, in der zweiten Sommerhälfte blühende Arten sind *D. vigilis* (Zone 7) mit bis zu 45 Zentimeter hohen Blütenständen aus zartrosa Blüten mit dunklen Mitten und *D. cordata* mit einer Höhe von 20 Zentimetern und leuchtend rosafarbenen Blüten.

Die Pflanzen Mitte bis Ende des Frühjahrs in lehmhaltiges Blumensubstrat setzen und die alten Stiele in der Frühlingsmitte herausschneiden, falls die Pflanzen für die kommende Saison im Boden bleiben sollen. *Siehe Abbildungen Seite 22, 101, 104, 105.*

Dicentra
DICENTRA
STAUDE · ZONE 4

Im Handel sind mehrere kompakte Formen dieser Pflanze mit ihren schönen dreizähligen Blättern und hängenden mauve- oder rosafarbenen Blütentrauben erhältlich, die sich im Spätfrühling oder Frühsommer öffnen. 'Stuart Boothman' bildet einen farnartigen, blaugrauen Busch von 45 Zentimeter Höhe und 30 Zentimeter Durchmesser und trägt zartrosa Blüten. Die Pflanze gedeiht gut im Halbschatten. *Dicentra* wird am besten im Herbst oder zu Beginn des Frühjahrs in lehmhaltiges Blumensubstrat gesetzt. *Siehe Abbildung Seite 89.*

Fuchsia
FUCHSIE
STRAUCH · ZONE 10

Nur wenige Fuchsien-Hybriden bringen Blüten von einheitlichem Rosa hervor, aber ihre Schönheit liegt gerade in dem Kontrast zwischen den Farben der Kronblätter einerseits und der Kelchschläuche und Kelchblätter andererseits.

Die rankende 'Pink Galore' besitzt gefüllte, gleichmäßig rosa gefärbte Blüten, während die ebenfalls rankende, halbgefülltblühende 'Lena' (Zone 8) über fleischfarbene Kelchschläuche und -blätter, jedoch viel dunkler getönte Kronblätter verfügt. Bei der hängenden, gefülltblühenden 'Pink Marshmallow' schimmern Kelchschlauch und -blätter rosa, während die Kronblätter weiß leuchten. 'Jack Shahan' (Zone 9) ist eine Hängefuchsie mit ungefüllten Blüten, dunkelrosa Kronblättern und zartrosa Kelchblättern. Die Sorten werden 45 Zentimeter hoch und 90 Zentimeter breit.

'Brilliant' (Zone 8), ein kleiner, aufrecht wachsender Strauch, besitzt Blüten mit dunkelrosa Kronblättern und rosaroten Kelchblättern. Die ebenso aufrechte Sorte 'Other Fellow' wächst in einer Wachstumsperiode 60 bis 90 Zentimeter und bringt kleine, ungefüllte Blüten mit weißem Kelchschlauch, weißen Kelchblättern und rosafarbenen Kronblättern hervor. 'Leonora' läßt sich gut zu einem

Storchschnabel *(Geranium cinereum)* 'Ballerina'

Halbstamm erziehen und trägt ungefüllte, rosa Blüten mit grün überhauchten Kelchblättern. *Siehe auch Seite 132 f., 153,* ***168****; Abbildungen Seite 87, 114.*

Geranium
STORCHSCHNABEL
STAUDE · ZONE 4
Viele kleine Storchschnabel-Arten lassen sich mit Steingartenpflanzen kombinieren. Die blühfreudige *G. cinereum* 'Ballerina' (oben) hat schalenförmige, mauverosafarbene Blüten mit purpurnen Adern und dunkler Mitte, die an biegsamen Stielen über 10 Zentimeter hohen dekorativen, graugrünen Blättern gedeihen.

G. sanguineum var. *striatum (G. sanguineum* var. *lancastrense),* ein weiterer kleinwüchsiger Storchschnabel von bis zu 13 Zentimeter Höhe und zartrosa Blüten mit karmesinroten Adern, kommt sowohl alleine als auch als Unterpflanzung für Sträucher gut zur Geltung.

Die Pflanzen zwischen Herbst und Frühlingsmitte in sandiges, lehmhaltiges Blumensubstrat setzen und nach der Blüte zurückschneiden, damit sie ein zweites Mal blühen. *Siehe auch Seite 168.*

Helianthemum 'Rhodanthe Carneum'
SONNENRÖSCHEN
IMMERGRÜNER STRAUCH · ZONE 5
An einem sonnigen Standort und in gut durchlässigem Blumensubstrat erfreut diese Sonnenröschen-Sorte (auch als 'Wisley Pink' geführt) durch seine lange Blütezeit. Die Pflanze bildet einen graugrünen Hügel von 30 Zentimetern, der von kleinen zartrosa Blütentellern mit einer orangegelben Mitte bedeckt ist. *Siehe auch Seite 133, 141, 146.*

Hydrangea
HORTENSIE
STRAUCH · ZONE 6
In neutralem oder alkalischem Blumensubstrat entfalten Mophead-Hortensien (Sorten von *H. macrophylla*) rosa oder rote Blüten, und selbst die in sauren Böden hellblaublühende 'Générale Vicomtesse de Vibraye' trägt im Hochsommer zartrosa Blüten. Die je nach Boden blaue oder rosa 'Mariesii' ist eine Lacecap-Hybride, bei der die Mischung aus unfruchtbaren und fruchtbaren Blüten heiter wirkt. Eine weitere Mophead-Hortensie, *H.* 'Preziosa', verfügt über Blätter, die sich im Herbst stark verfärben. Im Frühsommer erscheinen dunkelrosa Blüten, die später eine rote Tönung annehmen und sich als Trockenblumen eignen. Diese Hortensien bilden in Gefäßen 90 bis 120 Zentimeter hohe Büsche mit einer Blütezeit bis zum Herbst. *Siehe auch Seite 133, 175.*

Impatiens
SPRINGKRAUT (FLEISSIGES LIESCHEN)
BEDINGT WINTERHARTE EINJÄHRIGE
Diese frostempfindlichen, meist als bedingt winterharte Einjährige kultivierten Stauden blühen in einer Vielzahl aufsehenerregender Farben (unten). Ihre Samen sind als Mischungen mit bisweilen kräftigen rosa Schattierungen erhältlich. Die Accent-Mischung bringt leuchtend bunte Blüten an 15 Zentimeter hohen und 20 Zentimeter breiten Pflanzen hervor, während die Super-Elfin-Mischung buschige Pflanzen von bis zu 30 Zentimeter Höhe enthält, die große Blüten in einer Vielzahl intensiver Farbtöne tragen. Von mittlerer Höhe sind dagegen die Pflanzen der Eye-Eye-Mischung, deren pastellfarbene Blüten durch eine leuchtende Mitte noch intensiver erscheinen.

Neu-Guinea-Hybriden sind für den Topfgarten von unschätzbarem Wert, da ihre großen, farbenprächtigen Blüten vor dunklem oder panaschiertem Laub erscheinen. Diese etwa 35 Zentimeter hohen und 45 Zentimeter breiten *Impatiens* werden von der Frühlingsmitte an bis zum Spätfrühling als Jungpflanzen angeboten, sind aber auch als Samen erhältlich.

Die Samen in frostgefährdeten Regionen im Frühjahr unter Glas säen, die abgehärteten Jungpflanzen im Spätfrühling in lehmhaltiges Blumensubstrat oder Torfkultursubstrat setzen und ins Freie stellen. Neu-Guinea-Hybriden gedeihen gut an einem sonnigen Standort, während andere Arten den Halbschatten bevorzugen. Regelmäßig wässern und drei bis vier

Fleißiges Lieschen *(Impatiens*-Hybriden*)*

Wochen nach dem Pflanzen alle zwei Wochen mit Flüssigdünger düngen. *Siehe auch Seite 146; Abbildungen Seite 53 f., 110.*

Lapageria rosea
LAPAGERIA ROSEA
IMMERGRÜNE KLETTERPFLANZE · ZONE 9

Diese *Lapageria*-Art ist eine rankende Kletterpflanze von vollendeter Schönheit, die 3,7 Meter erreicht und in gemäßigten Klimazonen als Gewächshauspflanze kultiviert wird. Sie gedeiht aber auch im Freien an einem warmen, geschützten Standort im Schatten. Diese Kletterpflanze bringt vom Hochsommer bis in den Herbst hängende, wachsartige, dunkelrosa Glockenblüten hervor.

Die Pflanzen werden im Frühling einzeln in saures Blumensubstrat gesetzt, das mit faserreicher Blumenzwiebelerde angereichert ist. *Lapageria* benötigt Kletterhilfen und muß in der Wachstumszeit gut gewässert und alle zwei Wochen mit Flüssigdünger gedüngt werden.

Lathyrus odoratus
WOHLRIECHENDE WICKE
WINTERHARTE EINJÄHRIGE/ZWEIJÄHRIGE KLETTERPFLANZE · GIFTIG

Aufgrund ihres Duftes gehört die Wohlriechende Wicke zu den beliebtesten Pflanzen für sommerliche Arrangements (je mehr man sie schneidet, desto stärker blüht sie). Diese dekorativen einjährigen Pflanzen klettern mit Ranken empor und erreichen 3 Meter Höhe. Besonders gut gedeihen sie in Kübeln vor sonnenbeschienenen, mit Netzen versehenen Mauern oder Zäunen. Sie können aber auch in einen großen Trog mit wigwamförmig zusammengebundenen Stöcken gepflanzt und an einen sonnigen, geschützten Standort gestellt werden.

Die Samen sind meist als Farbmischungen erhältlich, in denen auch viele Pastellschattierungen – hauptsächlich Rosa und Mauve – sowie dunkle Rot- und Violettöne vorkommen. Die großblütige Spencer-Mischung erfreut sich besonderer Beliebtheit, während Antique Fantasy, eine Mischung alter Sorten, kleinere, aber intensiv duftende Blüten präsentiert. Aber auch die bis zu 90 Zentimeter hohe Knee-Hi- und Jet-Set-Mischung ergeben schöne, bunte kompakte Pflanzungen, die nur minimal gestützt werden müssen.

Bei den großblütigen Wohlriechenden Wicken kommen jedes Jahr neue Sorten hinzu, etwa 'Memories' mit weißen, in einer warmen rosaroten Schattierung überhauchten Blütenblättern und 'Mrs Bernard Jones', die große, gekräuselte, rötlich-rosafarbene Blüten trägt.

Die Samen im Herbst oder zum Frühlingsanfang säen und die Triebspitzen der Jungpflanzen ausknipsen, wenn sie 10 Zentimeter hoch sind. Zwischen Mitte und Ende des Frühjahrs in Töpfe mit lehmhaltigem Blumensubstrat oder Torfkultursubstrat setzen, in der Wachstumszeit gut düngen und junge Pflanzen festbinden. Regelmäßig Schnittblumen für die Vase schneiden oder verwelkte Blüten entfernen, um die Blütezeit zu verlängern. *Siehe auch Seite 133, 169, 175.*

Lavatera trimestris
BECHERMALVE
WINTERHARTE EINJÄHRIGE

Die einjährige Bechermalve wächst zu einem aufrechten Busch von 50 bis 90 Zentimeter Höhe heran, der vom Sommer bis zum Herbst große, seidige Blüten von breiter Trichterform trägt. Diese Pflanzen benötigen einen sonnigen Standort, und insbesondere hohe Sorten sollten an einer geschützten Stelle wachsen.

'Sunset' ('Loveliness') besitzt dunkelrosa Blüten und wird über 75 Zentimeter hoch, während sich die kompakte 'Silver Cup' (unten) mit einer Höhe von bis zu 60 Zentimetern und glänzend rosafarbenen Blüten noch besser für Kübel und Töpfe eignet.

Die Samen im Frühjahr in Pflanzgefäße mit lehmhaltigem Blumensubstrat oder Torfkultursubstrat säen; die Jungpflanzen im Frühsommer pikieren, so daß sie 15 Zentimeter weit auseinander stehen. Übermäßiges Düngen vermeiden, da sonst die Blätter auf Kosten der Blüten wachsen. *Siehe auch Seite 133.*

Lilium
LILIE
ZWIEBELPFLANZE · ZONE 3 · GIFTIG

Fast alle rosafarbenen Lilien eignen sich hervorragend für Kübel und Töpfe. Besonders prächtig ist die stengelwurzeltreibende 'Pink Perfection', deren starker, 1,2 bis 1,5 Meter hoher Stengel im Hoch- oder Spätsommer trompetenförmige, staubigrosafarbene Blüten von 15 Zentimeter Durchmesser trägt. Die herrliche 'Journey's End', eine weitere duftende Lilien-Sorte, blüht etwas später: An ihren 90 bis 120 Zentimeter hohen Stengeln erscheinen große, sternförmige Blüten mit dunkelrosa Mittelrippen und kastanienbraunen Tupfen, während die zurückgebogenen Spitzen und gewellten Ränder der Petalen zartrosa schimmern.

'Joy' (syn. 'Le Réve') duftet vergleichsweise schwach, aber mit ihren trichterförmigen, mauvefarben überhauchten zartrosa Blüten auf starken Stengeln von 90 Zentimeter Höhe zählt sie zu den bezauberndsten Lilien-Hybriden des Hochsommers. Die ebenfalls im Hochsommer blühende 'Côte d'Azur' ist eine kompakte Hybride, deren nach oben gerichtete, dunkelrosa Blüten an bis zu 60 Zentimeter hohen Stengeln gedeihen. *Siehe auch Seite* ***134****, 142, 147, 153.*

Lobularia maritima
DUFTSTEINRICH
WINTERHARTE EINJÄHRIGE

Der Duftsteinrich ist in mehreren guten Züchtungen erhältlich, deren Palette an Blütenfarben weit über das traditionelle Weiß hinausgeht. Diese Pflanze bietet

Bechermalve *(Lavatera trimestris)* 'Silver Cup'

sich besonders für die Randbepflanzung von Kübeln und Töpfen an. Eine der schönsten Sorten ist die kaum 15 Zentimeter hohe und ungefähr 30 Zentimeter breite 'Rosie O'Day', die über einen langen Zeitraum duftende, dunkelrosa Blüten trägt. *Siehe auch Seite* ***135***.

Oleander *(Nerium oleander)*

Nerium oleander
OLEANDER
IMMERGRÜNER STRAUCH · ZONE 9 · GIFTIG
Die lederartigen, immergrünen Blätter des Oleanders (oben) lassen ahnen, wie gut diese Pflanze Hitzeperioden übersteht. Oleandersträucher mit rosafarbenen Blüten sind zwar am weitesten verbreitet, aber man findet auch zahlreiche Sorten mit ungefüllten und gefüllten Blüten in Rot, Gelb, Weiß und diversen Schattierungen. Die Propellerform der ungefüllten, fünfblättrigen Blüten ist besonders reizvoll. Der Oleander zeichnet sich durch eine ungewöhnlich lange Blütezeit vom Sommer bis in den Herbst aus.

Die Pflanzen im Spätfrühling einzeln in lehmhaltiges Blumensubstrat setzen; die Triebspitzen der Jungpflanzen zurückschneiden, um ein buschiges Wachstum zu fördern. Während der Wachstumszeit großzügig, von Herbst bis Frühlingsmitte jedoch nur sparsam wässern.

Nicotiana
TABAK
BEDINGT WINTERHARTE EINJÄHRIGE · GIFTIG
In vielen Tabakpflanzenmischungen dominieren rosafarbene Blüten, während sich in der begrenzten Palette der Einzelfarben die 'Domino Salmon Pink' durch eine ungewöhnlich warme rosa Schattierung auszeichnet. Diese buschige Sorte erreicht bis zu 30 Zentimeter, und ihre Blüten sind – im Gegensatz zu den meisten Tabakpflanzen – nicht nur am Abend, sondern den ganzen Tag über geöffnet. *Siehe auch Seite* ***135****, 142.*

Pelargonium
PELARGONIE
IMMERGRÜNE STAUDE · ZONE 9
Bei allen Typen von Pelargonien, insbesondere bei den Efeu- und Zonalpelargonien, finden sich Nuancen von Rosa.

Attraktive Efeupelargonien-Sorten umfassen zum Beispiel 'The Crocodile' mit halbgefüllten Blüten und cremefarben panaschierten Blättern, 'Hederinum Variegatum' ('Duke of Edinburgh', unten) mit ungefüllten, rosa Blüten und silbrigem Laub, 'Madame Crousse' mit halbgefüllten, zartrosa Blüten sowie 'Galilee' mit gefüllten Blüten in kräftigem Rosa. Mit ihren manchmal mehr als 75 Zentimeter langen Stielen eignen sich diese Pflanzen besonders für Ampeln.

'Rio', eine der zahlreichen Zonalpelargonien, besitzt ungefüllte, leuchtend rosa Blüten, deren Petalen jeweils einen dunkelroten Tupfer aufweisen. 'Party Dress' verfügt über halbgefüllte Blüten von zarterer Tönung. Die meisten Zonalpelargonien erreichen eine Höhe von 90 Zentimetern, aber es sind auch Zwerg- und Miniatur-Zonalpelargonien erhältlich: Die nur 23 Zentimeter hohe und breite 'Bridesmaid' trägt außergewöhnliche Blätter und gefüllte, zartrosa Blüten.

Zu den beeindruckenden Edelpelargonien für einen geschützten Standort zählt 'Aztec', deren große rosafarbene Blüten eine braune Zeichnung aufweisen. *Siehe auch Seite 135, 147 f.,* ***153 f.****, 170, 181 f.; Abbildungen Seite 115, 119.*

Pelargonie *(Pelargonium)* 'Hederinum Variegatum'

Petunia
PETUNIE
BEDINGT WINTERHARTE EINJÄHRIGE
Nahezu alle Petunien-Mischungen enthalten rosa Schattierungen – von zarten Pfirsichfarben bis hin zu kräftigeren, fast magentafarbenen Tönen. Es sind aber auch Einzelfarben erhältlich. Die Blüten der 'Pastel Salmon' zeichnen sich durch eine ungewöhnliche Farbe aus und kommen vor dem silbrigen Laub sehr gut zur Geltung. *Siehe auch Seite 136, 142, 154, 170,* ***176***.

Phlox subulata
MOOSPHLOX
IMMERGRÜNE STAUDE · ZONE 3
Gegen Mitte oder Ende des Frühlings bildet der Moosphlox einen Hügel aus flachen, sternförmigen Blüten in vorwiegend Rosa, Mauve oder Rot. Die in der Blütezeit verdeckte Matte aus kleinen, pfriemenförmigen Blättern erreicht nur eine Höhe von 10 Zentimetern, breitet sich aber doppelt so weit aus. 'Alexander's Surprise' mit ihren schönen rosafarbenen Blüten eignet sich hervorragend zur Kombination mit anderen Steingartenpflanzen.

Die Pflanzen an einem sonnigen Standort in sandiges, lehmhaltiges Blumensubstrat setzen und nach der Blüte zurückschneiden, um einen kompakten Wuchs zu fördern. *Siehe auch Seite 129.*

Ranunculus asiaticus
RANUNKEL
STAUDE · ZONE 5 · GIFTIG
Diese ursprünglich als Frühsommerpflanze kultivierte Staude mit herrlichen, gefüllten Blüten und zahlreichen seidenpapierartigen weißen, roten, gelben, orange- oder rosafarbenen Petalen wird in Gärtnereien mittlerweile auch in großen Mengen für das Frühjahrsgeschäft gezüchtet. Ungeachtet ihrer kurzen Blütezeit zählt die Ranunkel (unten) zu den aufsehenerregendsten Gartenpflanzen. Für extravagante Frühlingsarrangements

Ranunkel *(Ranunculus asiaticus)*

Rose *(Rosa)* 'The Fairy'

empfiehlt es sich, die Pflanzen zu Beginn der Blütezeit zu kaufen, damit man die Farben besser auswählen kann.

Die Ranunkeln in lehmhaltiges Blumensubstrat oder Torfkultursubstrat setzen und stets gründlich wässern. Etwa zwei Wochen nach dem Pflanzen mit Flüssigdünger düngen. Da diese hochgezüchteten Pflanzen sehr krankheitsanfällig sind, sollten verwelkte Blüten sofort entfernt und die gesamte Pflanze nach der Blüte herausgenommen werden. *Siehe Abbildungen Seite 13, 89.*

Rosa

ROSE

STRAUCH · ZONE 4

Die üppig blühende Sorte 'Gentle Touch' gehört zu den modernen Zwergbuschrosen (Patio-Rosen); ihre duftenden, gefüllten, zartrosa Blüten von der Form einer Teehybride blühen den Sommer über an etwa 38 Zentimeter hohen und breiten Büschen.

Viele weitaus ältere Rosen-Sorten eignen sich ebenfalls für Pflanzgefäße. Die aus dem 19. Jahrhundert stammende 'Cécile Brunner', die auch als »Rose der Liebenden« bezeichnet wird, bildet einen verzweigten Busch von bis zu 75 Zentimeter Höhe. Ihre gefüllten, zartrosa Blüten mit schwachem Duft erinnern im Knospenstadium an Zwergteehybriden, wirken aber nach dem Öffnen etwas unordentlich. Eine seit langem eingeführte, aber moderner anmutende Sorte ist 'Mevrouw Nathalie Nypels', eine Polyantha-Rose mit leicht duftenden, halbgefüllten, dunkelrosa Blüten, die bis zu 75 Zentimeter Höhe erreicht. Die bedeutend höhere Moschushybride 'Ballerina' (1,2 Meter hoch und breit) trägt große Zweige mit ungefüllten Blüten in den Farben rosaweißer Apfelblüten. Auch diese Rosen verströmen nur wenig Duft. Bei 'The Fairy' (60 bis 90 Zentimeter hoch und breit) handelt es sich um eine spätblühende Polyantha-Rose, deren zahlreiche kleine, gefüllte Blüten an hübschen Zweigen gedeihen (oben). *Siehe auch Seite 136, 142,* ***154****, 170, 203.*

Schizanthus pinnatus

SPALTBLUME

BEDINGT WINTERHARTE EINJÄHRIGE

Die Spaltblume wird häufig in Kübeln und Töpfen kultiviert, damit sie im Frühjahr ihre Blütenpracht in einem kühlen Gewächshaus entfalten kann, aber sie gedeiht auch im Freien, wo sie dann im Sommer blüht. Die Pflanzen sind meist als Mischungen erhältlich, in denen rosa Schattierungen dominieren. Ihre orchideenähnlichen Blüten besitzen eine kontrastierende Zeichnung und auffallende Adern im Schlund. Hohe Sorten erreichen über 90 Zentimeter Höhe, wobei sich die niedrigeren erheblich besser für Kübel und Töpfe eignen. Die kompakten, 38 Zentimeter hohen Pflanzen der Disco-Mischung sind über viele Wochen mit schön gezeichneten Blüten übersät.

Die Samen im Frühling unter Glas säen, die Jungpflanzen im Spätfrühling in lehmhaltiges Blumensubstrat oder Torfkultursubstrat setzen und an einen sonnigen, geschützten Standort stellen. Regelmäßig wässern und ab dem Frühsommer alle zwei Wochen mit Flüssigdünger düngen. Triebspitzen junger Pflanzen auskipsen, um einen buschigen Wuchs zu fördern. *Siehe Abbildung Seite 13.*

Sedum 'Herbstfreude'

FETTHENNE

STAUDE · ZONE 3 BIS 9

Viele der fleischige Blätter tragenden Fetthennen sind im Sommer oder Frühherbst mit kleinen, dichten Blütenköpfen übersät. Die Sorte 'Herbstfreude' (unten) bildet einen Hügel aus graugrünem Laub,

Fetthenne *(Sedum)* 'Herbstfreude'

auf dem im Spätsommer rosafarbene Blüten erscheinen, die mit der Zeit eine bronze- oder kupferfarbene Tönung annehmen. Zur Blütezeit erreicht die Pflanze eine Höhe und Breite von 60 Zentimetern. Auch die verwelkten Blüten wirken den ganzen Winter über attraktiv, insbesondere, wenn sie mit Frost bedeckt sind.

Die Pflanzen zwischen dem Frühherbst und der Frühlingsmitte in lehmhaltiges Substrat setzen und an einen sonnigen Standort stellen. Übermäßiges Wässern und Düngen vermeiden, da die Pflanze sonst wuchert und die Stiele herabhängen.

Verbene
VERBENE
BEDINGT WINTERHARTE EINJÄHRIGE
Viele Verbenen ergeben hervorragende Rankpflanzen mit rosafarbenen Blüten, die in Kombination mit blauen Blumen und grauem Laub besonders schön wirken.

Die meisten Samenmischungen der leuchtend bunten Verbenen enthalten rosa Töne; es sind aber auch Verbenen erhältlich, deren Samen keine reinen Formen hervorbringen. Die bis zu 75 Zentimeter breite Sorte 'Silver Anne' besitzt steife Stiele mit einer Höhe von 45 Zentimetern und bringt zahlreiche doldenartige Ähren großer, dunkelrosa Blüten hervor, die später jedoch verblassen und fast reinweiß werden. 'Sissinghurst' (unten) mit ihren runden, leuchtend rosafarbenen Blütenständen erreicht bis zu 20 Zentimeter Höhe und 45 Zentimeter Durchmesser. *Siehe auch Seite 136, 149, 155, 171, 176; Abbildungen Seite 22, 98/99, 101, 105.*

Verbene *(Verbena)* 'Sissinghurst'

HERBST UND WINTER

Cyclamen
ALPENVEILCHEN
KNOLLENPFLANZE · ZONE 5 · GIFTIG
Alpenveilchen zeichnen sich durch ein beständiges Erscheinungsbild und eine bewährte Palette an Blütenfarben (Weiß, Rosa und Rot) aus. Die großblütigen, meist 23 bis 35 Zentimeter hohen Sorten – Formen von *C. persicum* (Zone 8) – werden hauptsächlich als Zimmerpflanzen kultiviert, aber in Regionen mit mildem Klima gedeihen sie auch im Freien und bilden in den letzten Winter- und ersten Frühlingswochen einen schönen Anblick.

Für Steingartenarrangements eignen sich folgende Zwergalpenveilchen-Arten als Ergänzung: Die 13 Zentimeter hohe und 25 Zentimeter breite *C. hederifolium (*syn. *C. neapolitanum)* bringt vom Spätsommer bis zum Winteranfang zahlreiche Blüten über marmorierten Blättern hervor. Die Blätter von *C. coum* (unten) besitzen eine runde Form und zeichnen sich teilweise durch eine zinngraue Panaschierung aus. Die rosafarbenen, karmesinroten oder weißen Blüten dieser kaum 8 Zentimeter hohen Art erscheinen vom Winter- bis zum Frühlingsanfang.

Die Knollen während der Ruhephase in lehmhaltiges, mit faserreicher Blumenzwiebelerde angereichertes Blumensubstrat setzen: Knollen der Zwergarten nur leicht mit Substrat bedecken, während die Knollen der großblütigen Alpenveilchen so eingesetzt werden sollten, daß die Spitzen gerade aus dem Blumensubstrat herausragen. In der Wachstumszeit regelmäßig wässern und nach Erscheinen der ersten Blätter alle zwei Wochen mit verdünntem Flüssigdünger düngen. Sobald die Blätter einziehen, nicht mehr gießen oder düngen. *Siehe auch Seite 137.*

Alpenveilchen *(Cyclamen coum)*

Erica carnea
SCHNEEHEIDE
IMMERGRÜNER STRAUCH · ZONE 5
Die meisten der zahlreichen Sorten der Schneeheide (unten) werden etwa 15 bis 30 Zentimeter hoch, können jedoch einen Durchmesser von mehr als 60 Zentimetern erreichen. Sie blühen zwischen Winteranfang und Frühlingsende. 'Pink Spangles' ist nur eine der vielen Sorten mit rosafarbenen Blüten. Obwohl alle Sorten der Schneeheide einen sauren Boden bevorzugen und sich hervorragend mit anderen Pflanzen dieser Kategorie kombinieren lassen, tolerieren sie auch ein alkalisches Milieu und eignen sich gut als Unterpflanzung für zahlreiche größere Sträucher, da sie leichten Schatten vertragen.

Die Pflanzen im Herbst in lehmhaltiges Blumensubstrat setzen und nach der Blüte kräftig zurückschneiden. *Siehe auch Seite 137, 155, 171, 183.*

Gemischte Schneeheide *(Erica carnea)*

Erica x *darleyensis*
GLOCKENHEIDE
IMMERGRÜNER STRAUCH · ZONE 6
Die zahlreichen Sorten dieser Hybride lassen sich für ähnliche Zwecke verwenden wie die Formen der *E. carnea.* Auch sie bevorzugen einen sauren Boden, gedeihen aber ebenfalls in alkalischem Milieu.

'Arthur Johnson' erreicht eine Höhe von etwa 60 Zentimetern, breitet sich jedoch meist stärker aus und blüht den ganzen Winter über bis in den Frühling, wenn sich die hübschen, cremerosa Spitzen der jungen Triebe zeigen. Die Pflanzen im Herbst in lehmhaltiges Blumensubstrat setzen und nach der Blüte kräftig zurückschneiden. *Siehe auch Seite 137.*

MAUVEFARBENE UND VIOLETTE BLÜTEN

Im Bereich zwischen Blau und Rot spielen zarte Nuancen von Mauve sowie kräftige Violett- und Lilatöne eine wichtige Rolle. Die meisten Schattierungen dieser Farbtöne lassen sich sehr gut mit anderen Farben zu stilvollen Pflanzenarrangements kombinieren.

FRÜHLING

Aubrieta
BLAUKISSEN
STAUDE · ZONE 5
Das nahezu immergüne, 15 Zentimeter hohe und etwa 45 Zentimeter breite Blaukissen harmoniert sehr schön mit anderen robusten Steingartenpflanzen. Seine zahlreichen Blüten, die vom Frühling bis in den Sommer blühen, leuchten überwiegend in violetten Schattierungen. Die Sorte 'Royal Red' bringt violettrote, 'Doctor Mules' dagegen violettblaue Blüten hervor.

Die Pflanzen im Herbst oder Frühjahr in lehmhaltiges Blumensubstrat setzen, nach der Blüte zurückschneiden und die oberste Erdschicht durch frisches Blumensubstrat ersetzen.

Crocus vernus
KROKUS
ZWIEBELKNOLLENPFLANZE · ZONE 3
Einige der schönsten Frühlingskrokusse zeigen mauvefarbene oder violette Schattierungen: Die Sorte 'Vanguard' (unten) blüht manchmal bereits gegen Ende des Winters, wobei die zartvioletten inneren von den silbrigen äußeren Petalen umschlossen werden. Die glänzenden, leuchtend blauvioletten Blüten von 'Purpureus Grandiflorus' und die etwas blasseren Blüten von 'Remembrance' zeichnen sich durch eine ausgeprägtere Kugelform aus. *Siehe auch Seite 128, 137,* ***138****, 144, 149, 171, 177; Abbildung Seite 51.*

Fritillaria
FRITILLARIA
ZWIEBELPFLANZE · ZONE 5 · GIFTIG
Einige Arten der *Fritillaria* besitzen violettrote und pflaumenfarbene Blüten. Die Schachbrettblume *(F. meleagris)* beispielsweise trägt zur Frühlingsmitte an jedem ihrer 30 Zentimeter hohen Stiele ein bis zwei hübsch gesprenkelte, nickende Glockenblüten, während *F. michailovskyi* in der ersten Frühlingshälfte bis zu fünf braunviolett schimmernde Blüten an den jeweils 20 Zentimeter hohen Stielen hervorbringt. Der graue Flaum der Blüten wird durch einen gelben Rand abgeschwächt.

Die Zwiebeln im Herbst in 8 bis 10 Zentimeter Pflanztiefe einsetzen. Für *F. meleagris* normales lehmhaltiges Blumensubstrat verwenden; *F. michailovskyi* benötigt jedoch zusätzlich etwas Sand. *Siehe auch Seite 128.*

Primula 'Miss Indigo'
PRIMEL
IMMERGRÜNE STAUDE · ZONE 4
Unter den vielen Farbvarianten der Primel bildet die 15 Zentimeter hohe Sorte 'Miss Indigo' (unten) mit ihren gefüllten Blüten in Tintenblau, das nur durch weiße Ränder unterbrochen wird, eine ungewöhnliche Ausnahme. Sie kontrastiert sehr schön mit den vertrauten gelbblühenden Primeln und läßt sich gut mit anderen frühblühenden Frühlingszwiebelpflanzen kombinieren. *Siehe auch Seite* ***139****.*

Kuhschelle *(Pulsatilla vulgaris)*

Pulsatilla vulgaris
KUHSCHELLE
STAUDE · ZONE 5
Die Schönheit der Kuhschelle (oben) wird durch die feinen, silbrigen Härchen, mit denen die Knospen, Blüten und Samenköpfe sowie die fiederschnittigen Blätter überzogen sind, noch zusätzlich betont. Ihre farnartigen Blätterbüschel sind zu Beginn des Frühlings von kelchartigen, überwiegend mauvefarbenen Blüten mit leuchtend goldfarbenen Staubgefäßen übersät. Man findet aber auch rötliche und violette Variationen.

Krokus *(Crocus vernus)* 'Vanguard'

Primel *(Primula)* 'Miss Indigo'

Die Pflanzen zwischen Herbst und Frühlingsanfang zusammen mit anderen Steingartenpflanzen in einen großen Kübel mit sandigem, lehmhaltigem Blumensubstrat setzen.

Rhododendron
ALPENROSE, AZALEE
STRAUCH · ZONE 5
Viele kompakte Alpenrosen und Azaleen mit mauvefarbenen oder violettblauen Blüten eignen sich hervorragend für die Kultur in Kübeln und Töpfen. Die reizvolle Art *R. russatum* (Zone 7) wächst zu einem Strauch von 90 bis 120 Zentimeter Höhe und Breite heran, der im Frühling mit violettblauen Blüten mit weißem Schlund bedeckt ist. Die etwa gleich hohe *Rhododendron*-Hybride 'Blue Diamond' bringt zur Frühlingsmitte – anders als der Name vermuten läßt – mauvefarbene Blüten hervor, während 'Blue Danube' ebenfalls in der Mitte des Frühlings kräftig violettblau getönte Blüten trägt. *Siehe auch Seite 129, 139, 142, 145, 148, 150, **156 f.**, 173.*

Tulipa
TULPE
ZWIEBELPFLANZE · ZONE 5
Die wenigen mauve- und violettblühenden Tulpen stellen eine interessante Ergänzung dar. Die folgenden, etwa 60 Zentimeter hohen Sorten zeichnen sich durch ungefüllte Blüten im Spätfrühling aus. 'Bleu Aimable' leuchtet kräftig rosamauvefarben, während die etwas höhere 'Demeter' rotviolette Blüten hervorbringt. 'Blue Parrot' trägt große blauviolette Blüten, die lilienblütige 'Burgundy' präsentiert dagegen ein kräftiges Violett. Die dunkelste Tulpe ist die prächtige Sorte 'Queen of the Night': Ihre langlebigen runden Blüten zeigen ein dunkles, seidig glänzendes Violett, das fast schwarz wirkt. *Siehe auch Seite 129 f., 140, 145, **150 f.**, 157.*

Viola
VEILCHEN
STAUDE · ZONE 5
Viele Sorten und Hybriden des Duftveilchens *(V. odorata)*, das vom Spätwinter bis zur Frühlingsmitte blüht, wurden früher speziell für den Blumenhandel gezüchtet. Aus dieser Zeit stammt auch 'Czar' mit duftenden, kräftig violetten Blüten an langen Stielen. Die Pflanzen erreichen eine Höhe von bis zu 15 Zentimetern und einen Durchmesser von 30 Zentimetern. Die etwas kleinere, aber dafür stärker wuchernde *V. riviniana* Purpurea-Gruppe *(V. labradorica* 'Purpurea'*)* bringt von der Frühlingsmitte bis zum Spätfrühling zahlreiche duftlose, mauvefarbene Blüten zwischen tiefviolettem Laub hervor. Weniger wuchsfreudig, aber etwa gleich hoch ist *V. sororia* 'Freckles' (unten), die zu Frühlingsbeginn blüht.

Diese Veilchen werden im Herbst oder Anfang des Frühlings in lehmhaltiges Blumensubstrat gesetzt. Da sie auch im Halbschatten gedeihen, eignen sie sich als Unterpflanzung für Sträucher, solange das Substrat feucht gehalten wird. Die Pflanzen nach der Blüte zurückschneiden. *Siehe auch S. 136, **143 f.**, 149, 155, 171, 177.*

SOMMER

Ageratum houstonianum 'Pacific'
LEBERBALSAM
BEDINGT WINTERHARTE EINJÄHRIGE
Die Hybride 'Pacific' bildet eine schöne Alternative zum vertrauten Blauton der Leberbalsamblüten. Sie wächst schnell zu einem Hügel von 20 Zentimeter Höhe heran, der mit kugelförmigen, dunkelmauvefarbenen Blüten übersät ist und sich gut für Blumenkästen oder als Randbepflanzung für größere Pflanzen eignet. *Siehe auch Seite **173**.*

Antirrhinum majus
GARTENLÖWENMAUL
BEDINGT WINTERHARTE EINJÄHRIGE
Bei den Samenmischungen des Gartenlöwenmauls dominieren zwar warme Farben, aber einige Sorten in mauvefarbenen und violetten Schattierungen eignen sich gut für Pflanzthemen in kühleren Farbtönen. 'Lavender Monarch' beispielsweise besitzt zartviolette Blüten. Noch ungewöhnlicher ist 'Popette', ein zweifarbiges Löwenmäulchen, bei dem die rotviolette Lippe einen schönen Kontrast zur weißen bildet. Beide werden 45 Zentimeter hoch. *Siehe auch Seite 130, 140, **151**, 158.*

Veilchen *(Viola sororia)* 'Freckles'

Aquilegia flabellata var. *pumila*
AKELEI
STAUDE · ZONE 4 · GIFTIG
Verschiedene für die Kübelkultur hervorragend geeignete niedrige Akelei-Sorten besitzen den ganzen Charme ihrer höheren Verwandten. *A. flabellata* var. *pumila* ist weniger anspruchsvoll als die meisten Akelei-Arten und trägt in Spätfrühling und Frühsommer zahlreiche rosamauvefarbene Blüten über graugrünen, farnartigen Blättern.

Die Pflanzen zwischen Herbst und Beginn des Frühjahrs in sandiges, lehmhaltiges Blumensubstrat setzen. Verwelkte Blüten entfernen, um die Samenbildung zu verhindern. *Siehe Abbildung Seite 121.*

Clematis
WALDREBE
KLETTERPFLANZE · ZONE 3 · GIFTIG
Unter den Waldreben-Sorten dieses Farbspektrums findet man die großblütige 'Jackmanii', die zu den am weitesten verbreiteten Kletterpflanzen gehört. Besonders schön ist sie im Hochsommer, wenn sie eine Fülle samtig blauvioletter Blüten mit cremefarbenen Staubgefäßen trägt. Eine interessante Alternative bildet die ebenfalls ab dem Hochsommer blühende Sorte 'Gipsy Queen', deren dunkle Staubbeutel von sechs runden »Petalen« in kräftigem Blauviolett umgeben sind.

In der zweiten Sommerhälfte gedeihen die Sorten und Hybriden der kleinblütigen *C. viticella*. Die gefüllten, staubigvioletten Blüten von 'Purpurea Plena Elegans' blühen üppig über einen langen Zeitraum, während die ungefüllten, violetten Blüten von 'Etoile Violette' mit ihren dichtgedrängten, cremefarbenen Staubgefäßen einen kräftigen Blaustich aufweisen. *Siehe auch Seite 128, **131 f.**, 156, 159, 174.*

Cobaea scandens
GLOCKENREBE
EINJÄHRIGE/AUSDAUERNDE KLETTERPFLANZE · ZONE 9
Obwohl diese Kletterpflanze eine immergrüne Staude ist, wird sie in gemäßigten Klimazonen meist als Einjährige behandelt. Sie klettert mit Hilfe ihrer Ranken an Spalieren empor und kann in einer einzigen Wachstumsperiode eine Höhe von 5 Metern erreichen. Die nickenden, jeweils auf einem Stiel wachsenden Blüten setzen sich aus einer violetten »Tasse« und einer grünen »Untertasse«, dem Blütenkelch im unteren Bereich der Glocke, zusammen. Als Stauden kultivierte Glockenreben blühen vom Frühling bis zum Winteranfang, während die Einjährigen nur vom Spätsommer bis zum Herbst Blüten hervorbringen.

Die Samen Anfang oder Mitte des Frühjahrs unter Glas säen, die abgehärteten Jungpflanzen im Spätfrühling oder Frühsommer einzeln in einen mindestens 30 Zentimeter hohen Kübel mit lehmhaltigem Blumensubstrat oder Torfkultursubstrat setzen und ins Freie stellen. Übermäßiges Düngen vermeiden, da sonst die Blätter auf Kosten der Blüten wachsen; Triebspitzen der Jungpflanzen auskniPsen. *Siehe auch Seite 132.*

Cuphea hyssopifolia
KÖCHERBLÜMCHEN
IMMERGRÜNER STRAUCH · ZONE 8
Die heidekrautartige *Cuphea hyssopifolia* wird meist als einjährige Pflanze kultiviert. Im Sommer und im Frühherbst sind diese bis zu 45 Zentimeter hohen Büsche dicht mit kleinen, mauvefarbenen bis violetten oder weißen Blüten übersät. *Siehe auch Seite **146**.*

Dahlia 'Fascination'
DAHLIE
KNOLLENPFLANZE · ZONE 9
Dahlien werden nicht häufig für die Bepflanzung von Gefäßen verwendet, obwohl sie in zahlreichen Blütenfarben erhältlich sind, mit denen sich Höfe und Gärten in der zweiten Sommerhälfte aufhellen lassen. Zu den vielen Zwerghybriden zählt auch 'Fascination' mit einer Höhe und Breite von 45 Zentimetern und ungefüllten Blüten in einem ungewöhnlich hellen Violett. *Siehe auch Seite **152**.*

Fuchsia
FUCHSIE
STRAUCH · ZONE 10
Fuchsien gehören zu den beliebtesten Kübelpflanzen, da sie an einem sonnigen oder leicht schattigen Standort ohne großen Aufwand gut gedeihen und über einen langen Zeitraum hübsche herabhängende Blüten hervorbringen. Die Stempel und Staubgefäße ragen auf charakteristische Weise weit aus den ungefüllten, halbgefüllten oder gefüllten Blüten heraus. Bei den zahlreichen Hybriden – darunter auch viele zweifarbige – gibt es beträchtliche Unterschiede in der Frostempfindlichkeit. Aber selbst Fuchsien, die in gemäßigten Klimazonen im Garten gedeihen, müssen bei der Kultur in Kübeln unter Glas überwintern. Allerdings lassen sich die Pflanzen gut durch Stecklinge vermehren, die sich besser zum Überwintern eignen als die Mutterpflanze.

Viele winterharte Fuchsien bilden einen aufrechten Busch. Stark wachsende Hybriden wie 'Riccartonii' (Zone 8) können eine Höhe von bis zu 1,5 Metern und einen Durchmesser von 1,2 Metern erreichen. Ihre kleinen ungefüllten, violetten Blüten besitzen rote Kelchschläuche und -blätter. Die meisten Hybriden wachsen in einer Wachstumsperiode jedoch zwischen 60 und 90 Zentimeter und besitzen größere Blüten. 'Mrs Popple' (Zone 7) beispielsweise verfügt über ungefüllte, dunkelblauviolette Kronblätter unter scharlachroten Kelchblättern und -schläuchen. 'Dollar Princess' (Zone 9) zeichnet sich durch gefüllte Blüten mit kräftig violetten Kronblättern sowie leuchtend kirschroten Kelchblättern und -schläuchen aus. Zu den frostempfindlicheren buschigen Fuchsien gehören die gefülltblühende, dunkelrote 'Voodoo' mit blauvioletten Kronblättern und 'Tom Woods' mit lilavioletten Kronblättern und wachsweißen Kelchschläuchen und -blättern.

Zu den winterharten Zwergfuchsien mit einer Höhe und Breite von etwa 45 Zentimetern zählen 'Papoose' (Zone 9), die halbgefüllte, leuchtend rote Blüten mit dunkelvioletten Kronblättern trägt, und die karmesinrote 'Tom Thumb' (Zone 8) mit mauvefarbenen, violettrot geäderten Kronblättern (unten).

Hängefuchsien eignen sich besonders gut für Ampeln und viele andere Pflanzgefäße. Obwohl sie normalerweise kaum 45 Zentimeter Höhe erreichen, können sie sich bis zu 90 Zentimetern ausbreiten. 'Dark Eyes' (Zone 9) besitzt hübsche gefüllte Blüten mit dunkelblauvioletten Kronblättern, die weit über die tiefroten Kelchblätter und -schläuche hinausragen.

Fuchsien werden im Spätfrühling oder Frühsommer in Kübel mit lehmhaltigem Blumensubstrat oder Torfkultursubstrat gepflanzt. Große Exemplare, die überwintern sollen, sowie Halbstämme benötigen ein lehmhaltiges Blumensubstrat. Halbstämme im Winter in einem frostgeschützten Gewächshaus unterbringen, bewurzelte Stecklinge auf einer sonnigen Fensterbank überwintern. *Siehe auch Seite 132 f., 153, 160 f.; Abbildungen Seite 87, 114.*

Fuchsie *(Fuchsia)* 'Tom Thumb'

Geranium subcaulescens
STORCHSCHNABEL
STAUDE · ZONE 4
G. subcaulescens zählt zu den faszinierendsten niedrigen Storchschnabel-Arten und kommt zwischen Steingartenpflanzen besonders schön zur Geltung. Die Pflanze besitzt violett überhauchte, kirschrote Blüten mit einer dunklen Mitte; die Blüten erreichen einen Durchmesser von bis zu 2,5 Zentimetern und blühen periodisch den ganzen Sommer über. Auf ihrem 15 Zentimeter hohen und 30 Zentimeter breiten Hügel aus graugrünem Laub fallen sie sofort ins Auge. *Siehe auch Seite **161**.*

Gomphrena globosa
KUGELAMARANT
BEDINGT WINTERHARTE EINJÄHRIGE
Diese aufrechten buschigen Pflanzen sind in der zweiten Sommerhälfte und im Herbst mit gewürznelkenartigen Blütenständen geschmückt. Aufgrund ihrer langlebigen, kleinen, von Deckblättern umgebenen Blüten eignen sie sich gut als Trockenpflanzen. Die Samen werden meist als Mischungen verkauft, deren Farbspektrum Weiß sowie Schattierungen von Gelb, Orange, Rosa und Violett umfaßt. Die Pflanzen erreichen eine Höhe von bis zu 20 Zentimetern, wobei 'Buddy' mit ihren kardinalroten Blüten nur 15 Zentimeter hoch wird.

Die Samen zwischen Frühlingsanfang und -mitte unter Glas in lehmhaltiges Blumensubstrat oder Torfkultursubstrat säen; abgehärtete Jungpflanzen im Spätfrühling oder Frühsommer ins Freie stellen und ab der dritten Woche nach dem Pflanzen alle zwei Wochen mit Flüssigdünger düngen.

Hebe 'Youngii'
STRAUCHVERONIKA
IMMERGRÜNER STRAUCH · ZONE 8
Diese unter dem Namen 'Carl Teschner' besser bekannte Hybride ist nur eine der vielen Zwergsorten der Strauchveronika, die sich für die Kombination mit anderen Steingartenpflanzen oder als Randbepflanzung für größere Sträucher eignen. Die dunklen, dicht mit graugrünen Blättern bedeckten Stiele bilden einen Hügel (30 Zentimeter hoch und 60 Zentimeter breit), den die kleinen Blüten vom Früh- bis zum Hochsommer mit einem violettblauen Schleier überziehen.

Die Pflanzen im Herbst oder zu Beginn des Frühlings in lehmhaltiges Blumensubstrat setzen und an einen sonnigen Standort stellen. Verwelkte Blüten regelmäßig entfernen, damit die Pflanzen nicht zu unordentlich wirken.

Heliotropium
HELIOTROP
EINJÄHRIGE

Dieser subtropische immergrüne Strauch, der meist als Einjährige kultiviert wird, stellt eine wohlriechende Ergänzung für jeden Topfgarten dar. Die kleinen, mauvefarben bis dunkelvioletten Blüten erscheinen in dichten Büscheln über gewellten, dunkelgrünen Blättern und blühen den ganzen Sommer. Zu den Sorten, deren Samen reine Formen ergeben, gehört beispielsweise 'Marine', eine buschige, kompakte Pflanze von bis zu 45 Zentimeter Höhe mit dunkelvioletten Blüten. Viele andere Sorten, darunter die violettblaue 'Princess Marina' (unten), muß durch Stecklinge vermehrt werden. Die Blüten von *H.* 'Chatsworth' zeigen ebenfalls violette Nuancen.

Die Samen während der letzten Winterwochen unter Glas säen; im Sommer oder Frühherbst genommene Stecklinge sowie zu Halbstämmchen erzogene Heliotrope im Gewächshaus überwintern. Halbstämme mit einer Höhe von 60 bis 90 Zentimetern müssen meist durch Stäbe gestützt werden, aber auch große Exemplare, die zu buschigen Pflanzen von bis zu 60 Zentimeter Höhe heranwachsen, sollten Stützen erhalten. Verwelkte Blüten sofort entfernen, um die Blütezeit zu verlängern. *Siehe Abbildungen Seite 104, 109.*

Heliotrop *(Heliotropium)* 'Princess Marina'

Wohlriechende Wicke *(Lathyrus odoratus)*

Lathyrus odoratus
WOHLRIECHENDE WICKE
WINTERHARTE EINJÄHRIGE/ZWEIJÄHRIGE KLETTERPFLANZE · GIFTIG

Zu den zahlreichen mauvefarbenen und violetten Wohlriechenden Wicken (oben) kommen ständig neue Sorten hinzu, von denen die meisten nur leicht, aber einige auch sehr aromatisch duften. 'Leamington' ist eine alte, beliebte Sorte mit flügelartigen Blüten in einem dunklen Fliederton, während 'Pageantry' große violettrote Blüten besitzt. Die meisten benannten Sorten der Wohlriechenden Wicke erreichen bis zu 3 Meter Höhe. *Siehe auch Seite 133,* ***162****, 175; Abbildung Seite 74.*

Lavandula
LAVENDEL
IMMERGRÜNER STRAUCH · ZONE 5

Der Lavendel ist ein unkomplizierter, sonnenliebender Strauch mit aromatischen Blättern und Blütenständen aus kleinen, duftenden Blüten von meist graublauer oder violettblauer Tönung (es gibt jedoch auch einige weiße Formen). Zu den besonders intensiv gefärbten Arten zählt *L. angustifolia* 'Hidcote' (Zone 6), deren dunkelviolette Blüten im Spätsommer einen graugrünen Busch von etwa 60 Zentimeter Höhe bedecken. *L. stoechas* ssp. *pedunculata* (rechts), eine Unterart des Schopflavendels, hat fast die gleiche Höhe, ist aber frostempfindlicher (Zone 8). Diese Pflanze verfügt über hübsche graue Blätter und trägt im Sommer von Brakteen überragte violette Blüten auf langen, steifen Stielen.

Lavendelsträucher einzeln oder zusammen mit anderen Pflanzen, die gut in durchlässigem Boden gedeihen, in sandiges, lehmhaltiges Blumensubstrat setzen. Verwelkte Blüten im Frühherbst abschneiden. Die Pflanzen im Frühling stutzen, um einen kompakten Wuchs zu fördern. *Siehe auch Seite 133; Abbildungen Seite 16, 34, 69.*

Lobelia erinus
MÄNNERTREU
BEDINGT WINTERHARTE EINJÄHRIGE · GIFTIG

Einige Sorten des Männertreus besitzen violettrote Blüten und bieten sich für ein breites Spektrum an Farbeffekten an. An den schlanken Stielen der manchmal über 30 Zentimeter hohen 'Red Cascade' gedeihen zahlreiche kleine, nickende Blüten mit einer weißen Mitte, während sich die Blüten der 'Ruby Cascade' in einem zarteren Violett präsentieren. *Siehe auch Seite 135, 153,* ***175 f.****; Abbildung Seite 23.*

Nemesia caerulea
NEMESIE
BEDINGT WINTERHARTE EINJÄHRIGE

Aufgrund ihrer langen Blütezeit und der zarten Tönung ihrer Blüten bietet sich die kurzlebige, meist als Einjährige kultivierte Staude sowohl als Ergänzung für ruhige Arrangements wie auch als Solitärpflanze an. Benannte oder aus Samen gezogenen Sorten besitzen winzige, löwenmaulartige Blüten in violettblauen, staubigmauvefarbenen oder violettrosafarbenen Schattierungen, die durch eine cremefarbene oder gelbe Zeichnung aufgehellt werden. Die kompakte, bis zu 25 Zentimeter hohe 'Joan Wilder' blüht etwa in den Farben des Lavendels.

Nemesien werden im Frühjahr in lehmhaltiges Blumensubstrat gesetzt und an einen sonnigen Standort gestellt. Sobald die Pflanzen in der zweiten Sommer-

Lavendel *(Lavandula stoechas* ssp. *pedunculata)*

hälfte unansehlich werden, zurückschneiden und mit Flüssigdünger düngen – bald danach erscheinen neue Blüten. *N. caerulea* ist zwar sehr kurzlebig, läßt sich aber durch im Spätsommer genommene Stecklinge vermehren. *Siehe auch Seite 153, 176; Abbildungen Seite 10, 101.*

Pelargonium
PELARGONIE
IMMERGRÜNE STAUDE · ZONE 9
Unter den zahlreichen Efeu- und Zonalpelargonien finden sich auch Exemplare mit mauvefarbenen und zartvioletten Blüten. Eine zu Recht beliebte Efeupelargonie ist die Sorte 'L'Elégante' mit ungefüllten Blüten in einem hauchzarten Mauve und hübschen dunkelgrünen, cremefarben panaschierten und manchmal violettrosa gerandeten Blättern. Zur gleichen Gruppe gehören 'La France' mit üppig blühenden, halbgefüllten Blüten in einem dunkleren Mauve und 'Amethyst' mit ebenfalls halbgefüllten, aber noch dunkleren Blüten. Alle erreichen einen Durchmesser von bis zu 90 Zentimetern.

Zu den Zonalpelargonien mit mauvefarbenen oder violetten Blüten zählt auch 'Dove', deren große, ungefüllte Blüten sich durch ein reines Mauve auszeichnen. Diese Hybride erreicht eine Höhe von bis zu 15 Zentimetern und wirkt in Blumenkästen und -töpfen besonders hübsch. Von ähnlicher Größe sind die mauverosafarbene 'Frau Emma Hössle' und 'Keepsake' mit gefüllten, violettrosa Blüten.

Duftpelargonien werden hauptsächlich aufgrund ihrer wohlriechenden Blätter kultiviert. Aber obwohl das kräftige Laub von 'Purple Unique' sehr aromatisch duftet, ist diese wuchsfreudige, 90 Zentimeter hohe und breite Hybride aufgrund der ungefüllten, violetten Blüten mit karmesinroter Maserung beliebt.

Unter den Edelpelargonien finden sich einige mit Blüten in Trauerfarben: 'Lord Bute' trägt Blüten von majestätischem Violettschwarz, das jedoch durch einen weinroten Rand ein wenig aufgehellt wird. Diese bis zu 60 Zentimeter hohe Pflanze leidet unter schlechtem Wetter weniger als die meisten anderen Edelpelargonien. Aber auch die kompaktere, 45 Zentimeter hohe 'Pompeii', deren fast schwarze Blütenblätter rosa-weiß gerandet sind, bietet einen schönen Anblick. *Siehe auch Seite 135, 147 f.,* ***153 f.****, 163, 181 f., 187, 190, 194; Abbildungen Seite 104, 115.*

Petunia
PETUNIE
BEDINGT WINTERHARTE EINJÄHRIGE
Die samtigen Blüten der Petunien (rechts) präsentieren sich in eindrucksvollen Nuancen von zartem Mauve und kräftigem Violett, wie sie in vielen Samenmischungen angeboten werden. Einfarbige Bepflanzungen lassen sich eher mit Jungpflanzen verwirklichen (wobei einige Einzelfarben auch als Samen erhältlich sind). Besonders schön ist die bis zu 23 Zentimeter hohe Sorte 'Plum Purple', deren rosamauvefarbene, karmesinrot überhauchte und violett geäderte Blüten einen tiefgefärbten, samtigen Schlund umschließen. *Siehe auch Seite 136, 142, 154, 163,* ***176****; Abbildungen Seite 94, 102, 109, 112.*

Rosenkelch *(Rhodochiton atrosanguineus)*

Petunie *(Petunia*-Hybride*)*

Rhodochiton atrosanguineus
ROSENKELCH
EINJÄHRIGE KLETTERPFLANZE
Die ungewöhnliche, auch als *R. volubilis* geführte, immergrüne Staude (links) setzt ihre Blattstiele wie Ranken ein. Diese als Einjährige aus Samen gezogene Pflanze wächst zu einer Kletterpflanze von 1,5 bis 1,8 Meter Höhe heran und sollte an wigwamförmig zusammengebundenen Stöcken oder einem Drahtkranz emporranken, damit ihre anmutig geformten, herabhängenden Blüten schön zur Geltung kommen. Die über einen langen Zeitraum hervorgebrachten, rosavioletten Glockenblüten mit fünf Spitzen bilden jeweils einen Kelch, aus dem ein langer, rötlichvioletter Kelchschlauch mit fünf runden Lappen heraushängt.

Die Samen zu Beginn des Frühlings unter Glas in lehmhaltiges Blumensubstrat säen und die abgehärteten Jungpflanzen im Spätfrühling ins Freie stellen.

Rosa
ROSE
STRAUCH · ZONE 4
Moderne Rosen dieses Farbspektrums stammen vermutlich von alten Sorten ab, wie etwa der Name der Polyantha-Rose 'Yesterday' andeutet, die sich durch duftende, halbgefüllte, mauverosa Blüten an einem Busch von etwa 90 Zentimeter Höhe und Breite auszeichnet. Dagegen leuchten die wohlriechenden, gefüllten Blüten der 1,2 Meter hohen Sorte 'The Prince' – eine der Englischen Rosen, die im Stil der alten, großblütigen Rosen gezüchtet werden – in prächtigem Violett. *Siehe auch Seite 136, 142,* ***154****, 164, 203.*

Salvia viridis
BUNTSCHOPFSALBEI
BEDINGT WINTERHARTE EINJÄHRIGE
Obwohl die Blüten dieser häufig als *S. horminum* geführten einjährigen Salbei-Art (rechts) eher unbedeutend erscheinen, sind die sie umgebenden Brakteen sehr langlebig und bewahren ihre leuchtende Farbe, wenn man sie trocknet. Mischungen wie die kompakte Claryssa, die auch als Einzelfarbe angeboten wird, enthalten meist Rosa, ein grünliches Weiß und Violett, während die Sorte 'Blue Beard' Brakteen in einem satten Blauviolett besitzt. Die meisten dieser Sorten werden 45 Zentimeter hoch.

Die Samen zwischen Frühlingsanfang und -mitte unter Glas säen und die abgehärteten Jungpflanzen im Spätfrühling in Kübeln an einen sonnigen Standort stellen. Sobald die Pflanzen etwa 8 Zentimeter hoch sind, die Triebspitzen ausknipsen, um einen buschigen Wuchs zu fördern. *Siehe auch Seite 154 f.,* ***176****.*

Verbena
VERBENE
BEDINGT WINTERHARTE EINJÄHRIGE
Die farbenprächtigen, als Einjährige kultivierten Stauden blühen im Sommer über einen langen Zeitraum und dienen in Gefäßen häufig als Begleitpflanzen. Aufrecht wachsende Arten und Sorten erreichen eine Höhe von bis zu 40 Zentimetern, aber zu den schönsten Pflanzen zählen die rankenden Formen mit Stielen von 45 Zentimeter Länge, die in vielen Blütenfarben angeboten werden, darunter auch mauvefarbene und violette Sorten.

Die aufrechte *V. rigida (V. venosa)*, von der benannte Sorten erhältlich sind, trägt duftende, violette Blüten auf drahtigen Stielen, während sich *V. tenuisecta* mit ihren violett-mauvefarbenen Blüten und häufig lose herabhängenden Stielen sehr gut zur Randbepflanzung von Kübeln eignet. Einige der Hybriden, darunter auch die kleinblütige, rankende 'Hidcote Purple', müssen durch Stecklinge vermehrt werden.

Die Samen von Züchtungen wie der Showtime-Mischung zwischen Frühlingsanfang und -mitte unter Glas säen; abgehärtete oder gekaufte Jungpflanzen sowie aus Stecklingen gezogene Pflanzen im Spätfrühling in lehmhaltiges Blumensubstrat oder Torfkultursubstrat setzen. Die Triebspitzen junger Pflanzen ausknipsen, um einen buschigen Wuchs zu fördern; ab der dritten Woche nach dem Pflanzen alle zwei Wochen mit Flüssigdünger düngen und verwelkte Blüten regelmäßig entfernen. *Siehe auch Seite 136, 149, 155, 165, 176; Abbildungen Seite 10, 100.*

Buntschopfsalbei *(Salvia viridis)*

Veilchen *(Viola-Hybride)*

Viola
VEILCHEN, STIEFMÜTTERCHEN
EINJÄHRIGE/ZWEIJÄHRIGE/STAUDE · ZONE 5
Unter den Züchtungen von Veilchen (oben) und Stiefmütterchen, wie etwa bei der Bambini- und der Majestic-Giants-Mischung, finden sich zahlreiche mauvefarbene und violette Schattierungen. Es sind aber auch benannte Sorten aus diesem Farbspektrum erhältlich. Das 10 Zentimeter hohe Veilchen 'Prince Henry' läßt sich leicht aus Samen ziehen und bringt ab dem Spätfrühling lange Zeit eine Fülle blauvioletter Blüten hervor. Zu den durch Stecklinge vermehrten Stiefmütterchen zählen 'Maggie Mott' mit silbrig mauvefarbenen, süß duftenden Blüten und 'Gustav Wermig' mit dunkleren Blüten (beide etwa 15 Zentimeter hoch). *Siehe auch Seite 136,* ***143 f.****, 149, 155, 167, 177; Abbildungen Seite 66, 90.*

HERBST UND WINTER

Crocus
KROKUS
ZWIEBELKNOLLENPFLANZE · ZONE 3
Die Sorten von *C. chrysanthus* bieten Farbenvielfalt für die letzten Winterwochen. Die Blüten der 'Lady Killer' zeigen beispielsweise eine ansprechende Kombination aus weißem Blüteninneren und samtig mauvefarbenem Äußeren, während *C. sieberi* 'Violet Queen' runde, dunkelmauvefarbene Blüten mit einer gelben Mitte aufweist. Beide Pflanzen werden 8 Zentimeter hoch. *Siehe auch Seite 128, 137,* ***138****, 144, 149, 166, 177.*

Erica carnea
SCHNEEHEIDE
IMMERGRÜNER STRAUCH · ZONE 5
Die rosafarbenen Blüten der vielen Sorten, die zwischen Spätherbst und Frühlingsanfang blühen, zeichnen sich häufig durch eine violette Schattierung aus. 'Loughrigg' weist ein intensives Violett auf, obwohl die Knospen rosafarben schimmern; im Winter zeigt sich auf den Blättern eine attraktive Bronzefärbung. *Siehe auch Seite* ***137****, 155, 165, 183.*

Iris
SCHWERTLILIE (ZWERGFORMEN)
ZWIEBELPFLANZE · ZONE 5
Erstaunlicherweise trotzen die zerbrechlich anmutenden Zwergformen der Schwertlilie dem kalten Wetter des Spätwinters. Die bekannteste Art, *I. reticulata*, erreicht während der Blütezeit kaum 20 Zentimeter Höhe; allerdings wachsen die schmalen Blätter später noch. Ihre samtigen blauvioletten, durch eine goldfarbene Zeichnung aufgehellten Blüten besitzen einen Durchmesser von bis zu 8 Zentimetern und verströmen einen angenehmen Duft. Im Handel sind aber auch viele Zwergsorten und -hybriden erhältlich: Zu den ungewöhnlichsten zählt 'J. S. Dijt' mit dunklen, rotvioletten Blüten. Diese Zwiebelpflanzen kommen gut zur Geltung, wenn man sie dichtgedrängt in einen Topf pflanzt oder mit anderen frühblühenden Zwiebelpflanzen oder mit Steingartenpflanzen kombiniert.

Die Zwiebeln im Herbst 5 bis 8 Zentimeter tief in sandiges, lehmhaltiges Substrat setzen. *Siehe auch Seite* ***144****, 177.*

BLAUE BLÜTEN

Blaue Blüten findet man in einer großen Farbpalette – von Eisblau oder Metallicblau über helle, klare und leuchtende Blautöne bis hin zu Violettschattierungen. Ein Hauch von Grün, Rosa und Rot trägt zusätzlich zur Vielfalt bei.

FRÜHLING

Chionodoxa
SCHNEEGLANZ
ZWIEBELPFLANZE · ZONE 4

In seiner Bergheimat bietet der Schneeglanz nach der Schneeschmelze einen hinreißenden Anblick. Er bildet eine kleine Gruppe von Zwiebelpflanzen mit leuchtend blauen Blüten. Während der Blütezeit zwischen Anfang und Mitte des Frühjahrs zählt er zu den schönsten unter den niedrigen Zwiebelpflanzen. Der Schneeglanz eignet sich gut als Topfpflanze, kommt aber zwischen anderen Frühlingsblumen oder als Unterpflanzung für Sträucher am besten zur Geltung. Er gedeiht in der Sonne und im Halbschatten.

Die am weitesten verbreitete Art ist *C. forbesii* (häufig als *C. luciliae* geführt) mit oftmals mehreren lockeren, 20 Zentimeter hohen Stielen pro Zwiebel. Jeder Stiel kann bis zu 10 mauvefarbene Blüten mit weißer Mitte tragen. Die größeren Blüten der *C. luciliae* Gigantea-Gruppe sind von weniger leuchtender Farbe und sitzen an etwas kürzeren Stielen. Das kräftigste Blau der ganzen Gruppe findet man bei *C. sardensis.* Ihre Blüten verfügen über ein kleines weißes Auge, und sie erreicht selten eine Höhe von mehr als 15 Zentimetern.

Die Zwiebeln im Frühherbst in 5 bis 8 Zentimeter Pflanztiefe in sandiges, lehmhaltiges Blumensubstrat setzen.

Corydalis flexuosa
LERCHENSPORN
STAUDE · ZONE 5

Diese erlesene Waldpflanze gedeiht sowohl an feuchten, kühlen als auch an sonnigen Standorten. Die aus Samen gezogenen Pflanzen und benannten Sorten erreichen eine Höhe und einen Durchmesser von 15 bis 30 Zentimetern und bringen das gesamte Frühjahr hindurch (und manchmal sogar bis in den Sommer hinein) große Mengen leicht geneigter, hellblauer oder türkisfarbener Blüten hervor, die über den farnartigen grau- bis dunkelgrünen Blättern mit rotbrauner Zeichnung zu schweben scheinen (rechts).

Die Pflanzen im Herbst oder Frühjahr in lehmhaltiges Blumensubstrat setzen, vorzugsweise unter Zugabe von faserreicher Blumenzwiebelerde. Gründlich gießen und ab Mitte des Frühjahrs alle zwei Wochen mit Flüssigdünger düngen. Die Pflanzen können im Topf oder Kübel gehalten oder nach der Frühlingsblüte in den Garten umgesetzt werden. *Siehe Abbildung Seite 90.*

Hyacinthus orientalis
HYAZINTHE
ZWIEBELPFLANZE · ZONE 5

Die Züchter moderner Hyazinthen-Formen haben sich auf fette, gleichförmige Trauben wächserner Blüten in einer Vielzahl von Farbtönen konzentriert, unter denen auch viele Blauschattierungen zu finden sind. Die daraus resultierenden Pflanzen wirken zwar nicht gerade elegant, aber aufgrund ihres soliden dichten Wuchses von etwa 20 Zentimeter Höhe eignen sie sich gut für eine Gruppenpflanzung; erstaunlicherweise blieb dabei ihr kräftiger, süßer Duft erhalten.

Die beliebte Sorte 'Delft Blue' verfügt über eine weiche, porzellanartige Oberfläche; 'Blue Jacket' ist wesentlich dunkler mit einem violetten Streifen und 'Ostara' weist einen blauen Blütenansatz, aber tief violettblaue, ausgestellte Petalen auf.

Die Zwiebeln werden im Frühherbst in 8 Zentimeter Pflanztiefe in lehmhaltiges Blumensubstrat oder Torfkultursubstrat gesetzt. Für eine Kübel- oder Topfpflanzung jedes Jahr frische Zwiebeln verwenden. Hyazinthen, die schon geblüht haben, in den Garten umsetzen, nachdem die Blätter eingezogen sind. *Siehe auch Seite 129, 138, 150, 156.*

Lerchensporn *(Corydalis flexuosa)*

Traubenhyazinthe *(Muscari armeniacum)*

Muscari
TRAUBENHYAZINTHE
ZWIEBELPFLANZE · ZONE 4

Einige Sorten der Traubenhyazinthe sind einfach zu ziehende Zwiebelpflanzen, die im Frühjahr konische Blütenstände mit kleinen glockenförmigen Blüten hervorbringen. Sie sind meist in Blautönen erhältlich.

Eine der schönsten Arten, *M. armeniacum* (oben), trägt zwischen Mitte und Ende des Frühjahrs bis zu 25 Zentimeter hohe Blütenstände, die dicht mit duftenden, glockenförmigen, tiefblauen Blüten mit weißem Rand besetzt sind. 'Blue Spike' ist eine lang blühende, gefüllte, hellblaue Form.

Ebenso bezaubernd ist *M. aucheri (M. tubergenianum)* mit ihren etwas kürzeren Blütenständen, die sich durch den bemerkenswerten Kontrast zwischen dem tiefen Blau der obersten und dem blasseren Blau der darunter stehenden Blüten auszeichnen. Die genannten Traubenhyazinthen ergeben ohne Begleitpflanze eine attraktive dichte Bepflanzung, lassen sich aber auch sehr gut mit anderen niedrigen, sonnenliebenden Frühlingsblüten kombinieren.

Die Zwiebeln zwischen Herbstanfang und -mitte dicht nebeneinander in 8 Zentimeter Pflanztiefe in lehmhaltiges Blumensubstrat oder Torfkultursubstrat setzen (sie dürfen sich nicht berühren). Bei einer Kübelpflanzung jedes Jahr frische Zwiebeln verwenden; die verblühten Traubenhyazinthen in den Garten umsetzen, sobald die Blätter eingezogen sind.

Myosotis
VERGISSMEINNICHT
WINTERHARTE EINJÄHRIGE
Vergißmeinnicht zaubern eine unvergleichlich romantische Stimmung in jeden Garten. Als Kübelpflanzen eignen sie sich auch hervorragend zur Kombination mit Pflanzen, die von Mitte bis Ende des Frühjahrs blühen, insbesondere mit Zwiebelpflanzen, wie etwa Tulpen.

Die nur 15 Zentimeter hohe Sorte 'Blue Ball' mit leuchtend blauen Blüten zählt zu den Zwergvarietäten. 'Royal Blue' wird 30 Zentimeter hoch, trägt eine Fülle indigoblauer Blüten und zeichnet sich durch ihre frühe Blütezeit aus.

Die Samen werden im Frühsommer in einem Saatbeet im Freien gesät. Jungpflanzen setzt man zwischen Anfang und Mitte des Herbstes oder sogar erst kurz vor der Blüte in Kübel oder Töpfe. Verblühte Vergißmeinnicht entfernen.

Rhododendron
ALPENROSE, AZALEE
STRAUCH · ZONE 5
Auch wenn es einige blaublühende Alpenrosen-Arten gibt, ist diese Farbe unter den zahlreichen *Rhododendron-* und *Azalea*-Hybriden doch relativ ungewöhnlich. Die drei folgenden immergrünen Alpenrosen blühen zwischen Frühlingsmitte und -ende.

'Bluebird' bildet mit einer Höhe und Breite von 90 Zentimetern einen dichten Strauch mit kompakten Büscheln mauveblauer Blüten, die sich mit fortschreitender Wachstumsphase violett färben. 'Blue Tit', eine Hybride von nahezu gleicher Größe, besitzt kleine, endständige, lavendelblaue Blüten, die mit der Zeit nachdunkeln. Die buschige Sorte 'Saint Tudy' trägt bei einer Höhe von 90 bis 120 Zentimetern eine Fülle violettblauer Blüten. *Siehe auch Seite 129, 139, 142, 145, 148, 150,* ***156f.****, 167.*

Scilla
BLAUSTERN
ZWIEBELPFLANZE · ZONE 3
Die 15 Zentimeter hohen Stiele des Sibirischen Blausterns *(S. siberica)* tragen im Frühjahr bis zu fünf nickende, glockenförmige Blüten, die in einem besonders intensiven Blau erstrahlen. Da jede Zwiebel mehrere Stiele hervorbringt, dauert die Blüte mehrere Wochen. Die ähnliche *S. mischtschenkoana (S. tubergeniana)*, die manchmal schon im Spätwinter blüht, ist niedriger und besitzt Blüten in einem blassen Blau mit dunkelblauen Linien. Beide Zwiebelpflanzen entfalten ihre Schönheit an einem sonnigen oder halbschattigen Standort zwischen anderen niedrigen Frühlingsblumen.

Die Zwiebeln werden zwischen Herbstanfang und -mitte in 5 bis 8 Zentimeter Pflanztiefe in lehmhaltiges Blumensubstrat oder Torfkultursubstrat gesetzt und während der Wachstumszeit gründlich gewässert. Das Laub nach der Blüte einziehen lassen; dann die Zwiebeln in den Garten umsetzen.

SOMMER

Agapanthus
SCHMUCKLILIE
STAUDE · ZONE 8
Schön gewachsene Schmucklilien bieten als Einzelpflanzen in großen Kübeln einen attraktiven Anblick. Im Spätsommer erheben sich die runden Köpfe mit trichterförmigen Blüten an langen Stielen über einer eindrucksvollen Basis aus riemenförmigen Blättern (rechts). Immergrüne Schmucklilien, wie *A. africanus* mit seinen tiefblauen Blüten auf bis zu 90 Zentimeter hohen Stielen, sind im allgemeinen weniger winterhart als die sommergrünen Arten, wie etwa *A. campanulatus* mit graugrünen Blättern und bis zu 1,2 Meter hohen Stielen, die hell- oder dunkelblaue Blüten tragen.

Viele der zahlreichen *Agapanthus*-Hybriden besitzen einen eigenen Namen. Die Headbourne-Hybriden werden wegen ihrer Winterhärte geschätzt. Die meisten von ihnen erreichen eine Höhe von 60 bis 75 Zentimetern, wobei sich die Blüten in der Intensität ihrer Blautönung unterscheiden.

Den fleischigen Wurzelhals zwischen Mitte und Ende des Frühjahrs in 5 Zentimeter Tiefe in lehmhaltiges Blumensubstrat mit einem Langzeitdünger pflanzen. Während der Wachstumszeit gründlich wässern; nach der Blüte die Stiele so niedrig wie möglich abschneiden. In kalten Regionen die Kübel von der Mitte des Herbstes an in ein frostgeschütztes Gewächshaus stellen und feucht halten, bis das Wachstum im Frühjahr wieder einsetzt. Die Pflanzen müssen nicht sofort in einen größeren Kübel umgetopft werden, sobald sie ihrem Gefäß entwachsen, da Pflanzen in zu kleinen Töpfen zufriedenstellend blühen. Allerdings sollte man im Frühling die oberste Erdschicht durch frisches Blumensubstrat ersetzen und die Pflanzen gegen Mitte des Frühjahrs teilen. *Siehe auch Seite 130.*

Ageratum houstonianum
LEBERBALSAM
BEDINGT WINTERHARTE EINJÄHRIGE
Die bekanntesten Vertreter dieser beliebten Beetpflanze mit ihren lockeren Büscheln kugelförmiger Blüten sind die vom Frühsommer bis in den Herbst blühenden, kompakten blauen Sorten, die sich gut für Blumenkästen und als Randbepflanzung großer Kübel eignen. Die Hybride 'Blue Danube' mit ihren mauveblauen Blüten wird bis zu 20 Zentimeter hoch, während 'Blue Mink' mit ihren taubenblauen Blüten und 'Southern Cross', deren Blüten einen blauen Kranz um eine weiße Mitte zeigen, bis zu 30 Zentimeter Höhe erreichen.

Schmucklilie *(Agapanthus-*Hybride*)*

Leberbalsam wird zwischen Anfang und Mitte des Frühjahrs unter Glas gesät und nach dem Abhärten im Spätfrühling oder Frühsommer in lehmhaltiges Blumensubstrat oder Torfkultursubstrat ins Freie gesetzt. Er muß gründlich gegossen und ab der dritten bis vierten Woche nach dem Pflanzen alle zwei Wochen mit Flüssigdünger gedüngt werden. *Siehe auch Seite 167; Abbildung Seite 100.*

Brachycome
BRACHYCOME
BEDINGT WINTERHARTE EINJÄHRIGE
Den ganzen Sommer hindurch bis in den Herbst hinein sind die aus Australien stammende *B. iberidifolia* und die ihr ähnliche *B. multifida* mit zart duftenden blauen, mauve- und rosafarbenen sowie weißen Korbblüten bedeckt. Sie werden beide etwa 30 Zentimeter hoch und meist als Mischungen oder nach Farben – Weiß, Blau- und Violettschattierungen – sortiert angeboten. An einem sonnigen Standort eignen sie sich gut zur Auflockerung von Kübelrändern.

Die Samen zwischen Anfang und Mitte des Frühjahrs unter Glas säen. Um einen kompakten Wuchs zu fördern, müssen die jungen Triebe zurückgeschnitten werden. Im Spätfrühling sollte man die Pflanzen abhärten und in lehmhaltigem Blumensubstrat oder Torfkultursubstrat ins Freie setzen. Ab der dritten bis vierten Woche nach dem Pflanzen alle zwei Wochen mit Flüssigdünger düngen. *Siehe Abbildungen Seite 22, 113, 119.*

Browallia
BROWALLIA
BEDINGT WINTERHARTE EINJÄHRIGE/STAUDE · ZONE 9

Bei der *Browallia* handelt es sich um eine tropische Staude, die meist als Einjährige gezogen wird. Am weitesten verbreitet sind die kompakten Sorten, wie die kugelförmige, 25 Zentimeter hohe 'Blue Troll', die eine Fülle violettblauer Blüten mit weißer Mitte trägt. Sie kann zu fast jeder Jahreszeit blühen und dient in Blumenampeln zur Aufheiterung wintertrüber Treibhäuser und Wintergärten. Im Freien blüht sie an einem geschützten, sonnigen Standort den gesamten Sommer hindurch bis in den Herbst.

Die Samen zwischen Anfang und Mitte des Frühjahrs unter Glas säen, die Jungpflanzen im späten Frühjahr in lehmhaltiges Blumensubstrat oder Torfkultursubstrat setzen und ins Freie stellen. Während der Blüte gründlich wässern und ab der dritten bis vierten Woche nach dem Pflanzen alle zwei Wochen mit Flüssigdünger düngen. *Siehe auch Seite 131.*

Campanula
GLOCKENBLUME
STAUDE · ZONE 4

Bei den Glockenblumen ist Blau die vorherrschende Farbe. Dies gilt besonders für die zahlreichen niedrigen Arten, die in Kombination mit anderen Steingartenpflanzen in einem Trog an einem sonnigen oder halbschattigen Standort sehr attraktiv wirken. Glockenblumen sind von unschätzbarem Wert, da die meisten erst dann blühen, wenn viele Steingartenpflanzen schon verblüht sind.

Die 20 bis 30 Zentimeter hohen und breiten Formen der *C. carpatica* zeichnen sich durch eine Fülle schalenförmiger Blüten aus. Die kompakte Sorte 'Blaue Clips' mit ihren blauvioletten Blüten ist besonders attraktiv, während die nur 10 Zentimeter hohe 'Birch Hybrid' eine lang anhaltende Folge violettblauer Blüten hervorbringt und sich hervorragend mit kleinwüchsigen Steingartenpflanzen kombinieren läßt. Gleichermaßen langblühend ist *C. poscharskyana* 'Stella' (Zone 3), die nur selten eine Höhe von über 15 Zentimetern erreicht und deren sich ausbreitende Stiele über Wochen hinweg mit sternförmigen dunkelblauen Blüten überzogen sind.

Wesentlich zarter wirkt die oft als zweijährige Zimmerpflanze in Blumenampeln gezogene *C. isophylla* (Zone 9), deren etwa 30 Zentimeter lange, kriechende Stiele mit zahlreichen sternförmigen blauen Blüten besetzt sind.

Mit Ausnahme von *C. isophylla*, die im Winter vor Frost geschützt werden muß und im Sommer im Freien einen warmen Standort benötigt, setzt man die Pflanzen zwischen Herbst und Frühjahr in sandiges, lehmhaltiges Blumensubstrat. Während der Wachstumsphase zwei- oder dreimal mit schwachem Flüssigdünger düngen. *Siehe auch Seite 131.*

Clematis
WALDREBE
KLETTERPFLANZE · ZONE 5 · GIFTIG

Auch wenn das Blau der Waldrebe oft mauvefarben oder violett getönt ist, beeinträchtigt dies die Schönheit der großblütigen Hybriden keineswegs: 'Lasurstern' etwa zählt zu den aufsehenerregendsten Formen und blüht zuerst im Frühsommer und später erneut (allerdings mit kleineren Blüten). Die Blüten verfügen über sieben bis neun »Petalen« und cremefarbene Staubgefäße. Sie zeigen zu Beginn eine violettblaue Tönung, die später zu Mauveblau verblaßt, da die Blüten durch starke Sonneneinstrahlung ausbleichen. 'Perle d'Azur' blüht üppig in der zweiten Sommerhälfte und besitzt sechs hellblaue »Petalen«, die um die grünlichen Staubgefäße eine mauvefarbene Tönung aufweisen. *Siehe auch Seite 128, 131 f., 156, 159, 167.*

Convolvulus sabatius
SAVONA-WINDE
EINJÄHRIGE/STAUDE · ZONE 9

Der dichte, verschlungene Wuchs und die sich über den Sommer bis in den Herbst erstreckende Folge trompetenförmiger, violettblauer Blüten macht *C. sabatius* (auch bekannt als *C. mauritanicus*) zu einer ausgesprochen wertvollen Kübelpflanze (oben). *C. sabatius* erreicht selten eine Höhe von über 20 Zentimetern, aber die schlanken, rankenden Stiele können bis zu 45 Zentimeter lang werden. Er benötigt einen sonnigen Standort und wird in gemäßigten Regionen aufgrund seiner Frostempfindlichkeit als Einjährige behandelt, wobei Stecklinge unter Glas überwintern können.

Die Pflanzen im Spätfrühling in lehmhaltiges Blumensubstrat oder Torfkultursubstrat setzen und ab der dritten bis vierten Woche nach dem Pflanzen alle zwei Wochen mit Flüssigdünger düngen. *Siehe Abbildung Seite 108.*

Savona-Winde *(Convolvulus sabatius)*

Eichhornia crassipes
WASSERHYAZINTHE
STAUDE

Die Wasserhyazinthe ist eine freitreibende schlanke Wasserpflanze, die in gemäßigtem Klima im Winter vor Frost geschützt und (mit ausreichend Licht versorgt) unter Glas in flachem Wasser überwintert werden muß. Sobald die Frostgefahr vorüber ist, kann man sie in einen sonnenbeschienenen Gartenteich setzen.

Die Stiele der glänzenden, immergrünen Blätter dienen dieser Pflanze als Schwimmhilfe. Die Wasserhyazinthe bringt etwa 10 Zentimeter hohe Blütenähren mit mauveblauen Blüten und gelber Mitte hervor. Die Pflanzen sollten ausgedünnt werden, wenn sie zu stark wachsen.

Felicia
KAPASTER
IMMERGRÜNER STRAUCH · ZONE 9

In gemäßigtem Klima werden diese Pflanzen mit ihren kleinen, blauen, margeritenähnlichen Blüten meist als einjährige Pflanzen behandelt und im Herbst entfernt, obwohl man im Sommer genommene, bewurzelte Ableger leicht unter Glas überwintern kann. An einem sonnigen Standort und in gut durchlässigem Blumensubstrat erfreuen sie im Sommer und im Herbst durch ihre lange Blütezeit.

Die kompakte Art *F. amoena* (auch bekannt als *F. pappei*) verfügt über schmale Blätter. Die bis zu 60 Zentimeter hohe, großblütige 'Santa Anita' ist eine weitverbreitete Sorte der buschigen *F. amelloides* (nächste Seite, oben). Von beiden Arten und Sorten gibt es gefleckte Formen.

Die Pflanzen im Spätfrühling in durchlässiges, lehmhaltiges Blumensubstrat

Kapaster *(Felicia amelloides)*

oder Torfkultursubstrat setzen. Während der Wachstumsphase zurückschneiden, wenn die Pflanzen wild wuchern, und ab der dritten bis vierten Woche nach dem Pflanzen regelmäßig alle zwei Wochen mit Flüssigdünger düngen. *Siehe Abbildung Seite 10.*

Hydrangea
HORTENSIE
STRAUCH · ZONE 6
Mophead-Hortensien sind Züchtungen der *H. macrophylla* und bringen blaue oder rosafarbene Blütenköpfe von bis zu 20 Zentimeter Größe hervor. Ihre Farbe ist unter anderem auch durch den Boden bestimmt, auf dem sie wachsen – Blau wird durch sauren oder neutralen Boden verstärkt, während alkalische Böden zu rosafarbenen oder roten Blüten führen. Man kann dem Blumensubstrat spezielle Zusätze hinzufügen, um die blaue Färbung zu verstärken. Sehr schöne Blautönungen bringen die Sorten 'La France' und 'Générale Vicomtesse de Vibraye' (rechts) hervor.

Bei den Lacecap-Hortensien, ebenfalls Züchtungen der *H. macrophylla*, bestehen die Blütenköpfe aus in der Mitte gelegenen kleinen, fruchtbaren Blüten, die von größeren, unfruchtbaren umgeben sind. Auch ihre Färbung wird durch die chemische Zusammensetzung des Bodens bestimmt. So entwickelt sich die Sorte 'Blue Wave' hervorragend in saurem Blumensubstrat.

Die meisten in Pflanzgefäßen gezogenen Hortensien erreichen eine Höhe von 90 bis 150 Zentimetern und einen Durchmesser von 60 bis 120 Zentimetern. Sie blühen vom Hochsommer bis zum Frühherbst. *Siehe auch Seite 133, 161.*

Ipomoea tricolor 'Heavenly Blue'
DREIFARBIGE PRUNKWINDE
EINJÄHRIGE/AUSDAUERNDE KLETTERPFLANZE · ZONE 8 · GIFTIG
Diese schnell wachsende, ausdauernde Rankpflanze, die meist als Einjährige gezogen wird, kann an einem geschützten sonnigen Standort eine Höhe von über 2,5 Metern erreichen, wenn sie ausreichend Halt findet. Die 13 Zentimeter großen, trompetenförmigen Blüten mit weißem Schlund von 'Heavenly Blue' erstrahlen in einem klaren Himmelblau.

Die Samen im Frühjahr unter Glas säen, die Jungpflanzen im Spätfrühling oder Frühsommer in lehmhaltiges Blumensubstrat oder Torfkultursubstrat ins Freie setzen und alle zwei Wochen mit Flüssigdünger düngen.

Lathyrus odoratus
WOHLRIECHENDE WICKE
WINTERHARTE EINJÄHRIGE KLETTERPFLANZE · GIFTIG
Die Wohlriechende Wicke zeichnet sich durch attraktive pastell- und dunkelblaue Tönungen aus, und die große Zahl der Sorten, deren Blüten dieses Farbspektrum aufweisen, nimmt ständig zu. Besonders schön sind 'Blue Danube' mit hübsch geschwungenen, mittelblauen Blüten und die stark duftende Sorte 'North Shore', die eine marineblaue Fahne mit blasseren Flügeln aufweist. *Siehe auch Seite 133, 162, 169.*

Lobelia erinus
MÄNNERTREU
BEDINGT WINTERHARTE EINJÄHRIGE · GIFTIG
Diese meist als Einjährige behandelte, einfach zu ziehende Staude zählt zu den bekanntesten Kübelpflanzen. Sie bringt über einen langen Zeitraum hinweg große Mengen hübscher kleiner Blüten hervor und eignet sich auch als Unterpflanzung, da sie Halbschatten gut verträgt. Hängende Sorten bieten sich für die Auflockerung von Kübelrändern und die Bepflanzung von Ampeln an.

Zu den kompakten Sorten mit dichtem, rundem Wuchs von ungefähr 15 Zentimeter Höhe zählen 'Cambridge Blue' mit himmelblauen Blüten, 'Crystal Palace Compacta' mit dunkelblauen Blüten und bronzefarbenem Laub sowie

Hortensie *(Hydrangea)* 'Générale Vicomtesse de Vibraye'

'Mrs Clibran Improved', die dunkelblaue Blüten mit weißer Mitte trägt. Rankende Sorten mit schlanken, hängenden Stielen von etwa 30 Zentimeter Länge sind 'Sapphire' mit tiefblauen Blüten und weißer Mitte und die Fountain-Serie, die als Mischung oder nach Farben – von Blau über Weiß bis Rosa und Rot – sortiert erhältlich ist.

Die Samen werden von Anfang bis Mitte des Frühlings unter Glas gesät. Nach dem Abhärten die Jungpflanzen im Spätfrühling in lehmhaltiges Blumensubstrat oder Torfkultursubstrat ins Freie setzen. Ab der dritten Woche nach dem Pflanzen alle zwei Wochen mit Flüssigdünger düngen. *Siehe auch Seite 135, 153, 169; Abbildung Seite 116/117.*

Nemesia
NEMESIE
BEDINGT WINTERHARTE EINJÄHRIGE

Zusätzlich zu den aus Samenmischungen bekannten gelben, roten, orange- und cremefarbenen Nemesien existiert mit 'Blue Gem' auch eine attraktive himmelblaublühende Sorte. Diese kompakte, 20 Zentimeter hohe Pflanze wächst schnell und trägt hübsch geformte, in der Mitte weiß gefleckte Blüten, die kleiner, aber auch zahlreicher sind als die Blüten anderer einjähriger Nemesien. *Siehe auch Seite **153**, 169 f.*

Nepeta
KATZENMINZE
STAUDE · ZONE 5

Katzenminze ist eine sonnenliebende, aromatische Pflanze mit graugrünem Laub und mauveblauen Blütenzweigen. Sie bevorzugt sonnige Plätze und kann sogar trockene Standorte vertragen. Wenn sie nach der langen Hauptblütezeit im Frühsommer gegen Mitte des Sommers leicht zurückgeschnitten wird, bringt sie meist noch eine reiche zweite Blüte hervor. Die kompakte *N.* x *faassenii* erreicht eine Höhe und Breite von 45 Zentimetern, während die etwas robustere *N.* 'Six Hills Giant' bis zu 90 Zentimeter Höhe erreichen kann. Beide lassen sich in Trögen oder großen Kübeln als Teil einer Bepflanzung von Stauden und Sträuchern verwenden, die Sonne und durchlässige Böden mögen.

Die Pflanzen gegen Mitte des Frühjahrs in sandiges, lehmhaltiges Blumensubstrat setzen und zwischen Anfang und Mitte des Herbstes zurückschneiden.

Petunia
PETUNIE
BEDINGT WINTERHARTE EINJÄHRIGE

Pflanzenzüchter haben eine derart erstaunliche Bandbreite an langblühenden, regenfesten *Petunia*-Hybriden in einer Vielzahl von Farbschattierungen gezüchtet, daß sie heute zu den wichtigsten Pflanzen für Topfgärten zählen. Man unterscheidet zwei Gruppen: die Grandiflora-Gruppe mit mehr als 10 Zentimeter großen Blüten und die Multiflora-Gruppe, die viele kleine Blüten hervorbringt. Außerdem wurde durch F_1-Hybriden, gefüllte und gekräuselte Blüten sowie hängende Sorten die Auswahl noch vergrößert. Die Pflanzen erreichen eine Höhe und Breite von 30 Zentimetern, während Zwergsorten einen kompakteren Wuchs und hängende Petunien einen größeren Durchmesser aufweisen.

In fast allen Mischungen finden sich Blauschattierungen, und einige blaublühende Sorten sind auch farblich sortiert erhältlich. 'Blue Daddy' ist eine Grandiflora mit ungefüllten, stark violett geäderten, hellblauen Blüten von 10 Zentimeter Durchmesser. 'Blue Skies' verfügt ebenfalls über ungefüllte, aber etwas kleinere hellblaue Blüten.

Die Pflanzen im Frühjahr unter Glas säen und im Spätfrühling oder Frühsommer in lehmhaltiges Blumensubstrat oder Torfkultursubstrat ins Freie setzen. Übermäßige Feuchtigkeit oder starke Düngung sowie Schatten fördern das Blattwachstum auf Kosten der Blüten. Verwelkte Blüten regelmäßig entfernen. *Siehe auch Seite 136, 142, 154, 163, 170.*

Salvia
SALBEI
EINJÄHRIGE/STAUDE · ZONE 9

Unter den zahlreichen Salbei-Arten finden sich mehrere blaublühende ausdauernde Formen, die meist als Einjährige an sonnigen, geschützten Standorten gezogen werden. Eine der schönsten ist die schlanke, bis zu 60 Zentimeter hohe *S. patens*, die im Spätsommer aufsehenerregende, leuchtend blaue Blüten hervorbringt. Die Sorte 'Cambridge Blue' (oben) ähnelt der Art, trägt aber Blüten von einem blasseren Blau. Eine weitere, als Einjährige gezogene Staude ist *S. farinacea*, deren zahlreiche, bis zu 50 Zentimeter hohe Stiele, wie auch die Blüten, im oberen Teil flauschig und prächtig gefärbt sind. Die Sorte *S. farinacea* 'Victoria' blüht mitternachtsblau; von noch dunklerem Blau sind die Blüten der *S. discolor*, die damit einen bestechenden Kontrast zu den weißen Unterseiten ihrer Blätter bieten. Die Pflanzen werden 45 Zentimeter hoch und breit.

Die Samen im Frühjahr unter Glas säen. Nach dem Abhärten die Pflanzen im Spätfrühling oder Frühsommer in lehmhaltiges Blumensubstrat oder Torfkultursubstrat ins Freie setzen. Ab der

Salbei *(Salvia patens)* 'Cambridge Blue'

dritten bis vierten Woche nach dem Einsetzen alle zwei Wochen mit Flüssigdünger düngen. *Siehe auch Seite 154, **170**; Abbildungen Seite 22, 87, 97, 100, 114.*

Scaevola saligna
FÄCHERBLUME
EINJÄHRIGE/STAUDE · ZONE 10

Diese genügsame Rankpflanze aus den Küstenregionen Australiens eignet sich gut für Kübelpflanzungen. Ihre steifen, dicht mit grobgezähnten, dunkelgrünen Blättern besetzten Stiele tragen vom Frühsommer bis zum Frühherbst Büschel fächerförmiger, violettblauer Blüten. Die Pflanze kann einen Durchmesser von 90 Zentimetern erreichen; falls ihre Stiele keinen Halt finden, wird sie selten höher als 40 Zentimeter. 'Blue Wonder' und 'Blue Fan' sind zwei schöne Sorten.

Die Pflanze im Spätfrühling in lehmhaltiges Blumensubstrat setzen und nicht zu stark düngen, da dies das Blattwachstum auf Kosten der Blüten anregt. Bewurzelte Stecklinge lassen sich unter Glas überwintern. *Siehe Abbildung Seite 112.*

Verbena
VERBENE
BEDINGT WINTERHARTE EINJÄHRIGE

Unter den *Verbena*-Hybriden, von denen viele als Einjährige gepflanzt werden, finden sich mehrere mit schönen Blautönen. Eine der attraktivsten, die 'Amethyst', erreicht eine Höhe und Breite von 30 Zentimetern und trägt Büschel kobaltblauer Blüten mit weißer Mitte, während die kompaktere 'Blue Lagoon' eine Höhe und Breite von 23 Zentimetern erreicht und einheitlich violettblaue Blüten hat. *Siehe auch Seite 136, 149, 155, 165, **171**.*

Viola
VEILCHEN, STIEFMÜTTERCHEN
EINJÄHRIGE/ZWEIJÄHRIGE/STAUDE · ZONE 5

Auch wenn es sich bei den Veilchen und Stiefmütterchen um kurzlebige Stauden handelt, werden sie meist als Ein- oder Zweijährige gepflanzt. Das winterharte und bis zu 30 Zentimeter hohe, immergrüne Hornveilchen *(Viola cornuta)* bringt zunächst im Frühsommer – sowie nach einem Rückschnitt ein weiteres Mal – eine Fülle gespornter blauer Blüten hervor. Viele Veilchen zeichnen sich durch eine tiefdunkelblaue, fast schwarze Tönung aus, aber weder Wuchs noch Form lassen einen düsteren Eindruck entstehen.

Die Sorte *V.* 'Mollie Sanderson' trägt mattschwarze Blüten von 2,5 Zentimeter Durchmesser, deren Erscheinungsbild durch eine gelbe Mitte etwas aufgehellt wird. 'Penny Black' (unten) bringt besonders dunkle Blüten in einem samtigen Blauschwarz hervor. Beide Sorten erreichen eine Höhe von 15 Zentimetern.

Viele der großblütigen, meist 15 bis 20 Zentimeter hohen Stiefmütterchen tragen blaue oder teilweise blaue Blüten. Die hinreißende 'Ullswater Blue' zeichnet sich durch eine blauschwarze Maske mit gelbem Mittelpunkt auf himmelblauen Petalen aus. Ebenso wie das blaublühende, nur 10 bis 13 Zentimeter hohe Veilchen 'Baby Lucia' kann sie aus Samen gezogen werden. *Siehe auch »Stiefmütterchen« (unten) und Seite 136, **143 f.**, 149, 155, 167, 171.*

Veilchen *(Viola)* 'Penny Black'

Wisteria
GLYZINE
LAUBABWERFENDE KLETTERPFLANZE · ZONE 5

Alle Glyzinen sind wuchsfreudige Kletterpflanzen. Die Chinesische Glyzine *(W. sinensis)* erreicht an einer Pergola eine Höhe von bis zu 30 Metern. Sie trägt im Frühsommer hängende Büschel duftender mauveblauer Blüten und bringt im Spätsommer eine erneute, weniger umfangreiche Blüte hervor. Die Reichblütige Glyzine *(W. floribunda)* wuchert nicht so stark, ist aber ebenfalls ein kräftiger Kletterer, und die Schönheit ihrer duftenden Blüten reicht beinahe an die ihrer chinesischen Verwandten heran. Als Kübelpflanzen verfügen Glyzinen nicht über den phänomenalen Wuchs der im Garten gedeihenden Exemplare und sollten regelmäßig geschnitten werden, wobei sich durch den Rückschnitt beinahe jede Größe und Form erzielen läßt.

Die Pflanzen zwischen Herbst und Frühjahr in mindestens 50 Zentimeter hohe Kübel mit lehmhaltigem Blumensubstrat pflanzen, das mit einem Langzeitdünger versetzt ist, und einen Stab als Kletterhilfe einsetzen. Die Triebe im Spätsommer auf eine Länge von etwa 5 Zentimetern über dem Geflecht der Hauptstiele zurückschneiden, um das Wachstum einzuschränken und die Entwicklung blütentragender Stiele zu fördern, wobei im Winter ein erneuter Rückschnitt notwendig werden kann. Im Frühling die oberste Erdschicht durch frisches Blumensubstrat erneuern.

Netzblattiris *(Iris reticulata)*

HERBST UND WINTER

Crocus chrysanthus
KROKUS
ZWIEBELKNOLLENPFLANZE · ZONE 4

C. chrysanthus zählt zu den vielseitigsten der winterblühenden Krokusse und ist in vielen Blütenfarben erhältlich. Eine beliebte Sorte ist 'Blue Pearl', die hellblaue Blüten mit bronzegelbem Grund und orangefarbenen Narben trägt. Die Blätter erscheinen mit den etwa 8 Zentimeter hohen Blüten. *Siehe auch Seite 128, 137, **138**, 144, 149, 166, 171.*

Iris
SCHWERTLILIE (ZWERGFORMEN)
ZWIEBELPFLANZE · ZONE 5

Von der Netzblattiris (*Iris reticulata*, unten rechts) existieren viele blaue Sorten, die aufgrund ihrer frühen Blüte von Mitte bis Ende des Winters geschätzt werden. Besonders attraktiv sind folgende, 15 Zentimeter hohe Sorten: die hellblaue 'Cantab' mit orangefarbenem Fleck auf den Hängeblättern, 'Clairette' mit hellblauen Domblättern und einem dunkelblauen Fleck an der Spitze sowie die himmelblaue 'Harmony' mit dunkelblauen Hängeblättern und goldfarbener Zeichnung. *I. histrioides* 'Major' gehört ebenfalls zu den Zwergschwertlilien. Sie wird im allgemeinen nur 10 Zentimeter hoch, und ihr robuster Wuchs sowie die intensiv blauen Blüten mit blasserem Rand um den orangefarbenen Blattkranz machen sie zu einer faszinierenden Winterblume. *Siehe auch Seite **144**, 171; Abbildung Seite 125.*

Viola
STIEFMÜTTERCHEN
EINJÄHRIGE/ZWEIJÄHRIGE

Die winterblühenden Stiefmütterchen werden im Spätfrühling oder Frühsommer gesät und blühen vom Winter bis in die ersten Frühlingswochen. Im späten Winter gesäte Stiefmütterchen blühen im Frühjahr und Sommer. Sie sind meist als Samenmischungen erhältlich. Die Universal-Mischung umfaßt eine große Bandbreite an Stiefmütterchen, die eine Höhe von 15 bis 20 Zentimetern erreichen und Blüten in reinen wie auch gemischten Farbtönen mit einer Reihe von Blauschattierungen aufweisen. Einzelne Farben beinhalten die Sorten 'Beaconsfield', ein zweifarbiges Stiefmütterchen mit hellblauen, oberen und prächtig violettblauen, unteren Petalen, sowie 'True Blue' mit Blüten in reinem Mittelblau. *Siehe auch »Veilchen« (oben) und Seite 136, **143 f.**, 149, 155, 167, 171; Abbildungen Seite 8, 13.*

GRÜNE BLÄTTER

Bei Kübelpflanzen zählt das Laub zu den am häufigsten übersehenen Gestaltungskomponenten. Dabei verfügen nicht nur viele Blütenpflanzen über attraktive grüne Blätter, sondern auch andere Gewächse zeichnen sich durch außergewöhnliches Laub aus. Mit ihrer großen Palette an Grüntönen eignen sich manche Pflanzen am besten als Hintergrund oder zum Füllen von Zwischenräumen, damit die Farben der einzelnen Blüten nicht zu einer bunten Masse verschwimmen, während andere auch ohne Begleitpflanzen gut zur Geltung kommen. Für ganzjährige Bepflanzungen sind immergrüne Blattpflanzen von unschätzbarem Wert.

Acer palmatum
JAPANISCHER FÄCHERAHORN
STRAUCH · ZONE 5
Nur wenige laubabwerfende Sträucher können es mit der Vielfalt an Blattformen und -farben der zahlreichen Sorten des Japanischen Fächerahorns (unten) aufnehmen. Viele Sorten entwickeln im Frühjahr mit dem Entfalten der Blätter ihren zarten Charme, während andere erst im Herbst ihre ganze Pracht zeigen, wenn sich die Blätter färben; aber allen gemeinsam ist ein außergewöhnliches Sommerlaub. Der Japanische Fächerahorn gedeiht in der Sonne und im Halbschatten, benötigt aber einen windgeschützten Platz. Die meisten Sorten bilden ihre Herbstfärbung nur in saurer oder neutraler Erde voll aus.

Der langsam wachsende *A. palmatum* var. *dissectum* bildet im Kübel einen Hügel verschlungener, herabhängender Zweige mit fiederschnittigen Blättern, wobei die Formen der Dissectum-Viride-Gruppe das leuchtendste Grün entwickeln.

Die Sträucher zwischen Herbst und Frühlingsanfang in saures Blumensubstrat pflanzen, das mit Humus angereichert ist und stets feucht gehalten werden muß. Im Frühjahr die oberste Erdschicht erneuern; nur dann umtopfen, wenn das Wurzelwerk zu dicht wird. *Siehe auch Seite 183, 188.*

Adiantum
FRAUENHAARFARN
IMMERGRÜNER/LAUBABWERFENDER FARN · ZONE 3
In gemäßigten Klimazonen wird der Echte Frauenhaarfarn *(A. capillus-veneris,* Zone 7*)* meist als Zimmerpflanze gehalten, so daß seine bis zu 25 Zentimeter langen, eleganten, filigranen Wedel immergrün bleiben und die Pflanze eine Höhe und Breite von bis zu 90 Zentimetern erreichen kann. Der robustere Hufeisenfarn *(A. pedatum)* ist laubabwerfend und bringt drahtige, schwarze Stiele mit zarten Wedeln hervor. Diese Art erreicht bei einer Breite von 30 Zentimetern selten eine Höhe von über 45 Zentimetern und benötigt einen schattigen oder halbschattigen Standort.

Den Wurzelstock des Hufeisenfarns gegen Mitte des Frühjahrs 2,5 Zentimeter tief in lehmhaltiges Blumensubstrat setzen, das mit Humus angereichert wurde. Die Pflanze während der Wachstumszeit gründlich wässern und welkende Wedel sofort entfernen.

Alchemilla mollis
FRAUENMANTEL
STAUDE · ZONE 3
Der etwa 40 Zentimeter hohe und breite Frauenmantel (unten) trägt den ganzen Sommer über Zweige mit winzigen, gelbgrünen Blüten. Auf den flaumigen Blättern sitzen perlenartige Wassertropfen. Er gedeiht an sonnigen und halbschattigen Plätzen und eignet sich gut als Unterpflanzung für Sträucher.

Die Pflanzen zwischen Herbst und Frühlingsanfang in lehmhaltiges Blumen-

Japanischer Fächerahorn *(Acer palmatum)*

Frauenmantel *(Alchemilla mollis)*

substrat setzen. Welkende Blüten sofort entfernen, da sich der Frauenmantel sonst aussät. Alle zwei Jahre aus dem Kübel nehmen und teilen; in den Jahren dazwischen die oberste Erdschicht erneuern.

Asplenium scolopendrium
HIRSCHZUNGE
IMMERGRÜNER FARN · ZONE 4
Die Hirschzunge (unten) bildet dichte, fedrige Büschel immergrüner, bandförmiger Blätter, die einen hübschen Hintergrund für Blütenpflanzen ergeben. Die Crispum-Gruppe verfügt über gekräuselte und gewellte Wedel, während bei der Undulatum-Gruppe nur die Blattkanten stark gewellt sind. Alle Pflanzen werden etwa 50 Zentimeter hoch und 38 Zentimeter breit.

Die Farne zwischen Frühlingsanfang und -mitte in lehmhaltiges Blumensubstrat setzen, das mit Humus und Kalk angereichert wurde. Während der Wachstumszeit an einen schattigen oder halbschattigen Standort stellen und gründlich wässern. *Siehe Abbildungen Seite 53, 110.*

Athyrium filix-femina
FRAUENFARN
LAUBABWERFENDER FARN · ZONE 4
Der Frauenfarn hat durch seine filigranen, bis zu 90 Zentimeter langen, hellgrünen Wedel eine elegante Ausstrahlung. Obwohl er relativ trockene Böden verträgt, kommt seine Schönheit in feuchten Blumensubstraten besser zur Geltung.

Die Pflanzen zwischen Frühlingsanfang und -mitte in lehmhaltiges Blumensubstrat setzen, das mit faserreicher Blumenzwiebelerde oder Humus angereichert wurde. Während der Wachstumszeit an einen schattigen oder halbschattigen Standort stellen und gründlich wässern.

Hirschzunge *(Asplenium scolopendrium)*

Buchsbaum *(Buxus sempervirens)*

Bergenia
BERGENIE
IMMERGRÜNE STAUDE · ZONE 3
Bei einigen Bergenien entfalten die im Sommer kräftig grünen Blätter erst im Winter ihre ganze Schönheit, wenn sie sich violett oder rot färben. *B. cordifolia* ist jedoch eine Art, die fast das ganze Jahr grün bleibt und sich sowohl als Unterpflanzung für Sträucher, als auch als Einzelpflanze eignet. Mit ihren an den Kanten gewellten Blättern erreicht sie eine Größe von 60 Zentimetern. Im Frühjahr trägt sie Stiele mit rosamauvefarbenen Blüten.

Die Pflanzen zwischen Herbst und Frühlinganfang in lehmhaltiges Blumensubstrat setzen und die Blütenstiele zurückschneiden, sobald die Blüten verwelkt sind. Alle zwei Jahre aus dem Kübel nehmen und teilen; in den Jahren dazwischen eine Kopfdüngung verabreichen. *Siehe auch Seite 189.*

Buxus sempervirens
BUCHSBAUM
IMMERGRÜNER STRAUCH · ZONE 6 · GIFTIG
Dieser kleinblättrige, langsam wachsende immergrüne Strauch (oben) erfreut sich seit langem großer Beliebtheit, da sich sein dichtes Laub problemlos in jede gewünschte Form schneiden läßt. Obwohl er 3 Meter hoch werden kann, wächst er in Kübeln meist nur zu einer Höhe von 90 Zentimetern heran. Seine blaßgrünen, unauffälligen Blüten erscheinen im Frühjahr. Die oft als Randbepflanzung verwendete Zwergsorte 'Suffruticosa' läßt sich auf 5 bis 8 Zentimeter Höhe halten.

Den Buchsbaum im Herbst oder zwischen Frühlingsanfang und -mitte in lehmhaltiges Blumensubstrat pflanzen, das mit einem Langzeitdünger versehen ist. Die Jungpflanzen gegen Mitte des Frühjahrs zurückschneiden, um einen buschigen Wuchs zu fördern, und ausgewachsene Büsche im Spätsommer oder Frühherbst in Form schneiden. Im Frühjahr eine Kopfdüngung verabreichen. *Siehe auch Seite 186; Abbildungen Seite 13, 17, 19, 20, 70, 82, 95.*

Chamaecyparis obtusa 'Nana Gracilis'
FEUERZYPRESSE
IMMERGRÜNE KONIFERE · ZONE 3
Obwohl die Feuerzypresse eine Höhe von 1,8 Metern erreichen kann, bildet diese langsam wachsende, kleine Konifere meist einen dichten Kegel mit einer Höhe und einem unteren Durchmesser von 90 Zentimetern. Die aufrecht wachsenden Zweige tragen dunkelgrünes Laub.

Die Pflanzen gegen Mitte des Frühjahrs in lehmhaltiges Blumensubstrat setzen. Die oberste Erdschicht jedes Jahr zwischen Frühlingsanfang und -mitte durch frisches Blumensubstrat ersetzen; nur dann umtopfen, wenn das Wurzelwerk zu dicht wird. *Siehe auch Seite 183.*

Cordyline australis
KEULENLILIE
IMMERGRÜNER BAUM · ZONE 9
In kalten Regionen wird diese palmenartige Pflanze häufig unter Glas gezogen, aber in mildem Klima kann ihr stacheliger Wuchs den herausragenden Blickfang in einer großen Bepflanzung bilden. Für diesen Zweck kultivierte Exemplare sind normalerweise etwa 90 bis 120 Zentimeter hoch, aber für die Blütenbildung noch zu unreif. Keulenlilien eignen sich besonders gut für Küstenregionen, da sie Wind und salziger Gischt widerstehen.

Keulenlilien (nächste Seite, oben links) sollten zwischen Mitte und Ende des

Keulenlilie *(Cordyline australis)*

Frühjahrs in lehmhaltiges Blumensubstrat gepflanzt werden, das mit Langzeitdünger versehen ist; die oberste Erdschicht jedes Jahr zur Frühlingsmitte durch frisches Blumensubstrat ersetzen. *Siehe auch Seite 189; Abbildungen Seite 21, 111.*

Dryopteris filix-mas
WURMFARN
LAUBABWERFENDER FARN · ZONE 4 · GIFTIG

Der 90 Zentimeter hohe Wurmfarn (rechts) zählt zu den unkompliziertesten Farnen, da er die meisten Wachstumsbedingungen toleriert und ein anmutiges Büschel von gefiederten Wedeln hervorbringt, die mit rostroten Schuppen bedeckt und in mildem Klima halbimmergrün sind. Man findet aber auch kompaktere Formen mit gekräuselten Wedeln.

Wurmfarne zwischen Frühlingsanfang und -mitte in lehmhaltiges Blumensubstrat setzen, das mit Humus versehen ist, an einen schattigen Standort stellen und gründlich wässern.

Fargesia
SCHIRMBAMBUS
IMMERGRÜNER BAMBUS · ZONE 4

Die fontänenartige Wirkung einiger in Büscheln wachsender Bambus-Arten entfaltet sich erst richtig in einem Kübel. Mit seinem hohen und luftigen Wuchs zählt der Bambus zu den anmutigsten immergrünen Pflanzen und verleiht einer Terrasse oder einem Garten ein elegantes, subtropisches Ambiente.

Zwei der für diesen Zweck hervorragend geeigneten Bambus-Arten haben eine Namensänderung erfahren. Die heute unter dem Namen *F. nitida* (ehemals als *Arundinaria nitida* oder *Sinarundinaria nitida* bezeichnete) bekannte Bambus-Art besitzt bis zu 3 Meter hohe, violett gefärbte Halme, die sich unter einer Fülle kleiner Blätter biegen. Die schlanken, bis zu 2,5 Meter hohen Halme und die größeren Blätter des *F. murielae (Arundinaria murielae, A. spathacea, Thamnocalamus spathaceus)* bilden ein stärker aufgefächertes Büschel.

Die Pflanzen in der zweiten Hälfte des Frühjahrs in lehmhaltiges Blumensubstrat setzen, das stets feucht gehalten werden sollte. Die genannten Bambus-Arten (rechts) gedeihen an sonnigen und halbschattigen Standorten, benötigen aber Schutz vor kaltem Wind. Gegen Mitte des Frühlings die oberste Erdschicht erneuern. *Siehe Abbildung Seite 23.*

x *Fatshedera lizei*
EFEUARALIE
IMMERGRÜNER STRAUCH · ZONE 7

Obwohl sie häufig als Zimmerpflanze verwendet wird, eignet sich diese Hybride aus *Fatsia* und *Hedera* auch als schöne Blattpflanze für Kübel an sonnigen und schattigen Standorten im Freien. Sie wird 1,5 Meter hoch und bringt ledrige, fünflappige Blätter von glänzendem Dunkelgrün hervor, während die hellgrünen Herbstblüten bei im Freien wachsenden Pflanzen unscheinbar sind.

Wurmfarn *(Dryopteris filix-mas)*

Schirmbambus *(Fargesia)*

Die Efeuaralie (rechts) wird im Herbst oder zwischen Frühlingsanfang und -mitte in lehmhaltiges Blumensubstrat gepflanzt. Da die Pflanze ohne Stütze herabhängen würde, sollte der Haupttrieb während des Wachstums hochgebunden werden. Zwischen Frühlingsanfang und -mitte eine Kopfdüngung verabreichen.

Fatsia japonica
ZIMMERARALIE
IMMERGRÜNER STRAUCH · ZONE 7

Die großen, glänzenden, fingerförmig geteilten Blätter der Zimmeraralie erzeugen ein subtropisches Flair, das durch die Größe (über 3 Meter) dieser aufrecht wachsenden Pflanze noch verstärkt wird. Sie bringt im Herbst zahlreiche Büschel cremefarbener, runder Blütenstände hervor, denen im Frühjahr oder Frühsommer schwarze Beeren folgen.

Die Pflanzen im Herbst oder gegen Mitte des Frühjahrs in lehmhaltiges Blumensubstrat setzen. Zu Frühjahrsbeginn die oberste Erdschicht erneuern; nur dann umtopfen, wenn das Wurzelwerk zu dicht wird. Schwache oder wilde Triebe sollten gegen Mitte des Frühjahrs entfernt werden. *Siehe auch Seite 186.*

Hedera helix
EFEU
IMMERGRÜNE KLETTERPFLANZE · ZONE 5

Die Arten und Sorten des Efeus bilden eine sehr vielseitige Gruppe von immergrünen Pflanzen, die sowohl in der Sonne als auch im Schatten gedeihen. In Kübeln und Töpfen finden sie manchmal als Kletterer, aber noch häufiger als Rankpflanzen Verwendung. Als Kletterpflanzen können sie aufgrund ihrer Luftwurzeln an jeder Oberfläche gezogen werden. Sie durchlaufen oft eine lange Jugendphase, bevor sie nichtkletternde Triebe hervorbringen, die die Blüten und Beeren tragen. Die kleinblättrigen Sorten eignen sich am besten als Rankpflanzen, blühen aber unter diesen Umständen normalerweise nicht.

Efeu mit drei- oder fünflappigen, grünen Blättern ist in zahlreichen sowohl grünblättrigen als auch panaschierten Sorten erhältlich. Zu den grünblättrigen Sorten zählen: 'Duckfoot' mit kleinen Blättern, die drei gerundete Lappen besitzen; 'Green Ripple' mit kleinen, im Winter kupferfarbenen Blättern, die aus drei oder fünf elegant nach vorne weisenden Lappen bestehen; 'Donerailensis' mit dreilappigen, kräftig dunkelgrünen, im Sommer weißgeäderten Blättern, die sich im Winter kupfern verfärben, während die Adern eine grüne Farbe annehmen; 'Manda's Crested' ('Curly Locks') mit mittelgroßen Blättern, die im Winter eine rote Tönung erhalten; 'Spetchley' mit sehr kleinen, dunkelgrünen Blättern; 'Triton' ('Green Feather') mit stark unterteilten, dunkelgrünen Blättern.

Diese Pflanzen sollten zwischen Frühherbst und Frühlingsanfang in lehmhaltiges Blumensubstrat gesetzt werden. Es kann einige Monate dauern, bis kletternde Efeu-Arten sich aus eigener Kraft emporranken. Um sie dabei zu unterstützen, kann man die jungen Triebe an einer Kletterhilfe hochbinden. Falls rankende Arten sich stärker verzweigen sollen, empfiehlt es sich, die Triebspitzen zurückzuschneiden. Alle Efeu-Arten wachsen besser, wenn man sie in der Wachstumsphase alle drei bis vier Wochen mit Flüssigdünger düngt. *Siehe auch Seite 184, 186; Abbildungen Seite 55, 72, 73, 88.*

Juncus effusus 'Spiralis'
KORKENZIEHERBINSE
IMMERGRÜNE STAUDE · ZONE 3

Bei dieser kurios anmutenden Binsen-Sorte handelt es sich um eine ausdauernde Wasserpflanze, die sich gut zur Randbepflanzung von kleinen Teichen eignet. Ihre eng verdrillten oder auch locker umeinander gewundenen, bis zu 45 Zentimeter langen Stiele bilden ein verschlungenes Knäuel und tragen von Früh- bis Hochsommer unauffällige braune Blüten.

Die Korkenzieherbinse zwischen Mitte und Ende des Frühjahrs in einen Pflanzkorb mit Wasserpflanzensubstrat setzen und in 5 bis 8 Zentimeter Wassertiefe plazieren. Die Pflanzen während der Wachstumszeit regelmäßig überprüfen und alle geraden Blätter entfernen.

Juniperus sabina 'Tamariscifolia'
SADEBAUM
IMMERGRÜNE KONIFERE · ZONE 4 · GIFTIG

Unter den Wacholder-Arten finden sich viele Zwerg- oder Semi-Zwergformen, die sich gut für die Kübelkultur eignen und über graugrünes oder graublaues Laub verfügen. Die wuchernde, grünblättrige *J. sabina* 'Tamariscifolia' bildet einen abgeflachten, 45 Zentimeter hohen Busch mit 60 bis 90 Zentimeter langen horizontalen Zweigen.

Den Sadebaum gegen Mitte des Frühjahrs in lehmhaltiges Blumensubstrat pflanzen und zwischen Frühlingsanfang und -mitte eine Kopfdüngung verabreichen; nur umtopfen, wenn das Wurzelwerk zu dicht wird. *Siehe auch Seite 194.*

Efeuaralie (x *Fatshedera lizei*)

Matteuccia struthiopteris
STRAUSSENFARN
LAUBABWERFENDER FARN · ZONE 2

Der kurze Stiel des Straußenfarns trägt einen 90 bis 150 Zentimeter großen Trichter gelbgrüner, steriler Wedel, die einen Kreis kürzerer, dunkelbrauner, fruchtbarer Wedel umringen. Die perfekte Symmetrie des Farns ist verblüffend, erfordert aber regelmäßiges Wässern.

Die Pflanzen zwischen Frühlingsanfang und -mitte in lehmhaltiges Blumensubstrat setzen, das mit Humus versehen ist. An einen schattigen oder halbschattigen Standort stellen und gründlich wässern. Verwelkte Wedel zwischen Mitte und Ende des Herbstes entfernen.

Osmunda regalis
KÖNIGSFARN
LAUBABWERFENDER FARN · ZONE 4

Die im Sommer leuchtend grünen, ledrigen Wedel des prächtigen Farns erreichen eine Höhe von 1,8 Metern und färben sich im Herbst kupfern. Ausgewachsene Königsfarne erzielen manchmal einen Durchmesser von über 1,2 Metern. Sie gedeihen sowohl in der Sonne als auch im Schatten, benötigen aber einen konstant feuchten Boden.

Die Pflanzen zwischen Frühlingsanfang und -mitte in lehmhaltiges Blumensubstrat setzen, das mit Humus versehen ist. Den Farn nur so tief pflanzen, daß sich die Wurzelhälse auf Höhe der Bodenoberfläche befinden. Die Blätter zwischen Herbstmitte und -ende entfernen und zwischen Frühlingsanfang und -mitte die oberste Erdschicht (5 bis 8 Zentimeter) durch frisches Substrat ersetzen.

Pelargonium
PELARGONIE
IMMERGRÜNE STAUDE · ZONE 9

Viele Pelargonien verfügen über attraktives Laub, und bei einigen Arten fallen die dekorativen und aromatischen Eigenschaften der Blätter stärker ins Gewicht als die der Blüten. Sowohl die streng riechenden als auch die süß duftenden Blätter verströmen ihr Aroma häufig auf leichte Berührung hin.

P. tomentosum bildet einen 1,2 Meter hohen und breiten Hügel mit eher unauffälligen weißen Blüten. Ihre großen, flaumigweichen, hellgrünen Blätter verströmen einen kräftigen Minzeduft, wenn man sie reibt. Diese Pelargonien-Art fällt etwas aus dem Rahmen, da sie leichten Schatten bevorzugt.

P. quercifolium wird selten höher als 90 Zentimeter und verfügt über schmale, stark gelappte, dunkel geäderte, aromatische Blätter mit gezackten Rändern. Ihre violett gezeichneten, rosafarbenen Blüten öffnen sich im Spätfrühling und Sommer. Die Sorte 'Graveolens' verfügt bei einer Höhe und Breite von 60 bis 90 Zentimetern über stark gelappte und gezähnte, nach Zitronen duftende Blätter und trägt den gesamten Sommer rosafarbene Blüten mit violetten Flecken auf den oberen Petalen. Die gleich hohe Sorte 'Radula' (unten) ist eine Hybride mit kastanienbraun gezeichneten Petalen und Blättern mit rauher Oberfläche, die nach Rosen und Zitronen duften. Die kompaktere 'Prince of Orange' verfügt über dunkel geäderte, rosafarbene Blüten und Blätter, die einen intensiven Orangenduft verströmen. *Siehe auch Seite 170, 187, 190, 194; Abbildungen Seite 104, 105, 127.*

Pelargonie *(Pelargonium)* 'Radula'

Pinus
KIEFER
Immergrüne Konifere · Zone 3

Viele Zwergkiefern sind leicht in Kübeln zu ziehen und bieten sich aufgrund ihre auffälligen immergrünen Nadeln als Einzelpflanzen oder zur Kombination mit Steingartenpflanzen an einem sonnigen Standort an.

Die langsam wachsende Bergkiefer *(P. mugo)* kann eine Höhe und Breite von 1,8 Metern erreichen, während sie sich zu einer attraktiven knorrigen Pflanze (rechts) entwickelt. Einige Zwergformen sind als veredelte Pflanzen erhältlich; 'Mops' bildet einen graugrünen Ball von 60 Zentimeter Durchmesser.

Zu den Zwergformen der Föhre *(P. sylvestris)* zählt die Sorte 'Beuvronensis' mit einer Höhe und Breite von etwa 90 Zentimetern. Ihre kurzen Nadeln sind graugrün, und ihre Knospen nehmen im Winter eine rötliche Tönung an.

Die Pflanzen im Herbst oder zu Frühlingsanfang in lehmhaltiges Substrat setzen und nach Frühlingsbeginn eine Kopfdüngung verabreichen.

Polystichum
SCHILDFARN
Immergrüner Farn · Zone 5

Der Weiche Schildfarn *(P. setiferum)* bildet einen Trichter von bis zu 1,2 Metern Durchmesser, zeichnet sich aber unter kühlen, feuchten Bedingungen durch einen aufrechten Wuchs aus. Die hellgrünen, bis zu 90 Zentimeter hohen Wedel haben eine weiche Textur und sind an den Stielen mit graubraunen Schuppen bedeckt. Die Acutilobum-Gruppe besitzt besonders elegante, schmale Wedel von etwa 60 Zentimeter Länge. *P. aculeatum* zeichnet sich durch ledrige, bis zu 90 Zentimeter hohe Wedel mit glänzender Ober- und matter Unterseite aus; der Schwertfarn *(P. munitum)* trägt ebenso hohe, glänzende, immergrüne Wedel, die sich zu einer Spitze verjüngen.

Den Farn gegen Mitte des Frühjahrs in lehmhaltiges Blumensubstrat setzen, das mit Humus und Kalk angereichert ist. Den Kübel an einen schattigen oder halbschattigen Standort stellen; während der Wachstumszeit gründlich wässern.

Prunus lusitanica
PORTUGIESISCHE LORBEERKIRSCHE
Immergrüner Strauch oder kleiner Baum · Zone 7

Die Portugiesische Lorbeerkirsche wird 4,5 Meter hoch, kann aber auf einer Größe von etwa 2,5 Metern gehalten werden. In Kübeln kommt sie am besten als einzelnes Bäumchen, dessen Krone rund oder zu einer Kuppel formiert ist, zur Geltung; belassene Büsche tragen im

Bergkiefer *(Pinus mugo)*

Frühsommer cremefarbene Blüten, denen längliche Trauben schwarzer Früchte folgen. Auch die roten Stiele seiner glänzenden, dunklen Blätter sind dekorativ.

Die Portugiesische Lorbeerkirsche im Frühherbst oder zur Frühlingsmitte in lehmhaltiges Blumensubstrat setzen, das mit einem Langzeitdünger versehen ist; die oberste Erdschicht gegen Frühlingsmitte erneuern. Das Laub im Spätsommer mit einer Gartenschere zurückschneiden.

Tellima grandiflora
TELLIMA GRANDIFLORA
Halbimmergrüne Staude · Zone 4

Die herzförmigen, violettgrünen Blätter der *Tellima grandiflora* bilden einen interessanten Bestandteil einer Kübelbepflanzung, wobei die kleinen, glockenförmigen, cremefarbenen Blüten auf ihren 60 Zentimeter hohen Stielen im Spätfrühling einen zusätzlichen Blickfang darstellen.

Die Pflanzen im Herbst oder zu Frühlingsanfang in lehmhaltiges Blumensubstrat setzen. *Siehe Abbildung Seite 96.*

Thuja occidentalis 'Holmstrup'
ABENDLÄNDISCHER LEBENSBAUM
Immergrüne Konifere · Zone 4 · Giftig

Während die Art *T. occidentalis* zu groß für Kübel ist, bieten sich zahlreiche zwergwüchsige und kompakte Formen für diesen Zweck an. So bildet die Sorte 'Holmstrup' an einem sonnigen, aber geschützten Standort eine über 1,5 Meter hohe, dichte, grüne Pyramide aufrecht wachsender Blattzweige.

Die Pflanzen im Herbst oder zwischen Frühlingsanfang und -mitte in lehmhaltiges Blumensubstrat setzen und gegen Mitte des Frühjahrs eine Kopfdüngung verabreichen. *Siehe auch Seite 185.*

Typha minima
KLEINER ROHRKOLBEN
Staude · Zone 6

Dem Rohrkolben eilt zwar der Ruf eines wildwuchernden Gewächses voraus, dies gilt aber nicht für den Kleinen Rohrkolben, der sich hervorragend für die Randbepflanzung kleiner Teiche eignet. Mit seiner Größe von 45 bis 60 Zentimetern verfügt er über dünne, grasähnliche Blätter und lange Halme. Den braunen Blüten, die sich zwischen Hoch- und Spätsommer öffnen, folgen dekorative Samenstände.

Die Pflanzen im Frühjahr in einen Pflanzkorb mit Wasserpflanzensubstrat setzen und in 5 bis 15 Zentimeter Wassertiefe in den Teich plazieren (diese Tiefe vermindert das Risiko, daß die Pflanzen im Winter Schaden nehmen).

GOLDFARBENE UND CREMEGRÜNE BLÄTTER

Zahlreiche Pflanzen erfreuen durch ihr grünlichgelbes oder creme- bis goldfarben panaschiertes Laub. Obwohl man sie sparsam einsetzen sollte, verleiht das warme Leuchten ihrer Farben jedem Garten eine freundliche Atmosphäre. Gelbe Blätter kommen am besten an einem offenen, sonnigen Standort zur Geltung; allerdings verbrennen einige Arten bei starker Sonneneinstrahlung realtiv schnell.

Acer
AHORN
LAUBABWERFENDER STRAUCH · ZONE 5
Da die goldfarbenen Blätter des Ahorns einerseits leicht in der Sonne verbrennen, aber andererseits im Schatten ihr Strahlen verlieren, eignet sich diese Pflanze am besten für einen geschützten Standort im Halbschatten.

Der langsam wachsende *A. shirasawanum* f. *aureum (A. japonicum* 'Aureum'*)* erreicht eine Höhe von 1,2 bis 1,5 Metern. Seine wunderschönen, goldgelben Blätter erscheinen zur gleichen Zeit wie die roten Blüten und verfärben sich im Herbst karmesinrot. Ebenso langsam wächst die goldfarbene Form des Japanischen Fächerahorns *(A. palmatum* 'Aureum'*)*, der eine Höhe von über 1,8 Metern erreichen kann und über dichtstehenden, fächerförmigen Zweigen prächtig gelbgrüne Blätter zeigt. *Siehe auch Seite **178**, 188.*

Aucuba japonica 'Picturata'
GEFLECKTE AUKUBE
IMMERGRÜNER STRAUCH · ZONE 7
Obwohl die Aukube selbst die kargsten Bedingungen duldet, empfiehlt es sich, die panaschierten Sorten in hochwertiges Blumensubstrat zu setzen und an einen offenen Standort zu stellen. Die Pflanzen sind entweder männlich oder weiblich, wobei nur die weiblichen Beeren tragen. Die männliche 'Picturata', die eine Höhe und einen Durchmesser von über 1,8 Metern erreicht, besitzt große, ledrige, dunkelgrüne Blätter mit einem gelben Fleck in der Mitte, während die Blätter der weiblichen, gleich großen 'Crotonifolia' großflächig gelb gefleckt sind. Ihre scharlachroten Beeren halten sich häufig den Winter hindurch bis ins Frühjahr.

Die Pflanzen gegen Mitte des Herbstes oder zwischen Frühlingsanfang und -mitte in lehmhaltiges Blumensubstrat setzen und im Frühjahr die oberste Erdschicht erneuern; nur dann umtopfen, wenn das Wurzelwerk zu dicht wird. *Siehe auch Seite 202.*

Calluna vulgaris
HEIDEKRAUT
IMMERGRÜNER STRAUCH · ZONE 4
Unter den vielen Sorten des Heidekrauts finden sich mehrere mit kräftig gefärbten Blättern. Allerdings wird die Wirkung des über einen langen Zeitraum dekorativen Laubs häufig durch nicht dazu passende Blütenfarben geschwächt. Zu den lobenswerten Ausnahmen zählen die Sorten 'Gold Haze', die über leuchtend goldfarbene Blätter und weiße Blüten verfügt, und 'Orange Queen', deren junge, im Frühjahr prächtig gelbe Blätter sich im Herbst zu einem dunklen Orange verfärben. Beide Sorten werden bis zu 60 Zentimeter hoch und blühen im Spätsommer oder Frühherbst. *Siehe auch Seite 131, 159.*

Chamaecyparis
SCHEINZYPRESSE
IMMERGRÜNE KONIFERE · ZONE 5
Zahlreiche Zwergformen der Scheinzypresse tragen goldfarbenes Laub. Obwohl die Art *C. lawsoniana* einen großen, wuchsfreudigen, konischen Baum ergibt, erreicht ihre Sorte 'Aurea Densea' nur langsam eine Höhe von 1,8 Metern. Dieser konische Strauch besteht aus dichtwachsenden, kurzen, steifen Zweigen mit goldfarbenem Laub. Bedeutend kompakter ist die als 'Nana Aurea' bezeichnete Sorte der Feuerzypresse *(C. obtusa)*, die eine etwa 60 Zentimeter hohe Kuppel dichtwachsender, fächerförmiger Zweige mit herrlich gelbgrünem Blattwerk bildet. *Siehe auch Seite 179, 192.*

Erica carnea
SCHNEEHEIDE
IMMERGRÜNER STRAUCH · ZONE 5
Ihre leuchtend gelben Blätter verleihen einigen Heidepflanzen einen hohen Zierwert. Allerdings gilt (wie bei einigen Sorten der *Calluna*) auch hier, daß Blüten- und Blattfarbe häufig nicht harmonieren – was die Ausnahmen jedoch um so wertvoller macht.

Zu den für die Kübelkultur geeigneten Sorten zählt 'Ann Sparkes', deren goldfarbene Blätter sich bis zum Winter, wenn die rosaroten Blüten erscheinen, prächtig bronzefarben färben. Die Sorte 'Aurea' trägt im Frühjahr und Sommer leuchtend goldfarbene Blätter, die sich zur Blütezeit im Winter hellgrün färben, während ihre rosa Blüten zu Cremeweiß verblassen. Beide Sorten erreichen im allgemeinen eine Höhe von 15 bis 20 Zentimetern. *Siehe auch Seite **137**, 155, 165, 171.*

Euonymus
SPINDELSTRAUCH
IMMERGRÜNER STRAUCH · ZONE 5
Unter den Sorten von *E. fortunei* findet sich eine überraschende Vielzahl kleiner Sträucher mit panaschierten Blättern, die sich gut für die Kübelkultur eignen, auch wenn die Art selbst halbkriechend oder sogar ausgesprochen kletterfreudig ist. Eine der schönsten Sorten ist 'Emerald 'n' Gold' mit prächtig gelb gerandeten, glänzend grünen Blättern, die im Winter eine rote Tönung annehmen. Die Blätter der etwas gedämpfteren 'Sunspot' (unten) verfügen über einen grünen Rand und eine cremefarbene oder goldgelbe Mitte. Beide Sorten bilden Hügel von etwa 45 Zentimeter Höhe und 60 Zentimeter Breite und bringen vom Früh- bis zum Hochsommer kleine Zweige grünlichweißer Blüten hervor.

Auch der Japanische Spindelstrauch *(E. japonica*, Zone 7*)* verfügt über einige schöne panaschierte Sorten: Die etwa 1,8 Meter hohe 'Ovatus Aureus' trägt glänzende, dunkelgrüne Blätter mit einem kräftigen gelben Rand und duldet sogar salzige Gischt.

Die Pflanzen zwischen Herbstanfang und -mitte oder zur Frühlingsmitte in lehmhaltiges Blumensubstrat setzen und gegebenenfalls im Spätsommer oder Frühherbst formieren. Im Frühjahr die oberste Erdschicht erneuern; nur dann umtopfen, wenn das Wurzelwerk zu dicht wird. *Siehe auch Seite 186.*

Spindelstrauch *(Euonymus fortunei)* 'Sunspot'

Hakonechloa macra 'Aureola'

Efeu *(Hedera helix)* 'Buttercup'

Hakonechloa macra
HAKONECHLOA MACRA
IMMERGRÜNES, AUSDAUERNDES GRAS · ZONE 6
Bedeutend weiter verbreitet als die grünblättrige Art sind die panaschierten Formen der büschelbildenden, japanischen Gattung *Hakonechloa*, wie etwa 'Alboaurea', ein sanft übergeneigtes, etwa 30 Zentimeter hohes Büschel weiß und gelb gefleckter Blätter mit einem geringen Grünanteil. Noch eindrucksvoller ist die Sorte 'Aureola' (oben), deren bandförmige, leuchtend gelbe Blätter nur einige dünne grüne Linien aufweisen. An einem offenen oder halbschattigen Platz eignen sich beide als Solitärpflanzen.

Die Pflanzen zur Herbstmitte oder zwischen Frühlingsanfang und -mitte in lehmhaltiges Blumensubstrat setzen. Die Rhizome wachsen nur langsam, können aber im Frühjahr geteilt werden; anderenfalls die oberste Erdschicht durch frisches Blumensubstrat ersetzen.

Hedera helix
EFEU
IMMERGRÜNE KLETTERPFLANZE · ZONE 5
Oft wird das düstere Grün vieler Efeu-Sorten durch eine goldfarbene Panaschierung aufgeheitert, aber in den meisten Fällen entfaltet sich die volle Wirkung der gefleckten Blätter erst richtig, wenn die Pflanze an einem sonnigen Standort steht.

Die Sorte 'Californian Gold' besitzt mittelgroße, grüne Blätter mit gelben Flecken und Tupfen, während 'Midas Touch' sich durch gelbe Blätter mit graugrünen Flecken und leuchtend grünen Tupfen auszeichnet. 'Buttercup' verfügt über kleine bis mittelgroße, leuchtend grünlichgelbe Blätter (oben), die in der Sonne schnell verbrennen, aber im tiefen Schatten ihre gelbe Tönung verlieren. Zu den beliebtesten Sorten dieser Gruppe zählt 'Goldheart', mit kleinen bis mittelgroßen, dunkelgrünen Blättern, die einen goldfarbenen Fleck in der Mitte aufweisen und selbst im Schatten ihre Panaschierung beibehalten. Eine weitere Efeu-Sorte mit leuchtender Panaschierung ist 'Golden Ingot', deren gelbe Blätter grünlich gefleckt sind. *Siehe auch Seite **180 f.**, 186; Abbildung Seite 124.*

Helichrysum petiolare 'Limelight'
STROHBLUME
IMMERGRÜNER STRAUCH · ZONE 9
Dieser gelbgrüne, rankende Strauch mit einem Durchmesser von etwa 1,2 Metern eignet sich für die Kübelkultur ebenso gut wie die bekanntere graublättrige Strohblume und wird genau wie diese meist als Einjährige behandelt. Seine pelzigen Blätter bilden einen optischen Ausgleich bei Pflanzungen in warmen Farben und dienen als Ergänzung in Ampeln und Balkonkästen, ohne diese zu überwuchern. *Siehe auch Seite **193**; Abbildungen Seite 39, 106/107, 115.*

Hosta
FUNKIE
STAUDE · ZONE 3
Unter den Funkien findet man einige der schönsten Blattpflanzen für Gärten in gemäßigten Klimazonen, von denen sich viele auch als einzelne Kübelpflanzen eignen. *Hosta*-Sorten bieten ein großes Spektrum an Blattformen, -größen und -farben: Gold, Gelb und Creme finden sich sowohl bei den einfarbigen als auch bei den panaschierten Formen.

Die 75 Zentimeter hohe 'Sum and Substance' verfügt über beeindruckend große, grünlich-goldfarbene Blätter mit stark strukturierter Oberfläche, während *H. fortunei* 'Aurea' ein 60 Zentimeter hohes Büschel zartgelber Blätter bildet, die sich nach und nach grün färben.

Unter den Sorten mit gelb gerandeten Blättern sticht *H. sieboldiana* 'Frances Williams' heraus. Ihre blauen, bis zu 75 Zentimeter hohen Blätter sind mit einem unregelmäßigen cremefarbenen Rand versehen, dessen Farbton sich im Herbst zu Gelb vertieft. Die gelb gerandeten, grünen Blätter von *H. fortunei* 'Aureomarginata' bilden ein 60 Zentimeter hohes Büschel. Unter den kleineren Funkien zählt 'Golden Tiara' zu den schönsten. Sie erreicht eine Höhe von bis zu 30 Zentimetern und besitzt herzförmige, grüne Blätter mit goldfarbenem Rand.

Bei der Sorte *H. fortunei* 'Gold Standard', einem Büschel von 75 Zentimetern Höhe, schimmert der Blattrand grün, während das Grün der Blattmitte zu einem prächtigen Gelbton verläuft.

Eine zusätzliche Sommerattraktion bilden die lilienähnlichen Blüten dieser Funkien, die ein strahlendes Weiß – *H. sieboldiana* 'Frances Williams' – oder Schattierungen von Lavendel, Mauve oder Violett aufweisen.

Die Pflanzen im Herbst oder Frühjahr in lehmhaltiges Blumensubstrat setzen, das mit Humus angereichert ist, und in der Wachstumszeit alle zwei bis drei Wochen mit Flüssigdünger düngen. Da Schnecken die Blätter der Funkien besonders schätzen, müssen sie ferngehalten werden. Im Frühjahr die oberste Erdschicht erneuern. *Siehe auch Seite 187, 193.*

Humulus lupulus 'Aureus'
GOLDHOPFEN
AUSDAUERNDE KLETTERPFLANZE · ZONE 5
Diese weniger wuchsfreudige Verwandte des Gemeinen Hopfens ist nichtsdestotrotz in der Lage, eine Höhe von 4,5 Metern zu erklimmen und stellt eine für die Kübelkultur ungewöhnliche Blattpflanze dar. Ihre elegant wirkenden, drei- oder fünffach gelappten Blätter zeigen bis in den Hochsommer eine schöne gelblichgrüne Färbung und nehmen danach einen intensiveren Grünton an. Die gelbe Färbung entwickelt sich am schönsten an einem sonnigen Standort.

Die Pflanzen im Herbst oder Frühjahr in lehmhaltiges Blumensubstrat setzen und mit Kletterhilfen für die rankenden Stiele versehen. *Siehe Abbildung Seite 75.*

Lamium maculatum 'Aureum'
TAUBNESSEL
STAUDE · ZONE 4
Zahlreiche Taubnesseln verfügen über silberfarbenes Laub, wie etwa die Sorte 'Aureum' mit ihren kräftig gelbgrün getönten Blättern und weißen Streifen. Im Frühsommer bringt diese 15 Zentimeter hohe Pflanze rosafarbene Blüten hervor, und ihre bis zu 50 Zentimeter langen Stiele bilden Wurzeln, während sie sich ausbreiten. Aufgrund ihres langsamen Wuchses eignet sie sich hervorragend als attraktive Unterpflanzung für einen großen Strauch oder zum Füllen von Lücken in einer gemischten Pflanzung.

Taubnesseln sollten im Frühjahr in lehmhaltiges Blumensubstrat gepflanzt werden. *Siehe auch Seite 187.*

Lysimachia nummularia 'Aurea'
PFENNIGKRAUT
STAUDE · ZONE 4
Im Sommer kombiniert diese nur 5 Zentimeter hohe Staude (unten) mit bis zu 45 Zentimeter langen, rankenden Stielen leuchtend gelbe, kelchförmige Blüten mit paarig an den Stielen sitzenden, grünlichgelben Blättern. Am schönsten kommt sie als üppig rankende Randbepflanzung von Pflanzgefäßen zur Geltung.

Die feuchtigkeitsliebenden Pflanzen (die jedoch auch eine trockene Umgebung dulden) im Frühjahr in lehmhaltiges Blumensubstrat oder Torfkultursubstrat setzen. Die Blätter nehmen im Schatten einen Grünton an. *Siehe Abbildung Seite 96.*

Osmanthus heterophyllus
DUFTBLÜTE
IMMERGRÜNER STRAUCH · ZONE 7 BIS 9
Von diesem langsam wachsenden Strauch, der im Herbst süß duftende Blüten hervorbringt, sind mehrere panaschierte Sorten erhältlich. So weisen die jungen Blätter von 'Goshiki' einen rosigen Bronzeton auf, der später in eine kräftig gelbe Tüpfelung übergeht. Die Pflanzen im Frühjahr in lehmhaltiges Blumensubstrat setzen. *Siehe Abbildung Seite 124.*

Phormium 'Yellow Wave'
NEUSEELÄNDER FLACHS
IMMERGRÜNE STAUDE · ZONE 9
Neuseeländer Flachs wird hauptsächlich aufgrund seiner ledrigen, schwertförmigen Blätter gepflanzt, die manchmal gelb panaschiert sind. Die 90 Zentimeter hohe 'Yellow Wave' besitzt biegsame, gelbe Blätter mit fein gezeichneten, grünen Rändern. *Siehe auch Seite **190**; Abbildung Seite 12.*

Pleioblastus auricomus
BUSCHBAMBUS
IMMERGRÜNE STAUDE · ZONE 5
Diese Bambus-Art (auch als *P. viridistriatus* geführt) kommt als Solitärpflanze an einem sonnigen Standort gut zur Geltung, während sie im Schatten viel von ihrer Leuchtkraft einbüßt. Ihre bis zu 75 Zentimeter hohen, beblätterten Halme strahlen in einem grün gestreiften Goldton (unten). Die Pflanzen gegen Mitte des Frühjahrs in lehmhaltiges Blumensubstrat setzen. Alte Stiele zu Beginn des Frühjahrs entfernen, um frische Triebe zu fördern.

Im Frühjahr die oberste Erdschicht erneuern; nur dann umtopfen, wenn das Wurzelwerk zu dicht wird. *Siehe auch Seite 180, 187.*

Tolmiea menziesii 'Taff's Gold'
HENNE MIT KÜKEN
IMMERGRÜNE STAUDE · ZONE 7
Der Vulgärname dieser Art bezieht sich auf den Wuchs der jungen Pflänzchen, die sich in Blatthöhe an den Stielen entwickeln. 'Taff's Gold' eignet sich als kräftiger Lückenfüller. Sie bildet ein dichtes, über 30 Zentimeter hohes und elegant rankendes Büschel hübscher grün und zartgelb gesprenkelter Blätter und bringt im Frühjahr zahlreiche Zweige mit winzigen, grünbraunen Blüten hervor.

Die Pflanzen zu Beginn des Frühjahrs in lehmhaltiges Blumensubstrat setzen und alle ein bis zwei Jahre durch Jungpflanzen aus Ablegern ersetzen. *Siehe Abbildung Seite 25.*

Thuja
LEBENSBAUM
IMMERGRÜNE KONIFERE · ZONE 3 · GIFITG
Die Zwergsorte 'Rheingold' des Abendländischen Lebensbaums *(T. occidentalis)* zählt zu den am weitesten verbreiteten Formen der goldblättrigen Koniferen. Dieser langsam wachsende Kegel von mehr als 90 Zentimetern Höhe sticht besonders im winterlichen Garten durch seine altgoldene Färbung hervor.

Unter den vielen Zwergformen des Morgenländischen Lebensbaums *(T. orientalis)* findet sich auch 'Aurea Nana', die einen kugelförmigen Busch aus gelbgrünem Laub bildet. *Siehe auch Seite **182**.*

Thymus
THYMIAN
IMMERGRÜNER STRAUCH · ZONE 4
Einige Thymian-Sorten bieten sich als ansprechende Blattpflanzen an. Zu den goldblättrigen Formen zählt *T. vulgaris* 'Silver Posie', dessen cremefarben panaschierte Blätter einen silbrigen Effekt hervorrufen. Dagegen zeichnet sich der Zitronenthymian *(T.* x *citriodorus)* durch Sorten mit gelben Blättern oder goldfarbener Panaschierung aus: Bei 'Aureus' handelt es sich um einen Busch von 10 bis 20 Zentimeter Höhe, der eine dichte, wuchernde, bis zu 45 Zentimeter breite Matte aus winzigen, duftenden, goldfarbenen Blättern bildet und im Sommer fliederfarbene Blüten trägt. 'Doone Valley' (8 Zentimeter) zeigt goldene Tupfer auf dunklem Grün und *T. serpyllum* 'Goldstream' helleres Grün und Gelb; beide blühen im Spätsommer mauvefarben. *Siehe auch Seite 197; Abbildung Seite 125.*

Pfennigkraut *(Lysimachia nummularia)* 'Aurea'

Buschbambus *(Pleioblastus auricomus)*

WEISSE UND CREMEFARBENE BLÄTTER

Da die facettenreiche Schönheit panaschierten Laubs im Garten häufig untergeht, plaziert man solche Pflanzen am besten so, daß sie direkt ins Auge fallen. Aber auch kunstvollen Gartenanlagen verleihen Gewächse mit panaschierten Blättern zusätzlichen Glanz, während sie gleichzeitig schattige Bereiche aufheitern.

Aegopodium podagraria 'Variegatum'
GEFLECKTER GEISSFUSS
STAUDE · ZONE 4
Dieser Geißfuß breitet sich weniger aus als die reingrünen Arten und wirkt mit seinem 25 Zentimeter hohen Büschel cremefarben panaschierter Blätter an schattigen Plätzen dekorativ. Die Pflanzen im Frühjahr in lehmhaltiges Blumensubstrat setzen. *Siehe Abbildung Seite 17.*

Brassica oleracea Capitata-Gruppe
ZIERKOHL
EINJÄHRIGE
Neben den eßbaren Kohlsorten wurden diverse Sorten ausschließlich aufgrund ihres dekorativen Äußeren gezüchtet. Viele haben cremeweiße und grüne Köpfe, wobei die Blätter der blütenartigen Rosetten häufig gewellt oder gekräuselt sind (unten). Diese zweijährigen Pflanzen werden meist als Einjährige für langhaltende Herbst- und Winterpflanzungen verwendet und erreichen eine Höhe und Breite von 30 bis 45 Zentimetern.

Die Samen im Frühjahr im Freien aussäen, und die Jungpflanzen im Spätsommer oder Frühherbst in mit Kalk angereichertes, lehmhaltiges Substrat setzen. *Siehe auch Seite 189; Abbildung Seite 95.*

Zierkohl *(Brassica oleracea)*

Buxus sempervirens 'Elegantissima'
BUCHSBAUM
IMMERGRÜNER STRAUCH · ZONE 6 · GIFTIG
Die Panaschierung etlicher Buchsbaum-Sorten trägt dazu bei, das Grün an schattigen Standorten aufzuhellen. Die kaum 1,2 Meter große 'Elegantissima' beispielsweise ist eine langsam wachsende, dichte, kuppelförmige Sorte, deren cremeweiße Blattränder einen silbrigen Effekt entstehen lassen. *Siehe auch Seite **179**; Abbildung Seite 70.*

Euonymus fortunei
SPINDELSTRAUCH
IMMERGRÜNER STRAUCH · ZONE 5
Mehrere Sorten von *E. fortunei* zeigen eine weiße oder cremefarbene Panaschierung. Die jungen Blätter von 'Silver Queen' sind im Frühjahr gelb, nehmen aber später eine graugrüne Färbung mit cremeweißem Rand an; die Pflanze wird bis zu 90 Zentimetern hoch, aber oft breiter. Die gleich hohe 'Emerald Gaiety' besitzt gerundete, dunkelgrüne Blätter mit strahlend weißem Rand. Beide Sorten gedeihen an sonnigen und schattigen Standorten. *Siehe auch Seite **183**.*

Fatsia japonica 'Variegata'
ZIMMERARALIE
IMMERGRÜNER STRAUCH · ZONE 8
Die einfarbige Zimmeraralie bietet an sich schon einen hübschen Anblick, aber die unregelmäßig verteilten, cremeweißen Flecken an den Spitzen der gefingerten Blätter verleihen ihr eine ganz besondere Note. Sie gedeiht an einem geschützten, halbschattigen Platz. *Siehe auch Seite **180**.*

Glechoma hederacea 'Variegata'
GEFLECKTE GUNDELREBE
IMMERGRÜNE STAUDE · ZONE 8 · GIFTIG
Aufgrund ihrer rankenden, etwa 90 Zentimeter langen Stiele und der hübsch gefleckten, herzförmigen Blätter eignet sich die Gundelrebe hervorragend für Balkonkästen und Ampeln an sowohl sonnigen als auch schattigen Standorten.

Die Pflanzen im Frühjahr in lehmhaltiges Blumensubstrat oder Torfkultursubstrat setzen. Die Gundelrebe wird häufig als Einjährige kultiviert, kann aber im darauffolgenden Frühjahr wiederverwendet werden, wenn man sie nach der Sommerblüte zurückschneidet. *Siehe Abbildungen Seite 105, 115.*

Hedera
EFEU
IMMERGRÜNE KLETTERPFLANZE · ZONE 5
Einige der großblättrigen, panaschierten Efeu-Arten sind eindrucksvolle Kletterer, die Höhen von 4,5 Metern und mehr erreichen können. Sie wirken aber auch sehr dekorativ, wenn man sie über den Rand eines großen Kübels hängen läßt. Eine der am weitesten verbreiteten Sorten ist *H. canariensis* 'Gloire de Marengo' (Zone 9), deren hübsche grüne und meist ungelappte Blätter graue Tupfen und einen cremeweißen Rand aufweisen.

Obwohl man zahlreiche weiß gefleckte Formen des heimischen Efeus *(H. helix)* findet, reichen nur wenige an die zurückhaltende Schönheit der Sorte 'Glacier' heran, deren drei- oder fünffach gelappte Blätter cremefarben gerandet und mit graugrünen oder silbergrauen Flecken überzogen sind. Weitere interessante Sorten sind: 'Caecilia', mit gekräuselten, dreifach gelappten, grünen und cremeweißen Blättern, 'Kolibri', deren kleine, grüne Blätter großzügig weiß gefleckt und gesprenkelt sind, sowie die buschige 'Little Diamond' mit ihren silberfarbenen Blättern. *Siehe auch Seite **180 f.**, 184.*

Heuchera 'Snow Storm'
PURPURGLÖCKCHEN
IMMERGRÜNE STAUDE · ZONE 4
Die filigrane Frische von 'Snow Storm' (unten) erzeugt eine luftige Atmosphäre zwischen Pflanzen im Halbschatten. Die

Purpurglöckchen *(Heuchera)* 'Snow Storm'

Sorte bildet ein 30 Zentimeter hohes und breites Büschel aus einander überlappenden, herzförmigen Blättern, die einen gewellten und gekräuselten Rand aufweisen. Die elfenbeinfarbenen, grün gerandeten Blätter besitzen grüne Tupfen, deren Intensität sich von Blatt zu Blatt unterscheidet, sowie sich im Winter dunkelrosa verfärbende Blattadern. Im Frühsommer bringt die Pflanze kleine Zweige mit roten Blüten hervor. *Siehe auch Seite* ***189 f.***

Funkie *(Hosta fortunei)* 'Francee'

Hosta
FUNKIE
STAUDE · ZONE 3
Der Kontrast von Weiß und Grün findet sich bei vielen panaschierten Funkien. Ein Klassiker dieser Gruppe ist *H. undulata* var. *albomarginata (H.* 'Thomas Hogg'*)*, ein 60 Zentimeter hoher Horst aus spitz zulaufenden, stark geäderten grünen Blättern mit einem unregelmäßigen weißen Rand.

Auch *H. fortunei* 'Francee' mit 60 Zentimeter hohen, herrlich grünen Blättern mit weißem Rand (oben), eignet sich für die Kübelkultur. Beide tragen im Sommer mauvefarbene Blüten. Bei 'Sugar and Cream' weist der Rand der gewellten Blätter einen wärmeren Ton auf; sie wird 60 Zentimeter hoch und hat im Sommer duftende, weiße Blüten. *Siehe auch Seite 184, 193; Abbildung Seite 23.*

Ilex aquifolium 'Argentea Marginata'
STECHPALME
IMMERGRÜNER STRAUCH ODER BAUM · ZONE 7
Viele Stechpalmen werden aufgrund ihres glänzenden, meist stachligen und oft panaschierten Laubs gepflanzt. Männliche und weibliche Blüten blühen an unterschiedlichen Büschen, wobei die weiblichen Pflanzen nur dann Beeren tragen, wenn eine männliche Pflanze in der Nähe steht. Zu den schönsten Stechpalmen gehört die weiß panaschierte 'Argentea Marginata' – die weißen Ränder ihrer glänzenden Blätter erzeugen an sonnigen und schattigen Standorten einen silberfarbenen Effekt. Ausgewachsene Pflanzen können eine Fülle hübscher Beeren hervorbringen. In Kübeln wachsende Stechpalmen benötigen häufig einen Formschnitt, um sie auf 1,5 bis 2,5 Meter Höhe zu beschränken.

Die Pflanzen zwischen Mitte und Ende des Frühjahrs in lehmhaltiges Blumensubstrat setzen. Formierte Bäumchen im Hochsommer schneiden. Im Frühjahr die oberste Erdschicht durch frisches Blumensubstrat ersetzen; nur dann umtopfen, wenn das Wurzelwerk zu dicht wird.

Lamium maculatum
TAUBNESSEL
HALBIMMERGRÜNE STAUDE · ZONE 4
Aufgrund ihrer Wuchsfreudigkeit gehört die Taubnessel zu den beliebtesten Bodendeckern; sie eignet sich allerdings ebenso gut als rankender Lückenfüller in Kübeln.

Die Sorte 'Beacon Silver', deren Laub eine metallischweiße, mauvefarben überhauchte Panaschierung aufweist, trägt zahlreiche kleine, mauvefarbene Blüten. *Siehe auch Seite* ***185.***

Pelargonium
PELARGONIE
IMMERGRÜNE STAUDE · ZONE 9
Unter den vielen weiß oder cremefarben panaschierten Pelargonien-Sorten besticht 'Lady Plymouth' durch ihre kühle Eleganz. Ihre süß duftenden, feingeschnittenen graugrünen Blätter besitzen einen unregelmäßigen weißen Rand. Die nach Zitronen duftende *P. crispum* 'Variegatum' mit ihren aufrecht wachsenden Stielen und stark gekräuselten, weiß gerandeten Blättern ist noch beeindruckender, während 'Atomic Snowflake' nach Rosen duftende Blätter von samtig blassem Grün mit weißem Rand besitzt. *Siehe auch Seite 135, 147 f.,* ***153 f.****, 163, 170, 181 f., 190, 194; Abbildung Seite 104.*

Phalaris arundinacea var. *picta*
ROHRGLANZGRAS
IMMERGRÜNE STAUDE · ZONE 4
Das stark wuchernde Rohrglanzgras besitzt aufgrund der cremefarbenen und leuchtend grünen Panaschierung entlang der schmalen Blätter einen hohen dekorativen Wert – wobei die Blütenrispen nur ein nebensächliches Merkmal darstellen, aber zum Gesamteindruck beitragen. In einem dichtbepflanzten Kübel läßt sich die Wuchsfreudigkeit etwas einschränken. Das Gras dient häufig als Hintergrund für auffallendere Gewächse, kommt aber auch ohne Begleitung gut zur Geltung. Die Pflanzen im Frühjahr in lehmhaltiges Blumensubstrat setzen. Wenn die Bepflanzung im Herbst aus dem Kübel genommen wird, kräftige Grasbüschel für das kommende Frühjahr zurückbehalten. *Siehe Abbildung Seite 113.*

Plectranthus madagascariensis 'Variegated Mintleaf'
HARFENSTRAUCH
IMMERGRÜNE STAUDE · ZONE 9
Das panaschierte Laub dieser zarten Staude eignet sich gut für sommerliche Kübelpflanzungen an einem halbschattigen Standort. Die buschigen Pflanzen, deren Blätter einen gewellten und unregelmäßigen weißen Rand aufweisen, bringen im Sommer manchmal weiße und violette Blüten hervor. 'Variegated Mintleaf' (unten) hat aromatische Blätter.

Die Pflanzen im Spätfrühling in lehmhaltiges Blumensubstrat oder Torfkultursubstrat setzen und die Triebspitzen junger Pflanzen ausknipsen. Gründlich wässern und ab der dritten bis vierten Woche nach dem Pflanzen alle zwei Wochen mit Flüssigdünger düngen. Bewurzelte Stecklinge können überwintert werden. *Siehe Abbildungen Seite 101, 110.*

Harfenstrauch *(Plectranthus madagascariensis)* 'Variegated Mintleaf'

Pleioblastus variegatus
BAMBUS
IMMERGRÜNER STRAUCH · ZONE 5
Dieser Zwergbambus bildet sowohl in der Sonne als auch im Schatten dichte, bis zu 90 Zentimeter hohe und 45 Zentimeter breite Büschel panaschierter Blätter, wobei einige fast vollständig dunkelgrün, andere nahezu weiß und wieder andere ausgewogen gefleckt sind. *Siehe auch Seite* ***185.***

ROTE, VIOLETTE UND BRONZEFARBENE BLÄTTER

Rot getönte Blätter werden meist mit einem Wechsel der Jahreszeiten verbunden – wenn sich die Blätter im Frühjahr öffnen oder im Herbst färben, bevor sie herabfallen. Man findet aber auch Pflanzen, deren Blätter die rote, violette oder bronzefarbene Tönung über Wochen und Monate beibehalten und in einer Kübelpflanzung für einen ungewöhnlichen Kontrast zum übrigen Blattwerk sorgen. Allerdings sollten sie mit helleren Blatt- und Blütenfarben kombiniert werden, damit kein düsterer Eindruck entsteht.

Acer palmatum
JAPANISCHER FÄCHERAHORN
STRAUCH · ZONE 5
Aus dem Japanischen Fächerahorn sind viele Sorten mit violettem, kupfer- oder bronzefarbenem Laub hervorgegangen. Zu den farbenprächtigsten zählt 'Bloodgood', die eine Höhe von über 2,5 Metern erreichen kann. Im Sommer ist sie dicht mit eleganten, fünffach gelappten, violettroten Blättern bedeckt, deren leuchtend rote Herbsttönung noch eindrucksvoller wirkt. Die Bezeichnung *A. palmatum* Dissectum-Atropurpureum-Gruppe umfaßt mehrere Formen mit feingeteilten Blättern, deren bronzeviolette Sommerfärbung sich im Herbst in ein lebhaftes Rot verwandelt (unten). Alle Sorten dieser Gruppe bilden langsam wachsende Sträucher von etwa 90 Zentimeter Höhe und 1,5 Meter Durchmesser.

Bei der Wahl von Pflanzen aufgrund ihrer Blattfarbe sollte auch die Herbstfärbung des Ahorns nicht übersehen werden. Die siebenfach gelappten Blätter der Sorte 'Osakazuki', eines kleinen Baums von kaum 3 Meter Höhe, bieten einen besonders feurigen Anblick. *Siehe auch Seite 178, 183; Abbildungen Seite 46, 47.*

Ajuga reptans
KRIECHENDER GÜNSEL
IMMERGRÜNE STAUDE · ZONE 4
Der als Unterpflanzung für Sträucher geeignete Kriechende Günsel bildet niedrige Rosetten winterharter Blätter und bringt im Frühsommer 10 bis 15 Zentimeter hohe Rispen röhrenförmiger, violettblauer Blüten hervor. Das violette Laub von 'Atropurpurea' hat einen metallischen Glanz, bei 'Burgundy Glow' (oben) leuchten die Blätter in einer Mischung aus Weinrot, Rosa, Bronze und Creme.

Kriechender Günsel *(Ajuga reptans)* 'Burgundy Glow'

Die Pflanzen im Herbst oder Frühjahr in lehmhaltiges Blumensubstrat setzen. Im Frühjahr teilen und erneut einpflanzen.

Japanischer Fächerahorn *(Acer palmatum)* Dissectum-Atropurpureum-Gruppe

Bassia scoparia f. *trichophylla* 'Childsii'
FEUERBUSCH
BEDINGT WINTERHARTE EINJÄHRIGE
Die schmalen, spitzen Blätter dieser oft unter *Kochia* geführten, aufrechten Pflanze verleihen ihr Ähnlichkeit mit einer buschigen Zypresse. Im Spätsommer oder Herbst nimmt ihr hellgrünes Laub eine prächtige Rottönung an. Der bis zu 60 Zentimeter hohe Feuerbusch stellt (in einem eigenen Kübel) einen attraktiven Bestandteil einer formalen Bepflanzung an sonnigen Standorten dar.

Die Samen zwischen Frühlingsanfang und -mitte unter Glas säen; die Jungpflanzen nach dem Abhärten im Spätfrühling oder Frühsommer in lehmhaltiges Substrat setzen und ins Freie stellen.

Begonia rex
BLATTBEGONIE
IMMERGRÜNE STAUDE · ZONE 9
Aus der Art *B. rex* sind viele beliebte und dekorative Zimmerpflanzen entstanden, die im Sommer einzeln oder in Kombination mit anderen Pflanzen auch im Freien Verwendung finden. Obwohl sich die haarigen Blätter in Form und Zeichnung unterscheiden, verfügen viele Sorten über eine rote, bronze- oder silberfarbene Zeichnung auf grünschattiertem Unter-

Blattbegonie *(Begonia rex)*

grund (oben). Die zartrosa Blüten sehen dagegen unscheinbar aus.

Die Pflanzen gegen Mitte des Frühjahrs in lehmhaltiges Blumensubstrat oder Torfkultursubstrat setzen und im Spätfrühling oder Frühsommer ins Freie stellen. Alle zwei Wochen mit Flüssigdünger düngen.

Bergenia
BERGENIE
IMMERGRÜNE STAUDE · ZONE 4
Bergenien besitzen das ganze Jahr über beeindruckendes Laub, wobei rosafarbene oder weiße Blüten im Frühjahr einen zusätzlichen Reiz bieten. Zu den attraktivsten Bergenien zählen die Sorten, deren Blätter im Winter kräftige Schattierungen von Violett oder Rot annehmen. Die bis zu 75 Zentimeter große *B. cordifolia* 'Purpurea' verfügt über gerundete Blätter, die sich mit zunehmender Kälte intensiv färben, und trägt im Frühjahr magentarote Blüten. *B. purpurascens* bildet ein 45 Zentimeter hohes Büschel schmaler Blätter, die ihre Farbe im Winter von Dunkelgrün zu einem dunklen Pflaumenrot mit einer leuchtend karmesinroten Unterseite verändern; die rosafarbenen Blüten stehen an rötlichen Stielen. 'Abendglut' ('Evening Glow') gehört zu den zahlreichen Hybriden, die eine attraktive Färbung annehmen. Ihre ovalen, gekräuselten Blätter bilden eine niedrige Rosette und nehmen im Winter auf der Oberseite ein tiefes Kastanienbraun, auf der Unterseite eine etwas hellere Tönung an. Die Pflanze erreicht eine Höhe von 30 Zentimetern und trägt im Frühjahr leuchtend rosafarbene, halbgefüllte Blüten. *Siehe auch Seite 179.*

Brassica oleracea Capitata-Gruppe
ZIERKOHL
EINJÄHRIGE
Die lebendigste Färbung findet man bei den Zierkohl-Sorten, deren Blattrosetten ganz oder teilweise rot oder rotviolett getönt sind. Sie kommen sowohl als Solitärpflanzen als auch in Kombination mit cremefarben panaschierten Sorten sehr schön zur Geltung und zählen zu den farbenprächtigsten Blattpflanzen für winterliche Kübelpflanzungen. *Siehe auch Seite **186**; Abbildungen Seite 95, 103.*

Canna
BLUMENROHR
STAUDE · ZONE 7
Viele Hybriden dieser schönen Stauden werden in gemäßigten Klimazonen hauptsächlich aufgrund ihres üppigen Laubs aus paddelförmigen, grünen oder violetten Blättern (unten) kultiviert; in milden Regionen bringen sie sogar beeindruckende Blüten hervor. Die Pflanzen erreichen teilweise eine Höhe von über 1,2 Metern. 'Roi Humbert' besitzt bronzerote Blätter und scharlachrote Blüten, 'Wyoming' violette Blätter und apricotorangefarbene Blüten. Wie alle Blumenrohrgewächse sollte sie an einem sonnigen, geschützten Standort stehen.

Die Rhizome im Spätwinter oder zu Frühlingsbeginn unter Glas in nährstoffreiches, lehmhaltiges Blumensubstrat setzen, das mit Humus angereichert ist. Die Jungpflanzen gegen Mitte des Frühjahrs in Kübel umtopfen, aber nicht vor dem Spätfrühling ins Freie stellen. Während der Wachstumszeit gründlich wässern und ab der zweiten bis dritten Woche im Freien alle zwei Wochen mit Flüssigdünger düngen. Die Pflanzen vor dem ersten Frost aus dem Kübel nehmen, die Rhizome während des Winters leicht feucht halten und an einem frostgeschützten Ort aufbewahren. *Siehe Abbildungen Seite 21, 111.*

Blumenrohr *(Canna-Hybride)*

Cordyline australis Purpurea-Gruppe
KEULENLILIE
IMMERGRÜNER BAUM · ZONE 9
Bei den violettblättrigen Sorten der Keulenlilie gesellen sich zur zackigen Silhouette der schlichten Blattformen prächtige Farbtöne. In Kübeln kultivierte Exemplare erreichen selten eine Höhe von über 120 Zentimetern – obwohl sich diese langsam wachsenden Pflanzen zu Bäumen mit weißen Blüten entwickeln können. *Siehe auch Seite **179 f.**; Abbildung Seite 111.*

Heuchera micrantha var. *diversifolia* 'Palace Purple'
FELSENPURPURGLÖCKCHEN
IMMERGRÜNE STAUDE · ZONE 4
Das hinreißende Felsenpurpurglöckchen (unten) eignet sich hervorragend für die Kübelkultur an sowohl sonnigen wie auch halbschattigen Standorten. Sein Büschel dunkelvioletter oder kupferfarbener, breit herzförmiger, aber tief eingeschnittener Blätter bildet einen herrlichen Hintergrund oder Kontrast für eher unscheinbare Gewächse. Die Pflanze erreicht eine Höhe und Breite von 45 Zentimetern und bringt im Frühsommer Stiele mit winzigen, weißen Blüten hervor, die anmutig über den Blättern zu schweben scheinen.

Felsenpurpurglöckchen *(Heuchera micrantha* var. *diversifolia)* 'Palace Purple'

Die Pflanzen im Herbst oder zwischen Frühlingsanfang und -mitte in lehmhaltiges Blumensubstrat oder Torfkultursubstrat setzen und mindestens jedes zweite Jahr aus dem Kübel nehmen und teilen. In den Jahren dazwischen im Frühjahr die oberste Erdschicht durch frisches Blumensubstrat ersetzen. *Siehe auch Seite 186 f.; Abbildungen Seite 16, 106/107, 121.*

Chamäleonpflanze *(Houttuynia cordata)* 'Chameleon'

Houttuynia cordata 'Chameleon'

CHAMÄLEONPFLANZE

STAUDE · ZONE 6

Die Panaschierung von *H. cordata* 'Chameleon' (oben) ist so lebhaft, daß sie ohne Begleitpflanzen am besten zur Geltung kommt. Die grünen, herzförmigen Blätter sind intensiv rot, bronzefarben und gelb gefleckt und auffallender als die cremefarbenen Blüten. Die Pflanzen werden nur 30 Zentimeter hoch, aber 45 Zentimeter breit und wirken am schönsten, wenn sie an einem sonnigen oder halbschattigen Platz über den Rand eines Kübels hängen.

Die Pflanzen zwischen Frühlingsanfang und -mitte in lehmhaltiges Substrat setzen, in der Wachstumszeit gründlich wässern und ab der dritten bis vierten Woche nach dem Einsetzen alle zwei Wochen mit Flüssigdünger düngen. Jährlich zwischen Frühlingsanfang und -mitte umtopfen.

Nandina domestica

HIMMELSBAMBUS

IMMERGRÜNER STRAUCH · ZONE 7 · GIFTIG

Dieser Strauch bildet ein 1,2 bis 1,8 Meter hohes Büschel unverzweigter Stiele, die dicht mit Blättern besetzt sind. Die im Sommer grün und im Frühjahr rot schimmernden Blätter zeigen ihre schönste Tönung im Herbst, wenn sie rötlichviolette Schattierungen annehmen. Den weißen Sommerblüten können rote Früchte folgen, die sich bis in den Winter halten. Die Pflanze benötigt einen sonnigen, geschützten Platz.

Die Pflanzen zwischen Frühlingsanfang und -mitte in lehmhaltiges Blumensubstrat setzen, das mit Humus angereichert ist; während der Wachstumszeit gründlich wässern und alte oder schwache Triebe nach der Blüte entfernen. Im Frühjahr die oberste Erdschicht durch frisches Blumensubstrat ersetzen; nur dann umtopfen, wenn das Wurzelwerk zu dicht wird.

Ophiopogon planiscapus 'Nigrescens'

SCHLANGENBART

IMMERGRÜNE STAUDE · ZONE 6

Der Schlangenbart (unten) ist eine der charakteristischsten Blattpflanzen und bietet einen hinreißenden Kontrast zu Schneeglöckchen und grauem oder goldfarbenem Laub. Er gedeiht sowohl in der Sonne als auch im Halbschatten.

Die gebogenen, grasartigen Blätter zeigen nur einen winzigen Hauch von Grün an der Basis der 20 Zentimeter hohen und bis zu 30 Zentimeter breiten Büschel. Den kurzen Stengeln mit mauvefarbenen Sommerblüten folgen schwarze Beeren.

Die Pflanzen im Herbst oder zwischen Frühlingsanfang und -mitte in lehmhaltiges Blumensubstrat setzen, das mit Humus angereichert ist. Im Frühjahr die oberste Erdschicht durch frisches Blumensubstrat ersetzen.

Schlangenbart *(Ophiopogon planiscapus)* 'Nigrescens'

Pelargonium

PELARGONIE

IMMERGRÜNE STAUDE · ZONE 9

Eine rot oder bronzefarben schattierte Zeichnung ist das typische Merkmal der Blätter vieler Pelargonien, insbesondere der Zonalpelargonien. 'Mrs Quilter' zählt zu den Sorten mit bronzefarbenem Laub, über dem sich ungefüllte, rosafarbene Blüten erheben. Noch beeindruckender wirkt 'Dolly Varden', auf deren cremefarben gerandeten Blättern auffallendes Rot mit Salbeigrün verschmilzt; sie trägt ungefüllte, rote Blüten. Beide werden etwa 45 Zentimeter hoch.

Eine der hinreißendsten Duftpelargonien ist 'Chocolate Peppermint'. Ihre großen, dreifach gelappten Blätter zeigen eine prägnante rotbraune Zeichnung entlang der Blattmitte und verströmen einen starken Minzeduft, wenn man sie reibt. Die Pflanzen werden 50 Zentimeter hoch. *Siehe auch Seite 135, 147 f., **153 f.**, 163, 170, 181 f., 187, 194.*

Phormium tenax

NEUSEELÄNDER FLACHS

IMMERGRÜNE STAUDE · ZONE 9

Der Neuseeländer Flachs ist eine steife, aufrecht wachsende Pflanze mit schwertförmigen Blättern, die am besten an einem sonnigen Standort gedeiht. Die größten der violettblättrigen Sorten erreichen eine Höhe von über 2,5 Metern. Für die Kübelkultur eignen sich eher die kompakten Sorten: Der Fächer rötlichvioletter Blätter von 'Bronze Baby' übersteigt selten eine Höhe von 60 Zentimetern. Die etwa 90 Zentimeter hohe Sorte 'Sundowner' besitzt violettzinnfarbene Blätter mit cremefarbenen Rändern. Beide bringen manchmal holzige Stiele hervor, die mattrote Blüten tragen.

Neuseeländer Flachs wird im Frühjahr in lehmhaltiges Blumensubstrat gepflanzt. Im Herbst sollte die oberste Erdschicht durch frisches Substrat ersetzt oder die Pflanze umgetopft werden. *Siehe auch Seite 185; Abbildungen Seite 12, 121.*

Pieris formosa var. *forrestii* 'Wakehurst'

BURMA-LAVENDELHEIDE

IMMERGRÜNER STRAUCH · ZONE 8

Die Gattung *Pieris* umfaßt eine ganze Reihe hübscher, immergrüner Sträucher, von denen die meisten zwischen Mitte und Ende des Frühjahrs attraktive, maiglöckchenartige Blüten tragen. Darüber hinaus sind die jungen Triebe einiger Sorten herrlich getönt: Zu den schönsten zählt *P. formosa* var. *forrestii* 'Wakehurst' mit ihren langlebigen, roten Blättern, die einen hervorragenden Hintergrund für die weißen Blüten abgeben. In Kübeln erreicht sie meist eine Höhe von 1,8 bis

2,5 Metern. Ebenso dekorativ sind auch mehrere der kompakten Hybriden, einschließlich der Sorte 'Forest Flame'. Da das junge Laub dieser Sträucher sehr anfällig für Frostschäden ist, sollte man die Pflanzen bei Frostgefahr abdecken.

Die Pflanzen gegen Mitte des Herbstes oder zwischen Frühlingsanfang und -mitte in saures Blumensubstrat setzen, das mit Humus angereichert ist, und während des Frühjahrs und Sommers gründlich wässern. Verwelkte Blüten und schwache Triebe sofort entfernen. Im Frühjahr die oberste Erdschicht durch frisches Substrat ersetzen; nur dann umtopfen, wenn das Wurzelwerk zu dicht wird.

Salvia officinalis
GARTENSALBEI
IMMERGRÜNER HALBSTRAUCH · ZONE 7

Seit Jahrhunderten erfreut sich der Gartensalbei nicht nur als wertvolles Küchenkraut, sondern auch als Zierpflanze großer Beliebtheit. Die reizvolle Sorte 'Purpurascens' bildet einen wuchernden Busch von bis zu 60 Zentimeter Höhe, der dicht mit grauvioletten Blättern besetzt ist. Die weniger wuchsfreudige Sorte 'Tricolor' (Zone 8) besitzt violett, rosafarben und weiß panaschierte Blätter. Alle Sorten benötigen einen sonnigen, geschützten Standort. *Siehe auch Seite 197.*

Sedum spathulifolium 'Purpureum'
FETTHENNE, SPATELSEDUM
IMMERGRÜNE STAUDE · ZONE 5

Die gelben, im Spätfrühling oder Frühsommer hervorgebrachten Blütenstände dieser Fetthennen-Sorte (unten) bieten nur kurz einen attraktiven Anblick; dagegen bleiben die dichten Rosetten fleischiger, violetter Blätter das ganze Jahr interessant. Die Pflanze wird selten höher als 10 Zentimeter, kann aber 25 Zentimeter breit werden. Sie ergießt sich oft über den Rand von Trögen, in denen es mit anderen sonnenliebenden Steingartenpflanzen schön zur Geltung kommt.

Die Pflanzen gegen Mitte des Herbstes oder zwischen Frühlingsanfang und -mitte in sandiges, lehmhaltiges Blumensubstrat setzen. *Siehe auch Seite 195.*

Fetthenne *(Sedum spathulifolium)* 'Purpureum'

Hauswurz *(Sempervivum)*

Sempervivum
HAUSWURZ
IMMERGRÜNE SUKKULENTE · ZONE 5

Die Hauswurz zeichnet sich durch fleischige Blätter in engen Rosetten aus, die häufig eine schöne, wachsartige Textur und kräftige Schattierungen von Mahagoni, Bronze und Rot aufweisen (oben). Sie verbreitet sich ungehemmt – eine Pflanze kann die gesamte Kübeloberfläche bedecken. Die Hauswurz benötigt Sonne und läßt sich gut mit Steingartenpflanzen kombinieren.

Obwohl bereits die 8 Zentimeter großen Rosetten der Dachwurz *(S. tectorum)* einen attraktiven Kontrast zwischen den graugrünen Blättern und ihren mahagonifarbenen Spitzen bilden, zeigen einige Sorten noch hübschere Farben: 'Commander Hay' besitzt mehr als 15 Zentimeter große Rosetten aus rotvioletten Blättern mit grünen Spitzen. Die meisten Hauswurz-Sorten bringen im Sommer Stiele mit sternförmigen Blüten hervor.

Die Pflanzen zwischen Herbst und Mitte des Frühjahrs in sandiges, lehmhaltiges Blumensubstrat setzen und alle zwei bis drei Jahre oder früher umtopfen (falls die Rosetten zu eng stehen). In den Jahren dazwischen die oberste Erdschicht durch frisches Blumensubstrat ersetzen. *Siehe auch Seite 195.*

Buntnessel *(Solenostemon)*

Solenostemon
BUNTNESSEL
EINJÄHRIGE

Aufgrund ihrer leuchtenden Blattfärbung zählt die Buntnessel (oben) zu den beliebtesten Gewächshauspflanzen; sie eignet sich jedoch auch für Sommerbepflanzungen im Freien. Sie gedeiht am besten an einem hellen, aber halbschattigen Platz, da ihre Blätter in starkem Sonnenlicht schnell verbrennen. Ihre nesselartigen, eindrucksvoll geteilten Blätter weisen eine erstaunliche Vielzahl von Mustern in Farbkombinationen von Grün, Rot, Bronze, Violett, Gelb und Weiß auf. Obwohl die Buntnessel aus überwinterten Stecklingen gezogen werden kann, behandelt man sie jedoch meistens als frostempfindliche Einjährige. Saatmischungen – einschließlich der Wizard-Mischung – bieten eine Mixtur kompakter, wuchernder Pflanzen von 30 Zentimeter Höhe. 'Scarlet Poncho' besitzt leuchtend rote Blätter mit violetten und zartgelben Rändern und eignet sich aufgrund ihrer Höhe und Breite von etwa 30 Zentimetern hervorragend für eine Ampel.

Die Samen während des Winters unter Glas säen, damit sich kräftige Jungpflanzen entwickeln können. Das Ausknipsen der Triebspitzen zur Förderung eines buschigen Wuchses spielt bei den kompakten Sorten kaum eine Rolle. Die Pflanzen in lehmhaltiges Blumensubstrat oder Torfkultursubstrat setzen, im Spätfrühling oder Frühsommer ins Freie stellen und alle zehn Tage mit Flüssigdünger düngen. Blütenrispen sofort entfernen. *Siehe Abbildung Seite 106.*

GRAUE, SILBERFARBENE UND BLAUE BLÄTTER

Laub in diesen Farben ist für den Topfgarten besonders wertvoll. Die hellen Töne tragen dazu bei, die Fülle der Blütenpflanzen etwas aufzulockern. Vor allem Silber- und Grautöne können ein Farbenwirrwarr verhindern und bieten einen angenehmen Hintergrund für sanfte Blütenfarben. Viele Blattpflanzen mit grauen, silberfarbenen oder blauen Blättern gedeihen am besten in durchlässigem Blumensubstrat an einem sonnigen Standort.

Artemisia
BEIFUSS
IMMERGRÜNER STRAUCH/IMMERGRÜNE STAUDE · ZONE 5
Unter den Beifußgewächsen finden sich schöne Pflanzen mit silberfarbenem Laub. Eine an die Kübelkultur angepaßte Art ist die immergrüne Staude *A. stelleriana* (Zone 3), die ein sich ausbreitendes, bis zu 20 Zentimeter hohes Büschel aus zarten, weiß bepelzten Blättern (unten) bildet und sich zur Randbepflanzung an sonnigen Plätzen eignet. Die niedrige *A. schmidtiana* 'Nana' bietet sich eher für einen sonnenbeschienenen Trog mit Steingartenpflanzen an. Ihre weichen, farnartigen Blätter bilden eine silberfarbene Kuppel von nur 8 Zentimeter Höhe, aber bis zu 20 Zentimeter Durchmesser.

Da einige der ebenfalls zur Randbepflanzung geeigneten, größeren aromatischen Beifuß-Arten frostempfindlich sind, verwendet man sie bei der Kübelkultur am besten für eine Sommerbepflanzung an einem sonnigen Standort.

Beifuß *(Artemisia stelleriana)*

Der bis zu 90 Zentimeter hohe, immergrüne Strauch *A. arborescens* (Zone 8) besitzt filigranes, silberfarbenes Laub und ist wahrscheinlich eine der Mutterpflanzen der Hybride 'Powis Castle' (Zone 6), die einen dichten, silberfarbenen Hügel von etwa 60 Zentimeter Höhe ergibt. Die ebenfalls 60 Zentimeter hohe, immergrüne Staude *A. absinthium* 'Lambrook Silver' hat filigrane, silberfarbene Blätter.

A. stelleriana und *A. schmidtiana* pflanzt man zwischen Frühlingsanfang und -mitte (gut entwickelte Exemplare der größeren Beifuß-Arten zwischen Mitte und Ende des Frühjahrs) in sandiges, lehmhaltiges Blumensubstrat. Im Frühjahr wird die oberste Erdschicht durch frisches Blumensubstrat ersetzt. Wenn die Gefahr besteht, daß die größeren Pflanzen den Winter im Freien nicht überstehen, bewurzelte Stecklinge unter Glas überwintern. *Siehe Abbildung Seite 119.*

Brachyglottis 'Sunshine'
KREUZKRAUT
IMMERGRÜNER STRAUCH · ZONE 9
Die vielen gelben Blüten von *B.* 'Sunshine' (syn. *Senecio* 'Sunshine') machen die Pflanze im Frühsommer zu einem auffallenden Strauch, obwohl ihre wahre Schönheit in ihrem graugrünen Laub und dem pelzigen Weiß der Unterseite ihrer Blätter, Stiele und Knospen liegt (unten). Diese Kreuzkraut-Sorte erreicht eine Höhe von 90 bis 120 Zentimetern und einen Durchmesser von mehr als 1,8 Metern. Sie benötigt einen sonnigen Standort und eignet sich besonders gut für Gärten in Küstenregionen.

Kreuzkraut *(Brachyglottis)* 'Sunshine'

Die Pflanzen im Herbst oder gegen Mitte des Frühjahrs in lehmhaltiges Blumensubstrat setzen. Im Frühjahr die oberste Erdschicht durch frisches Blumensubstrat ersetzen; nur dann umtopfen, wenn das Wurzelwerk zu dicht wird. Verwelkte Blüten sowie schwache und wilde Triebe im Hochsommer entfernen.

Chamaecyparis
SCHEINZYPRESSE
IMMERGRÜNE KONIFERE · ZONE 5
Aus der Lawson-Zypresse *(C. lawsoniana)* sind viele Zwerg- und halbhohe Formen mit einer Vielzahl von Blattfarben hervorgegangen, einschließlich Graugrün und Graublau. 'Ellwoodii' wächst langsam zu einer bis zu 1,8 Meter hohen Säule heran, deren fedrige Zweige mit jungem Laub im Sommer graugrün schimmern, aber im Winter eine metallisch blaue Tönung annehmen. Auch von *C. pisifera* sind Zwergformen und langsam wachsende Sorten erhältlich. 'Boulevard' verfügt über weiches, im Sommer stahlblaues Jugendblattwerk, das sich im Winter violett färbt. Sie bildet einen Kegel, der langsam 3 Meter Höhe erreicht. Beide Koniferen gedeihen an sonnigen und halbschattigen Standorten, wobei 'Boulevard' ihre größte Leuchtkraft in leichtem Schatten entfaltet.

Die Pflanzen zwischen Herbstanfang und -mitte oder gegen Mitte des Frühjahrs in lehmhaltiges Blumensubstrat setzen. Im Frühjahr die oberste Erdschicht durch frisches Blumensubstrat ersetzen; nur dann umtopfen, wenn das Wurzelwerk zu dicht wird.

Elaeagnus angustifolia
ÖLWEIDE
LAUBABWERFENDER STRAUCH · ZONEN 3 BIS 8
Die Ölweide bildet einen sich ausbreitenden, lockeren Strauch oder kleinen Baum, dessen silberfarbene, weidenartige Blätter und nach Honig duftende, winzige Spätfrühlings- oder Frühsommerblüten besonders beeindrucken. Die gelblichen, ovalen Früchte, die den Blüten folgen, sind eßbar. Die Hybride 'Quicksilver' (nächste Seite, oben) fällt durch das blasse Grau ihrer Blätter auf.

In Kübeln läßt sich die Ölweide am besten als kleines Hochstämmchen mit leicht formierter Krone und einer Gesamthöhe von 1,8 bis 2,5 Metern kultivieren. Sie gedeiht besonders gut an einem sonnigen Standort.

Ölweide *(Elaeagnus)* 'Quicksilver'

Die Pflanzen im Herbst oder zwischen Frühlingsanfang und -mitte in leicht sandiges, lehmhaltiges Blumensubstrat setzen und die Triebe an einem Stab hochbinden. Nach der Blütezeit zwischen Früh- und Hochsommer in Form schneiden.

Festuca glauca
BLAUSCHWINGEL
IMMERGRÜNES GRAS · ZONE 4
Dieses winterharte Gras bringt 20 Zentimeter hohe Büschel feiner, grauer bis graublauer Blätter und im Sommer violette Blütenstände hervor. Es benötigt einen sonnigen Platz und sorgt für einen Kontrast zu anderen Steingartenpflanzen.

Die Pflanzen im Herbst oder zwischen Frühlingsanfang und -mitte in sandiges, lehmhaltiges Blumensubstrat setzen und große Horste im Herbst teilen.

Helichrysum italicum
CURRY-STROHBLUME
IMMERGRÜNER STRAUCH · ZONEN 7 BIS 9
Diese Pflanze besitzt nadelförmige, stark nach Curry duftende, silberfarbene Blätter und trägt im Sommer zahlreiche runde, gelbe Blütenstände an bis zu 60 Zentimeter hohen Stielen. Sie eignet sich gut für einen großen Kübel mit sonnenliebenden Pflanzen. *H. italicum* ssp. *microphyllum*, eine steife Pflanze von kaum 20 Zentimeter Höhe, bietet sich dagegen eher für einen Trog mit Steingartenpflanzen an.

Die Pflanzen im Frühherbst oder zwischen Mitte und Ende des Frühjahrs in sandiges, lehmhaltiges Topfpflanzensubstrat setzen und zwischen Mitte und Ende des Frühjahrs zurückschneiden, um einen dichten Wuchs zu fördern. Alle zwei bis drei Jahre umtopfen und in den Jahren dazwischen im Frühjahr die oberste Erdschicht durch frisches Blumensubstrat ersetzen. *Siehe Abbildung Seite 100.*

Helichrysum petiolare
STROHBLUME
IMMERGRÜNER STRAUCH · ZONE 9
H. petiolare (H. petiolatum) ist eine strauchige Staude, die aber aufgrund ihres schnellen Wachstums meist als Einjährige kultiviert wird und während einer einzigen Wachstumszeit zahlreiche, 60 bis 90 Zentimeter lange Stiele hervorbringt. Nur wenige Blattpflanzen reichen an die Eigenschaften dieser Strohblume heran, die sich als Vermittler zwischen starken Farbtönen, zur Unterstreichung sanfter Pastellschattierungen und als luftiger Lückenfüller eignet, der sich elegant seinen Weg zwischen den anderen Pflanzen hindurch sucht. Im Sommer bringt sie manchmal strohfarbene Blüten hervor, die sich sehr gut in ihre Umgebung aus gedämpften Farben einfügen. Die Sorte 'Variegatum' zeichnet sich durch eine cremefarbene Panaschierung aus.

Die Pflanzen im Spätfrühling oder Frühsommer in lehmhaltiges Blumensubstrat oder Torfkultursubstrat setzen, gründlich wässern und ab der zweiten bis dritten Woche nach dem Einsetzen alle zwei Wochen mit Flüssigdünger düngen. Bewurzelte Stecklinge können unter Glas überwintert werden. *Siehe auch Seite 184; Abbildungen Seite 12, 39, 97, 101, 104, 108, 113, 115, 116/117, 127.*

Hosta
FUNKIE
STAUDE · ZONE 3
Unter den *Hosta*-Arten mit grau bis blau getöntem Laub finden sich die schönsten Funkien, von denen die größten ausgesprochen beeindruckende Pflanzen für Kübel und Töpfe ergeben.

Die manchmal über 1,2 Meter große 'Krossa Regal' bildet ein Büschel aus langstieligen, spitz zulaufenden, weiß bereiften Blättern und bringt im Spätsommer mauvefarbene Blütenstände hervor. 'Snowden' verfügt ebenfalls über spitz zulaufende Blätter, die einen großen, graugrünen Hügel bilden, aber ihre Blüten zeichnen sich durch ein fliederfarben überhauchtes Weiß aus. Die etwas kleinere *H. fortunei* var. *hyacinthina* zählt zu den schönsten graugrünen Funkien; ihre Blätter weisen eine feine, weiße Bereifung am Rand auf. Sie erreicht eine Höhe von bis zu 75 Zentimetern und bringt schöne mauvefarbene Blüten hervor.

Unter den blaugrauen Funkien nimmt *H. sieboldiana* var. *elegans* eine besondere Stellung ein. Ihre riesigen, gerundeten, bis zu 30 Zentimeter langen (und sogar noch breiteren) Blätter sind stark geädert und gekräuselt, so daß die weiße Bereifung zusätzliche Tiefe erhält. Über dem 75 Zentimeter hohen Blattbüschel erheben sich mauvefarbenweiße Blüten. 'Halcyon' (unten), eine weitere schöne, blaublättrige Funkie, entfaltet ihre Farbe erst im Schatten zu vollendeter Schönheit. Sie wird bis zu 45 Zentimeter groß und trägt attraktive mauvefarbene Blüten. *Siehe auch Seite **184**, 187; Abbildungen Seite 15, 18.*

Funkie *(Hosta)* 'Halcyon'

Juniperus
WACHOLDER

IMMERGRÜNE KONIFERE · ZONE 4

Unter den zahlreichen Zwergformen der Wacholder-Art *J. communis* (Zone 3) zählt 'Compressa' zu den beliebtesten. Sie bildet eine schmale, bis zu 60 Zentimeter hohe Säule aus graugrünen Blättern mit einem Hauch von Blau und erinnert an eine Miniaturausgabe der Sorte 'Hibernica', die sich ebenfalls für Kübelpflanzungen eignet, aber ein einheitlicheres Graublau aufweist und langsam bis zu einer Höhe von 3 Metern heranwächst.

Auch bei anderen Wacholder-Arten finden sich Blautönungen: 'Blaue Donau' ('Blue Danube'), eine bis zu 1,8 Meter hohe, strauchige Form des Sadebaums (*J. sabina*, Zone 4), besitzt graublaue schuppenartige Blätter und Zweige, die einen Durchmesser von über 2,5 Metern erreichen können. Besonders bemerkenswert ist das Spektrum an Blautönen bei der Art *J. squamata* (Zone 5): Die Sorte 'Blue Star', eine kompakte Pflanze von bis zu 50 Zentimeter Höhe und 60 Zentimeter Breite, präsentiert ihr Laub in einem intensiven Stahlblau. *Siehe auch Seite **181**.*

Melianthus major
HONIGSTRAUCH

IMMERGRÜNER STRAUCH · ZONE 9

Obwohl es sich beim Honigstrauch (unten) um eine relativ empfindliche Pflanze handelt, entlohnt er alle Mühen durch seine wunderschönen Blätter. Bei Bedarf kann er unter Glas überwintert oder in den Garten gesetzt werden, wo ausgewachsene Pflanzen eine Höhe von über 2,5 Metern erreichen. In Kübeln wird er jedoch selten höher als 1,2 Meter. Seine manchmal im Spätsommer hervorgebrachten, kastanienbraunen Blütenstände tragen bedeutend weniger zum dekorativen Wert der Pflanze bei als die großen, graugrünen, tief geteilten und gezähnten Blätter.

Die Pflanzen zwischen Mitte und Ende des Frühjahrs in lehmhaltiges Blumensubstrat setzen. Frostgeschädigte Pflanzen bilden an der Basis häufig neue Triebe. Verwelktes und beschädigtes Laub gegen Mitte des Frühjahrs entfernen und die oberste Erdschicht durch frisches Blumensubstrat ersetzen. *Siehe Abbildung Seite 12.*

Honigstrauch *(Melianthus major)*

Pelargonium
PELARGONIE

IMMERGRÜNE STAUDE · ZONE 9

Aufgrund ihres attraktiven, graugrünen Laubs, das ihren Reiz zusätzlich erhöht, eignen sich mehrere Duftpelargonien hervorragend als Hintergrund für sommerliche Blütenpflanzen mit eher unauffälligen Blättern.

Die gezähnten, dreilappigen Blätter von 'Grey Lady Plymouth' weisen ein gedämpftes Graugrün auf und duften nach Rosen, wenn man sie reibt. Diese hübsche Pelargonie wird bis zu 45 Zentimetern hoch und bringt kleine rosafarbene Blüten mit violetter Zeichnung hervor. Die Fragrans-Gruppe umfaßt eine Reihe kompakter Duftpelargonien mit eleganten, graugrünen, nach Muskat duftenden Blättern und kleinen weißen Blüten. *Siehe auch Seite 135, 147 f., **153 f.**, 163, 170, 181 f., 187, 190.*

Plecostachys serpyllifolia
PLECOSTACHYS SERPYLLIFOLIA

EINJÄHRIGE/IMMERGRÜNE STAUDE · ZONE 9

Diese häufig unter dem Namen *Helichrysum microphyllum* geführte, silberlaubige Pflanze erinnert an eine kleinblättrige Version von *H. petiolare* und wird ebenfalls meist als Einjährige kultiviert. Die 60 bis 75 Zentimeter langen, biegsamen und dicht mit winzigen Blättern besetzten Stiele kommen besonders schön zur Geltung, wenn sie in einer Sommerbepflanzung von einer Ampel herabhängen.

Die Pflanzen im Spätfrühling oder Frühsommer in lehmhaltiges Blumensubstrat oder Torfkultursubstrat setzen, gründlich wässern und ab der zweiten bis dritten Woche nach dem Einsetzen alle zwei Wochen mit Flüssigdünger düngen. Bewurzelte Stecklinge können unter Glas überwintert werden. *Siehe Abbildungen Seite 10, 112.*

Raoulia australis
SILBERKISSEN
IMMERGRÜNE STAUDE · ZONE 8
Während die winzigen, schwefelgelben Blüten des Silberkissens leicht übersehen werden, bilden seine graugrünen Blätter eine kleine, bodendeckende Matte, die sich hübsch in die Ecke eines Troges mit einem Miniatur-Steingarten einfügt. Es benötigt einen sonnigen Standort und wird kaum 2,5 Zentimeter hoch, kann aber einen Durchmesser von über 25 Zentimetern erreichen.

Die Pflanzen gegen Mitte des Frühjahrs in sandiges, lehmhaltiges Blumensubstrat setzen.

Salix 'Boydii'
WEIDE
LAUBABWERFENDER STRAUCH · ZONE 8
Die knorrigen Stämme dieser zwergwüchsigen, langsam wachsenden Weide mit einer Höhe und Breite von kaum 30 Zentimetern verleihen einem Trog mit Steingartenpflanzen den letzten Schliff. Die Weidenkätzchen wirken eher unauffällig, aber die gerundeten und stark geäderten Blätter sind flaumig und silbergrau.

Den Strauch im Herbst oder zwischen Frühlingsanfang und -mitte in sandiges, lehmhaltiges Blumensubstrat setzen und alle zwei Jahre im Frühjahr die oberste Erdschicht erneuern.

Santolina
HEILIGENKRAUT
IMMERGRÜNER STRAUCH · ZONE 8
Das Heiligenkraut *(S. chamaecyparissus,* auch unter *S. incana* geführt*)* bildet einen rundlichen Busch mit 60 Zentimeter Höhe und Durchmesser. Er ist dicht mit weichen, fedrigen, silbergrauen Blättern bedeckt (oben), die bei Berührung duften. Im Hochsommer erscheint eine Fülle gelber Blüten, die jedoch bei einigen Farbthemen entfernt werden sollten. Die nur 15 Zentimeter hohe Zwergform *S. chamaecyparissus* var. *nana* verfügt über weißliche Blätter. Ebenfalls nahezu weißblättrig, aber bis zu 75 Zentimeter hoch ist die im Hochsommer mit zitronengelben Blüten übersäte *S. pinnata* ssp. *neapolitana.* Die Zwergformen des Heiligenkrauts eignen sich hervorragend für Blumenkästen oder Tröge mit sonnenliebenden Steingartenpflanzen, während man die höheren Sorten am besten mit anderen sonnenliebenden Pflanzen in großen Kübeln kombiniert.

Heiligenkraut *(Santolina chamaecyparissus)*

Die Pflanzen im Herbst oder zwischen Frühlingsanfang und -mitte in sandiges, lehmhaltiges Blumensubstrat setzen. Gegen Mitte des Frühjahrs stark zurückschneiden, um den Wuchs kraftvoller, junger Triebe zu fördern; kurz vor oder direkt nach der Blütezeit erneut zurückschneiden.

Sedum spathulifolium 'Cape Blanco'
FETTHENNE, SPATELSEDUM
IMMERGRÜNE STAUDE · ZONE 5
Diese Sorte ähnelt den anderen Formen von *S. spathulifolium.* Sie ist ebenfalls eine immergrüne, sukkulente Pflanze, die eine Matte enger Blattrosetten von kaum 10 Zentimeter Höhe und 25 Zentimeter Breite bildet, über denen sich im Spätfrühling oder Frühsommer gelbe Blütenstände erheben. Der größte Unterschied zu den anderen Sorten liegt jedoch im silbrigen Grün ihrer fleischigen Blätter. *Siehe auch Seite **191**.*

Sempervivum arachnoideum ssp. *tomentosum*
SPINNWEBHAUSWURZ
IMMERGRÜNE SUKKULENTE · ZONE 5
Diese Unterart der Hauswurz bildet Rosetten dickfleischiger Blätter mit roten Spitzen, die von einem interessanten Netz weißer Haare überzogen sind, wodurch die Pflanze einen silberfarbenen Glanz erhält (rechts). Im Sommer bringt sie dunkelrosa Blüten an 15 Zentimeter hohen Stielen hervor. Die Pflanzen erreichen häufig einen Durchmesser von über 15 Zentimetern, wobei die Hauptrosette von einem Kranz kleinerer Rosetten umgeben ist. *Siehe auch Seite **191**.*

Senecio
KREUZKRAUT
IMMERGRÜNER STRAUCH · ZONE 9
Das manchmal unter *S. maritimus* oder *Cineraria maritima* geführte Kreuzkraut ist ein beliebter Bestandteil sommerlicher Beete und eignet sich hervorragend für die Kübelkultur. Die meist als bedingt winterharte Einjährige behandelte Pflanze bildet innerhalb einer Wachstumsperiode einen kleinen Busch von etwa 30 Zentimeter Höhe. Den unterschiedlichen Blattformen ist eine pelzige, silbergraue Tönung gemein, wie etwa bei der fiederteiligen Sorte 'Silver Dust' und 'White Diamond', die breitere, weniger stark geteilte Blätter besitzt. Ein weiteres silberlaubiges Kreuzkraut, der fiederblättrige, immergrüne Halbstrauch *S. vira-vira (S. leucostachys),* erreicht innerhalb einer Wachstumszeit eine Höhe von mehr als 90 Zentimetern.

Die Samen im Spätwinter oder zu Beginn des Frühjahrs unter Glas säen und die Jungpflanzen im Frühsommer ins Freie setzen. Zur Ausbildung der brillanten, silberweißen Färbung benötigen die Pflanzen einen sonnigen Standort und sandiges, durchlässiges Blumensubstrat. Bewurzelte Stecklinge können unter Glas überwintert werden. *Siehe Abbildungen Seite 8, 23, 100.*

Stachys byzantina
WOLLZIEST
IMMERGRÜNE STAUDE · ZONE 4
Aufgrund seiner wolligen, grauen Blätter eignet sich der Wollziest (auch als *S. lanata* oder *S. olympica* geführt) als Randbepflanzung für einen großen Kübel mit anderen sonnenliebenden Pflanzen. Die pelzigen Stiele werden bis zu 45 Zentimetern hoch und tragen wollige, rosamauvefarbene Blütenstände. 'Silver Carpet' ist eine kompaktere, nichtblühende Sorte.

Die Pflanzen im Herbst oder gegen Mitte des Frühjahrs in lehmhaltiges Blumensubstrat setzen, während des Sommers zwei- bis dreimal mit Flüssigdünger düngen und alle zwei Jahre teilen.

Spinnwebhauswurz *(Sempervivum arachnoideum* ssp. *tomentosum)*

KRÄUTER

Kräuter gehören zu den am einfachsten zu ziehenden Pflanzen für den Topfgarten. Da viele Küchenkräuter relativ kompakt sind, finden sie problemlos auf kleinen Flächen Platz. Die frischen Zweige und aromatischen Blätter verwandeln selbst einfache Gerichte in außergewöhnliche Mahlzeiten. Darüber hinaus besitzen viele Kräuter attraktives Laub.

Allium schoenoprasum
SCHNITTLAUCH
STAUDE · ZONE 3

Schnittlauch wächst in grasähnlichen Büscheln und besteht aus hohlen, röhrchenartigen Blättern von bis zu 25 Zentimeter Höhe, die sommerlichen Salaten und anderen Gerichten eine zwiebelähnliche, milde Geschmacksnote verleihen. Die kugelförmigen, rosafarbenen Blüten sind sehr dekorativ (unten), sollten allerdings sofort entfernt werden, falls der Schnittlauch als Küchenkraut dient. Am besten setzt man drei Schnittlauchpflanzen in einen Topf oder mit anderen feuchtigkeitsliebenden Kräutern in einen Blumenkasten. Schnittlauch gedeiht hervorragend an einem sonnigen oder halbschattigen Standort.

Die Pflanzen von Anfang bis Mitte des Frühjahrs in lehmhaltiges Blumensubstrat setzen, gründlich gießen und ab der vierten oder fünften Woche nach dem Einsetzen alle drei Wochen mit Flüssigdünger düngen. Die Pflanzen sterben im Winter ab, treiben aber im Frühjahr erneut aus, wenn man sie im Winter ins Haus holt oder abdeckt. Die entstandenen Ballen alle zwei Jahre teilen.

Schnittlauch *(Allium schoenoprasum)*

Borago officinalis
BORRETSCH
EINJÄHRIGE

Von den blühenden Kräutern ist der Borretsch mit seinen nickenden, blauen Blütensternen eines der schönsten. Er wächst rasch bis zu 90 Zentimeter Höhe heran, und seine hohlen Stiele tragen rauhe, behaarte Blätter. Aufgrund ihres gurkenähnlichen Geschmacks werden die jungen Blätter – sowie die süßlichen Blüten – als Zutat für Salate verwendet.

An einem sonnigen Standort läßt sich Borretsch leicht aus Samen ziehen. Die Samen gegen Frühlingsmitte in lehmhaltiges Topfblumensubstrat oder Torfkultursubstrat säen; für einen ständigen Vorrat schubweise bis in den Hochsommer säen und die Jungpflanzen auf 25 Zentimeter Abstand ausdünnen.

Laurus nobilis
LORBEERBAUM
IMMERGRÜNER STRAUCH · ZONE 8

Würzige Lorbeerblätter sind ein unentbehrliches Gewürz der mediterranen Küche. Lorbeerbäume (unten) erreichen eine Höhe von 4,5 Metern. In Kübeln werden sie jedoch normalerweise nur als Halbstämmchen von 90 bis 180 Zentimetern gezogen oder zu Kegeln und Zylindern formiert, wodurch sie sich besonders für formale Arrangements eignen. Die Blüten sind unauffällig und entwickeln sich bei den weiblichen Exemplaren zu blauschwarzen Beeren.

Die Pflanzen von Anfang bis Mitte des Frühlings in lehmhaltiges Blumensubstrat setzen. Einmal jährlich (zur Frühjahrsmitte) die oberste Erdschicht durch frisches Blumensubstrat ersetzen; nur dann umtopfen, wenn das Wurzelwerk zu dicht wird. Lorbeerformbäumchen am besten im Früh- und im Spätsommer mit einer Gartenschere zurückschneiden. *Siehe Abbildung Seite 13.*

Lorbeerbaum *(Laurus nobilis)*

Mentha
MINZE
STAUDE · ZONE 3

Minzen bringen während des ganzen Sommers aromatisch-frische Zweige hervor. Die Ährenminze *(M. spicata)* besitzt mittelgrüne Blätter mit hervortretender Äderung, die an bis zu 60 Zentimeter hohen, geraden Stielen gedeihen. Die Apfelminze (*M. suaveolens,* auch als *M. rotundifolia* geführt) kann bis zu 90 Zentimeter Höhe erreichen und zeichnet sich durch blaßgrüne, behaarte Blätter aus; *M. suaveolens* 'Variegata' hat Blätter mit unregelmäßiger, cremefarbener Zeichnung. Diese Minzen gedeihen an einem sonnigen oder halbschattigen Standort.

Minzen werden von Anfang bis Mitte des Frühlings in lehmhaltiges Blumensubstrat oder Torfkultursubstrat gesetzt. Während der Wachstumszeit gründlich gießen und ab der vierten oder fünften Woche nach dem Pflanzen alle zwei Wochen mit Flüssigdünger düngen. Alle ein oder zwei Jahre im Frühjahr teilen und umtopfen; in den Jahren dazwischen im Frühjahr die oberste Erdschicht durch frisches Blumensubstrat ersetzen. Um bereits zu Anfang des Frühjahrs frische Triebe zu erhalten, holt man die Pflanzen in ihren Töpfen im Winter ins Haus oder deckt sie ab.

Ocimum basilicum
BASILIKUM
BEDINGT WINTERHARTE EINJÄHRIGE

Das einjährige Basilikum hat ein ausgeprägtes, gewürznelkenähnliches Aroma. Es wird bis zu 60 Zentimeter hoch, und seine großen Blätter sind hellgrün (bei 'Purple Ruffles' gefranst, gekräuselt und dunkelglänzend). *O. basilicum* var. *minimum* hat zwar ein weniger starkes Aroma, doch die nur 20 Zentimeter hohen, mit kleinen, hellgrünen Blättern besetzten Büschel ergeben nützliche Topfpflanzen. Alle Basilikum-Arten benötigen einen warmen, geschützten Standort.

Die Samen zu Beginn des Frühjahrs unter Glas säen, nach dem Abhärten im Spätfrühling oder Frühsommer in lehmhaltiges Blumensubstrat oder Torfkultursubstrat setzen und ins Freie stellen. Das Blumensubstrat vor dem nächsten

Gießen stets fast ganz trocken werden lassen. Ab der vierten Woche nach dem Pflanzen alle zwei Wochen mit Flüssigdünger düngen. Basilikum treibt nach einem kräftigen Rückschnitt meist noch einmal aus und hält sich im Haus bis in den Herbst. *Siehe Abbildung Seite 102.*

Origanum
MAJORAN, DOST
STAUDE · ZONE 4

In der Küche finden verschiedene *Origanum*-Arten Verwendung. Wilder Majoran *(O. vulgare)* wird bis zu 45 Zentimetern hoch und hat mittelgrüne Blätter von herbem Geschmack; weit verbreitet ist die goldblättrige Sorte 'Aureum'. Der buschige Gartenmajoran *(O. majorana,* Zone 9*)* besitzt bis zu 60 Zentimeter hohe, rote Stiele, an denen weiche, graugrüne Blätter und im Sommer weiße, mauve- oder rosafarbene Blüten sitzen. Alle Arten und Sorten benötigen einen sonnigen, offenen Standort.

Die Pflanzen in der Mitte des Frühlings in lehmhaltiges Blumensubstrat setzen, im Sommer ab der dritten oder vierten Woche nach dem Pflanzen alle drei Wochen mit Flüssigdünger düngen. Regelmäßig stutzen und von Anfang bis Mitte des Frühlings kräftig zurückschneiden. Im Frühjahr die oberste Erdschicht durch frisches Blumensubstrat ersetzen. Für einjährige Pflanzen die Samen Anfang des Frühjahrs unter Glas säen; die Jungpflanzen nach dem Abhärten im Spätfrühling ins Freie stellen.

Petroselinum crispum
PETERSILIE
EINJÄHRIGE/ZWEIJÄHRIGE

Petersilie wird hauptsächlich zum Würzen und Garnieren verwendet; sie läßt sich gut in Pflanzgefäßen ziehen. Man unterscheidet zwei Typen: Die krausblättrige Petersilie besitzt gekräuselte Blätter und bildet dichte Hügel aus tief eingeschnittenem, buschigem, leuchtend grünem Blattwerk (oben); die glattblättrige Petersilie bringt Büschel von stark gegliederten, glatten Blättern hervor – diese sind zwar weniger dekorativ, haben aber ein feineres Aroma. Beide Formen werden 45 Zentimeter hoch. Blüten sollten sofort entfernt werden, damit die Blätter weiterhin verwendbar bleiben.

Die Samen von Anfang bis Mitte des Frühlings in abbaubare Torftöpfe säen und vom Früh- bis zum Hochsommer schubweise nachsäen, damit vom Herbst bis zum nächsten Frühjahr ständig Petersilie verfügbar ist. Im Spätfrühling oder Spätsommer in größere Kübel mit lehmhaltigem Blumensubstrat oder Torfkultursubstrat umpflanzen. Gründlich

Petersilie *(Petroselinum crispum)*

gießen und ab der dritten oder vierten Woche nach dem Pflanzen alle zwei Wochen mit Flüssigdünger düngen. In kalten Regionen Töpfe im Winter ins Haus nehmen oder abdecken.

Rosmarinus officinalis
ROSMARIN
IMMERGRÜNER STRAUCH · ZONE 8

Die Blätter des Rosmarins verströmen bei leichter Berührung einen süßlich-aromatischen Duft. Die aufrecht wachsenden oder sich am Boden ausbreitenden Pflanzen besitzen bis zu 90 Zentimeter hohe Stiele mit schmalen, nadelähnlichen, dunkelgrünen Blättern, die auf der Unterseite filziggrau sind. Zwischen den letzten Winter- und den ersten Frühlingswochen erscheinen blaßblaue Blüten. Die aufrecht wachsende 'Miss Jessopp's Upright' wirkt sehr attraktiv; die Pflanzen der Prostratus-Gruppe (Zone 9) besitzen gebogene oder rankende Stiele, die über den Kübelrand herabhängen.

Die Pflanzen einzeln von Anfang bis Mitte des Frühjahrs in lehmhaltiges Blumensubstrat setzen, im Frühling die oberste Erdschicht erneuern und zur Mitte des Frühjahrs stark zurückschneiden. In kalten Regionen im Winter abdecken oder ins Haus stellen.

Ruta graveolens 'Jackman's Blue'
RAUTE
IMMERGRÜNER HALBSTRAUCH · ZONE 5

Die Raute mit ihrem intensiven, herben Duft ist ein Busch mit bitteren Blättern. 'Jackman's Blue' wird meist wegen ihres dekorativen Laubs kultiviert und paßt gut zu anderen Kräutern, die sonnige Standorte mit durchlässigen Böden bevorzugen. Ihre runden Büsche (60 bis 90 Zentimeter hoch und breit) sind dicht mit gefiederten, bläulichgrünen Blättern bedeckt und bringen im Sommer Büschel gelbgrüner Blüten hervor.

Die Raute wird von Anfang bis Mitte des Frühjahrs in lehmhaltiges Blumensubstrat gesetzt und im Sommer zwei- bis dreimal mit verdünntem Flüssigdünger gedüngt. Im Frühjahr die oberste Erdschicht erneuern und zur Mitte des Frühjahrs kräftig zurückschneiden.

Salvia officinalis
SALBEI
IMMERGRÜNER STRAUCH · ZONE 6

Die breiten, graugrünen Blätter des Salbeis bilden dichte, bis zu 60 Zentimeter hohe und breite Hügel und lassen sich gut mit anderen sonnenliebenden Kräutern und Zierpflanzen kombinieren. Sie duften herb-intensiv und fühlen sich rauh an. Die im Sommer erscheinenden, violetten Blüten sollten entfernt werden, um den Blattwuchs anzuregen. Sorten mit violetten Blättern sowie die kompakte 'Icterina' (Zone 7) mit ihren gelbgefleckten, hellgrünen Blättern eignen sich auch als Küchenkraut.

Die Pflanzen im Frühling in lehmhaltiges Blumensubstrat setzen. Im Sommer viermal mit Flüssigdünger düngen; in der Mitte des Frühlings zurückschneiden und die oberste Erdschicht erneuern. Die Pflanzen alle drei Jahre durch Jungpflanzen ersetzen. *Siehe auch Seite 191.*

Thymus
THYMIAN
IMMERGRÜNER STRAUCH · ZONE 5

Aufgrund seiner köstlich aromatischen Blätter zählt der Gartenthymian *(T. vulgaris)* zu den unentbehrlichen Küchenkräutern. Bei dieser Pflanze handelt es sich um einen Zwergstrauch von bis zu 20 Zentimeter Höhe, der sich aber ausbreitet und deshalb eine gute Randbepflanzung ergibt. Die drahtigen, dicht mit schmalen, dunkelgrünen Blättern besetzten Stiele sind im Sommer mit kurzen Ähren mauvefarbener Blüten übersät. Die zahlreichen Thymian-Arten mit ihren unterschiedlichen Aromen – darunter *T.* x *citriodorus,* der 30 Zentimeter Höhe erreicht – können mit anderen sonnenliebenden Kräutern und Zierpflanzen kombiniert oder allein gepflanzt werden.

Thymian im Herbst oder von Anfang bis Mitte des Frühjahrs in lehmhaltiges Blumensubstrat pflanzen; im Frühling die oberste Erdschicht durch frisches Blumensubstrat erneuern. Die Pflanzen im Frühling und im Sommer zurückschneiden und alle drei Jahre durch Jungpflanzen ersetzen. *Siehe auch Seite 185.*

OBST

Viele obsttragende Gehölze, Kletterpflanzen und Stauden lassen sich in Kübeln ziehen. Sie wirken häufig nicht nur dekorativ, sondern bringen darüber hinaus beachtliche Erträge – wenn auch nicht so üppig wie im Freilandgarten. Diesen Aspekt und den erforderlichen Pflegeaufwand sollte man bei der Auswahl von Pflanzen für Topfgärten berücksichtigen. Ein wichtiger Vorteil der Obstkultur in Kübeln besteht darin, daß die Pflanzen bei kalter Witterung ins Haus gestellt werden können. Aber auch die Tatsache, daß sich Kübelpflanzen leicht mit Netzen gegen Vögel schützen lassen, erweist sich oft als vorteilhaft.

Citrus
ZITRUSGEWÄCHSE
Immergrüner Strauch · Zone 9

Die Kultur von Zitrusgewächsen in Kübeln hat in Europa eine lange Tradition: Während des Sommers gedeihen die Pflanzen im Freien, bei kaltem Wetter werden sie in die Gewächshäuser transportiert. Obwohl einige Zitrusgewächse leichten Frost verkraften, können sich starke Temperaturstürze oder lange Frostperioden fatal auswirken. Zu den robustesten Zitrusgewächsen zählen Tangerinen und Mandarinen, während Zitronen – mit Ausnahme der Hybride 'Meyer' – empfindlicher sind.

Zitrone *(Citrus limon)*

Diese Zitrusgewächse erreichen eine Höhe von bis zu 1,2 Metern und besitzen dunkelgrüne, glänzende Blätter. Die Hauptblütezeit der cremeweißen, duftenden Blüten ist der Frühling, aber auch zu anderen Zeiten blühen sie sporadisch. Zitrusgewächse sind selbstbefruchtend, so daß auch ein einzelner Baum Früchte hervorbringt. Allerdings werden Orangen- und Zitronenbäume (unten) oft nur aufgrund ihres Aussehens gezogen und weniger in der Erwartung, daß Früchte heranreifen. Denn damit die Früchte reifen, darf nach der Blüte die Temperatur mindestens sechs Monate lang nicht unter 13 Grad Celsius absinken, und zur vollen Entwicklung ihres Aromas sind noch höhere Temperaturen notwendig. Da die Früchte für diesen Reifeprozeß manchmal über zwölf Monate benötigen, kann man an ein und demselben Baum häufig Blüten und Früchte gleichzeitig beobachten. Im Freien stehende Zitrusgewächse brauchen daher einen offenen, aber geschützten Standort.

Zwar lassen sich Zitrusgewächse aus Kernen ziehen, doch Früchte bringen meist nur gepfropfte Pflanzen benannter Sorten hervor. Die Pflanzen gegen Ende des Winters oder Anfang des Frühlings an einem frostgeschützten Standort in lehmhaltiges Blumensubstrat setzen; eventuell im Winter umtopfen, bis sie die gewünschte Größe erreichen. Danach sollte zur Mitte des Frühlings die oberste Erdschicht entfernt und durch frisches Blumensubstrat ersetzt werden. Im Sommer gründlich gießen, im Winter das Substrat nur feucht halten. Vom Spätfrühling bis zum Spätsommer alle zwei Wochen mit Flüssigdünger düngen. Jungbäume Anfang des Frühjahrs zurückschneiden.

Ficus carica
FEIGENBAUM
Laubabwerfender Baum · Zone 7

In subtropischen sowie warmen Regionen der gemäßigten Klimazonen bringt der Feigenbaum mit seinen dunkelgrünen, hübsch gelappten Blättern jährlich zwei bis drei Ernten hervor. Dagegen trägt er in kühleren Regionen der gemäßigten Klimazonen nur zwei Ernten pro Jahr, von denen in der Regel nur eine heranreift. In Regionen mit strengen Wintern sollten in Kübeln gezogene Exemplare bei Beginn des kalten Wetters ins Haus genommen werden.

Feigenbäume lassen sich problemlos in Kübeln ziehen, da die Einengung der Wurzeln die Pflanze zu einer vermehrten Bildung von Früchten anregt. Einzeln wachsende Feigenbäume müssen nicht kreuzweise befruchtet werden, um Früchte zu tragen. Als Busch erreicht er eine Höhe von 90 Zentimetern, läßt sich aber auch als Halbstamm von 90 bis 120 Zentimetern ziehen. Sorten wie 'Brown Turkey', 'Brunswick' und 'White Marseilles' mit rotem, gelbem beziehungsweise fast durchscheinendem Fruchtfleisch werden nicht aufgepfropft, sondern direkt aus den eigenen Wurzeln gezogen.

Feigenbäume zwischen Herbstmitte und -ende oder am Frühlingsanfang einzeln in mit lehmhaltigem Blumensubstrat gefüllte Kübel von etwa 30 Zentimeter Durchmesser und Höhe setzen. Die Pflanzen müssen nicht jährlich umgetopft werden, es genügt, Mitte des Frühjahrs 5 bis 8 Zentimeter des alten Blumensubstrats zu entfernen und durch frisches zu ersetzen. Im Frühjahr und im Sommer regelmäßig gießen und vom Spätfrühling bis zum Spätsommer alle zwei Wochen mit Flüssigdünger düngen.

Fragaria
ERDBEERE
Staude · Zone 3

Das meistkultivierte Beerenobst, die Erdbeere, liefert rasch Erträge und gedeiht gut in Kübeln (nächste Seite, oben). Für Erdbeerpflanzen gibt es spezielle Gefäße: Sehr verbreitet sind Terrakottatöpfe mit Löchern an den Seiten und hölzerne Fässer mit 5 Zentimeter großen Öffnungen, die in Abständen von 25 Zentimetern in die Seitenwände gebohrt wurden.

Man unterscheidet drei Typen: Die einmaltragenden Erdbeerstauden mit großen, süßen Beeren, deren Ernte im Frühsommer liegt, die remontierenden Stauden, die den erstgenannten ähneln, aber den gesamten Sommer hindurch bis in den Herbst in unregelmäßigen Schüben Beeren tragen, und die Monatserdbeere, die ebenfalls schubweise im Sommer große Mengen kleiner, relativ saftarmer Früchte mit Walderdbeeraroma produziert. Alle Typen lassen sich in Kübeln ziehen, wobei die Erträge der remontierenden Erdbeeren im zweiten Jahr geringer ausfallen und sie nur selten als Topfpflanzen kultiviert werden. Da alle Sorten anfällig für Viruskrankheiten sind, sollte man nur garantiert virenfreie Pflanzen kaufen.

Die Erdbeeren vom Hoch- bis zum Spätsommer in lehmhaltiges Blumensubstrat setzen, das mit Humus angereichert ist. Töpfe mit seitlichen Öffnungen direkt beim Bepflanzen mit Blumensubstrat füllen. Erdbeerstauden liefern erst im Jahr

Erdbeere *(Fragaria vesca)*

nach dem Pflanzen Beeren. Die Pflanzen müssen während der Wachstumszeit regelmäßig gewässert werden, wobei jedoch zu viel Feuchtigkeit im Frühling den Blattwuchs auf Kosten des Beerenwachstums fördert. Die Beeren nicht benetzen, und die Pflanzen morgens gießen, da andauernde Feuchtigkeit die Entstehung von Grauschimmel (Botrytis) begünstigt. Bei den sommerblühenden Pflanzen nach Bildung der Beeren den Topf regelmäßig drehen, so daß die Beeren gleichmäßig reifen. Sobald die Blüten erscheinen, die Pflanzen alle zwei Wochen mit verdünntem Flüssigdünger düngen und in den Folgejahren jeweils im Frühjahr mit einem ausgewogenen Mehrnährstoffdünger versorgen; alle Ausläufer entfernen. Die alten Pflanzen nach zwei oder dreiErnteperioden durch Jungpflanzen austauschen und zum Setzen der neuen Pflanzen frisches Blumensubstrat verwenden. *Siehe Abbildung Seite 61.*

Malus domestica

APFELBAUM

LAUBABWERFENDER BAUM · ZONE 3

Der Apfelbaum (rechts) ist der am weitesten verbreitete Obstbaum in Gärten gemäßigter Klimazonen. Apfelbäume erreichen eine beachtliche Größe, aber da sie meist gepfropft werden und ihr Wuchs von dem Wurzelstock abhängt, auf den eine Sorte gepfropft wurde, kann ihre Größe variieren. Auf schwachwüchsigen Unterlagen wie M 27 lassen sich auch für Kübel geeignete Apfelbäume ziehen (mit einer Stammhöhe von nur 45 bis 60 Zentimetern). Apfelbäume in Kübeln benötigen einen offenen, aber geschützten Standort ohne länger anhaltenden Frost. Für frostgefährdete Regionen empfehlen sich spätblühende Sorten.

Einzeln stehende Apfelbäume bringen selten gute Ernten hervor, da für reichliche Erträge eine kreuzweise Befruchtung erforderlich ist. Namhafte Baumschulen geben Auskunft über die Blütezeit und die Verträglichkeit einzelner Sorten.

Am besten erwirbt man zwei bis drei Jahre alte Bäumchen mit einigen ausgebildeten Seitenästen, da bei ihnen bereits ein Erziehungsschnitt vorgenommen wurde und der Baum in ein bis zwei Jahren Früchte tragen müßte. Wurzelballen ohne Erde sollten vor dem Einsetzen gründlich gewässert werden. Die Pflanzen zwischen Herbst und Frühlingsanfang in lehmhaltiges Blumensubstrat setzen, in der Wachstumszeit gründlich gießen und alle zwei Wochen mit stark kaliumhaltigem Flüssigdünger düngen, bis die Früchte zu reifen beginnen. Bei jungen Bäumen sollte man nur zwei bis drei Äpfel heranreifen lassen. Der Rückschnitt erfolgt außerhalb der Wachstumszeit; dabei strebt man zunächst die Heranbildung einer Baumkrone an, deren dauerhaftes Zweigwerk die Mitte so weit wie möglich freiläßt. Der spätere Rückschnitt beschränkt sich auf den Schnitt der Seitenzweige, um so die Entwicklung fruchtbringender Knospen zu fördern. Alle zwei Jahre umtopfen, in den Jahren dazwischen die oberste Erdschicht erneuern.

Prunus persica

PFIRSICH- UND NEKTARINEN-BAUM

LAUBABWERFENDER BAUM · ZONE 5

Die Pfirsiche mit ihrer samtweichen Haut und die Nektarinen, ein Sport des Pfirsichbaums, mit etwas härterer, aber glatter Haut, werden häufig in warmen Regionen der gemäßigten Klimazonen angebaut. Pfirsich- und Nektarinenbäume sind zwar relativ winterhart, müssen aber in kühleren Regionen zu Anfang des Frühlings meist geschützt werden, damit ihre rosafarbenen Blüten keine Frostschäden davontragen. Außerdem benötigen sie einen warmen, geschützten Standort, damit die Früchte reifen. Bei geeigneten Wachstumsbedingungen können auch einzeln stehende Bäume Früchte tragen. Sortenbedingt kleinwüchsige Pfirsichbäumchen sind als Halbstämme erhältlich, die meist eine Höhe von 90 bis 120 Zentimetern erreichen und sich gut für Kübel eignen. Sie bilden eine dichte Krone von etwa 60 Zentimeter Durchmesser, die nicht zurückgeschnitten werden muß, und tragen schon früh Früchte.

Apfel *(Malus domestica)* 'Ribston Pippin'

Die Bäume gegen Mitte oder Ende des Herbstes in lehmhaltiges Blumensubstrat setzen. Bäumchen in mindestens 45 Zentimeter hohen Kübeln müssen erst nach einigen Jahren umgetopft werden, sofern man im Frühjahr die oberste Erdschicht durch frisches Blumensubstrat ersetzt. In der Wachstumszeit regelmäßig wässern, und vom Spätfrühling bis zum Spätsommer alle drei bis vier Wochen mit verdünntem Flüssigdünger düngen.

Vitis vinifera

WEINREBE

KLETTERPFLANZE · ZONE 6

Die Weinrebe *(V. vinifera)* besitzt eine Anbautradition, die bis weit in die Antike zurückreicht. Die zahlreichen Sorten mit heller und blauer Beerenhaut eignen sich als kräftige, dekorative Kletterpflanzen für Pflanzgefäße und Töpfe – wobei manche Trauben als Tafelobst und andere zur Weinherstellung dienen. Sie müssen allerdings regelmäßig geschnitten werden, wenn sie im Spätsommer oder Herbst gute Traubenerträge bringen sollen.

Der Rückschnitt bei Weinreben kann auf verschiedene Arten erfolgen, die auf zwei Voraussetzungen beruhen: Erstens muß ein dauerhafter Rahmen aus tragfähigen Zweigen geschaffen werden, und zweitens ist eine kontrollierte Entwicklung frischer Seitentriebe erforderlich, die die Blüten und Früchte tragen. Die beste Kulturmöglichkeit von Weinreben in Töpfen bietet der Hochstamm mit einem Hauptstamm von 90 bis 150 Zentimeter Höhe und einer Krone aus kurzen Zweigen, aus denen jedes Jahr frische Seitentriebe wachsen. Weinreben in Töpfen gedeihen an einem sonnigen, geschützten Standort und sollten gegebenenfalls im Winter ins Haus geholt werden.

Zur Kultur von Weinreben als Hochstamm die ein Jahr alten Weinreben im Herbst zurückschneiden, einen kräftigen Trieb nach oben erziehen und im folgenden Herbst auf die gewünschte Höhe zurückschneiden. Im Jahr darauf läßt man eine Krone aus jungen Trieben entstehen und nimmt im Spätherbst den alljährlichen Rückschnitt bis auf die fruchttragenden Seitenzweige vor. Im Spätwinter die oberste Erdschicht erneuern, in der Wachstumszeit gründlich wässern und alle zwei Wochen düngen.

GEMÜSE

Eine ganze Reihe von Gemüsesorten eignet sich zur Kultur in Pflanzgefäßen. Die Auswahl auf diesen Seiten umfaßt Gartenkürbisse wie Zucchini, einige Salatgemüse, die sich leicht in Kübeln ziehen lassen und auch auf kleinem Raum gute Erträge liefern, sowie einige etwas anspruchsvollere Fruchtgemüse wie Paprika, die nicht nur schön aussehen, sondern auch noch nützlich sind.

Beta vulgaris Cicla-Gruppe
MANGOLD
ZWEIJÄHRIGE
Sein auffälliges Blattwerk macht dieses vielseitige Blattgemüse mit langer Wachstumszeit auch für den Topfgarten attraktiv. Mangold wird bis zu 45 Zentimetern hoch und besitzt weiße, an den Rändern gewellte Stiele. Noch aufsehenerregender ist der Rotstielige Mangold, bei dem Stiele und Rippen scharlachrot, die Blätter rötlichviolett getönt sind.

Den Mangold gegen Mitte des Frühlings in lehmhaltiges Blumensubstrat säen; in Regionen mit milden Wintern kann man auch vom Hoch- bis zum Spätsommer säen, um dann im Winter oder Frühjahr zu ernten. Gründlich gießen und mit verdünntem Flüssigdünger alle zwei Wochen düngen, sobald die Pflanzen 13 bis 15 Zentimeter hoch sind.
Siehe Abbildung Seite 94.

Capsicum
PAPRIKA
EINJÄHRIGE
Die glänzenden, farbenfrohen Früchte des Gemüsepaprikas *(C. annuum* Grossum-Gruppe*)* bilden einen attraktiven Anblick. Die hübschen Kübelpflanzen (oben) erreichen eine Höhe von 60 bis 90 Zentimetern. Da Paprika bei sehr warmen Temperaturen gedeiht, wird er in Zonen mit etwas kühleren Sommern oft in Gewächshäusern kultiviert; man kann ihn aber auch im Freien an einen sonnigen, geschützten Standort stellen. Es empfiehlt sich, die Pflanzen in ihrem endgültigen Kübel unter Glas zu pflanzen und sie erst dann ins Freie zu stellen, wenn das Wetter warm genug ist.

Ähnlich wie der Gemüsepaprika können auch Chillies *(C. annuum* Longum-Gruppe) und Peperonis *(C. frutescens)* Früchte hervorbringen, die im reifen Zustand eine grüne, rote oder gelbe Tönung zeigen. Zu den bekanntesten Chillies-Sorten zählen die hellroten Schoten mit ihrem scharfen Aroma. Die 45 bis 60 Zentimeter hohen Pflanzen benötigen höhere Temperaturen als Gemüsepaprika.

Gemüsepaprika *(Capsicum annuum* Grossum-Gruppe*)*

Die Samen gegen Mitte des Frühlings unter Glas säen, die Jungpflanzen ausdünnen und so lange in jeweils größere Töpfe mit lehmhaltigem Blumensubstrat oder Torfkultursubstrat umtopfen, bis sie in 20 bis 25 Zentimeter hohen Kübeln gedeihen. Die Pflanzen abhärten, bevor sie im Frühsommer ins Freie kommen. Gründlich gießen und bei sehr warmem Wetter an einen halbschattigen Standort stellen. Sobald sich die Früchte entwickeln, alle zwei Wochen mit kaliumreichem Flüssigdünger (beispielsweise Tomatendünger) düngen.

Cucurbita pepo
GARTENKÜRBIS
BEDINGT WINTERHARTE EINJÄHRIGE
Bei den halbreif geernteten Gemüsekürbissen handelt es sich um Zucchini und Squash. Besonders die frühen Strauchsorten eignen sich gut für die Kübelkultur. Sie benötigen einen sonnigen, geschützten Standort und werden bis zu 60 Zentimetern hoch und 90 Zentimetern breit. Die Pflanzen bringen rasch beachtliche Erträge, die am besten geerntet werden, wenn die Früchte 10 bis 15 Zentimeter lang sind. Sogar die großen gelben Blüten kann man essen. Solange die Zucchini regelmäßig geerntet werden, liefern die Pflanzen viele Wochen hindurch Früchte. Neben den länglichen Zucchini mit dunkelgrüner Schale gibt es auch runde Formen sowie einige Sorten mit hellgelber, grünlicher oder gräulicher Schale.

Gartenkürbisse Mitte des Frühjahrs unter Glas säen und abhärten, bevor sie im Spätfrühling im Freien in lehmhaltiges Blumensubstrat oder Torfkultursubstrat gesetzt werden. Wenn keine Frostgefahr mehr besteht, können die Samen zwischen Mitte und Ende des Frühlings direkt in einen Kübel im Freien gesät werden. Zwei Samenkörner in die Mitte setzen und die schwächere Pflanze entfernen, falls beide keimen. Das Blumensubstrat stets feucht halten und ab dem Frühsommer alle zehn Tage mit Flüssigdünger düngen.

Eruca sativa
ÖLRAUKE
WINTERHARTE EINJÄHRIGE
Das nuß- oder pfefferähnliche Aroma ihrer Blätter macht die Ölrauke zu einer köstlichen Zutat für Salate. Man kann sie dicht säen, im Sämlingsstadium abschneiden und dann wieder nachwachsen lassen – ein Vorgang, der sich drei- bis viermal wiederholen läßt. Auch die Blätter der schnellwachsenden Pflanze können geerntet werden; dazu setzt man die Ölrauke in Abständen von etwa 15 Zentimetern in Kübel.

Die Samen von Mitte bis Ende des Frühjahrs oder auch von Mitte bis Ende des Sommers in zeitversetzten Schüben an einem sonnigen oder halbschattigen Standort in lehmhaltiges Blumensubstrat oder Torfkultursubstrat säen. Gründlich gießen und ab der dritten oder vierten Woche nach dem Säen alle zwei Wochen mit verdünntem Flüssigdünger düngen.

Lactuca sativa
SALAT
WINTERHARTE/BEDINGT WINTERHARTE EINJÄHRIGE
Zu den Salattypen mit Blattherzen gehören der Römersalat, der vor allem in großen und aufrechten Formen mit festen Blättern vorkommt (etwa 'Little Gem') sowie die glattblättrigen »kohlkopfähnlichen« Kopfsalat-Sorten, darunter zarte Salatköpfe wie der Buttersalat und Krachsalattypen wie der Eissalat. Blattsalate bilden dagegen keine Herzen; ihre einzelnen Blätter wachsen nach, wenn sie gepflückt oder ihre Spitzen abgeschnitten werden.

Für die Kübelkultur eignen sich kleine Sorten des Römersalats und kohlkopfähnliche Sorten wie 'Tom Thumb' sowie diverse Blattsalate, von denen mehrere attraktive Blätter besitzen. Die Eichblatt-Sorten zeichnen sich durch tief eingeschnittene, oftmals bronzefarbene Blätter aus, während die roten und grünen 'Lollo'-Sorten krause Blätter haben. Mischungen verschiedener Salate, wie sie oft in

Form von fertig abgepackten Samenmischungen angeboten werden, bringen eine Vielfalt unterschiedlicher Blätter hervor.

Die Samen Mitte des Frühjahrs säen; nach dem Abhärten ab dem Spätfrühling – bis in den Hoch- oder Spätsommer – in Kübel mit lehmhaltigem Blumensubstrat oder Torfkultursubstrat setzen und ins Freie stellen. Regelmäßig gießen und alle zwei Wochen mit Flüssigdünger düngen, damit die Pflanzen rasch wachsen.

Lycopersicon esculentum

TOMATE

BEDINGT WINTERHARTE EINJÄHRIGE

Tomatenpflanzen (unten) lassen sich selbst in kühleren Regionen der gemäßigten Klimazonen gut in Kübeln im Freien ziehen, benötigen aber einen warmen, geschützten Standort. Die Auswahl an Formen ist groß und reicht von den winzigen Kirschtomaten bis hin zu den riesigen Fleisch- und Marmandetomaten. Neben roten Sorten findet man auch solche mit gelben, orange- oder rosafarbenen, weißen und orange-rot-gestreiften Früchten. Hochwachsende Tomatenpflanzen werden über 1,8 Meter groß und müssen an Stangen oder Spalieren gezogen werden. Buschtomaten erreichen eine Höhe und einen Durchmesser von 45 Zentimetern; sie sind meist widerstandsfähiger und einfacher zu ziehen.

Die Samen werden Anfang oder Mitte des Frühjahrs unter Glas gesät. Nach dem Abhärten setzt man die Jungpflanzen im Spätfrühling oder Frühsommer in den endgültigen, mindestens 20 Zentimeter hohen Kübel und stellt sie ins Freie. Die

Tomate *(Lycopersicon esculentum)*

Pflanzen benötigen lehmhaltiges Blumensubstrat oder Torfkultursubstrat und hohe Sorten eine Stange oder andere Stütze. Regelmäßig wässern und alle 10 Tage mit Tomatendünger düngen, sobald die Früchte größer werden. Hohe Sorten festbinden und Seitentriebe ausknipsen. Anfang August die obere Triebspitze drei Blätter über der obersten Spalierquerleiste entfernen; bei Einbruch kalten Wetters alle unreifen Früchte abernten und im Haus reifen lassen.

Gartenbohne *(Phaseolus vulgaris)* 'Royalty'

Phaseolus

BOHNE

EINJÄHRIGE

Die elegant wirkenden, ausdauernden Kletter- oder Buschpflanzen sind nicht winterhart und werden fast ausschließlich als einjährige Pflanzen kultiviert. Im Sommer tragen sie hübsche Blütenzweige mit meist roten, teils aber auch rosafarbenen oder weißen Blüten. Nicht nur ihre reichen Ernten an frischen Bohnen, die sie vom Hochsommer bis in den Herbst hinein hervorbringen, sondern auch ihr dekoratives Äußeres läßt sie für den Anbau in Kübeln geeignet erscheinen. Für den Verzehr werden zwei Arten kultiviert: Die Feuer- oder Prunkbohne *(P. coccineus)* und die Gartenbohne *(P. vulgaris,* oben*)*. Die kletternden Formen der Feuer- oder Prunkbohne pflanzt man in einen großen Kübel, in den 1,8 Meter hohe, zusammengebundene Stangen gestellt werden. (Die Stangen vor dem Säen anbringen.) Feuerbohnen kann man auch niedrig halten, indem man im frühen Wachstumsstadium die Triebspitzen ausknipst und dann regelmäßig die Seitentriebe schneidet, um einen kompakten, buschigen Wuchs zu fördern. Neben den kletternden Sorten finden sich auch echte Zwergsorten der Feuerbohne, die nur 45 Zentimeter hoch werden. Von der Gartenbohne existieren viele Sorten, größtenteils Buschbohnen, aber auch einige kletternde Formen. Die Buschbohnen werden 30 bis 40 Zentimeter hoch und sinken unter ihren üppigen Erträgen zusammen, wenn man sie nicht stützt.

Die Samen von Feuerbohnen Mitte des Frühjahrs unter Glas säen und im Frühsommer ins Freie stellen oder im Spätfrühling direkt im Freien in Kübel säen; dabei auf einen Abstand von etwa 23 Zentimetern achten. Gartenbohnen direkt an Ort und Stelle säen und auf 5 bis 8 Zentimeter ausdünnen, sobald sich die ersten Blätter zeigen. Für beide Arten verwendet man mit Humus angereichertes lehmhaltiges Blumensubstrat. Die Kübel an einen sonnigen, geschützten Standort stellen. Blüten und Blätter regelmäßig mit fein zerstäubtem Wassernebel besprühen, und nach Erscheinen der ersten Blüten alle zwei Wochen mit verdünntem Flüssigdünger düngen. Übermäßiges Düngen vermeiden, da sich sonst das Laub auf Kosten der Blüten und Bohnen stärker entwickelt.

Solanum melongena

AUBERGINE

FROSTEMPFINDLICHE EINJÄHRIGE

Die Aubergine wächst in mediterranen Klimazonen. In kühleren Regionen wird sie oft in Gewächshäusern kultiviert; sie gedeiht aber auch gut im Freien, wenn sie an einem warmen, geschützten Standort steht. Die buschige Pflanze erreicht eine Höhe von 60 bis 90 Zentimetern und läßt sich, wie die kleinwüchsigeren Sorten, problemlos in Kübeln und Töpfen ziehen. Die Früchte reifen im Hochsommer heran, wobei sich die typische Aubergine durch eine glänzende, tiefviolette Schale auszeichnet; es gibt allerdings auch einige Sorten mit weißer Schale. Die meisten Auberginenpflanzen bringen Früchte von 20 bis 25 Zentimeter Länge und etwa 8 Zentimeter Durchmesser hervor.

Die Samen in der Mitte oder gegen Ende des Winters unter Glas säen, die Triebspitzen der Jungpflanzen ausknipsen, so daß sich zwei Haupttriebe entwickeln, und alle Seitentriebe entfernen. Im Spätfrühjahr abhärten und im Frühsommer in Kübeln mit lehmhaltigem Blumensubstrat oder Torfkultursubstrat ins Freie setzen. Gründlich wässern und alle zwei Wochen mit Flüssigdünger (am besten einem Tomatendünger) düngen, sobald die Entwicklung der Früchte einsetzt. Pro Pflanze nur vier bis sechs Früchte wachsen lassen, die vollständig reif sein sollten, bevor man sie erntet.

GRÄSER UND BEERENTRAGENDE STRÄUCHER

Die folgenden Pflanzen erweitern das Spektrum an Zierpflanzenkombinationen bei der Gestaltung eines Topfgartens. Besonders im Herbst und Winter lassen sich mit beerentragenden Sträuchern interessante Farbakzente setzen. Obwohl einige auch gut im Schatten gedeihen, entwickeln sich reiche Beerenbestände meist nur an relativ offenen Standorten. Außerdem sollten männliche und weibliche Pflanzen dicht zusammenstehen, falls es sich nicht um ein einhäusiges Gewächs handelt. Als langlebige Zierde eignen sich aber auch Gräser, wobei sie das Bild des Gartens eher aufgrund der ansprechenden Form ihrer Blüten und Samenstände beleben als durch ihre Farben.

Aucuba japonica
GEFLECKTE AUKUBE
IMMERGRÜNER STRAUCH · ZONE 7
Mit ihren glatten, panaschierten Blättern stellt die Gefleckte Aukube ein hübsches, immergrünes Gewächs dar, das unter sehr unterschiedlichen Bedingungen gedeiht und in Kübeln 1,8 Meter hoch wird. Da es sich um eine zweihäusige Pflanze handelt und die weiblichen Exemplare nur in der Nähe männlicher Pflanzen Beeren hervorbringen, zählt die Aukube nicht zu den bekanntesten beerentragenden Gewächsen. Die leuchtend scharlachroten Beeren, die sich im Herbst entwickeln, nehmen ihre intensivste Färbung jedoch erst im Frühjahr an. Viele Beeren kann man allerdings nur von Pflanzen an sonnigen Standorten erwarten. Die panaschierte Sorte 'Crotonifolia' ist wie 'Longifolia' weiblich und besitzt lange, grün glänzende Blätter. *Siehe auch Seite **183**.*

Briza maxima
ZITTERGRAS
EINJÄHRIGE
Im Spätfrühjahr und Sommer trägt dieses buschige Gras dichte Büschel herzförmiger, violettgrüner Ähren an hübschen, schlanken, gebogenen Halmen.

Die Samen zwischen Frühlingsanfang und -mitte direkt an Ort und Stelle in lehmhaltiges Blumensubstrat säen; die Jungpflanzen später mit einem Abstand von 10 bis 15 Zentimetern pikieren.

Cotoneaster
ZWERGMISPEL
LAUBABWERFENDER UND IMMERGRÜNER STRAUCH · ZONE 5
Unter den Zwergmispelgewächsen finden sich einige beerentragende Sträucher, die in offenen Gärten häufig anzutreffen sind. Eine der kompaktesten Arten, der immergrüne *C. congestus* (Zone 7), bietet sich als Ergänzung für einen Trog mit Steingartenpflanzen an – sowohl aufgrund der dicht wuchernden Matten, die sich über Kübelränder ausbreiten, als auch wegen ihrer Beeren. Die Zwergmispelmatten oder -hügel aus starren, eng zusammenwachsenden und dicht mit kleinen dunkelgrünen Blättern besetzten Zweigen erreichen eine Höhe von bis zu 25 Zentimetern, können sich aber bis zu 60 Zentimetern ausbreiten. Im Frühsommer erscheinen kleine, rosafarbene Blüten, denen rote Beeren folgen.

Die laubabwerfende Art *C. horizontalis* (unten) zeichnet sich durch einen noch eigenwilligeren Wuchs aus: Ihre Hauptzweige, von denen viele kleine Nebenzweige in einem fischgrätartigen Muster ausgehen, bilden einen 60 Zentimeter hohen und 1,2 Meter breiten Fächer. Die Zweige sind dicht mit hübschen, dunkelgrünen Blättern und im Frühsommer mit zahlreichen kleinen, rosafarbenen Blüten besetzt. Dieser Strauch bietet zwar zu jeder Jahreszeit einen schönen Anblick, aber im Herbst, wenn sich seine Blätter rot färben und die Zweige üppig mit Beeren besetzt sind, wirkt er besonders attraktiv. Obwohl sich die Beeren bei den Vögeln großer Beliebtheit erfreuen, bleiben meist genügend Beeren bis weit in den Winter erhalten. Diese Zwergmispel-Art, die allein oder in einem sehr großen Pflanzgefäß zusammen mit anderen Sträuchern kultiviert werden sollte, gedeiht zwar im Schatten, trägt aber mehr Beeren, wenn sie an einem offenen Standort steht.

Zwergmispel *(Cotoneaster horizontalis)*

Die Pflanzen im Herbst oder zwischen Frühlingsanfang und -mitte in lehmhaltiges Blumensubstrat setzen. Im Frühjahr die oberste Erdschicht erneuern und alle drei bis vier Jahre umtopfen.

Gaultheria
SCHEINBEERE
IMMERGRÜNER STRAUCH · ZONE 8
Die Scheinbeeren gehören zu den schönsten kompakten, beerentragenden Sträuchern. Im Frühsommer bringen sie kleine, weiße Blüten hervor, wobei die männlichen und weiblichen Blüten auf verschiedenen Pflanzen sitzen. Für eine üppige Beerenbildung empfiehlt es sich, mehrere weibliche Pflanzen zusammen mit einer männlichen Pflanze in einem großen Kübel zu kombinieren. Weibliche Sorten der Art *G. mucronata* sind in vielen Blütenfarben erhältlich – angefangen von der faszinierenden weißen 'White Pearl' über die rosa Schattierungen von 'Pink Pearl' und 'Rosea' bis hin zu den kräftigeren Rottönen von 'Cherry Ripe' und 'Mulberry Wine'. Diese Pflanzen werden an einem sonnigen Standort 60 bis 90 Zentimeter hoch und breit und gedeihen im Schatten sogar noch besser. 'Thymifolia', eine kompakte männliche Sorte, bildet dichte, 30 Zentimeter hohe und bis zu 60 Zentimeter breite Hügel und sorgt in Kombination mit weiblichen Pflanzen für ein reiches Beerenwachstum. Den beerentragenden Sorten der *G. mucronata* sehr ähnlich ist *G.* x *wisleyensis* 'Wisley Pearl' mit ihren matten, dunkelgrünen Blättern, die im Herbst zahlreiche Beeren von leicht violetter bis kastanienbrauner Tönung trägt.

Scheinbeeren werden im Herbst oder zwischen Frühlingsanfang und -mitte in saures Blumensubstrat gepflanzt. Im Frühjahr die oberste Erdschicht erneuern und nur dann umtopfen, wenn das Wurzelwerk zu dicht wird. Die Pflanzen im Frühjahr leicht zurückschneiden.

Hordeum jubatum
MÄHNENGERSTE
EINJÄHRIGE
Dieses Gras wirkt besonders attraktiv. Vom Früh- bis zum Hochsommer wiegen sich seine 60 Zentimeter hohen, gebogenen Blütenähren über kurzen Halmbüscheln (rechts). Die Spitzen schimmern nach dem Öffnen grün oder zartviolett und färben sich später hellbraun. Die Samen im Spätsommer oder Frühherbst in Töpfe säen, in einem hellen, aber unbeheizten Raum überwintern und die Jungpflanzen in der Frühjahrsmitte in

Kübel mit lehmhaltigem Blumensubstrat setzen. Man kann die Mähnengerste aber auch von Frühlingsanfang bis -mitte direkt in den Kübel säen, in dem sie wachsen soll, und die Jungpflanzen pikieren.

Lagurus ovatus
HASENSCHWANZGRAS
EINJÄHRIGE

Dieses bezaubernde Gras besitzt im Sommer weiche, flaumige Blütenstände. Die Blüten sind zunächst grünlichbeige, manchmal auch violettrosa überhaucht, und färben sich mit der Zeit hellbraun. Sie stehen an bis zu 50 Zentimeter langen Stielen über einem Horst aus pelzigem, graugrünem Laub, das sich weich anfühlt. Das Hasenschwanzgras eignet sich zur Kombination mit anderen unkomplizierten einjährigen Pflanzen.

Die Samen im Spätsommer oder Frühherbst in Töpfe säen, in einem hellen, aber unbeheizten Raum überwintern und die Jungpflanzen zur Frühjahrsmitte in lehmhaltiges Blumensubstrat setzen. Man kann das Hasenschwanzgras aber auch von Frühlingsanfang bis -mitte direkt in den Kübel säen, in dem es wachsen soll, und die Jungpflanzen pikieren.

Pennisetum villosum
WOLLIGES FEDERBORSTEN-GRAS
EINJÄHRIGE/STAUDE · ZONE 8

Obwohl diese (auch als *P. longistylum* geführte) Pflanze in milden Klimazonen als winterhart gilt, wird sie für die Kübelkultur meist als Einjährige behandelt. Das während des Sommers unscheinbare Gras bringt im Herbst zahlreiche gebogene Stiele hervor, an denen borstige, 10 Zentimeter lange und zart cremerosafarbene Ähren gedeihen. Die Samen zu Beginn des Frühjahrs unter Glas säen, die abgehärteten Jungpflanzen im Spätfrühling in lehmhaltiges Blumensubstrat setzen und an einen sonnigen, geschützten Standort stellen.

Mähnengerste *(Hordeum jubatum)*

Rosa 'Fru Dagmar Hastrup'
ROSE
STRAUCH · ZONE 3

Viele der Rosen, die schmückende Hagebutten hervorbringen, sind für die Topfkultur zu groß. Eine Ausnahme bildet jedoch die relativ kleinwüchsige Sorte 'Fru Dagmar Hastrup' (rechts) mit einer Höhe von 90 Zentimetern und einem Durchmesser von 1,2 Metern. Den ungefüllten, duftenden, zartrosa Blüten, die während des Sommers schubweise blühen, folgen prächige, tomatenähnliche Hagebutten, die oft schon vor Ende der Blütezeit eine kräftige Farbe entwickeln. *Siehe auch Seite 136, 142, 154, 164, 170.*

Skimmia japonica
SKIMMIE
IMMERGRÜNER STRAUCH · ZONE 7

Bei den immergrünen, schattenduldenden Skimmien gedeihen die männlichen und weiblichen Blüten auf verschiedenen Pflanzen, wobei die weiblichen Pflanzen eine Fülle langlebiger Beeren hervorbringen, solange eine männliche Pflanze in der Nähe wächst. Die 45 bis 75 Zentimeter hohe und 90 Zentimeter breite *S. japonica* ssp. *reevesiana* trägt im Frühjahr weiße Blüten, aus denen karmesinrote Früchte hervorgehen.

Die reichblühende, männliche Sorte 'Rubella' (1,2 Meter hoch und breit) garantiert eine üppige Beerenbildung. Ihre im Winter erscheinenden, rotbraunen Knospen öffnen sich zu weißen Blüten mit einem Hauch von Rosa.

Korallenstrauch *(Solanum capsicastrum)*

Skimmien im Herbst oder zur Frühlingsmitte in saures Blumensubstrat pflanzen; im Frühjahr die oberste Erdschicht durch frisches Blumensubstrat ersetzen und die Pflanze nur dann umtopfen, wenn das Wurzelwerk zu dicht wird. *Siehe Abbildungen Seite 122, 123.*

Rose *(Rosa)* 'Fru Dagmar Hastrup'

Solanum capsicastrum
KORALLENSTRAUCH
IMMERGRÜNER HALBSTRAUCH · ZONE 9 · GIFTIG

Der Korallenstrauch (unten rechts) wird meist als Zimmerpflanze kultiviert. In milden Klimazonen kann man ihn aber auch im Freien ziehen. Die scharlachroten Früchte mit einem Durchmesser von mehr als 1 Zentimeter heben sich deutlich von den dunkelgrünen Blättern der 30 bis 45 Zentimeter hohen Sträucher ab.

Schön gewachsene, üppig beerentragende Korallensträucher im Spätherbst oder zum Winteranfang kaufen, in lehmhaltiges Substrat setzen und an einen sonnigen Standort stellen. Die Triebspitzen der Jungpflanzen ausknipsen.

Viburnum opulus 'Compactum'
GEMEINER SCHNEEBALL
STRAUCH · ZONE 4 · GIFTIG

Aufgrund seiner weißen Blüten im Frühjahr, der durchscheinenden, roten Beeren und der ahornähnlichen, im Herbst bunt gefärbten Blätter zählt die Pflanze zu den schönsten laubabwerfenden Ziersträuchern. Obwohl sie 3,7 Meter hoch werden kann, erreicht die blühfreudige Sorte 'Compactum' mit ihrer üppigen Beerenbildung nur 1,8 Meter. Wenn man zwei oder drei Pflanzen dicht nebeneinander an einen sonnigen Standort stellt, bringen sie besonders viele Beeren hervor.

Die Pflanzen im Herbst oder zwischen Frühlingsanfang und -mitte in lehmhaltiges Blumensubstrat setzen; nur totes und beschädigtes Holz entfernen beziehungsweise schwache Zweige zurückschneiden.

FÜR KÜBEL UND TÖPFE GEEIGNETE PFLANZEN

Die folgenden aufgelisteten Pflanzennamen sind als Hilfe bei der Wahl der für Kübel und Töpfe geeigneten Pflanzen gedacht. Die hinter jedem Pflanzennamen aufgeführte Seitenzahl bezieht sich auf den Haupteintrag im Kapitel »Pflanzen für Kübel und Töpfe« (Seite 126 bis 203), das nach der Farbe der Blüten und Blätter sowie der jeweiligen Blütezeit geordnet ist.

BLÜHENDE STRÄUCHER

Die folgende Liste blühender Sträucher umfaßt keine bodendeckenden Zwerggewächse. Bei den mit I gekennzeichneten Pflanzen handelt es sich um immergrüne Gewächse, während I/L sich auf Gattungen mit immergrünen und laubabwerfenden Arten und Hybriden bezieht.

Anisodontea I 158
Brugmansia I 146
Camellia I 156
Choisya I 131
Fuchsia 168
Gaultheria I 202
Hebe I 168 f.
Hydrangea 133
Lavandula I 169
Myrtus I 135
Nerium I 163
Pieris I 129
Rhododendron I/L 156 f.
Rosa 154
Rosmarinus I 197
Skimmia I 203
Viburnum 203
Yucca I 136

STRÄUCHER MIT DEKORATIVEM LAUB

Einige der folgenden Sträucher besitzen neben auffallenden Blättern auch interessante Blüten. Die Liste umfaßt keine bodendeckenden Zwerggewächse. Bei den mit I gekennzeichneten Pflanzen handelt es sich um immergrüne Gewächse, während I/L sich auf Gattungen mit immergrünen und laubabwerfenden Arten und Hybriden bezieht.

Acer 178
Aucuba I 183
Buxus I 179
Chamaecyparis I 179
Cordyline I 179 f.
Elaeagnus I/L 192 f.
Euonymus I/L 183
x *Fatshedera* I 180
Fatsia I 180
Ilex I 187
Juniperus I 181
Laurus nobilis I 196
Nandina I 190
Pinus I 182
Prunus lusitanica I 182
Salvia officinalis I 170
Thuja I 182

PFLANZEN MIT LANGER BLÜTEZEIT

Die folgenden Pflanzen zeichnen sich durch eine wochen-, manchmal monatelange Blütezeit aus, die durch regelmäßiges Entfernen verwelkter Blüten noch verlängert werden kann.

Ageratum 173
Argyranthemum 130 f.
Begonia x tuberhybrida 151 f.
Bellis 156
Brachycome 173 f.
Browallia 174
Brugmansia 146
Calendula 146
Calluna 159
Cuphea 146
Diascia 160
Dimorphotheca 132
Erica 137
Felicia 174 f.
Fuchsia 168
Heliotropium 169
Hemerocallis 'Stella de Oro' 141
Impatiens 161 f.
Nerium 163
Osteospermum 135
Pelargonium 153 f.
Petunia 176
Rosa (einige Sorten) 154
Salvia (viele Sorten) 170
Scaevola 176
Tagetes 148
Tropaeolum majus 149
Verbena 171
Viola 143 f.

PFLANZEN MIT DUFTENDEN BLÜTEN

Die folgenden Pflanzen besitzen wohlriechende Blüten, deren Duft jedoch Schwankungen unterworfen sein kann und individuell unterschiedlich bewertet wird.

Brachycome 173 f.
Choisya 131
Crocus (fast alle Sorten) 138
Dianthus 160
Elaeagnus 192 f.
Erysimum 138
Heliotropium 169
Hyacinthus 172
Iris 144
Jasminum 133
Lathyrus 162
Lavandula 169
Lilium (viele Sorten) 134
Lobularia 135
Lonicera 153
Narcissus (fast alle Sorten) 138 f.
Nicotiana 135
Primula auricula 139
Reseda 136
Rosa (viele Sorten) 154
Skimmia 203
Tropaeolum majus 149
Wisteria 177

PFLANZEN MIT AROMATISCHEM LAUB

Neben den folgenden Pflanzen besitzen auch viele Kräuter (siehe Seite 196 f.) stark duftende Blätter.

Artemisia 192
Chamaecyparis 179
Choisya 131
Helichrysum italicum 193
Lavandula 169
Myrtus 135
Nepeta 176
Pelargonium (Duftpelargonien) 153 f.
Pinus 182
Salvia (viele Sorten) 170
Santolina 195
Thuja 182
Thymus 197

KLETTERPFLANZEN

Auch einige Gemüsesorten, insbesondere die ausgesprochen dekorativen Stangenbohnen, fallen in diese Kategorie.

Bougainvillea 152
Clematis 131 f.
Cobaea 167 f.
Ipomoea 175
Jasminum 133
Lapageria 162
Lathyrus 162
Lonicera 153
Rhodochiton 170
Rosa (einige Sorten) 154
Tropaeolum (einige Sorten) 149
Wisteria 177

KRIECH- UND RANKPFLANZEN

Die mit einem * versehenen Pflanzen besitzen besonders schöne Blüten, während die anderen aufgeführten Gewächse durch ihr attraktives Laub bestechen. Neben den aufgelisteten Pflanzen, die in Blumenampeln gut zur Geltung kommen, können auch einige Kletterpflanzen (siehe oben) ohne Kletterhilfen in hohe Kübel gesetzt werden und anmutig herabranken.

Begonia x *tuberhybrida* (einige Sorten)* 151 f.
*Bidens** 140
*Convolvulus sabatius** 174

Diascia (einige Sorten)* 160
Fuchsia (einige Sorten)* 168
Glechoma 186
Hedera 180
Helichrysum petiolare 193
Lamium 187
Lobelia (einige Sorten)* 175 f.
Lotus 147
Lysimachia 185
Pelargonium (Efeupelargonie)* 153 f.
Petunia (viele Sorten)* 176
Plecostachys 194 f.
*Scaevola** 176
Verbena (einige Sorten)* 171

MINIATUR-ZWIEBEL-GEWÄCHSE

Neben den zahlreichen hohen und mittelgroßen Zwiebelpflanzen eignen sich auch eine Reihe kleinerer Zwiebelgewächse für Kübel und Töpfe. Die meisten dieser Pflanzen blühen im Frühling, aber einige bringen ihre Blüten erst im Herbst oder sogar im Winter hervor.

Chionodoxa 172
Crocus 138
Cyclamen 165
Fritillaria 166
Galanthus 137
Iris 144
Muscari 172
Narcissus (einige Sorten) 138
Scilla 173
Tulipa (einige Sorten) 150 f.

STEINGARTENPFLANZEN

Die folgenden niedrigwüchsigen Pflanzen eignen sich hervorragend für Steintröge oder -becken und kommen in Kombination mit Miniatur-Zwiebelgewächsen sehr schön zur Geltung – insbesondere dann, wenn man die Erde in den Pflanzgefäßen mit einer Schicht aus Kieselsteinen bedeckt.

Aethionema 158
Anacyclus 130
Anthemis 130
Aquilegia (einige Sorten) 167
Armeria 151
Artemisia schmidtiana 'Nana' 192
Aubretia 166
Aurinia 138
Campanula 174
Cotoneaster congestus 202
Dianthus 160
Euphorbia myrsinites 138
Geranium (einige Sorten) 161
Helianthemum 141
Lavandula (einige Sorten) 169
Phlox subulata 129
Primula auricula 139
Pulsatilla 166
Raoulia 195
Salix 'Boydii' 195
Saxifraga 140
Sedum spathulifolium 191
Sempervivum 191

PFLANZEN FÜR KLEINE WASSERGÄRTEN

Viele Wasser- und Uferpflanzen sind sehr wachstumsfreudig; folgende Gattungen eignen sich auch für kleine Teiche.

Eichhornia 174
Juncus 181
Nymphaea (einige Sorten) 142
Typha 182

SCHATTENDULDENDE PFLANZEN

Die folgenden Pflanzen eignen sich bis zu einem gewissen Ausmaß für einen schattigen Standort, wobei die mit einem * versehenen Gewächse als schattenliebend eingestuft werden können.

Acer 178
*Adiantum** 178
Ajuga 188
Alchemilla 178
*Asplenium** 179
Astilbe 158 f.
*Athyrium** 179
*Aucuba** 183
Begonia x *tuberhybrida* 151 f.
*Bergenia** 179
*Buxus** 179
Camellia 156
*Cyclamen** 165
*Dryopteris** 180
x *Fatshedera* 180
Fatsia 180
Fuchsia 168
Glechoma 186
Hakonechloa 184
*Hedera** 180 f.
Heuchera 189 f.
*Hosta** 184
Houttuynia 190
Hydrangea 133
Impatiens 161 f.
Lobelia 175 f.
*Matteuccia** 181
Mimulus 147
Myosotis 173
Nicotiana 135
Osmunda 181
*Polystichum** 182
Rhododendron 156 f.
Skimmia 203
Viola 143 f.

»ÜBERLEBENSKÜNSTLER«

Viele Pflanzen, die im Garten sogar längere Dürreperioden überstehen, leiden in Kübeln, wenn man sie nicht ausreichend gießt, da ihre Wurzeln sich im Topf nicht unbegrenzt ausdehnen und Wasser aufnehmen können. Die folgenden Pflanzen überleben jedoch, auch wenn man sie eine kurze Zeit vernachlässigt.

Aethionema 158
Agapanthus 173
Anacyclus 130
Anthemis 130
Arctotis 145
Argyranthemum 130 f.
Artemisia 192
Aucuba 183
Aurinia 138
Bergenia 179
Bidens 140
Bougainvillea 152
Brachyglottis 192
Calendula 146
Convolvulus sabatius 174
Cyclamen 165
Dianthus 160
Dimorphotheca 132
Elaeagnus 192 f.
Euphorbia 138
Felicia 174 f.
Ficus 198
Hedera 180 f.
Helianthemum 141
Helichrysum 193
Heliotropium 169
Iberis 133
Lavandula 169
Lobularia 135
Lotus 147
Melianthus 194
Nepeta 176
Nerium 163
Osteospermum 135
Pelargonium 153 f.
Pinus 182
Rosmarinus 197
Ruta 197
Salvia 170
Santolina 195
Scaevola 176
Sedum 191
Sempervivum 191
Senecio 195
Stachys 195
Thymus 197
Yucca 136

PFLANZEN, DIE SICH LEICHT AUS SAMEN ZIEHEN LASSEN

Neben diesen aufgeführten Pflanzen lassen sich auch viele Gemüsesorten, einschließlich der verschiedenen Bohnen- und Erbsen-Sorten, problemlos aus Samen ziehen.

Calendula 146
Clarkia 159
Cosmos 132
Helianthus 141
Iberis 133
Lavatera 162
Lathyrus 162
Lobularia 135
Reseda 136
Tropaeolum 149

REGISTER

Kursiv gedruckte Seitenzahlen beziehen sich auf die Bildlegenden.

Abkürzungen bei den botanischen Pflanzennamen:
f. = forma (Form)
ssp. = subspecies (Unterart)
var. = varietas (Varietät)

A

B

C

D

H

I

R

S

T

U

V

W

Y

Z

BILDNACHWEIS UND DANKSAGUNG

BILDNACHWEIS

Deni Bown S. 128 ob., 131 li., 146 unt., 147 ob. li., 149 re., 161 ob., 166 ob., 167 li., 169 unt. li., 171 unt., 176, 181, 182 ob., 187 ob., 189 unt. re., 195 ob., 196 li.
Karen Bussolini S. 19 unt., 43 ob. re., 45 unt. li., 81 unt., 149 li.
Neil Campbell-Sharp S. 1 und 9 re. (Barters Farm, Chapmanslade, Westbury, Wiltshire), 17 li. (Kilmokea, Irland), 23 unt. (John Sales), 118, 174 re. (Old Rectory, Berkshire), 179 (Butterstream, Irland).
John Fielding S. 8 re., 9 li., 25 re., 45 ob. li., 75 ob. Mi., 124, 125, 127, 130 unt., 135, 138 li., 139, 141 ob., 143 ob. li., 144 ob. re., 144 unt., 147 ob. re., 148, 150 ob., 151, 155 li., 156, 157 unt., 159 ob., 162 ob., 163 unt. li., 163 ob. re., 165 ob. re., 166 unt. li., 166 ob. re., 168, 169 unt. re., 170, 175 ob., 177 li., 184 re., 186 li., 189 ob., 192 li., 193 ob., 195 unt., 197, 199, 200, 201, 203 unt. re.
Garden Picture Library/Brigitte Thomas S. 39 ob., Jon Bouchier 43 ob. li., Lynne Brotchie 46, John Glover 91, Marijke Heuff 113.
Jerry Harpur S. 2 (Ann Alexander-Sinclair), 10 li. (Manor House, Noordhoek, S.A.), 14 li. (Sean Egerton), 20 li. und 22 (Designer: Tessa Hobbs), 24 (Stellenberg, S.A.), 41 ob. re. (Bourton House, Gloucestershire), 50 unt. (Designer: Penelope Hobhouse), 58, 75 ob. re. (Designer: Tessa Hobbs), 76, 94 (Designer: Dan Pearson), 112 (G. Keim und P. Wooster, USA), 119 (Helen Coucher), 165 unt. li. (G. Keim und P. Wooster, USA), 190 ob. (Sheila Chapman), 198.
Marijke Heuff S. 4 (Mr. und Mrs. Lauxrermann, Niederlande), 14 re. (Florentine van Eeghen, Niederlande), 23 ob. (Designer: Els Proost, Niederlande), 39 unt. re. (Baumschule: Overhagen, Niederlande), 40 unt. (Sissinghurst, Kent), 61 (Mr. G. van den Brink, Niederlande), 105 (Tintinhull, Somerset).
Roger Hillier © FLL S. 38, 41 unt., 42, 47, 51 unt. li., 52, 53, 54, 55 unt., 56, 57, 59, 60, 63 bis 65, 66 ob., 67 bis 69, 71, 73, 74 li. und Mi., 75 ob. li., 81 ob., 82 ob. li., 83 ob. li. und unt. li., 90, 92, 165 ob.
Holt Studios International S. 79, alle von Nigel Cattlin, mit Ausnahme zweite Reihe ganz links: Duncan Smith.
Anne Hyde S. 15, 45 unt. re.
Michèle Lamontagne S. 48, 75 unt. li., 97, 135 re., 172, 173 ob., 178 li., 188 unt.
Andrew Lawson S. 10 re. (Whichford Pottery, Warwickshire), 11 (Chilcombe House, Dorset), 12 (Bourton House, Gloucestershire), 16 re. © FLL, 20 re. (Designer: Rupert Golby), 21 (Designer: Sue Dickinson), 27 (Pots and Pihoi, West Sussex), 40 ob. (Connie Franks, Oxfordshire), 41 ob. li. (Designer: Rupert Golby), 43 unt., 49 unt. re. und 66 unt. (Designer: Rupert Golby), 70 (Designer: David Hicks), 74 re. (Gothic House, Oxfordshire), 87 (The National Trust, Powis Castle, Wales), 88 (Designer: Rupert Golby), 102, 108 (Gothic House, Oxfordshire), 109 (Designer: Pamela Schwerdt und Sibylle Kreutzberger), 111 (Designer: Sue Dickinson), 114 (The National Trust, Powis Castle, Wales), 122 und 123 (Gothic House, Oxfordshire), 128 unt. li., 128 unt. re., 129, 130 ob., 131 re., 132, 133, 134 (Gothic House, Oxfordshire), 136 li., 137 ob., 137 unt., 138 re., 140, 141 unt., 142, 143 unt., 144 ob. li., 146 ob., 147 unt., 150 unt., 153, 154 (Designer: Rupert Golby), 155 re., 159 unt., 160, 164 unt., 169 ob., 171 ob. (Designer: Lucy Gent), 178 re., 179 unt., 180 ob. li. (Designer: Thomasina Tarling), 180 unt., 184 li., 185, 186 re., 187 li., 188 ob., 189 unt. li., 191, 192 re., 193 unt., 194 (Designer: Rupert Golby), 196 re., 202, 203 ob. und unt. li.
Tony Lord S. 93, 116.
S. und O. Mathews S. 161 unt.
Clive Nichols S. 7 (Designer: Anthony Noel), 8 li. (The Old School House, Essex), 16 li. (Designer: Dan Pearson), 18 © FLL (Designer: Sue Gernaey), 19 ob. (Designer: Anthony Noel), 25 li. (Bourton House, Gloucestershire), 39 unt. li. (Designer: Jill Billington), 45 ob. re., 62, 72 (Chenies Manor, Buckinghamshire), 96 (Designer: David Joyce), 101 (Bourton House, Gloucestershire), 103 (Designer: Dan Pearson), 104, 106/107 und 110 (Designer: David Joyce), 115 (Bourton House, Gloucestershire), 145 (Keukenhof, Niederlande), 175 unt. (Mr. und Mrs. Coote, Oxford), 183 (Designer: Flowers Galore, London), 190 unt.
Photos Horticultural Picture Library S. 143 ob. re., 157 ob., 163 ob., 173 unt., 180 ob. re., 182 li.
Tim Ridley © FLL S. 28 bis 37, 44, 49 ob., Mi. und unt. li., 50 ob., 51 ob. und unt. re., 77, 80, 81 Mi., 82 ob. re. und unt., 83 ob. re., Mi. und unt. re., 84, 85, 100.
Stephen Robson S. 98/99.
David Schilling S. 55 ob.
The Harry Smith Horticultural Photographic Collection S. 75 unt. re.
Graham Strong S. 89, 120, 121.
Darryl Sweetland S. 136 re., 152.
Juliette Wade S. 17 re., 158, 164 ob., 177 re.
Steve Wooster S. 13 und 95 (Designer: Anthony Noel).

DANKSAGUNG DES AUTORS

Mein herzlicher Dank gilt allen, die zur Entstehung dieses Buches beigetragen haben, insbesondere der Redaktions-, Grafik- und Bildbeschaffungsabteilung von Frances Lincoln: Jo Christian, Louise Tucker, Anne Fraser und ihren Kollegen sowie Tony Lord, John Elsley, Carole McGlynn, Joanna Chisholm, Alison Freegard, Penelope Miller und Helen Baz.

DANKSAGUNG DES VERLAGS

Frances Lincoln Limited dankt den folgenden Personen und Firmen für ihre freundliche Unterstützung:

Für Werkzeuge und Geräte:
Camden Garden Centre, 2 Barker Drive, St. Pankras Way, London NW1 0JW.
City Irrigation Limited, Bencewell Granary, Oakley Road, Bromley Common, Kent BR2 8HG.

Traditional Garden Supply Company Limited, Unit 12, Hewitts Industrial Estate, Elmbridge Road, Cranleigh, Surrey GU6 8LW.

Für die Möglichkeit zu Außenaufnahmen und die freundliche Genehmigung zur Ablichtung ihrer Kübel und Töpfe:
Clifton Garden Centre, 5a Clifton Villas, Little Venice, London W9 2PH.
Pots and Pithoi, The Barns, East Street (B2110), Turners Hill, West Sussex RH10 4QQ.

Unser besonderer Dank gilt Robin und Rosie Lloyd von Pots and Pithoi für ihre freundliche Unterstützung und ihre Kübelbepflanzungen; Tessa Hobbs für ihre Hilfe und Unterstützung; Sean Egerton und Helen Coucher für die speziell für dieses Buch entworfenen Kübelbepflanzungen; Pam Mitchell von Flowers Galore and More, 21 Glazebrook Road, London N16 0HU, für ihre Kübelbepflanzungen und deren Pflege sowie für ihre freundliche Unterstützung bei den Fotoaufnahmen; und Coleen O'Shea für ihre redaktionelle Hilfe und Unterstützung.

HÄRTEZONEN

Die im Kapitel »Pflanzen für Kübel und Töpfe« angegebenen Zonen beziehen sich auf die Winterhärte der Gewächse, das heißt welche Minusgrade eine Pflanze im Winter maximal toleriert. Die Zoneneinteilung beruht auf den Angaben des United States Department of Agriculture. Die nebenstehende Tabelle nennt die niedrigste jährliche Durchschnittstemperatur jeder Zone.

Die Zonen geben jedoch nur einen Anhaltspunkt, da die Winterhärte von verschiedenen Faktoren abhängt, wie etwa der Pflanztiefe, des Wassergehalts bei Frostbeginn, der Dauer der Kaltwetterperiode, der Windstärke, der Dauer und Höhe der folgenden Temperaturen oder dem folgenden Sommer. Die hier angegebenen Zonen beziehen sich auf die Winterhärte von Pflanzen in Europa. In Klimazonen mit wärmeren und/oder trockeneren Sommern, wie beispielsweise Australien und Neuseeland, vertragen manche Pflanzen niedrigere Temperaturen, und ihre Winterhärte liegt in diesen Ländern ein (und manchmal sogar zwei) Zonen niedriger als hier angegeben. Die meisten Regionen Mitteleuropas gehören zu den Zonen 6 und 7.

Zone	*Celsius*
1	unter – 45°
2	– 45° bis – 40°
3	– 40° bis – 34°
4	– 34° bis – 29°
5	– 29° bis – 23°
6	– 23° bis – 18°
7	– 18° bis – 12°
8	– 12° bis – 7°
9	– 7° bis – 1°
10	– 1° bis 4°
11	über 4°